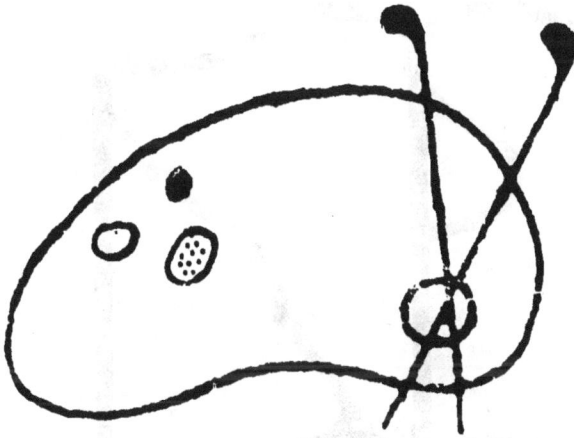

Début d'une série de documents
en couleur

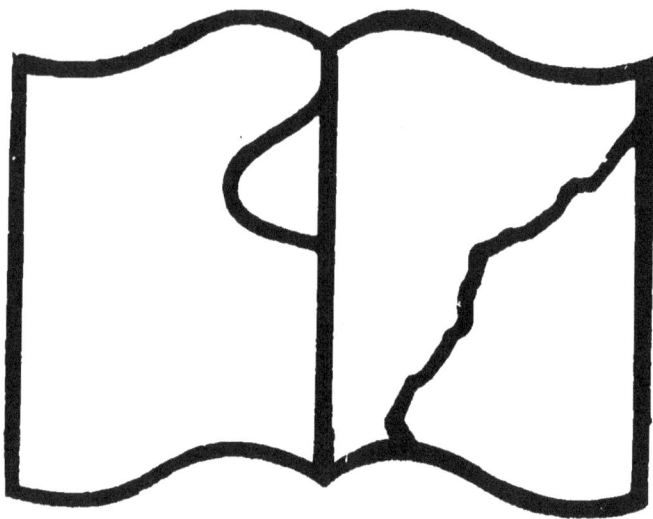

Couvertures supérieure et inférieure
détériorées

RENÉ WALLIER

LE VINGTIÈME SIÈCLE

POLITIQUE

— ANNÉE 1904 —

PARIS

BIBLIOTHÈQUE-CHARPENTIER

EUGÈNE FASQUELLE, ÉDITEUR

11, RUE DE GRENELLE, 11

1905

Extrait du Catalogue de la BIBLIOTHÈQUE-CHARPENTIER
à 3 fr. 50 le volume
EUGÈNE FASQUELLE, ÉDITEUR, 11, RUE DE GRENELLE

ANDRÉ DANIEL

L'ANNÉE POLITIQUE

1ʳᵉ à 27ᵉ année — 1874 à 1900

27 volumes

Nota. — Les quatre premières années (1874-1875-1876-1877)
de cette série sont épuisées.

RENÉ WALLIER

LE VINGTIÈME SIÈCLE POLITIQUE

Années 1901 à 1904

4 volumes

WALDECK ROUSSEAU

YVES GUYOT

EUGÈNE FOURNIÈRE

PAUL LOUIS

ˈNEST CHARLES

— L.-Imprimeries réunies, rue Saint-Benoit, 7, Paris.

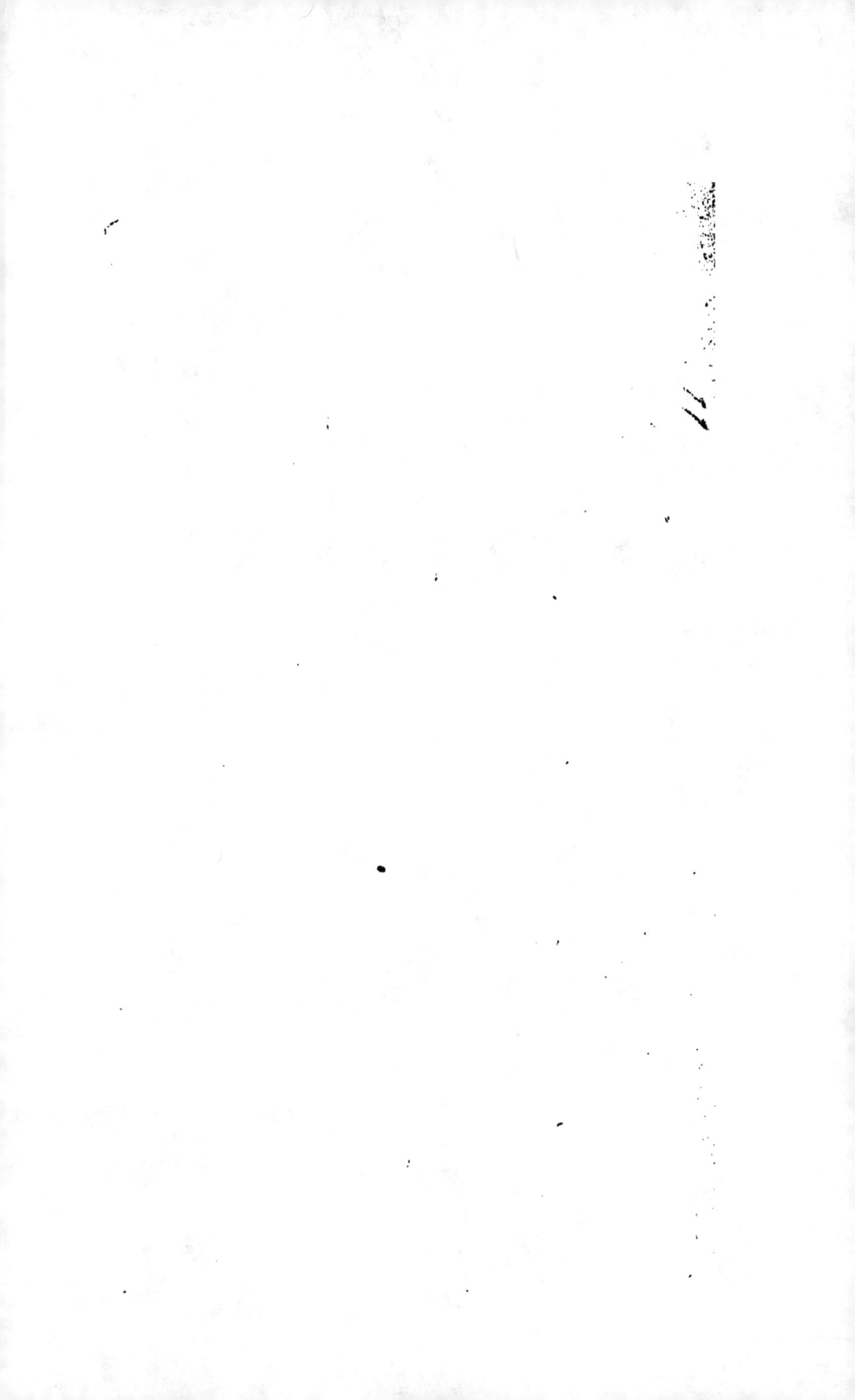

LE XXE SIÈCLE POLITIQUE

EUGÈNE FASQUELLE, ÉDITEUR, 11, RUE DE GRENELLE.

Dans la **BIBLIOTHÈQUE-CHARPENTIER**

à 3 fr. 50 le volume.

ANDRÉ DANIEL

L'Année politique, première à vingt-cinquième année
(1874-1900) (Les quatre premières années (1874-1875-
1876-1877) sont épuisées). . . . . 27 vol.

RENÉ WALLIER

Le Vingtième siècle politique (1901-1902-1903-1904),
4 volumes.

Paris. — L. MARETHEUX, imprimeur. 1. rue Cassette. — 9040.

RENÉ WALLIER

LE VINGTIÈME SIÈCLE

POLITIQUE

— ANNÉE 1904 —

PARIS

BIBLIOTHÈQUE-CHARPENTIER

EUGÈNE FASQUELLE, ÉDITEUR

11, RUE DE GRENELLE, 11

1905

LE XXᵉ SIÈCLE

POLITIQUE

ANNÉE 1904

I

LE POUVOIR EXÉCUTIF

Le ministère Combes avait été constitué le 7 juin 1902, après la retraite volontaire de M. Waldeck Rousseau et au lendemain des élections générales législatives.

Ces élections avaient été un éclatant succès pour la République ; elles étaient dues à la politique sage et prévoyante de M. Waldeck Rousseau. Le temps n'était plus où les républicains devaient consacrer tous leurs efforts à la défense des institutions ; leur victoire avait été telle qu'il leur était permis de négliger les attaques d'adversaires trop affaiblis pour être dangereux ; l'heure était venue de réaliser certaines réformes sociales promises au pays. On était donc en droit d'espérer que s'ouvrant dans des conditions aussi exceptionnellement favorables, la nouvelle législature serait exceptionnellement féconde.

La déclaration ministérielle constatait un fait de bon augure : le suffrage universel avait envoyé au Parlement une majorité dont l'importance numérique était moins remarquable que la volonté qui l'animait de ne pas se diviser.

Cette constatation n'était pas téméraire ; la majorité, en effet, affirmait, dès le début de la législature, son esprit de discipline et sa volonté de rester étroitement unie, en confiant à une « délégation », formée de représentants des divers groupes la composant, le soin de lui dicter, d'accord avec le Gouvernement, ses décisions et ses votes sur toutes les questions importantes.

Avec une semblable majorité la tâche du ministère était singulièrement facilitée et le programme de réformes exposé dans la déclaration ministérielle semblait devoir être d'une réalisation relativement aisée. Au surplus, toutes les questions qu'elle envisageait étaient mures, ayant déjà figuré à l'ordre du jour de la précédente Chambre et se trouvant en état de recevoir une solution. Ce programme comprenait : l'abrogation de la loi Falloux, la réduction du service militaire à deux années, la réorganisation de la justice militaire, les retraites ouvrières, l'impôt sur le revenu, le rachat d'une partie des réseaux des compagnies de chemins de fer.

Or, à la fin de 1904, après deux ans et demi d'existence, le cabinet Combes n'avait fait aboutir aucune de ces réformes. Le Sénat avait voté le projet portant abrogation de la loi Falloux, mais la Chambre n'avait pas encore été appelée à l'examiner;

le Sénat avait voté la loi de deux ans, mais le Gouvernement n'avait pas su faire adopter par la Chambre le texte voté par le Sénat ; le projet était retourné devant le Sénat qui ne paraissait pas disposé à sanctionner les innovations de la Chambre, ce qui laissait prévoir un nouvel ajournement de la réforme ; le ministre des travaux publics avait bien promis d'apporter à la Chambre une convention de rachat d'une partie des réseaux de l'Ouest et de l'Orléans (voir page 56), mais il n'avait pas tenu sa promesse ; la discussion de l'impôt sur le revenu avait été simplement amorcée, à la fin de novembre 1904, et dans des conditions qui ne permettaient pas de penser qu'elle pût aboutir à autre chose qu'à un enterrement ; de la réorganisation de la justice militaire, il n'avait point été question ; quant aux retraites ouvrières, le Gouvernemant avait obstinément refusé son concours à la Commission de la Chambre chargée de l'examen de la question, la mettant ainsi dans l'impossibilité d'achever ses travaux et il avait fallu une interpellation retentissante de M. Millerand, qui avait mis le ministère à deux doigts de sa perte, pour décider les ministres intéressés à se rendre devant la Commission. (Voir page 343.)

Et malgré le néant de cette œuvre législative, la discussion du budget de 1905 était à peine commencée à la fin de 1904 !

A l'instigation de M. Combes, le Parlement pendant ces deux ans et demi ne s'était occupé que d'une seule chose : la guerre aux congrégations et à l'Église.

Méconnaissant le caractère originaire de la loi de 1901, aggravant sa portée par une série de dispo-

sitions législatives et administratives, M. Combes en
avait fait une loi de proscription contre tous les
ordres religieux, sans distinction ; après avoir obtenu le rejet en bloc de toutes les demandes formées
par les congrégations non autorisées, il s'était attaqué aux congrégations autorisées et avait fait voter
une loi supprimant les congrégations enseignantes
précédemment autorisées ; puis ç'avait été le rappel
de notre ambassadeur près du Saint-Siège, la rupture des relations diplomatiques, la suppression de
l'ambassade, enfin le dépôt d'un projet portant séparation de l'Église et de l'État.

Aucune de ces mesures ne figurait dans la déclaration ministérielle. Comment M. Combes en
était-il donc arrivé à faire de la question religieuse
le pivot de sa politique, l'article unique de son programme ?

La réponse à cette question nous la trouvons dans
le discours qu'il prononçait, le 11 octobre 1903, à
Clermont-Ferrand : « Je m'inquiète peu, disait-il, de
savoir si c'est le ministère qui mène ou qui est
mené ». M. Combes avait estimé, en effet, qu'en se
dispensant de diriger la majorité ou l'opinion publique, il s'évitait bien des soucis en même temps
qu'il prolongeait son existence ministérielle. Peu lui
importait que ce fût au prix du déchaînement des
passions les plus violentes, des luttes de classes et
de personnes les plus ardentes ; peu lui importait
que son passage aux affaires ne fût marqué par aucune réforme utile et durable ; son unique préoccupation, c'était de conserver le pouvoir ; et n'étant pas
difficile sur le choix des moyens, il jugea que le plus
efficace consistait à accepter la tutelle de ceux qui
menaient la majorité. Or la majorité -- nous l'avons

expliqué ailleurs (année 1903, page 123) — s'étant soumise à la tyrannie des socialistes, ce fut entre les mains de M. Jaurès et de ses amis que M. Combes abdiqua.

C'était chose nouvelle pour les socialistes que cette main mise sur le Gouvernement; et comme ils tiraient de cette situation de sérieux avantages et beaucoup de petits profits, ils estimèrent que tous leurs efforts devaient tendre à la prolonger le plus longtemps possible, en maintenant M. Combes au pouvoir. Le succès d'une pareille tactique était nécessairement subordonné à l'abandon de toutes les revendications traditionnelles du parti socialiste et à l'ajournement de toutes les réformes sociales; en effet, sur les solutions à donner aux questions qu'elles soulevaient il n'y avait pas accord entre les socialistes et les autres éléments de la majorité; si la Chambre en abordait l'étude, le Gouvernement était obligé de prendre parti et dès lors se trouvait placé dans cette alternative : être vaincu avec les socialistes ou être vainqueur sans eux et contre eux; dans l'un et l'autre cas, c'était la fin de l'influence prépondérante des socialistes dans les conseils du Gouvernement; il fallait donc conjurer le danger d'une pareille éventualité et, pour y parvenir, il fallait trouver un dérivatif assez puissant, assez passionnant et assez durable pour occuper tous les instants de la majorité et lui faire oublier les réformes sociales.

Le dérivatif cherché, ce fut la lutte à outrance contre les congrégations et contre l'Église, lutte brutale, souvent inique, qui préparait et appelait des représailles. Malgré les difficultés que cette politique préparait pour l'avenir, M. Combes, sollicité par des alliés dont il était devenu le prisonnier, la fit sienne,

1.

pour cette seule raison qu'elle assurait la longévité
de son ministère.

L'examen des professions de foi sur lesquelles
avaient été élus les députés de la majorité n'aurait
certes pas permis de prévoir que la politique exclusivement anti-cléricale de M. Combes rallierait leurs
suffrages. Et cependant tous ou presque tous s'y
associèrent; et les rares républicains indépendants
qui refusèrent leur adhésion se virent traités de
« dissidents », dénoncés comme suspects de pactiser
avec la réaction, et exclus du parti républicain.
Comment expliquer que des rangs de la majorité ne
s'éleva aucune protestation contre cet ostracisme
qui atteignait des républicains ayant fait leurs
preuves et au premier rang desquels on trouvait les
anciens ministres de M. Waldeck Rousseau? Quels
procédés M. Combes avait-il donc employés pour se
constituer une majorité aussi servile?

Ces procédés furent publiquement dévoilés à la
tribune de la Chambre par M. Doumer (voir **pages
15 et 16**), et dans la presse par M. Clemenceau qui
écrivait dans l'*Aurore* :

M. Combes, dès le premier jour, avait institué le
« Gouvernement du pointage ». Il a toujours en poche
un petit carnet où sont inscrits les noms des députés
avec des signes conventionnels, fiches secrètes par
lesquelles s'établit le compte moral de chacun. Il voit
ainsi, quand besoin est, ce qu'il faut dire ou faire pour
obtenir la voix de celui-ci, l'abstention de celui-là. Il
sait quel messager il faut envoyer à tel ou tel, par qui
le faire presser, par quels arguments l'émouvoir.

A cela je dois ajouter qu'il a la réputation solidement
établie d'avoir organisé une véritable police des couloirs qui sont le lieu du monde où l'on parle le plus
facilement de tout à tort et à travers. Je puis affirmer

cependant que cette police ne se cantonne point au Palais-Bourbon comme parfois me l'a prouvé la présence de certaines personnes aux environs de ma demeure et les reproches bienveillants adressés par quelqu'un que je sais à certain député qui s'était permis de me venir voir la veille sans l'autorisation préalable de M. le président du Conseil.

Il y a mieux encore. Dès qu'une fiche de couloir annonce que X... ou Z... sont sur le point de faiblir, préfets ou sous-préfets, commissaires ou même « délégués » s'emploient à « travailler » les comités combistes dont certains membres quelquefois peuvent, comme un député même, avoir « besoin du Gouvernement ». Et le député mollissant est bientôt submergé de lettres menaçantes destinées à le maintenir dans le devoir. Au besoin une note de journal appuie l'opération. Que faire ? Le représentant du peuple souverain grogne et se tient coi. « Nous sommes des lâches, » concluait récemment l'un d'eux en m'exposant la situation dont je viens de faire le tableau.

Oui ! c'est ainsi que depuis des mois et des mois, on gouverne la France pour ne pas même aboutir au vote du budget. On vit un jour avec deux voix, un autre jour avec quatre, à la condition que les ministres se décernent à eux-mêmes leur confiance de députés. Car on appelle cela « vivre », par antiphrase, probablement.

Les « délégués » dont parlait M. Clemenceau, créés par M. Combes pour renseigner le Gouvernement sur l'attitude politique des fonctionnaires, servaient aussi à espionner les parlementaires, à les encourager ou à les intimider, suivant les circonstances. M. Combes avait vécu par le « mouchardage » ; il devait en mourir.

La fin de 1904 voyait, en effet, éclater le scandale de la « délation » (voir page 258) : le système de police occulte à l'aide duquel le ministère gouvernait la France était enfin dévoilé ; sa majorité tombait

aussitôt à deux voix ; le général André, ministre de
la guerre, était obligé de démissionner et le jour
était proche où le ministère tout entier allait disparaître, succombant sous le poids de la réprobation
et du dégoût de tous les honnêtes gens.

Lorsque M. Combes avait reçu le pouvoir des
mains de M. Waldeck Rousseau, la situation était
telle que la République n'en avait jamais connu de
meilleure ; l'apaisement s'était fait graduellement
dans les esprits ; le parti républicain était uni, discipliné et puissant. En deux années, M. Combes avait
détruit l'œuvre de son prédécesseur. Sa politique
anticléricale avait surexcité les passions religieuses,
qui sont les plus violentes et les moins faciles à
calmer ; le scandale de la délation avait failli
déshonorer la République, il avait fourni aux
nationalistes une arme empoisonnée et avait créé
dans le pays une agitation regrettable ; la désunion
était si profonde entre les républicains, la situation
était si obscure que les plus avisés hésitaient sur le
choix du programme et des moyens propres à
assurer le groupement des éléments épars de la
majorité ; la législature enfin s'annonçait comme
devant être l'une des plus stériles, sinon la plus
stérile de toutes celles qui s'étaient succédé depuis
la fondation de la République.

II

LES

BUREAUX DES DEUX CHAMBRES

BUREAU DU SÉNAT

La séance d'ouverture de la session ordinaire fut présidée par le doyen, M. Wallon, qui, dans le discours d'usage, exprima le regret que le Gouvernement « eût donné le signal de la guerre la plus déplorable, la guerre religieuse, qui régnait en ce moment dans le pays... La loi des suspe   était redevenue loi existante; le Gouvernement avait mis plus des trois quarts de la nation hors de la République, hors de la loi ».

Le bureau fut élu le 14 janvier; il était composé de MM. Fallières, président; Barbey. Peytral, Desmons et Poirier, vice-présidents; Théodore Girard, Saint-Germain, Garreau, Milliès-Lacroix, Béraud, Forgemol de Bostquénard, Gotterau et Le Roux, secrétaires; Dussolier, Bonnefoy-Sibour et Gayot, questeurs.

Dans son discours d'installation, M. Fallières insista sur la nécessité pour le Sénat de persister dans l'attitude qu'il avait prise lors de la discussion du précédent budget, c'est-à-dire, tout en faisant le nécessaire pour éviter les douzièmes provisoires, de défendre énergiquement ses prérogatives en matière budgétaire (15 janvier).

BUREAU DE LA CHAMBRE

La séance d'ouverture de la session ordinaire (12 janvier) fut présidée par le doyen M. Rauline; il donna lecture d'une lettre de M. Bourgeois qui, invoquant des raisons de santé et un deuil récent, déclarait ne pouvoir continuer à « assumer les responsabilités des hautes fonctions qu'à deux reprises la Chambre lui avait confiées ».

La décision de M. Léon Bourgeois était connue depuis longtemps; plusieurs noms avaient été prononcés pour sa succession, notamment celui de M. Étienne, président de l'Union démocratique, dont l'élection paraissait assurée. Mais, M. Brisson ayant fait savoir qu'il po ait sa candidature, M. Étienne se retira devant lui et M. Brisson resta seul candidat du « bloc ».

L'opposition songea à lui susciter un concurrent: M. Georges Leygues, que son récent discours sur le désarmement (voir année 1903, page 69) avait mis en vedette, paraissait tout désigné; mais il refusa de se prêter à une combinaison qui le faisait candidat de la droite.

En présence de ce refus les progressistes, à la der-

nière heure, opposèrent à M. Brisson l'un des leurs,
M. Bertrand, député consciencieux, mais peu brillant et presque inconnu. Cette candidature était
vouée à un échec certain : elle réunit cependant
219 suffrages, contre 257 donnés à M. Brisson, qui
fut élu ; il y avait eu 28 bulletins blancs et 27
abstentions.

Les quatre vice-présidents sortants étaient
MM. Guillain, représentant le groupe progressiste.
Étienne, représentant l'union démocratique, Lockroy, représentant la gauche radicale, et Jaurès,
représentant le groupe socialiste.

La délégation des groupes du bloc avait décidé de
présenter les quatre vice-présidents sortants. Mais
les radicaux socialistes, mécontents de ce qu'il ne
leur était pas fait une place dans le bureau, réso-
lurent de poser la candidature de M. Dubief. De
son côté, un membre de la gauche radicale, M.
Gerville-Réache, se fondant sur l'acte d'indiscipline
de la gauche radicale-socialiste pour reprendre sa
liberté, posa également sa candidature.

Le scrutin donna les résultats suivants :

MM. Étienne	405 voix.	Élu.
Lockroy	269 —	Élu.
Gerville-Réache	255 —	Élu.
Guillain	254 —	Élu.
Jaurès	199 —	
Dubief	190 —	

La manœuvre des radicaux-socialistes avait donc
abouti à leur élimination et à celle des socialistes.
Très dépités de ce résultat, ils se prirent de querelle,
se rejetant les uns sur les autres la responsabilité
d'une tactique qui avait amené leur défaite et celle

de leurs alliés socialistes. Sur les 115 députés faisant partie du groupe, 80 environ donnèrent leur démission et, sous la présidence de M. Bienvenu-Martin, se constituèrent en un nouveau groupe qui prit le nom de *gauche radicale-socialiste*.

MM. Lebrun, Carnot, Fernand David, Lauraine, Couyba, Devèze, Abel-Bernard et Chambon furent élus secrétaires et les trois questeurs sortants, MM. Lechevallier, Pajot et Chapuis furent réélus.

M. Brisson, en prenant possession du fauteuil présidentiel (14 janvier) s'exprima en ces termes :

... Je disais un jour à cette place que de très forts partis pris sont une garantie d'impartialité. Élevé par ces fils de la République qui la chérissaient proscrite, avec plus d'ardeur peut-être que nous ne la servons triomphante, ces forts partis pris, je les ai; s'il ne m'était pas défendu, ici, de me rappeler comment j'ai été élu, je dirais que c'est à eux que je dois mon élection; mais j'y trouve, en même temps que la tranquillité d'esprit, toute facilité de comprendre et de mettre au même niveau les convictions opposées et égales, par suite la volonté d'assurer la liberté des controverses...

III

QUESTIONS BUDGÉTAIRES

ET FISCALES

LE BUDGET DE 1905

DISCUSSION A LA CHAMBRE

Le projet de budget pour 1905 ne comportait aucune réforme importante. Son équilibre avait été facilement établi, grâce à l'amélioration des recettes qui permettaient de prévoir que l'exercice de 1904 se solderait par des plus-values importantes dont les causes ne semblaient pas devoir être accidentelles.

Le 19 mai, la Chambre procéda à la nomination de la Commission du budget. Celle-ci se trouva composée de 18 antiministériels (6 radicaux dissidents, 9 progressistes, 3 nationalistes) et de 15 ministériels (11 radicaux ou radicaux-socialistes, 2 socialistes et 2 membres de l'union démocratique).

M. Doumer fut élu président par 29 voix.

MM. Krantz, Gerville-Réache, Guillain, Baudin et
Salis furent élus vice-présidents.

La Commission augmenta les dépenses prévues
par le Gouvernement de 17 millions (pensions, enfants assistés, traitements des instituteurs et professeurs de collèges). D'autre part, pour rétablir l'équilibre, elle réalisa 7 millions et demi d'économies et
opéra le relèvement de certaines prévisions de
recettes jusqu'à concurrence de 9 millions et demi.

Cela fait, elle se trouva en présence d'une difficulté résultant d'une dépense supplémentaire de 17
millions à inscrire au budget de la guerre et provenant : 1° d'une augmentation de 17.000 hommes du
contingent; 2° d'une augmentation de 2.000 sous-
officiers réengagés; 3° de la solde des officiers en
surnombre restés sans emploi par suite de la suppression des quatrièmes bataillons. Pour résoudre
cette difficulté, il fut convenu que les soldats du
contingent, à leur arrivée au corps, seraient soumis
à un examen médical sévère dans le but d'envoyer
en réforme tous ceux qui ne seraient pas très vigou-
reux et d'opérer ainsi une première économie en
réduisant l'effectif du contingent; une seconde
économie devait être réalisée en accordant d'une
façon très libérale des congés prolongés aux soldats
maintenus sous les drapeaux.

La discussion du budget ne commença que le
14 novembre. Le ministre des finances étant malade,
la discussion générale fut jointe à celle du budget
des finances.

Instruction publique. — L'amélioration du traitement des instituteurs et des professeurs des col-

lèges fut traitée longuement, ainsi que la question des retraites; on avait beaucoup fait; le budget de 1905 avait augmenté le chiffre des crédits; il restait encore beaucoup à faire, mais les disponibilités budgétaires ne permettaient pas de faire mieux (14, 15 et 17 novembre).

Beaux-Arts. — Les crédits de la *censure* furent réduits dans une notable proportion, avec cette indication que l'institution était surannée (17 novembre).

Intérieur. — Il n'y eut un débat intéressant que sur les fonds secrets. Un amendement de M. Dejeante tendant à leur suppression ne fut repoussé que par 293 voix contre 262. Un grand nombre de républicains qui avaient l'habitude de voter les fonds secrets avaient voté contre ou s'étaient abstenus pour des raisons que M. Doumer, président de la Commission du budget, développa en soutenant une demande de réduction de 200.000 francs sur les chiffres proposés par le Gouvernement.

Une partie des crédits, administrée par le cabinet du ministre de l'intérieur, est d'une nature particulière, dit-il. Elle a pour but d'assurer au Gouvernement des amitiés et de désarmer des hostilités. Cette affectation ne paraît pas compatible avec le fonctionnement d'un Gouvernement républicain qui doit être tout de probité et de clarté et qui doit détruire tous les germes de corruption comme de délation. Tout cela n'est pas républicain.

Nous avons cru pouvoir proposer cette réduction de 200.000 francs. Elle doit porter uniquement sur les dépenses de la nature spéciale dont je viens de parler. Avec le crédit subsistant, il y a une somme suffisante pour assurer le fonctionnement des services de sûreté publique. C'est simplement le budget de la corruption que nous vous demandons de supprimer.

M. Combes repoussa la demande de réduction par son argument habituel : on en voulait à son porte-feuille.

M. Doumer répliqua que M. Combes abusait un peu de l'argument ; cela ne e grandissait pas.

Nous avons, nous, des idées plus hautes, c'est de con-server intactes les idées républicaines et les procédés républicains. De même que tous les faits de délation révélés en ces temps derniers ne sont pas républicains, de même ne sont pas républicains les procédés de sur-veillance, de police, de pression, pratiqués jusque dans les couloirs du Palais-Bourbon par vos fonctionnaires à l'égard des représentants du peuple.

Croyez-vous que nous n'entendons pas beaucoup de nos collègues, même de ceux qui votent pour vous, se plaindre de pareils procédés qui montrent que, venu tard aux idées républicaines, vous êtes convaincu qu'il n'y a de bon pour gouverner que les procédés bonapar-tistes ?

La façon dont la Chambre accueillit les dernières déclarations de M. Doumer obligea M. Combes à ne pas aller jusqu'au bout de ses exigences et à accepter la réduction avec la signification tout à fait désobli-geante que lui avait donnée M. Doumer.

Le crédit réduit à 1 million fut voté par 351 voix contre 36 (19, 21 et 22 novembre).

Cultes. — M. Allard demanda, au nom des révo-lutionnaires, la suppression du budget des cultes. La Chambre repoussa cette proposition par 322 voix contre 228 ; tout autre vote eût été paradoxal à la veille du débat où devait être discutée la ques-tion de la séparation. Mais M. Combes défendit d'une singulière façon cette opinion de bon sens (24 novembre).

... Pourtant, dit-il, si la Chambre veut voter aujourd'hui la suppression du budget des cultes, je suis décidé à ne pas demander le rétablissement du crédit au Sénat. Ce vote indiquera que la Chambre est pressée de voir voter le projet de séparation des églises et de l'Etat. Dans ce cas, j'extrairai de ce projet trois ou quatre articles essentiels, de façon à les faire adopter par le Parlement avant la fin de l'année. Nous avons encore cinq à six semaines pour cela; et, maintenant, si le cœur en dit aux nationalistes, qu'ils y aillent gaiement.

Affaires étrangères. — M. Delcassé, répondant à une question de M. Chastenet, déclara que le Gouvernement avait fait « l'accueil le plus chaleureux » à la proposition du président de la République des Etats-Unis de réunir une seconde fois le Congrès de la paix à la Haye.

M. Delcassé, suivant l'usage, fit l'apologie de l'alliance russe, dont les avantages avaient été contestés par M. Dubief, rapporteur, et par M. Messimy (25 et 26 novembre).

Sur le protectorat français en Orient, les crédits de l'ambassade du Vatican et ceux des écoles d'Orient, voir pages 160, 168, 177 à 187.

Commerce. — Un débat intéressant fut institué par M. Vaillant sur le chômage qui d'après lui avait atteint ces dernières années en moyenne un million d'ouvriers, c'est-à-dire une proportion de 8 à 10 p. 100. M. Trouillot, ministre du commerce, s'était préoccupé de la question et avait secondé les efforts de M. Millerand, en obtenant de la commission du budget l'inscription d'un crédit de 100.000 francs pour subventionner les caisses de chômage.

2.

M. Millerand justifia cette demande de crédits par un exposé très remarquable de la question.

Les travaux de la commission d'assurance et de prévoyance, dit-il, ont abouti à proposer pour notre pays l'adoption du système de Gand, c'est-à-dire l'attribution à des sociétés communales de subventions proportionnées à l'effort de l'initiative privée; c'est l'extension du système adopté pour la mutualité.

Il y a, en France, 30.000 ouvriers faisant partie de caisses de chômage; celles-ci sont au nombre de 312. Sur ce nombre, les fédérations du livre en possèdent 162. Le système de caisses particulières réparties dans tout le pays est plus utile, plus efficace, que celui qui consisterait à établir une caisse générale unique. Les subventions ne doivent pas aller uniquement aux syndicats ouvriers; elles iront aussi aux ouvriers non syndiqués qui se grouperont en vue du chômage. Telle est l'économie du système de la commission qui sera, je l'espère, consacré par un décret.

C'est un système transitoire d'après lequel l'Etat donne à l'initiative privée des subventions. Mais il est bien entendu que les municipalités pourront aussi subventionner les caisses locales et que toutes les caisses devront être subventionnées dans les mêmes proportions. Il ne faut pas qu'il puisse y avoir de faveur pour l'une d'elles.

Tel est l'avis de la commission d'assurance. Demain elle vous apportera le projet sur les retraites ouvrières. Nous travaillons à éloigner les syndicats ouvriers des agitations vaines pour les orienter vers des besognes de paix. Nous voulons amener les syndicats ouvriers à mériter l'attention des pouvoirs publics et nous croyons que les propositions que nous faisons sont les plus propres à assurer l'éducation et l'organisation des classes sociales.

Le débat fut clos par le vote d'une motion donnant à la commission du travail mandat de pro-

céder à une enquête sur le chômage. (30 novembre et 3 décembre).

Justice. — Tout l'intérêt se concentra sur le cas des magistrats délateurs (voir page 299 (7, 8 et 10 décembre).

Agriculture. — Discussion longue et insipide dans laquelle les préoccupations électorales des auteurs d'innombrables amendements tinrent la première place 14, 15, 17, 21, 22, 24, 28 décembre .

Douzième provisoire.

Lorsque la seconde session de 1904 prit fin, la discussion du budget de 1905 n'en était qu'à son début ; les budgets les plus importants, ceux de la guerre et de la marine n'avaient pas encore été examinés. Il fallait donc de toute nécessité voter un premier douzième provisoire, qui devait fatalement être suivi de plusieurs autres, le mois de janvier ne pouvant suffire à la Chambre et au Sénat pour arriver au vote définitif du budget.

M. Merlou précisa, dans son rapport, à qui incombait la responsabilité de ce retard, l'un des plus considérables que l'on eut jamais enregistrés.

... Cette année, disait le rapport, comme l'année dernière, l'examen des différents budgets poursuivi par votre commission au cours des vacances était terminé et le rapport général distribué à la Chambre le 18 octobre, à l'ouverture de la session extraordinaire ; une semaine plus tard, l'inscription à l'ordre du jour de la discussion était demandée.

Cette proposition ne fut pas acceptée et le Gouvernement fit donner la priorité à l'examen du projet de loi approuvant la convention relative à Terre-Neuve et à l'Afrique occidentale, qui occupa la Chambre jusqu'au 12 novembre. Le budget ne put venir en discussion que le 14.

Engagée dans ces conditions, elle se poursuivit sans interruption jusqu'au 24 novembre. En accélérant le débat comme on l'avait fait en 1903, en y consacrant tous les efforts et tous les instants de la Chambre, on pouvait encore aboutir au vote en temps utile.

A cette date, la Chambre, conformément à l'avis du président du Conseil, décida d'inscrire à son ordre du jour le projet d'impôt sur le revenu et de consacrer deux jours par semaine à sa discussion.

La commission du budget protesta à différentes reprises contre une méthode de travail dont la conséquence immédiate devait être de rendre impossible le vote du budget avant le 31 décembre. Elle ne saurait donc avoir la moindre part de responsabilité dans la situation à laquelle on a abouti.

Le douzième provisoire fut voté le 28 décembre par la Chambre et le Sénat.

A la Chambre, M. Vazeille avait fait observer qu'exception faite des interpellations concernant la convention franco-anglaise, on n'avait interpellé que le vendredi, c'est-à-dire le jour spécialement réservé aux interpellations. Le retard dans le vote du budget n'était donc pas imputable à l'opposition, mais au président du Conseil qui avait imposé à la Chambre une méthode de travail qui avait pu prolonger la vie du cabinet mais qui conduisait à la faillite des réformes du parti républicain.

M. Doumer, de son côté, avait signalé que le ministre de la marine s'était borné à transmettre à la Commission une feuille portant le total des crédits de l'année, divisée par douze, sans y joindre aucune espèce de justification. « Pour faire une telle besogne, une administration n'était pas nécessaire. »

L'IMPOT SUR LE REVENU

Nous avons indiqué dans notre précédent volume (page 82) les grandes lignes du projet du ministre des finances, M. Rouvier. La Commission saisie de l'examen de ce projet commença par y substituer un contre-projet de M. Merlou.

M. Merlou, comme M. Rouvier, supprimait deux des quatre contributions directes : la personnelle mobilière et celle des portes et fenêtres. Mais il augmentait considérablement le nombre des non imposés : en outre, il faisait remise aux communes et aux départements de 30 p. 100 (au lieu de 20 p. 100 comme dans le projet du ministre), de l'impôt foncier sur les propriétés non bâties, ce qui constituait une perte supplémentaire pour le Trésor, de 105 millions.

Pour compenser la perte du Trésor, qui, dans son système, devait être au total de 267 millions, M. Merlou, d'une part, conservait la taxe personnelle proposée par M. Rouvier, mais il en portait le produit de 120 à 200 millions par l'élévation du taux de 1.50 à 2,50 ; il supprimait, d'autre part, la taxe d'habitation créée par M. Rouvier, dont le produit était évalué à 67 millions, et proposait, pour la remplacer, une taxe sur les créances chirographaires et hypothécaires, une taxe civique, un relèvement de 3,20 p. 100 à 4 p. 100 de la taxe sur la propriété bâtie, et, enfin, un relèvement de 1 p. 100 sur la taxe des valeurs mobilières devant à lui seul donner 20 millions.

A la veille de la clôture de la session ordinaire, M. Rouvier fut entendu par la Commission qui

adopta le contre-projet de M. Merlou malgré l'opposition du ministre motivée surtout par la crainte
que l'augmentation de la taxe sur les valeurs mobilières n'accentuât l'exode des capitaux français
vers les fonds d'État étrangers, exempts de charge.

La gauche radicale songea un moment à faire
distraire du projet des *quatre contributions* la contribution personnelle et la contribution mobilière,
supprimées par le projet de M. Rouvier. Mais, en fin
de compte, elle se contenta de soumettre à la
Chambre qui la vota, dans la même séance que
les *quatre contributions* (13 juillet), une motion affirmant sa résolution d'entreprendre la discussion de
l'impôt sur le revenu dès la rentrée d'octobre et
avant celle du budget.

M. Rouvier mit à profit les vacances parlementaires pour faire procéder dans 36 communes de
36 départements et dans deux quartiers différents
de 28 villes de ces 36 départements, à un essai com-
paratif des deux projets : celui du Gouvernement et
celui de la Commission. Les résultats de cette enquête se présentèrent en résumé de la façon suivante :

Dans une petite commune de la Haute-Saône, sur
163 contribuables, 10, avec le projet du Gouvernement, auraient payé une augmentation d'impôt de
467 fr. 24, et 150 auraient bénéficié d'une diminution
de 1.123 fr. 93 ; 8 des contribuables surchargés auraient
subi ensemble une augmentation de 13 fr. 61, le 9ᵉ une
augmentation de 53 fr. 22, et le 10ᵉ de 400 fr. 41.
L'application effective du projet de la Commission
aurait eu des conséquences encore plus radicales. Sur
163 contribuables considérés, 158 (la presque totalité)
auraient été dégrevés de 1.565 fr. 74, et 5 surtaxés de
716 fr. 58, 4 à raison d'une somme globale de 2 fr. 94,
et 1 seul à raison de 713 fr. 64.

Quels étaient les revenus que l'administration des contributions directes avait eu à évaluer dans les communes considérées? 1° Les revenus fonciers; 2° les béfices de l'exploitation agricole; 3° les revenus provenant des capitaux mobiliers; 4° les bénéfices du commerce et de l'industrie; 5° les traitements, pensions et salaires.

L'évaluation de tous ces revenus n'avait pu être faite avec une certitude égale.

En ce qui concernait les revenus fonciers, le travail avait donné des résultats à peu près satisfaisants. Pour les propriétés non bâties et pour les propriétés non louées, des contestations cependant auraient été à prévoir, dont il aurait été souvent difficile de démontrer le mal fondé.

D'une manière générale, les bénéfices de l'exploitation agricole avaient été évalués en fonction de la rente foncière (environ trois fois le montant de celle-ci). Mais le rapport confessait en dernière analyse que les profits agricoles ne pouvaient être évalués avec la même exactitude que les revenus fonciers.

A plus forte raison, l'évaluation des revenus provenant des capitaux mobiliers « n'avait donné que des résultats incertains ». Les répartiteurs, pressés de questions indiscrètes, s'étaient cabrés : « Dans certaines communes, ils avaient refusé tout renseignement. »

Les enquêteurs n'avaient pas été plus heureux dans l'évaluation des bénéfices du commerce et de l'industrie. On avait dû s'en rapporter aux signes extérieurs, signes essentiellement trompeurs en matière d'inventaire. « On s'est heurté à des difficultés insurmontables, disait l'administration, lorsqu'il s'est agi d'évaluer les revenus du haut commerce et de certaines professions libérales médecins, avocats, artistes, etc... »

Enfin, pour la catégorie des fonctionnaires, pensionnaires et salariés, « la détermination des salaires n'avait pas soulevé de sérieuses difficultés ». Le salarié ne pouvant dissimuler son revenu aux indiscrétions du fisc, « les constatations de l'administration, avouait le rapport, ne redevenaient à peu près certaines qu'en ce qui concernait les revenus du travail. »

Les opérations d'assiette de l'impôt comportaient aussi la constatation des loyers d'habitation. Sur ce point, aucune difficulté ne pouvait se présenter.

Que serait la réforme au point de vue de l'équilibre du budget de l'État? Les recettes que l'État tirait des contributions directes diminueraient, en ce qui concernait les communes rurales, de 3 p. 100 dans le projet du Gouvernement et de 24 p. 100 dans le projet de la Commission.

L'équilibre budgétaire serait-il obtenu par l'augmentation contributive des villes? Sans doute, dans le projet du Gouvernement, la ville de Paris, à elle seule, devait payer près de 27 millions de plus qu'elle ne payait avec l'ancien système. Mais était-on sûr que Paris et les autres villes se laisseraient ainsi rançonner?

Le travail de l'administration avait aussi envisagé la réforme au point de vue de sa répercussion sur les cotes des contribuables.

Dans le projet du Gouvernement, les communes agricoles considérées bénéficiaient d'une diminution de 3,41 p. 100, tandis que dans le projet de la Commission cette diminution atteignait 12,65 p. 100. Pour les communes mixtes (agricoles et industrielles), l'augmentation d'impôt dans le projet du Gouvernement était de 9,65 p. 100, et, dans celui de la Commission, de 7,82 p. 100. Pour les villes, elle était dans le projet du Gouvernement, de 26,34 p. 100, et dans le projet de la Commission de 52,67 p. 100.

Quels étaient enfin les résultats de la réforme d'après la profession des contribuables? Dans les deux projets, c'étaient les cultivateurs qui étaient le plus favorisés, tandis que la proportion des augmentés atteignait son chiffre le plus élevé à l'égard des fonctionnaires ou retraités et des employés ou ouvriers.

Malgré la résolution prise par la Chambre de discuter l'impôt sur le revenu avant la fin de l'année et avant le budget, on était arrivé à la fin de novembre sans que la discussion eût été amorcée; il semblait bien qu'il fût impossible de l'entamer

avant la clôture de la session, l'examen du budget
qui aurait dû occuper tous les instants de la Chambre
étant à peine commencé, et le ministre des finances
qui était malade n'ayant pu se rendre devant la
Commission pour chercher avec elle un terrain
d'entente.

Mais, le 21 novembre, à l'improviste, M. Combes
demanda à la Chambre de réserver deux séances
par semaine à l'étude de la réforme ; il évitait ainsi
un débat ennuyeux. M. Magniaudé avait en effet
annoncé son intention de mettre le Gouvernement
en demeure de remplir ses engagements, et l'occasion aurait certainement été mise à profit par
l'opposition pour mettre en lumière l'impuissance
de M. Combes à faire aboutir aucune des réformes
promises et dont la première était précisément
l'impôt sur le revenu. D'autre part, il entrait dans
les combinaisons du président du Conseil de retarder par tous les moyens possibles l'heure de la discussion des budgets de la marine et de la guerre
qu'il estimait dangereuse pour l'existence du cabinet.

La mise à l'ordre du jour réclamée par M. Combes
n'était donc qu'un expédient ; mais il faut lui rendre
cette justice : il n'avait pas la prétention que ce fût
autre chose. Aussi n'essaya-t-il même pas de répondre à l'argument qui se dégageait naturellement
de la communication que fit M. Merlou au nom
de la Commission : le ministre des finances avait
demandé à être entendu par celle-ci avant l'ouverture du débat. Qu'importait à M. Combes l'avis du
ministre intéressé ! Il avait dit sa volonté ; il n'admettait pas qu'elle fût discutée. « Incohérence et
anarchie gouvernementale ! » s'écria M. Doumer.

Si invraisemblable que cela puisse paraitre, la
Chambre donna raison à M. Combes contre M. Rouvier.

Tant bien que mal, en l'espace de quarante-huit
heures, la Commission se mit d'accord avec le Gouvernement sur les dispositions transactionnelles
suivantes :

Suppression de la cote personnelle et mobilière et de
l'impôt des portes et fenêtres; en compensation, établissement : 1º d'une taxe personnelle graduée d'après
les ressources du contribuable. 2º d'une taxe sur le loyer
d'habitation.

Exemption de l'impôt pour les personnes dont le
revenu ne dépassait pas :

Communes de	2.000 habitants et au-dessous.		750 fr.
—	2.001 à 5.000	—	1.000
—	5.001 à 10.000	—	1.250
—	10.001 à 30.000	—	1.600
—	30.001 et au-dessus.	. . . . .	2.000
—	Paris		2.500

Ces chiffres étaient ceux de la Commission, sensiblement plus élevés que ceux du projet de M. Rouvier, de
telle sorte que le nombre des non imposés, qui, dans le
système du ministre, était de 2.451.000, s'élevait, dans
le système transactionnel, à 4.651.800; celui des imposés descendait de 8.523.000 à 6.293.000.

D'autre part, le ministre avait également accepté de
porter de 20 à 30 p. 100 la part des communes et des
départements sur le principal de l'impôt foncier de la
propriété non bâtie.

La diminution de recettes résultant de ces deux
modifications était compensée par une élévation de 1,50
à 1,70 p. 100 du taux de la taxe sur le revenu. Cette
taxe ne devait d'ailleurs s'appliquer en son entier
qu'aux revenus supérieurs à 20.000 francs; au-dessous
de 20.000 francs, une portion seulement du revenu
était soumise à la taxe, cette portion étant d'autant
plus forte que le revenu était plus faible.

La taxe sur le loyer était de 4 p. 100; en étaient exemptés les locaux exclusivement affectés au commerce, à l'industrie, aux exploitations agricoles, à l'exercice des professions libérales; dans son établissement, il était fait déduction d'un minimum de loyer variant avec la population des communes.

Le chef de famille était imposable à la taxe personnelle tant à raison de ses revenus qu'à raison de ceux de sa femme et des autres membres de sa famille habitant avec lui; les enfants étaient exempts de la taxe d'habitation.

Les contribuables ayant à leur charge plusieurs enfants légitimes ou reconnus bénéficiaient d'une détaxe.

Le projet énumérait enfin les éléments devant servir de bases à l'évaluation du revenu, confiait au contrôleur des contributions directes assisté du maire et des répartiteurs le soin de faire cette évaluation, et réservait aux contribuables des voies de recours contre le travail d'évaluation ainsi fait.

La *discussion générale* commença, le 28 novembre, par un discours de M. Lacombe qui trouvait le projet insuffisant, en ce qu'il ne comportait ni la déclaration obligatoire ni la progression.

Pour M. Plichon, l'impôt global et progressif ne se comprenait que dans les pays à grosses fortunes: il ne pouvait donner de bons résultats en France où la fortune publique évaluée à 205 milliards se décomposait « en poussière de revenus ». Avec le projet les ouvriers paieraient l'impôt dont ils étaient exemptés; les grosses fortunes mobilières y échapperaient en transportant leurs capitaux à l'étranger: la terre supporterait donc à peu près seule le poids de l'impôt. Il y avait là tout à la fois un danger et une injustice.

M. Fouquet assimila l'impôt sur le revenu à l'ancienne taille (28 novembre).

Le projet ne satisfaisait pas le radicalisme de
M. Fernand Brun. Ce n'était pas seulement deux
contributions directes qu'il aurait fallu supprimer.
C'était l'impôt général sur le revenu qui aurait dû
être substitué à la totalité des impôts directs.

M. Edmond Lepelletier combattit le projet en ce
qu'il avait d'oppressif pour le travail et la production.

M. Zévaës était pour le remplacement des quatre
contributions par un impôt unique et l'exemption
des revenus au-dessous de 3.001 francs.

M. Joseph Brisson s'attaqua aux valeurs mobilières étrangères qui n'étaient atteintes par le projet
qu'à l'aide des signes extérieurs.

M. Chauvière constata très justement, et cette
constatation avait une valeur particulière dans la
bouche d'un socialiste, que par voie d'incidence, ce
seraient les ouvriers qui payeraient toutes les sur-
taxes dont seraient frappés les propriétaires.

M. Jaurès, envisageant l'impôt sur le revenu au
point de vue historique, déclara qu'en Prusse et
en Angleterre c'était pour sortir de crises terribles
que cet impôt avait été établi; il prétendit qu'il
aurait dû être établi chez nous, au lendemain de nos
désastres, pour faire face aux conséquences terribles
de la guerre de 1870. Tel qu'il était le projet du
Gouvernement ne lui paraissait pas parfait : mais il
contenait le principe de l'impôt personnel et une
amorce de la déclaration. En attendant mieux, il
voterait le projet du Gouvernement (29 novembre).

M. Jules Roche prononça, au milieu de l'attention
générale, un très beau discours. Son argumentation
était de nature à ébranler la conviction première de
beaucoup de partisans de l'impôt sur le revenu.

Cet impôt *personnel*, appelé dans l'esprit de quelques personnes à remplacer aujourd'hui, en France, deux de nos vieilles contributions *réelles*, n'était pas autre chose que la *taille* des anciens régimes monarchiques à laquelle le peuple, lassé par trois siècles de souffrances, s'était soustrait violemment par la Révolution ; il n'avait aucune analogie avec l'*income-tax* qui, en Angleterre, était un impôt réel et non personnel sur les revenus et non sur le revenu, qui ne totalisait pas sur la tête du contribuable ses différents revenus et, ainsi, ne constituait pas le régime arbitraire et oppressif qu'on voulait instituer en France ; l'*Einkommensteuer* de Prusse était bien un impôt personnel sur le revenu avec tout le cortège obligatoire des inquisitions, des enquêtes vexatoires et de l'arbitraire des commissions locales, mais cet impôt était appliqué par le suffrage à deux degrés, c'est-à-dire par des électeurs jouissant d'un revenu d'une certaine importance ; à ce point de vue, il ne comportait pas les abus auxquels il ne manquerait pas de donner lieu en France, car, dans la pensée des socialistes, c'était à ceux qui ne payeraient rien et qui seraient la majorité, qu'on laisserait le soin de voter l'impôt, à l'exclusion d'une minorité qui en aurait toute la charge. Tel qu'il était, on le trouvait intolérable en Prusse, dans un pays cependant, où le contribuable était naturellement plus discipliné, plus respectueux de l'autorité qu'en France.

Aux États-Unis l'expérience de l'impôt sur le revenu avait été franche et loyale. C'était en 1861-1862, en pleine guerre de Sécession qu'elle avait été faite ; les résultats avaient été médiocres ; les protestations par contre avaient été nombreuses ; on l'avait aboli après la guerre. Vingt ans plus tard, en 1894, le Congrès américain avait voulu en faire un second essai, en introduisant dans le nouveau projet un certain nombre d'exemptions. Une loi avait été votée, mais elle n'avait pas été appliquée. La Cour suprême, saisie par une association de contribuables d'une plainte contre cet impôt qu'ils prétendaient attenter aux principes de la Constitution, leur avait donné raison en le déclarant illégal et en proclamant l'égalité de tous les citoyens devant la loi.

3.

En France, la Révolution avait toujours proclamé l'égalité absolue des citoyens devant l'impôt; sous la Convention une proposition tendant à en exempter les citoyens pauvres avait été repoussée. L'impôt tel que le concevaient ses créateurs, Condorcet et Vergniaud, était réel et proportionnel.

L'histoire de l'impôt personnel sur le revenu étant ainsi faite à travers les âges et dans les principaux pays du monde, M. Jules Roche prit corps à corps le principe du projet du Gouvernement amendé par la Commission et n'eut pas de peine à le mettre à terre, en s'appuyant notamment sur les conclusions du rapport de la Direction générale des contributions directes consacré à l'essai d'application des deux projets soumis à son enquête et dont nous avons donné l'analyse.

Le projet du Gouvernement était un chef-d'œuvre de mécanisme fiscal. Mais il était inapplicable. Aussitôt qu'on passait de la théorie à la pratique, des difficultés considérables, multiples, se dressaient devant l'administration. Autant de contribuables, autant de revenus à évaluer, autant de contestations, d'inquisitions, de procès. Dans quelle catégorie placerait-on chaque contribuable? Et quels moyens aurait-on à sa disposition pour le faire? Il n'en était pas de certain, pas même l'indice du loyer. Il était impossible d'établir un rapport exact entre le loyer et le revenu, et l'on avait la prétention d'appliquer, à une évaluation si imparfaite du revenu ainsi obtenue, une quotité brutale, progressive! 5 et 6 décembre).

Le rapporteur de la Commission, M. Renoult, défendit le projet avec conviction et avec ardeur :

Il retraça l'histoire de l'impôt sur le revenu à travers les discussions parlementaires; il s'arrêta tout spécialement aux décisions prises par la Chambre en 1896; le projet les reproduisait à peu près, sauf sur un point : la taxe d'habitation. Mais la coexistence de cette taxe avec la taxe graduée sur le revenu ne modifiait pas le caractère principal de la réforme qui pouvait se résumer ainsi : personnalité de l'impôt, progression, décla-

ration facultative. Il essaya de prouver, contre M. Jules
Roche, que l'impôt sur le revenu n'était pas contraire
aux principes de la Révolution française et que dans
quelques Etats de second ordre, tels que la Suisse et la
Norwège, il fonctionnait tant bien que mal.

C'était à tort que l'on avait parlé de vexation, de spoliation ; le projet en effet assurait aux contribuables le
droit de réclamer contre les taxations qui les frappe-
raient. D'autre part, les résultats de l'enquête de l'administration au point de vue de la perception du nouvel
impôt ne l'effrayaient pas : on aviserait au surplus à
donner à l'administration les moyens d'atteindre les
revenus qui se dissimuleraient. Si le projet surchargeait
un peu les grandes villes et en particulier Paris, c'était
parce que les grosses fortunes s'y trouvaient concen-
trées. Par contre, les campagnes étaient dégrevées de
40 p. 100. Les charges de l'ensemble des contribuables
n'étaient pas accrues ; elles étaient déplacées.

Le projet laissait dans les rôles sept millions de contribuables ; il en exemptait deux millions qui venaient
s'ajouter aux deux millions déjà exonérés ; de telle
sorte que, sur onze millions de chefs de famille, quatre
millions seraient exemptés. La réforme était donc
démocratique ; elle était mûre ; la Chambre devait la
voter.

M. Coutant, député ouvrier, dénonça l'impôt
projeté comme injuste ; non seulement il n'épargnait
pas les salaires des ouvriers, mais il les frappait
inégalement.

Voulez-vous un exemple de l'injustice du projet de la
Commission, dit-il ? Prenez deux ouvriers du même
département, la Seine : l'un habitant Saint-Denis et
l'autre Ivry et gagnant le même salaire. Celui qui habite
Ivry payera l'impôt ; l'autre ne payera rien, Saint-Denis,
en raison de la population, étant dans une autre catégorie qu'Ivry (2 décembre .

La séance du 13 décembre fut très intéressante.

M. Caillaux et M. Rouvier vinrent tour à tour
défendre à la tribune deux systèmes d'impôts sur le
revenu bien différents, et, par conséquent. deux
politiques opposées, tout système fiscal étant, comme
le dit très justement M. Caillaux, l'expression d'une
politique.

M. Caillaux avait présenté, au mois d'avril 1900,
un projet d'impôt sur le revenu basé sur la taxation
administrative tempérée par la faculté, pour le contribuable, de la déclaration avec preuves à l'appui.

La première partie de son discours fut consacrée
à l'étude des divers systèmes de fiscalité de la Révolution : il arriva à cette conclusion que la Consti-
tuante et les assemblées qui suivirent ava ent considéré que la terre, source de toutes richesses, devait
être la source des impôts.

Dans la seconde partie, il fit la critique du projet
en discussion :

Que propose aujourd'hui le Gouvernement? dit-il en
résumé. La suppression de la contribution personnelle
mobilière et de l'impôt des portes et fenêtres.

La première question qui se pose est de savoir qui
va être dégrevé et qui va être chargé. Quelles sont donc
les catégories de citoyens qu'atteignent ces deux impôts? La personnelle mobilière atteint la généralité des
citoyens; l'impôt des portes et fenêtres pèse sur les
propriétaires, les locataires et les patentés. La conséquence de la réforme demandée est que la généralité
des citoyens va payer la part des propriétaires et des
patentés. Quant aux patentés, quels seront les plus
dégrevés? Les grands magasins, les usines aux fenêtres
et aux portes innombrables.

On propose d'établir deux taxes : une taxe sur les
loyers et une sorte d'impôt de capitation. Dans les campagnes, où le loyer n'est pas en rapport avec le revenu,
la première taxe donnera, pour des revenus semblables,

des impositions très variables et par conséquent très
injustes. Dans les grandes villes, où il est démontré
que celui qui a 3.000 francs de revenu dépense propor-
tionnellement plus pour son loyer que celui qui a
100.000 francs de revenu, on voit combien les pauvres
seront surchargés, si la taxation est uniforme.

Quant à la seconde taxe qui doit corriger l'effet de la
première, comment sera-t-elle établie ?

Pour les ouvriers, ce sera facile, on connaîtra à peu
près leur salaire exact. Pour les fermiers et les mé-
tayers, c'est-à-dire pour les bénéfices agricoles, l'embarras commencera. Il est probable qu'on prendra un
signe extérieur, la rente foncière, c'est-à-dire une pré-
somption. Il en sera de même pour les bénéfices commerciaux, on aura recours à un signe extérieur, ce sera
une seconde patente.

Dans les villes, l'impôt sur le revenu est, en réalité,
une seconde taxe sur le loyer. Or, il n'y a pas de proportion entre le chiffre des petits loyers et le revenu.
Pour ceux-ci le coefficient est trop élevé ; il ne l'est pas
assez pour les gros.

Le *statu quo* n'est pas une solution ; l'ancien système,
s'il a des qualités, a aussi des défauts considérables : il
répartit très inégalement les charges fiscales ; il est
perçu sur le fonds même de la fortune publique et non
sur ses produits ; que le commerçant fasse de bonnes
ou de mauvaises affaires, il paye toujours de même.

Que faire alors ? L'Angleterre nous a montré la voie :
dans son système on prend le revenu à sa source ; c'est
le système des taxes, le système cédulaire ; il n'oblige
pas à la déclaration générale ; il écarte les signes extérieurs.

La question se pose ainsi, dit M. Caillaux en terminant : il faut faire ou l'impôt sur la fortune tel que le
proposent les socialistes ou l'impôt par cédules ; tout ce
qu'on fera en dehors de cela ne sera qu'une œuvre
précaire et insuffisante.

Le ministre des finances, M. Rouvier, exposa qu'il
avait cru de son devoir de ne pas laisser à son successeur le soin d'introduire dans notre régime fiscal

l'impôt sur le revenu, dont, à vrai dire, il n'était pas
le seul à avoir pris l'initiative, puisque, avant lui,
MM. Burdeau, Ribot, Doumer, Cochery, Caillaux,
en avaient fait l'objet de projets du Gouvernement.

J'avais à choisir entre deux systèmes; j'ai repoussé
le système cédulaire qui eût atteint la rente, ce qui
aurait été la plus grave des imprudences.

Ayant été conduit à l'impôt sur le revenu, j'ai eu la
préoccupation d'établir mon projet sur une base assez
large pour que le législateur n'eût pas la tentation de
l'exagérer. J'avais fixé le point de départ à 500 francs;
la Commission l'a porté à 750 ; je me suis incliné parce
que je n'ai jamais eu la prétention de faire seul la loi.

On voudrait des exemptions en faveur d'une certaine
classe, en faveur des ouvriers, des employés. Est-ce
digne de la démocratie? Je prétends que tout citoyen
doit contribuer, dans la mesure où il le peut, aux oscil-
lations de la fortune publique. J'admettrai même très
bien qu'on établisse une sorte de taxe civique, si
minime soit-elle.

Le système progressif n'est pas une innovation.
M. Ribot l'avait, lui-même, proposé.

On préférerait le système de la déclaration à celui de
la taxation. Ce système fonctionne très bien en Italie
et, personnellement, je n'y suis pas opposé. En effet si
nous n'imposons pas la déclaration au contribuable,
nous lui laissons la faculté d'y avoir recours lorsqu'il
se croira mal taxé.

Je ne m'attarderai pas aux détails du fonctionnement
de la loi. Votez le principe; c'est tout ce que je vous
demande. Car il n'est pas de concession que nous ne
soyons prêts à faire.

... Comme le disait dans une formule pittoresque
M. Luzzati, en Italie, il n'est pas possible de faire des
économies, quand on augmente sans cesse les dépenses.
On nous dit, faites des économies. Mais quand il s'agit
de voter des lois de dépenses, comme celle sur l'assistance des vieillards, on trouve l'unanimité de la
Chambre. Il n'en est pas de même pour les lois de
recettes.

Récemment, j'ai dû céder devant les instances de mon collègue du commerce, à propos des réclamations de la marine marchande. Les modifications à la loi se traduiront par une dépense de 80 millions, répartis sur quatre années.

Il est encore un problème dont je dois dire un mot à la Chambre. C'est celui des retraites ouvrières, et je reconnais que la République française ne peut moins que faire pour ses travailleurs que l'empire allemand n'a fait pour les siens. Il faudra au moins 350 millions, répartis sur cinquante années. Pourrez-vous les trouver sans modifier le système des contributions actuelles ?

Quel est le cerveau humain, je ne dis pas parlementaire, qui prétendra trouver cette somme, avec la traditionnelle formule : « Ni impôts, ni emprunts »? Il faudra donc chercher des ressources. Où les trouvera-t-on? Est-ce en augmentant les droits sur les tabacs? Sur les cafés? Sur les sucres? Vous savez bien que ce n'est pas possible. Il n'y a plus rien qu'on puisse frapper, dans les impôts indirects. C'est ainsi que j'ai été amené à chercher une modification de notre régime fiscal. Je l'ai fait avec timidité.

Pour M. Puech, il n'y avait pas de véritable impôt sur le revenu global sans déclaration contrôlée par une Commission administrative. Le projet, ne réalisant pas cette condition, n'était pas acceptable pour lui. Cependant, il offrait à ses yeux deux avantages : celui d'établir, pour la première fois, dans notre législation, le principe que chaque citoyen devait une contribution suivant ses facultés, et celui de substituer le système de la quotité au système de la répartition. Mais ces avantages de principe ne suffisaient pas pour compenser les iniquités que la réforme infligerait, dans son application, aux contribuables de Paris. En réalité, le projet surchargeait lourdement les petits contribuables ; il constituait donc une mystification.

M. Caillaux s'était déclaré partisan du système anglais, M. Rouvier du système prussien : M. Ribot défendit le système français en ces termes :

Notre régime fiscal peut donner tous les ans 600 millions par un simple mouvement automatique. En Allemagne, l'impôt direct ne produit que 260 millions. Notre régime a le grand avantage de saisir toutes les sources de revenus. Il a fait ses preuves, et quelles preuves ! Et vous allez commettre l'insigne imprudence de l'ébranler !

Le moderniser, fort bien ! C'est ce qu'on a fait pour les patentes, qu'il y aurait peut-être lieu de remanier encore, en distinguant entre le travail et le capital.

L'impôt foncier est mal réparti ; est-ce une raison pour le transférer aux communes ? Pourquoi ne pas réviser l'évaluation des parcelles de la propriété non bâtie ?

De 1891 à 1901, l'impôt en principal de la propriété bâtie s'est élevé de 66 à 73 millions ; de 1894 à 1904, la patente a vu son produit passer de 79 à 87 millions ; dans le même temps, la contribution mobilière a progressé de 67 à 73 millions et les portes et fenêtres, cette contribution si décriée, ont donné 49 millions au lieu de 44 millions. Ne disons donc pas que notre système d'impôts directs manque de souplesse et d'élasticité, alors qu'en dix années, il a donné des augmentations d'environ 10 p. 100. En Angleterre, où la progression de la population est plus rapide que chez nous, c'est dans une période de huit à neuf années que la même avance de 10 p. 100 a été réalisée.

On préconise l'income-tax. Mais Gladstone n'a-t-il pas déclaré que, si on lui donnait les patentes, il ferait bon marché de l'income-tax ?

En Italie, l'impôt sur le revenu n'a abouti qu'à des mécomptes. Fondé sur la déclaration, il a glissé entre les mains du collecteur, et on a été obligé de l'augmenter à mesure que la fraude augmentait. D'où il résulte clairement que les honnêtes gens ont payé pour les autres.

Toutes les Chambres de commerce se sont prononcées contre le système de la déclaration.

... La Chambre votera le passage à la discussion des articles, cela est certain ; mais quand il faudra discuter ces articles, c'est là où nous vous attendons.

Votre projet est, en effet, inacceptable. Quand on fait l'impôt global, il faut aller jusqu'au bout, et si vous allez jusqu'au bout, vous ferez une œuvre inquisitoriale comme en Prusse.

Au lieu de montrer l'impôt sur le revenu comme un impôt destiné à des dépenses nouvelles, vous devriez vous rappeler que la vraie réforme fiscale, c'est de réduire les dépenses.

... Je me souviens du temps où M. Rouvier, ministre des finances, combattait l'impôt sur le revenu, où il disait qu'il le combattrait toujours, chaque fois qu'il se présenterait devant la Chambre, parce qu'il le considérait comme contraire aux intérêts vitaux de notre pays. S'il a modifié son opinion, libre à lui ; nous, nous restons fidèles à nous-mêmes, à notre programme qui était aussi le vôtre, monsieur le ministre. Nous restons donc d'accord avec vous-même, et nous vous soutiendrons contre vous-même jusqu'au bout (19 décembre).

L'abbé Lemire estimait que le système proposé n'était pas démocratique, et comportait dans son application plus d'injustice que l'ancien.

M. Veber trouvait le projet insuffisant, du moment où il ne procurait pas les ressources nécessaires pour assurer le fonctionnement des retraites ouvrières.

La discussion générale étant close, la Chambre décida, par 404 voix contre 82, de passer à la discussion des articles.

Au préalable, M. Ribot avait déclaré qu'il ne s'opposerait pas à ce vote, sans pour cela adhérer au projet du gouvernement ; mais il voulait que la Chambre entrât dans l'examen du détail ; elle verrait alors que le rejet s'imposait (20 décembre).

La discussion du budget devant absorber, et au

delà, les dernières séances de l'année 1904, l'examen des contre-projets et des articles fut renvoyé à la session ordinaire de 1905.

LES PATENTES

La loi des patentes, en discussion depuis 1875 (voir année 1903, page 86), fut à nouveau examinée par le Sénat dans ses séances des 2 mai, 3 et 7 juin.

IV

LOIS DISCUTÉES ET VOTÉES

EN 1904

Nous ne parlons bien entendu, dans ce volume, que des lois présentant un intérêt spécial au point de vue politique. Les lois fiscales ont été examinées dans le chapitre : *questions budgétaires* ; celles relatives à l'*enseignement* font l'objet d'un chapitre spécial.

LE SERVICE DE DEUX ANS

Le 12 juin 1903, le Sénat avait voté en seconde lecture le projet réduisant à deux années la durée du service dans l'armée active voir année 1903, pages 89 et suivantes.

La Commission de l'armée de la Chambre apporta au texte du Sénat d'importantes modifications dont voici les principales :

Création de commissions chargées d'examiner les conscrits avant le conseil de revision au point de vue

de leurs aptitudes; élévation des allocations accordées
aux familles nécessiteuses des recrues; obligation pour
les élèves de Polytechnique et de Saint-Cyr d'accomplir
un stage de *deux* ans dans un régiment avant leur
entrée à l'école; nouvelle composition des listes de
recrutement; rétablissement de la taxe militaire; faculté
donnée aux chefs de corps de dépasser le maximum
de trente jours fixé par le Sénat pour les permissions
à accorder pendant le service actif; avancements et
sursis d'appel pour les jeunes soldats comme pour les
réservistes et territoriaux; indemnité journalière de 1
franc aux familles dont les soutiens indispensables
seraient convoqués pour des périodes d'instruction,
augmentée d'autant de fois 25 centimes que le réser-
viste ou le territorial aurait d'enfants; réduction des
périodes d'instruction à 17 jours pour les réservistes
et à 7 jours pour les territoriaux; réduction du nombre
des sous-officiers rengagés aux deux tiers (au lieu des
trois quarts) de l'effectif total des sous-officiers, au tiers
pour les caporaux, et pour les simples soldats aux 8
p. 100 de l'effectif de mobilisation dans les troupes à
pied et aux 15 p. 100 dans les troupes à cheval; avantages spéciaux aux militaires de l'armée coloniale dans
l'attribution des emplois civils; réduction de la présence sous les drapeaux à une année pour les
jeunes gens du contingent algérien et tunisien justifiant d'une instruction suffisante; mise en vigueur de
la loi au 1ᵉʳ janvier suivant sa promulgation.

La discussion du rapport qui avait été confié à
M. Berteaux fut précédée d'une interpellation de
M. Millevoye « sur la situation de l'armée » dont la
discussion ne présenta aucun intérêt et se termina
par le vote de l'ordre du jour pur et simple (24 mai).

La discussion du texte de la Commission commença le 26 mai.

Partisan de l'égalité du service pour tous, le
colonel Rousset ne pouvait cependant accepter un
projet qui frappait les familles nécessiteuses d'une

façon trop lourde, notamment en les privant de leurs soutiens et en supprimant les congés pour les travaux agricoles. Il laissait en suspens la question des cadres. Enfin et surtout il lui paraissait devoir affaiblir l'armée et n'être qu'une étape vers la substitution des milices à l'armée régulière.

M. Gervais croyait que le délai d'une année bien employée était suffisant pour faire un bon soldat; à plus forte raison le délai de deux années.

M. Guyot de Villeneuve était persuadé que le projet entraînerait une réduction des effectifs et une augmentation de dépenses.

M. Messimy fit un intéressant exposé des questions techniques de la solution desquelles dépendait, suivant lui, le succès de la réforme. Il fallait faire de notre armée « une armée véritablement républicaine, une armée moderne qui serait la sauvegarde forte et puissante de notre honneur et de notre liberté. »

A la séance du 30 mai, M. Delafosse exposa le système qui avait ses préférences : une armée de professionnels, destinés à encadrer fortement les troupes de mobilisation et à constituer une solide armée de première ligne, ce qui permettrait de réduire à une année le temps de service des non-professionnels.

M. Gouzy contesta la supériorité des armées de professionnels.

M. Krantz n'était pas un défenseur de la loi de 1889 qui avait consacré trop d'inégalités notamment les dispenses dont il voulait la suppression. L'un des écueils du service de deux ans serait, outre ses rigueurs, la difficulté de recruter des cadres sans qu'il en résultât des charges trop lourdes pour le

Trésor. Son complément indispensable aurait été une bonne loi sur les cadres qui, en assurant leur recrutement, aurait permis de songer à une réduction à dix-huit mois du temps de service actif.

La séance du 31 mai fut occupée par le discours du rapporteur, M. Berteaux. Après avoir retracé l'histoire des armées de la Révolution, du premier empire, de la monarchie de Juillet et du second empire, il en tira cette conclusion :

En 1870, c'est une armée composée de soldats de métier qui a été vaincue par une armée de soldats à court terme, et l'honneur de la France a été sauvé par les 600.000 hommes levés et armés par Gambetta.

Si l'armée de métier est forcément insuffisante pour défendre le pays, il faut reconnaître que la nation armée ne s'improvise plus ; la guerre moderne est trop foudroyante pour laisser le temps d'instruire les recrues.

La loi de 1872 a bien consacré le principe du service obligatoire, mais cette obligation n'était pas égale pour tous, puisque les uns faisaient cinq ans de service et les autres un an.

La loi de 1889 n'est pas davantage une loi d'égalité puisque grâce au système des dispenses les prolétaires seuls font trois ans de service.

Il est temps de faire une loi d'égalité, dont la première disposition doit comporter la suppression des dispenses conditionnelles et aussi celle des dispenses légales, en remplaçant ces dernières, lorsqu'il s'agira de nécessiteux, par des indemnités forfaitaires.

Les autres dispositions de la loi assureront l'instruction rapide des soldats et la constitution d'un cadre homogène de sous-officiers. Les rengagements et la diminution des permissions permettront d'avoir des effectifs supérieurs à ceux de la loi de 1889.

Enfin, l'augmentation des dépenses incombant à l'État n'excèdera pas 13 millions 1 2, ce qui n'a rien d'excessif.

Le général André, ministre de la guerre, formula certaines réserves quant à la réduction à dix-sept jours des périodes d'instruction des réservistes : il proposa vingt et un jours ; il acceptait par contre la réduction à sept jours pour les territoriaux. Il se séparait également de la Commission sur les questions suivantes : primes aux rengagés de quatre et cinq ans qu'elle proposait de supprimer ; devancements d'appel qu'elle autorisait et qui introduiraient dans l'armée des éléments trop jeunes ; stage des élèves des écoles militaires qu'il demanda de limiter à un an.

M. Jaurès constata que le principe du service de deux ans ne rencontrait presque plus d'adversaires. Ce n'était à son avis qu'une étape vers une nouvelle réduction ; encore fallait-il la franchir le plus rapidement possible et pour cela le mieux était de voter le texte du Sénat, sans modification.

Une motion de M. Guyot de Villeneuve, tendant à ce que le Conseil supérieur de la guerre fût consulté avant la clôture de la discussion, fut écartée par 335 voix contre 223.

L'urgence fut déclarée par 495 voix contre 22 (2 juin).

Le contre-projet de M. Vaillant tendant à la substitution de milices à l'armée régulière fut repoussé par 506 voix contre 68.

M. Cunéo d'Ornano développa un contre-projet dont il était l'auteur, basé sur l'organisation du service d'un an avec un système d'engagements et de réengagements ; il n'en fallait pas moins de 70.000 par an, pour assurer le fonctionnement de ce système.

Pouvait-on espérer en trouver un aussi grand

nombre? M. Tournade et M. Berteaux ne le croyaient pas. Pouvait-on, en une année, donner aux recrues une instruction militaire solide? Le général André affirma que non (6 juin).

M. de Montebello, sans être partisan du contre-projet Cunéo d'Ornano, estimait qu'il fallait en retenir cette idée que la porte devait rester largement ouverte aux engagements et aux réengagements, afin de constituer un fort noyau de sous-officiers et de soldats éprouvés pour encadrer les jeunes troupes. L'étude de cette question aurait dû précéder la discussion de toute mesure réduisant le temps de service.

Le renvoi du contre-projet Cunéo à la Commission fut repoussé par 433 voix contre 135 (7 juin).

L'article premier et les premiers mots de l'article 2, dont la rédaction était identique à celle du Sénat, furent adoptés : « Tout Français doit le service personnel. » « Le service militaire est égal pour tous. »

La suite comportait une modification au texte du Sénat : « Hors le cas d'incapacité *absolue*, il ne comporte aucune dispense ». Le mot *absolue* avait été introduit par la Commission.

MM. Klotz et Sembat insistèrent pour que la Chambre ne suivît pas la Commission. Toucher au texte du Sénat, c'était vouer la réforme sinon à un échec, du moins à un retard qui provoquerait dans la démocratie de vifs et légitimes mécontentements. Le général André vint à la rescousse en rappelant combien laborieux avait été le vote au Sénat de cet article 2 qui supprimait les dispenses; certaines innovations de la Commission ne seraient jamais ratifiées par cette assemblée. Mais M. Guyot-

Dessaigne ayant dit que ce qui était demandé à la Chambre, c'était l'abdication de ses droits, le maintien du mot *absolue* fut voté par 437 voix contre 133.

Un amendement de M. Balitrand tendant à accorder des dispenses aux soutiens indispensables de famille fut repoussé par 367 voix contre 207, comme contraire au principe d'égalité (7 juin)

Sur l'article 5. M. Rouanet réclama, sans succès, la suppression des bataillons d'Afrique; mais, à la demande de M. Guyot-Dessaigne, il fut décidé que les condamnés ayant bénéficié de la loi de sursis n'y seraient pas envoyés (9 juin .

L'article 16 innovait : il prévoyait la création d'une Commission d'examen préparatoire dont les opérations, préparant celles du conseil de revision. donneraient la garantie d'un examen physique préalable ; il fut adopté.

Sur l'article 17 relatif à la composition et au fonctionnement des conseils de revision. la Chambre accepta un second amendement de M. Balitrand autorisant l'examen spécial et séparé de tout conscrit qui en ferait la demande 13 juin .

Deux amendements, l'un de M. Krautz sur l'article 18, l'autre de M. Lasies sur l'article 20, et tendant à créer des dispenses au profit des soutiens de famille indispensables dans certains cas déterminés, furent repoussés à d'énormes majorités 15 juin .

Sur l'article 20, les amendements de M. Vazeille et de M. Roger Ballu, tendant à substituer au taux uniforme des indemnités allouées aux familles nécessiteuses. dont les soutiens seraient appelés sous les drapeaux. des indemnités graduées. furent repoussés. M. Bouveri fit réduire la part contributive

des communes à ces indemnités de 10 à 5 p. 100
et celle des départements à 10 p. 100 ; celle de
l'État se trouva par suite fixée à 85 p. 100. Le
taux de l'indemnité à laquelle les familles inté-
ressées auraient droit fut arrêté à 0 fr. 75 par jour,
avec cette restriction que le nombre des bénéficiaires ne pourrait excéder 8 p. 100 du contingent.
Quant aux militaires qui, étant sous les drapeaux,
acquerraient la qualité de soutiens indispensables,
ils pourraient conférer à leurs familles le même
droit, mais seulement jusqu'à concurrence de 2 p.100
du contingent (16 et 20 juin).

Faculté fut accordée aux étudiants d'obtenir des
sursis d'incorporation jusqu'à vingt-cinq ans
(art. 21 et 22). Par 311 voix contre 264, l'obligation fut imposée aux élèves de Polytechnique et de
Saint-Cyr de contracter un engagement de quatre
ans et de faire dans un régiment, avant leur entrée
à l'école, un stage de deux ans (20 juin).

L'article 32 était ainsi conçu :

Tout Français reconnu propre au service militaire
fait partie successivement : de l'armée active pendant
deux ans; de la réserve de l'armée active pendant
onze ans; de l'armée territoriale pendant six ans. Le
service militaire est réglé par classes. L'armée active
comprend, indépendamment des hommes qui ne proviennent pas des appels, tous les jeunes gens déclarés
propres au service militaire armé et auxiliaire, et faisant partie des deux derniers contingents incorporés.

M. Raiberti développa (20 et 21 juin) un amendement dont l'économie était la suivante : L'armée
active aurait compris dix classes : la première
année, on aurait fait dix mois de service; la seconde,
quatre mois ; pendant les huit autres années, chaque

année un mois de service. Combattu par M. Berteaux, l'amendement fut repoussé par 437 voix contre 99.

Un amendement de M. Krantz, combattu par le ministre qui invoqua des raisons d'ordre budgétaire et par le rapporteur qui estimait qu'il faisait échec au principe du service de deux ans, fut également repoussé à une énorme majorité. Il était ainsi conçu :

Si l'effectif prévu par la loi des cadres n'est pas atteint, le ministre est autorisé à conserver sous les drapeaux le nombre d'hommes appartenant à la disponibilité nécessaire pour le compléter au chiffre fixé par ladite loi, au moyen d'un tirage au sort effectué dans chaque corps de troupe, en premier lieu parmi les hommes non classés comme soutiens de famille et, subsidiairement, en cas d'insuffisance, parmi les hommes appartenant à cette catégorie.

Un amendement de M. de Montebello prévoyant le cas où l'effectif budgétaire serait dépassé et autorisant alors le ministre à renvoyer par anticipation le nombre d'hommes nécessaire pour le ramener au chiffre budgétaire fut repoussé par 342 voix contre 212.

L'ensemble de l'article 32 fut voté par 516 voix contre 2 (21 juin .

L'amendement suivant de M. Messimy réglant la question des soldats-ordonnances fut adopté à la presque unanimité de la Chambre :

Les soldats, sous les drapeaux, ne peuvent, en aucun cas, être distraits du service militaire effectif pour être affectés de façon exclusive aux fonctions de soldat-ordonnance.

Le rôle des soldats-ordonnances est strictement borné au service propre des officiers auxquels ils sont attachés, à l'entretien de leurs armes, de leur harnachement et de leur monture. Ils ne peuvent pas être

dispensés de suivre la marche de l'instruction et doivent être pris parmi les hommes ayant accompli au
moins une année de service (23 juin .

L'article 38 posait la question du « rabiot » : les
jeunes soldats ayant subi des punitions de prison ou
de cellule d'une durée supérieure à huit jours pouvaient être maintenus au corps après la libération
de leur classe, pendant un nombre de jours égal aux
punitions subies. Les socialistes, par l'organe de
MM. Fournier et Thivrier, en demandèrent purement et simplement la suppression. Combattu par le
général André, l'amendement des socialistes fut
repoussé par 428 voix contre 147; et l'article fut
adopté après addition d'un amendement de M. Sabatier, réduisant la durée du « rabiot » à la moitié du
nombre des journées de prison.

Il fut décidé que la situation des membres du
Parlement en cas de mobilisation ferait l'objet
d'une loi spéciale.

M. Bignon et M. Rouland demandèrent le rétablissement d'un paragraphe adopté par le Sénat et
supprimé par la Commission : « Les étudiants en
médecine et en pharmacie et les élèves ecclésiastiques sont versés dans le service de santé. » La suppression fut maintenue par 349 voix contre 212.

La question des périodes d'instruction pour les
réservistes et les territoriaux vint à l'article 41. La
Commission avait réduit les deux périodes de 28 jours
à 15 jours et la période de 13 jours à 7. Elle était en
désaccord avec le ministre de la guerre qui aurait
voulu vingt et un jours pour les réservistes.

Un premier amendement de M. Bouveri, demandant que les réservistes ne fussent assujettis qu'à une

seule manœuvre de quinze jours, fut repoussé par
355 voix contre 224.

Le chiffre de vingt et un jours fut repris par
M. Guyot de Villeneuve. Malgré une intervention
du général André, la commission maintint son texte ;
la Chambre le ratifia par 374 voix contre 186
(27 juin . Elle alla plus loin en ce qui concernait
les périodes d'appel de l'armée territoriale: par
346 voix contre 224, elle en décida la suppression
pure et simple.

Puis, sur proposition de M. J.-L. Breton, elle précisa que les périodes d'appel des réservistes —
celle des territoriaux n'existant plus — ne coïnci-
deraient jamais, pour les cultivateurs et les travailleurs des campagnes, avec les époques des
moissons et des vendanges; sur la proposition de
M. Arnal, qu'en aucun cas elles n'auraient lieu au
cours des périodes électorales; sur la demande de
M. Maure, enfin, que les réservistes mariés auraient
le droit de faire leurs « 15 jours » dans le corps de
leur arme le plus rapproché de leur domicile
28 juin .

Sur l'article 59, qui fixait le maximum des rengagements voir page 40 . M. de Montebello défendit un amendement d'après lequel le chiffre des
engagements et rengagements aurait été déterminé,
chaque année, pour chaque corps de troupe, par
arrêté ministériel, avant l'incorporation de la classe
nouvelle, de façon que la constitution des cadres
dans les formations de réserves correspondantes
fût assurée. M. Berteaux combattit l'amendement.

La Commission, dit-il, a entendu ne déterminer que
des maxima, dont le ministre de la guerre devra se

rapprocher le plus possible, afin d'éviter, dans les
réserves, des excédents de grades, qui auraient l'inconvénient de priver les formations de guerre des meilleurs éléments de la nation armée.

L'amendement fut repoussé par 353 voix contre
219.

La question des emplois civils fut réglée dans les
conditions où elle l'avait été par le Sénat (30 juin
et 4 juillet).

Le temps de service pour le contingent colonial
fut fixé à six mois (article 90).

Le Sénat avait astreint les jeunes gens du contingent algérien au service de deux ans. Le général
André aurait voulu que la Chambre ratifiât cette disposition. Mais M. Étienne et M. Messimy, d'accord
avec la Commission, proposèrent de réduire pour
les Algériens le temps de service à une année, sous
la condition qu'ils séjourneraient dans la colonie
jusqu'à leur passage dans la territoriale ; ils firent
valoir que cette exception s'imposait si on ne voulait pas que l'élément français qui ne comptait que
150.000 représentants fût submergé par l'élément
étranger qui comptait 450.000 colons. La Chambre
leur donna raison par 334 voix contre 235.

Pareille disposition fut votée en ce qui concernait
le contingent tunisien.

Sur l'article 96 on adopta un amendement de
M. Breton rendant la nouvelle loi applicable aux
soldats présents sous les drapeaux au moment de sa
promulgation.

L'article 97, tel que l'avait rédigé la Commission,
fixait la mise en vigueur de la loi au 1ᵉʳ janvier qui
suivrait sa promulgation. Le général André demanda à la Chambre de reprendre le texte du Sénat,

c'est-à-dire de décider que la loi entrerait en vigueur deux ans après sa promulgation.

M. Berteaux répondit :

Quand le Sénat a adopté son texte, il avait surtout en vue le temps nécessaire pour réaliser le nombre prévu de sous-officiers rengagés. Il n'y en avait alors que 23.000. Depuis, la situation a changé ; il y a 25.300 sous-officiers rengagés. On peut y ajouter les 2.000 qui sont prêts à passer dans le cadre fixe et permanent, ce qui fait 27.300, alors que la loi en prévoit 28.000 et quelques centaines.

Le texte de la Commission fut voté par 491 voix contre **72** (4 juillet).

Divers articles réservés furent votés dans la séance du **5 juillet**, notamment l'article 18 stipulant que **les réservistes** et territoriaux renvoyés depuis plus **de six mois** dans leurs foyers ne seraient pas passibles des tribunaux militaires et une disposition additionnelle à l'article 84 atténuant les pénalités encourues par ceux qui, à l'aide de manœuvres coupables, auraient empêché ou retardé le départ des jeunes soldats, lorsque ces délits auraient été commis par la voie de la presse ou par la parole.

L'ensemble de la loi fut voté par 517 voix contre 43 (5 juillet).

La loi militaire était à peine votée que M. Breton obtenait de la Chambre l'adoption d'une loi spéciale rendant immédiatement applicable le texte de l'article 41 comportant *la suppression des treize jours et la réduction à quinze jours des périodes d'instruction des réservistes.* Le général André ne résista que pour la forme (7 juillet).

Dans la même séance, M. Raiberti fit voter, malgré

l'opposition du ministre, une motion invitant ce dernier à appliquer le *recrutement subdivisionnaire*.

Par contre, une proposition de M. Coutant tendant à la *suppression du port d'armes* pour les militaires en temps de paix ne réunit que 48 voix.

LA RÉINTÉGRATION
DES OFFICIERS EN RÉFORME

La disposition essentielle de ce projet était contenue dans l'article 2 :

Un décret, rendu en Conseil des ministres, pourra déférer au *Conseil d'État* la décision qui aura mis un officier en réforme ou à la retraite d'office.

Le Conseil d'État, devant lequel l'officier pourra faire présenter des observations par le ministère d'un avocat, émettra un avis motivé après enquête.

Un nouveau décret rendu en Conseil des ministres et visant *l'avis du Conseil d'État* pourra réintégrer l'officier, soit dans son grade, soit dans le grade immédiatement supérieur.

M. de Montebello demanda qu'on substituât à l'avis du Conseil d'État l'avis d'un *Conseil d'enquête*.

Conseil d'enquête ou Conseil d'État ? C'était en somme la seule question sur laquelle il y eût divergence d'opinions dans la Chambre. En principe on était d'accord pour donner à l'officier mis en réforme la possibilité d'être réintégré dans l'armée. Mais MM. de Montebello, Noulens, Krantz et le colonel Rousset considéraient que la mise en réforme rentrait dans la catégorie de ces actes administratifs, dont l'appréciation échappe au Conseil d'État; de plus, ils craignaient que cette assemblée ne fût pas toujours à l'abri des influences politiques.

— Pardon, répliquèrent le général André, ministre de la guerre, et M. Vazeille, rapporteur, ce sont les conseils d'enquête qui ne savent pas se soustraire aux influences politiques.

L'amendement de M. de Montebello fut repoussé par 340 voix contre 237, et le texte de la Commission fut adopté.

M. Guyot de Villeneuve proposa de décider que la loi n'aurait pas d'effet rétroactif. C'était une loi de circonstance qui n'avait d'autre but que de permettre la réintégration du lieutenant-colonel Picquart. Son amendement fut rejeté par 359 voix contre 184.

Par 360 voix contre 171, le passage à une deuxième délibération fut adopté; l'urgence avait été repoussée à mains levées au début de la séance (11 février).

LE RACHAT DES RÉSEAUX DE L'OUEST ET DU MIDI

Une proposition émanant de l'initiative d'un adversaire systématique des grandes Compagnies de chemins de fer, M. Bourrat, et invitant le Gouvernement à procéder au rachat des réseaux de l'Ouest et du Midi, fit l'objet d'une discussion aussi longue que stérile, engagée d'ailleurs sans que les ministres compétents et responsables eussent été entendus par la Commission chargée de l'examiner (18, 19, 21, 25 et 26 janvier).

M. Bourrat édifia un ardent réquisitoire contre les Compagnies :

Elles ne remplissaient, affirma-t-il, aucun de leurs engagements : leur matériel était insuffisant, en mauvais état, et ne pouvait rendre les services que la défense nationale était en droit d'en attendre; le personnel était surmené et mal payé; les tarifs étaient exorbitants. Y avait-il lieu, dans ces conditions, à continuer le service de la garantie d'intérêt qui s'élevait annuellement à 10 millions 367.000 francs pour l'Ouest; à 5 millions 397.000 francs pour le Midi; à 5 millions 677.000 francs pour l'Orléans et à 6 millions 461.000 francs pour l'Est? Assurément non! car, d'une part, les Compagnies ne rembourseraient jamais les avances faites par l'État, puisque depuis 1883 l'Est n'avait remboursé que 14 millions 919.000 francs, et l'Orléans 7 millions 394.000 francs, soit un total de 22 millions environ pour une garantie d'intérêt de plus d'un milliard; d'autre part, le rachat, tout au moins pour l'Ouest et le Midi, pouvait s'effectuer sans verser aucune somme de capital, leur dette pour garantie d'intérêt se rapprochant sensiblement de la valeur de leur matériel, gage de la dette, ainsi que l'avait établi la Commission extra-parlementaire de 1896. Le rachat, dit M. Bourrat en concluant, se justifiait donc pleinement par les avantages financiers qui en résulteraient. De plus, l'exploitation des réseaux de l'Ouest et du Midi par l'État devait avoir pour conséquence une amélioration dans les services de ces réseaux.

Aux affirmations de M. Bourrat, M. Plichon répondit par des dénégations non moins catégoriques.

Les Compagnies disposaient d'un matériel suffisant pour faire face à toutes les nécessités de la mobilisation. Elles seraient en mesure, avant l'expiration de leur concession, de rembourser l'État. Et d'ailleurs, si le rachat était voté, les charges auxquelles les Compagnies étaient obligées de faire face demeureraient sensible-

ment les mêmes : l'État devrait les assumer ; la garantie
d'intérêt prendrait un autre nom, mais la dépense budgétaire resterait la même. Il y avait même des raisons
de prévoir qu'elle serait plus élevée. En effet l'État
pourrait-il résister aux demandes d'augmentation formulées par le personnel, lorsque ces demandes seraient
appuyées par des députés? Les résultats peu satisfaisants donnés par le monopole des tabacs et des télé-
phones n'autorisaient-ils pas à conclure que l'État était
un déplorable exploitant? On avait expérimenté l'exploitation des chemins de fer par l'État, en Allemagne,
en Suisse, en Autriche, en Italie et l'expérience avait
donné lieu à de graves mécomptes. Les chambres de
commerce françaises, en grande majorité, s'étaient
montrées hostiles au rachat. Le système proposé par
M. Bourrat apparaissait donc comme singulièrement
hasardeux et dangereux.

M. Lhopiteau, sans être partisan du rachat de
tous les réseaux, réclama la fusion du réseau de
l'Ouest avec celui de l'État, afin de donner à ce
dernier un réseau bien organisé sur lequel des amé-
liorations pourraient être utilement tentées. Et
puisque malgré les efforts faits par les hommes
éminents qui dirigeaient la Compagnie de l'Ouest,
celle-ci était obligée d'augmenter, chaque année, de
14 millions le chiffre de sa dette, il était bien clair
qu'elle serait hors d'état de faire face à ses charges,
lorsqu'en 1935, le service de la garantie d'intérêt
prendrait fin. L'État se trouverait alors dans la
nécessité absolue de racheter, mais dans des conditions bien plus onéreuses que s'il le faisait immédiatement.

M. Beauregard s'attacha à relever certaines erreurs
matérielles commises dans l'exposé de M. Bourrat;
la situation de l'Ouest certes était mauvaise; mais
cette raison n'était pas déterminante en faveur du

rachat qui ne remédierait pas à une situation qu'il était impossible de rendre bonne.

M. Janet, pour les mêmes raisons que M. Lhopiteau, était partisan du rachat de l'Ouest; il était au contraire hostile à celui du Midi, ce dernier réseau n'ayant avec l'État qu'un seul point de suture, à Bordeaux.

M. Modeste Leroy était d'un avis contraire et son opinion avait quelque valeur, la région qu'il représentait étant desservie par l'Ouest; cette Compagnie avait considérablement amélioré son service et la situation de ses employés depuis quelques années; au surplus qui pouvait envisager sans inquiétude le monopole des transports au profit de l'État quand on voyait la façon dont il exploitait les autres monopoles! Monopole signifiait : ni contrôle, ni responsabilités; il n'y avait pas d'exploitation qui, dans ces conditions, ne dût être forcément défectueuse.

M. Maruéjouls, ministre des travaux publics, après avoir démontré l'inanité des accusations qui consistaient à dire que certaines Compagnies, celle du Midi notamment, n'avaient pas le matériel suffisant pour assurer le transport des troupes et du matériel de guerre, en cas de mobilisation, examina s'il était possible de prévoir le coût de la liquidation à l'expiration du privilège des Compagnies.

L'inspection des finances déclarait que cela était impossible : non seulement on ne pouvait dire si les progrès des sciences industrielles n'entraîneraient pas dans cinquante ans une dépréciation du matériel mais il y avait de nombreuses difficultés sur l'interprétation à donner aux conventions; il fallait se garder de tou-

cher à ces questions si l'on ne voulait pas s'exposer au
danger de fournir des arguments contre l'État. On avait
dit que tout le monde gagnerait au rachat : l'État, les
agents des Compagnies, le public et les porteurs de
titres. En réalité ceux-ci étaient seuls assurés d'y
trouver un avantage, leur créance devant se trouver
consolidée par l'État; pour les agents et le public, le
doute subsistait; et quant à l'État, mathématiquement,
ses charges ne varieraient pas. Il y avait mieux
à faire que de préparer le rachat : c'était de provoquer
un remaniement des réseaux de l'Orléans, de l'Ouest
et de l'État de façon à améliorer la situation de ce
dernier; formé de la réunion de petits réseaux en
déconfiture, desservant des régions sans activité com-
merciale intense, il n'avait pu se développer et se
trouvait vis-à-vis des autres Compagnies dans une
dépendance telle qu'il avait dû renoncer à escorter les
marchandises provenant de chez lui et même à tarifer
chez lui. C'était la solution de ce problème qu'avait
cherchée le ministre. Des négociations étaient en
cours.

Voici où elles en sont, dit M. Maruéjouls, en terminant son discours.

En ce qui concerne l'Ouest, cession à l'État des gares
de Montparnasse et de Vaugirard; cession de la ligne
de Paris à Chartres par Gallardon; cession de la gare
de Chartres, de la ligne de Maintenon à Auneau et des
sections aux abords; cession à l'État de la ligne du
Mans à Saint-Nazaire, et de toutes celles au sud de cette
ligne; suppression de toutes restrictions aux droits de
tarification des marchandises dirigées sur Paris.

En ce qui concerne la Compagnie d'Orléans, cession
à l'État des lignes de la Basse-Loire et de la Basse-
Bretagne; maintien pour le réseau de l'État de sa gare
d'accès à Bordeaux; enfin, accord de principe sur les
conditions financières des cessions de lignes.

Laissez-nous continuer ces négociations. Quand elles
seront terminées nous vous apporterons le projet de
convention, mais ne votez pas un projet de rachat qui
ne réunirait pas, je le sais, de majorité dans l'autre
Chambre.

M. Sibille recommanda la prudence à ses collègues. Il fallait bien réfléchir avant de toucher à l'œuvre « remarquable » organisée par les conventions de 1883.

Elles ont confié à des Compagnies tout ce qui est, à proprement parler, du ressort des initiatives commerciales, dit en résumé M. Sibille ; elles ont réservé à l'État tout ce qui est du domaine du contrôle. Deux grandes forces sociales, l'association d'une part, l'État d'autre part, ont été unies, elles ont su combiner leurs efforts, de façon à sauvegarder tous les intérêts en présence. En fait, au fur et à mesure que s'accroissaient les recettes des anciennes lignes, et alors que les dividendes des actionnaires auraient dû logiquement s'enfler, l'État a su, par des conventions successives, assurer au pays la plus forte partie de ces plus-values. Elles ont été consacrées, moins à améliorer le revenu des actions, qu'à permettre le développement des réseaux par des concessions de lignes de plus en plus onéreuses, tout en laissant se produire des abaissements considérables de tarifs.

Retirant de la sorte aux Compagnies l'avantage exclusif des plus-values du trafic, grevant les exploitations de charges croissantes, pour un temps indéterminé, l'État a dû au moins ménager à ses associés un minimum de revenu : de là, le système de la garantie d'intérêts. Encore a-t-il stipulé que toute somme payée par lui, en vertu de cette garantie, le constituerait créancier des Compagnies, les payements n'ayant lieu qu'à titre de simples avances productives d'intérêts. Et les conventions de 1883 sont allées plus loin : elles ont établi la participation de l'État aux bénéfices des Compagnies, pour le cas où celles-ci, s'étant libérées des avances, ou bien n'en ayant pas reçu, se verraient en situation d'augmenter sensiblement leurs dividendes. Si bien que, en France, grâce aux conventions, l'État a le plus clair des profits de l'exploitation, sans en avoir ni les responsabilités, ni les risques.

M. Siegfried combattit les propositions de rachat

de l'Ouest et du Midi qui n'aurait été que « le pré-
lude du rachat total des chemins de fer ».

Ce rachat serait désastreux pour nos finances, non
seulement par les dépenses supplémentaires auxquelles
il entraînerait le budget, mais encore et surtout par le
fait que, dans cinquante ans, tout notre réseau doit revenir gratuitement à l'État. Dès maintenant, le produit
net des Compagnies de chemins de fer s'élève à environ
650 millions par an. La somme inscrite au budget de
1904 pour le payement des intérêts de notre dette consolidée 3 p. 100 s'élève à 665 millions ; nos budgets de
l'avenir ont donc en perspective une ressource importante qui pourra être consacrée soit à l'amortissement
de notre dette, soit à la diminution des charges qui
pèsent si lourdement sur les contribuables. Sans
compter que si rien ne vient troubler la situation actuelle, on peut estimer qu'au milieu du siècle le produit net de nos chemins de fer aura passé au moins de
650 millions à 1 milliard et probablement davantage...
Vainement dira-t-on que, si l'État opérait le rachat, il
pourrait faire lui-même cet amortissement. On sait trop
ce qu'il en est. Au moindre déficit, on ferait appel à ce
compte d'amortissement que l'on diminuerait du montant du déficit à couvrir.

M. Faillot signala la fragilité des calculs présentant la situation de l'Ouest comme désespérée.
Au surplus, M. Rouvier, dans une interruption,
protesta énergiquement contre ces calculs. De semblables appréciations « étaient de nature à porter
la plus grave atteinte au crédit » d'une Compagnie et par contre-coup à celui de l'État.

Le rapporteur de la Commission, M. Klotz, rappela le vote émis par la précédente Chambre, qui,
le 23 janvier 1902, à la majorité de 11 voix, avait
invité le Gouvernement à procéder au rachat des
réseaux de l'Ouest et du Midi.

Le ministre des travaux publics, continua M. Klotz, prétend qu'il ne peut faire arbitrer le matériel des Compagnies et établir leurs comptes avec l'État qu'après le vote d'une loi prescrivant le rachat. Erreur! cette opération doit être le préliminaire nécessaire du dépôt d'un projet de loi, et si la motion Bourrat était votée, le ministre devrait immédiatement y procéder.

La dette de la Compagnie de l'Ouest vis-à-vis de l'État est d'environ 374 millions; la valeur de son matériel roulant s'élève à 345 millions. Les deux éléments de ce compte se balançant à peu près, le moment est donc venu de faire le rachat, qui pourrait s'effectuer sans bourse délier.

Si les recettes doivent jusqu'à 1936 rester station-naires, il y a intérêt à racheter, la Compagnie ne pou-vant, avec des recettes stationnaires, arriver à rem-bourser une dette qui, à cette date qui est celle où les garanties d'intérêt ne joueront plus, atteindra la somme totale de 1 milliard 300 millions. Si elles doivent aug-menter, il faut également racheter, car cette augmenta-tion se produira aussi bien sous le régime de l'exploi-tation de l'État.

On objecte que le coefficient d'exploitation de l'État est élevé. Mais les autorités les plus sérieuses : M. Pi-card, M. Colson, reconnaissent que, pour établir la complète parité des coefficients d'exploitation, il faut, de toute nécessité, réunir des éléments exactement similaires.

Les travaux restant à faire sur l'Ouest s'élèvent à 109 millions. La part de l'État dans ce chiffre sera de 100.401.000 francs. Celle de la Compagnie n'atteindra que 10 millions. Encore, la garantie d'intérêt jouera-t-elle pour ces 10 millions.

Pour toutes ces considérations, le rachat s'impose, dit en terminant M. Klotz. Je vois, avec regret, le mi-nistre nous parler de négociations nouvelles, du rachat partiel de certaines lignes de l'Ouest et de l'Orléans. Rappelez-vous que tout rachat partiel est onéreux. Les Compagnies s'efforcent de garder les meilleures lignes, de passer à l'État les plus improductives. Le rachat partiel ne rendra pas l'État maître des tarifs. Que le rachat total de l'Ouest ait lieu, et vous verrez la Compagnie d'Orléans venir à résipiscence parce que ses recettes, de Tours à Landerneau, baisseront aussitôt.

Le ministre des finances, M. Rouvier, après avoir fait justice de la prétention des « rachatistes » d'incorporer la question du rachat dans le *credo* du programme républicain — 50 députés seulement l'avaient inscrit dans leur programme — signala les erreurs qu'on pouvait commettre dans les évaluations d'une semblable opération.

En Suisse, par exemple, on calculait, pour le rachat, 220 millions en tout. Le rachat a réellement coûté 301 millions; soit une majoration de 81 millions, les 35 p. 100 de l'évaluation. Établissez cette proportion pour les vingt-deux milliards des réseaux français et calculez l'énorme charge que d'imprudentes résolutions imposeraient au budget de la France.

Dans un éloquent plaidoyer applaudi au centre et à gauche, M. Rouvier défendit énergiquement les conventions de 1883.

On était au lendemain d'une crise financière qui avait ébranlé le crédit public: le plan de Freycinet s'ébauchait à peine; il exigeait encore 6 milliards 500 millions ; le budget, surchargé à l'excès, se compliquait de budgets extraordinaires, d'opérations de vicinalité et de constructions scolaires; tous les deux ans, l'État était obligé d'emprunter, la dette flottante atteignait un chiffre inquiétant. Il fallait donc ou renoncer à achever notre réseau de voies ferrées, ou traiter avec les Compagnies. On a traité.

On a adopté un système qui permettait de continuer les travaux publics avec l'appoint d'emprunts faits par les Compagnies. Ce système fonctionne depuis vingt ans, et je me demande à quel point l'esprit de parti dénature assez les choses pour qu'on ait tenté de le flétrir. Si je ne voulais pas oublier qu'on a appelé les conventions « scélérates », je dirais qu'elles ont été des conventions libératrices.

En voulez-vous la preuve? La rente était à 79 francs en 1883. Elle touchait le pair en 1892 et atteignait 103 et 104 francs quelques années après.

Dans cet intervalle, les Compagnies avaient construit 13.000 kilomètres de voies ferrées; elles avaient emprunté 3 milliards et amorti 1.850.000.000. Dites-moi s'il est un autre instrument, même doté de la garantie de l'État, qui eût pu permettre de semblables opérations sans émietter et abaisser le crédit public?

Nous avons fait tout cela, pendant que notre crédit s'élevait à un degré inconnu jusqu'alors. C'est cette opération qui nous a permis de réaliser ces trois conversions qui ont réduit la charge de la dette publique de 135 millions. Cette somme de 135 millions représente en capital 4 milliards. C'est comme si l'on avait diminué la dette nationale de 4 milliards par la réduction de l'intérêt qui la garantit.

On dit : « C'est le crédit de l'État ». Ce n'est certes pas moi qui ravalerai jamais le crédit de la nation française. Assurément, c'est le crédit de l'État. Mais le crédit de l'État, sagement administré, évoluant dans un milieu qui le fait échapper à toute tentation mauvaise, un crédit séparé de l'État-pouvoir, de l'État-entrepreneur.

C'est quelque chose qui ressemble à la précaution que prennent les constructeurs de navires qui, avant de lancer un vaisseau sur la haute mer, le divisent par des cloisons étanches. C'est la cloison étanche qui a sauvé, que dis-je? qui a grandi le crédit de la France. C'est la cloison étanche qui, si elle s'effondrait demain, ferait apparaître, à la place d'une dette de 30 milliards, une dette de 50 milliards, car il faudrait bien y joindre la dette des Compagnies.

Si les réseaux avaient été aux mains de l'État, de pareils résultats eussent été impossibles. Au surplus, dans les pays où l'exploitation par l'État fonctionne, les doléances les plus vives se font entendre.

Le budget est menacé de tous côtés. Que serait-ce si

la charge des chemins de fer lui incombait? Il n'aurait
pas à payer davantage, dit la Commission. Eh quoi!
l'Etat n'augmenterait donc plus les lignes? Il n'entre-
prendrait plus de travaux? La vérité, c'est qu'il serait
acculé à des dépenses considérables qu'il ne pourrait
point couvrir par des emprunts sans déprécier le crédit
public, et qu'il ne pourrait pas mettre en compte du
budget sans créer le déficit. Le concours des Compagnies permet d'éviter l'un et l'autre de ces dangers.

Mais, ajouta M. Rouvier, même si j'étais en présence
d'une situation financière tout à fait normale et favorable, je ne prendrais pas la responsabilité de convier
mon pays à se jeter dans l'inconnu, à tenter une telle
aventure. C'est qu'au-dessus des situations financières
qui varient, qui sont tantôt bonnes, tantôt mauvaises,
tantôt médiocres, il y a quelque chose de permanent,
de durable, c'est l'intérêt financier de l'Etat, et cet
intérêt veut qu'on tienne soigneusement séparées,
comme nous l'avons fait, depuis trente ans que la République existe, les finances de l'Etat-pouvoir et les
finances de l'Etat-industriel.

La bataille était gagnée, c'est ce que comprit le
président de la Commission, M. Doumer, qui, très
habilement, battit en retraite. Le rachat lui paraissait inoffensif; mais il pouvait être dangereux de
n'en pas laisser prendre l'initiative au Gouvernement; et en l'état la Chambre devait s'abstenir de
se prononcer sur les propositions de rachat : elle
n'avait pas davantage à donner son avis sur les
négociations engagées par le ministre des travaux
publics tant qu'elles n'auraient pas donné de résultat.

M. Maruéjouls ayant adhéré à cette manière de
voir, il n'y avait plus de débat.

Il n'y eut même pas de vote, la Commission
ayant réclamé le renvoi de toutes les motions déposées pendant la discussion, et le renvoi étant de

droit. C'était l'ajournement définitif, après combien
d'efforts dépensés en pure perte !

Dès le lendemain, la Commission consacrait cette
œuvre d'ajournement en décidant de ne pas entamer l'examen des motions qui lui avaient été renvoyées avant que les négociations engagées par le
ministre des travaux publics n'eussent donné des
résultats.

Le surlendemain, la *Dépêche de Toulouse* publiait
une interview de M. Pelletan, ministre de la marine,
qui s'élevait véhémentement contre les déclarations
de son collègue des finances.

J'ai été profondément surpris du discours de M. Rouvier, disait-il. En effet, si ce discours devait être considéré comme l'expression de la pensée du Gouvernement, il proclamerait la politique des conventions de
1883 comme celle du cabinet actuel, et en exclurait,
par conséquent, tous ceux de ses membres radicaux
qui ne seraient pas disposés à faire amende honorable
pour leurs convictions et leurs luttes passées. Ce n'est
pas à la suite de ce discours, c'est à l'heure même où
M. Rouvier aurait été autorisé par la majorité de ses
collègues à tenir un pareil langage que je serais sorti
du ministère.

J'en serais sorti non seulement à cause de mes convictions très ardentes sur la question posée, mais,
parce que le ministère aurait ainsi renié son propre
programme. Il s'est présenté en déclarant qu'il fallait
tout de suite étudier les conditions du rachat des deux
Compagnies : cela ne voulait absolument pas dire qu'il
s'engageait à les racheter, quoi qu'il arrivât ; mais cela
signifiait évidemment que, sauf les difficultés de détails pratiques et d'opportunité, il admettait le principe
du rachat et ne lui opposait pas le refus de parti pris,
le refus violent, qui ressort du discours de M. Rouvier.

... Mais M. Rouvier ayant évité de dire qu'il parlait au
nom du Gouvernement, je ne puis voir dans ses paroles
que l'expression de son opinion personnelle, si excep-

tionnel que soit, dans la bouche d'un ministre, un discours de ce caractère.

Jamais on n'avait vu pareille anarchie gouvernementale !

Une demande d'interpellation, sur les divergences d'opinions du ministre des finances et du ministre de la marine, fut aussitôt déposée par MM. Ferrette et Rudelle ; la Chambre en ordonna l'inscription à la suite des autres, ce qui, étant donné le nombre de « ces autres interpellations », équivalait au refus de la discuter 29 janvier .

LES CHEMINS DE FER ALGÉRIENS

Après une discussion approfondie, la Chambre vota à une imposante majorité le projet de loi que lui proposait le Gouvernement, d'accord avec M. Jonnart, gouverneur général de l'Algérie, sur la réorganisation des chemins de fer algériens (18, 19, 22 et 23 février .

Cette loi était la conséquence naturelle, logique, de celle du 19 décembre 1900, qui, en créant le budget spécial de l'Algérie, lui avait fait remise de la gestion de ses ports, de ses routes, de ses barrages, de ses forêts, de tout son outillage mécanique. Cette œuvre de décentralisation eut été incomplète et peut-être stérile, si l'Algérie eût dû rester, quant aux chemins de fer, sous le régime que lui avaient fait les concessions successives d'où était sorti le réseau dont la réorganisation était demandée. Partagés entre quatre ou cinq Compagnies aux intérêts

divers et opposés, les chemins de fer algériens étaient
dans l'impossibilité de se développer, et la diver-
sité onéreuse de leurs tarifs pesait d'un poids lourd
et presque prohibitif sur les transactions commerciales. Il était indispensable que, misé en possession de sa pleine liberté d'action, l'Algérie pût opérer
le rachat de ses chemins de fer de façon à concen-
trer toute son activité vers la mise en application
d'un plan de construction rationnel, amenant une
unification de tarifs qui seule peut permettre à
l'industrie locale de prendre tout son essor.

La loi de 1900 avait d   dé que l'État français
assumait la charge des g   s d'intérêt des chemins de fer d'intérêt général jusqu'en 1925, et conservait la haute surveillance de l'exploitation des
lignes algériennes.

La loi votée par la Chambre remettait au gouverneur général l'autorité et le contrôle des chemins
de fer algériens; par voie de conséquence, l'Algérie
contribuait tout de suite au payement des garanties
d'intérêt au lieu de ne l'acquitter qu'en 1926.
La participation de l'État était modifiée. Elle se
présentait sous la forme d'une subvention annuelle
forfaitaire, décroissant progressivement de 18 millions, chiffre initial et immédiat, jusqu'à zéro en
1926.

Le projet avait été défendu par MM. Baudin, rapporteur, et Doumer, président de la Commission du
budget. M. Bourrat avait réclamé le rachat du
réseau algérien par la métropole. Ne perdant
jamais de vue l'acheminement poursuivi par les
socialistes vers la nationalisation de tous les instru-
ments de production, M. Jaurès avait proposé d'imposer à l'Algérie, après le rachat, la régie directe.

La Chambre, à une forte majorité, avait repoussé ces deux propositions.

Le Sénat, dans sa séance du 9 juillet, ratifia le vote de la Chambre.

LA COMPÉTENCE DES JUGES DE PAIX

La discussion de ce projet, interrompue le 18 juin 1903 (voir année 1903, page 116), reprit le 28 janvier 1904, par l'examen des articles 5 et 6 qui avaient été réservés : ils furent adoptés ainsi qu'un paragraphe additionnel à l'article 7.

L'article 5 établissait la compétence des juges de paix jusqu'à 300 francs sans appel dans les contestations relatives aux contrats de louage de service intéressant les domestiques et les nourrices.

L'article 6 leur donnait la connaissance sans appel jusqu'à 300 francs, et à charge d'appel à quelque valeur que la demande pût s'élever, des contestations entre les compagnies de chemins de fer et autres transporteurs, et les expéditeurs ou les destinataires, relatives à l'indemnité afférente à la perte, à l'avarie, à la spoliation d'un colis postal du service continental intérieur ainsi qu'aux retards apportés à la livraison.

Le paragraphe additionnel de l'article 7 disposait :

Les juges de paix connaissent, à charge d'appel, des actions relatives aux constructions, réparations et travaux énoncés dans l'article 655 du Code civil, lorsque le principal de l'impôt foncier de chacun des immeubles contigus ne dépasse pas 20 francs et lorsque la propriété ou la mitoyenneté du mur ne sont pas contestées.

Le projet ne prévoyait pas seulement l'extension de la compétence civile des juges de paix ; l'article

19 leur attribuait une compétence pénale nouvelle pour connaître de :

1° Tous les délits prévus par le Code pénal ou par des lois spéciales dont la peine n'excède pas au maximum un mois d'emprisonnement et 500 francs d'amende ou l'une de ces deux peines seulement, à l'exception des infractions déférées aux tribunaux de police correctionnelle par les articles 427 et 428 du Code pénal, la loi du 29 juillet 1881 sur la presse, la loi du 8 août 1893 sur le séjour des étrangers, la loi du 16 août 1897 sur le commerce du beurre et la fabrication de la margarine, des délits forestiers, des délits de douane, d'octroi, de contributions indirectes et des délits commis par les fonctionnaires publics.

2° Les infractions prévues et punies par les articles 311, § 1ᵉʳ, lorsque les coups, violences ou blessures n'auraient entraîné aucune incapacité de travail, 445 à 456 du Code pénal, le décret de 1791 sur la police rurale, la loi de 1881 sur la police sanitaire des animaux, l'article 52 de la loi du 3 juillet 1877 sur les réquisitions militaires, l'article 8 de la loi du 30 mai 1851 sur la police du roulage et des messageries publiques.

La seule restriction à cette compétence était que le délinquant en fût à sa première condamnation. Et dans ce cas les pénalités prévues par le Code pénal ou les lois spéciales se trouvaient uniformément abaissées, le juge de paix ne pouvant prononcer une peine d'emprisonnement supérieure à dix jours ni une peine d'amende supérieure à 100 francs (1ᵉʳ février).

La mansuétude de cette loi allait plus loin : la mise en liberté provisoire devait être à l'avenir *de droit* pour les prévenus visés par ces dispositions et les condamnations prononcées contre eux ne figureraient pas aux extraits du casier judiciaire délivrés au public (4 février).

La nouvelle loi stipulait enfin que pourraient seuls être nommés juges de paix les licenciés et les gradués en droit justifiant d'un stage près d'un barreau, dans une étude d'avoué ou de notaire, ou dans des fonctions publiques déterminées, les anciens avoués, notaires, greffiers, etc., les maires et adjoints, ces derniers à la condition de ne pas être nommés dans le canton où ils auraient exercé leurs fonctions électives (8 février).

L'ensemble du projet fut voté par 510 voix contre 19.

LES BUREAUX DE PLACEMENT

Le 3 novembre 1903, la Chambre, sous le coup d'impérieuses mises en demeure, avait voté, dans des conditions tout à fait anormales, un texte rapidement élaboré, qui tranchait la question, en supprimant, dans un délai de cinq ans, tous les bureaux payants. (Voir année 1903, pages 113 et 369).

Ce texte ne résistait pas à l'examen ; la Commission du Sénat ne tarda pas à s'en apercevoir, et tout de suite elle ouvrit une large enquête sur les griefs formulés contre les bureaux payants.

Les résultats de cette enquête furent très clairement exposés par le rapporteur, M. Aucoin, dans la séance du 19 janvier.

Les syndicats ouvriers, dit M. Aucoin, n'avaient pu apporter aucune preuve à l'appui de leurs accusations. Quant aux patrons, tout en admettant l'utilité d'une réglementation, ils considéraient les bureaux payants comme indispensables aussi bien à leurs propres intérêts qu'à ceux de leurs ouvriers. La Commission estimait d'ailleurs que pour les domestiques, par exemple, le bureau payant seul pouvait rendre des services, le bureau municipal n'étant qu'une sorte de boîte aux lettres et ne fournissant aucun renseignement. En bonne logique, elle aurait donc été amenée à conclure au maintien de l'état de choses existant. Mais, dans une pensée d'apaisement, elle avait consenti à rendre facultative la suppression des bureaux payants, moyennant indemnité, et à supprimer pour l'avenir la faculté d'ouvrir de nouveaux bureaux.

Le Sénat eut à se prononcer sur deux contre-projets. Celui de M. Strauss reproduisait purement et simplement le texte voté par la Chambre; celui de M. Félix Martin n'en différait que par certaines dispositions d'ordre secondaire. L'un et l'autre comportaient la suppression *obligatoire* des bureaux payants, alors que la Commission ne la voulait que *facultative*.

Ce fut en vain que M. Trouillot, ministre du commerce, fit valoir que les deux contre-projets tenaient un large compte des observations précédemment formulées par le Sénat, notamment en reconnaissant le droit à une indemnité pour les propriétaires des bureaux supprimés, que cette solution transactionnelle avait rallié la presque unanimité de la Chambre, le Sénat repoussa, par 196 voix contre 85, le principe de la suppression obligatoire (21 janvier).

Le vote de l'article 1ᵉʳ fut extrêmement laborieux; ses différents paragraphes ne furent adoptés qu'à de faibles majorités (10 à 15 voix) et après avoir subi des remaniements en cours de discussion (22 janvier). Il se trouva ainsi rédigé :

A partir de la promulgation de la présente loi, les bureaux de placement payants pourront être supprimés moyennant une juste indemnité. Toutefois, le bureau, devenu vacant par le décès du titulaire ou pour toute autre cause avant l'arrêté de suppression, pourra être transmis ou concédé. Tout nouveau bureau, créé en vertu d'une autorisation postérieure à la promulgation de la loi, n'a aucun droit, en cas de suppression, à aucune indemnité.

L'examen des articles 2 à 10 portant sur des dispositions de détail n'offrit que peu d'intérêt : un amendement de M. de Las Cases qui réclamait pour tout particulier le droit d'ouvrir un bureau gratuit au même titre que les municipalités, associations ou syndicats, n'obtint que 78 voix.

L'article 11 réglait la question des indemnités aux bureaux supprimés. Les dispositions que présentait la Commission à cet égard furent modifiées par l'adoption d'un amendement de M. de Sal.

M. de Sal, appuyé par M. Antonin Dubost, fit décider, contre l'avis du ministre du commerce, que la charge des indemnités à accorder aux placeurs expropriés serait supportée par les communes seules, sans la contribution, prévue par la Commission, des départements et de l'État.

M. le général Mercier obtint le vote d'une disposition mettant à la charge exclusive des employeurs les frais de placement perçus dans les bureaux payants qui seraient conservés (26 janvier).

Les bureaux de nourrices et les agences théâtrales furent exceptés des prescriptions de la nouvelle loi.

L'ensemble fut voté par 228 voix sur 267 votants (28 janvier).

Le 9 mars, la Chambre ratifia le vote du Sénat, malgré l'opposition des députés nationalistes, notamment de MM. Georges Berry et Ferrette, qui prétendirent que ce vote équivalait à une reculade.

« Le projet actuel vaut mieux que le néant », leur répondit M. Jaurès, devenu opportuniste. Et la Chambre, se rangeant à l'avis du ministre du commerce, M. Trouillot, qui estimait qu'il aurait été dangereux « de soumettre au hasard de nouvelles délibérations une solution depuis si longtemps attendue », repoussa tous les amendements et adopta le texte du Sénat.

L'ensemble fut voté par 499 voix contre 4.

LE MONOPOLE DES INHUMATIONS (1)

Le 29 décembre 1903, la Chambre avait adopté un projet de loi supprimant le monopole conféré aux fabriques et consistoires pour le service des inhumations. Le Sénat, apporta, au texte voté par la Chambre, certaines modifications qui furent toutes ratifiées par celle-ci. Les dispositions essentielles de cette loi, qui fut promulguée le 28 décembre, se résument comme suit :

L'article 1ᵉʳ supprimait le monopole des fabriques. Toutefois celles-ci conservaient le droit exclusif de fournir les objets destinés au service des funérailles dans les édifices religieux et la décoration intérieure et extérieure de ces édifices (article 3). Le service extérieur des pompes funèbres (transport des corps, fournitures des corbillards, voitures de deuil, cercueils, tentures des

1. *Sénat*. 21 juin, 7 et 11 juillet. *Chambre*, 27 décembre.

maisons mortuaires, personnel et fournitures nécessaires aux inhumations était remis, à titre de service
public, aux communes qui avaient le droit de l'exploiter
directement ou indirectement par entreprise ; les fabriques ne pouvaient devenir entrepreneurs du service
extérieur (article 2. Elles étaient tenues de faire remise
du matériel à usage du service extérieur leur appartenant aux communes qui étaient elles-mêmes tenues de
le reprendre pour sa valeur estimative (article 4.

Un amendement, limitant le service des communes au transport des corps et aux inhumations,
avait été défendu au Sénat par M. Théodore Girard,
et à la Chambre par M. Fleury Ravarin ; son
but était de sauvegarder les intérêts d'entreprises
privées ; il avait été repoussé au Sénat par 131 voix
contre 118, et à la Chambre par 310 voix contre
260.

Devant la Chambre, M. Combes avait déclaré au
sujet de la date d'application de la loi, date qui
fut fixée au 1er janvier 1905, que cette loi « pre-
parait admirablement la séparation des Églises et
de l'État ».

LA LOI ÉLECTORALE MUNICIPALE
DE PARIS

Une proposition de loi émanant de M. Maujan, et
consistant à accorder un conseiller municipal de
plus aux quartiers parisiens qui avaient plus de
50.000 habitants, fut discutée dans la séance du
25 février.

Les quartiers visés par le projet étaient au nombre
de treize ; c'étaient tous des quartiers populaires. Le

conseil municipal de Paris aurait été ainsi augmenté de treize membres.

Ce projet se plaçait sous la sauvegarde d'un principe, et prétendait établir entre le chiffre de la population des divers arrondissements et le nombre de leurs élus une proportionnalité qui n'existait nullement pour la composition de la Chambre elle-même. En même temps qu'il proclamait ce principe à l'usage de Paris seul, il méconnaissait le droit que l'importance de sa contribution financière donne à chaque partie d'une commune dans le contrôle du budget municipal.

Le Gouvernement, sans enthousiasme d'ailleurs, lui avait donné son adhésion.

Les orateurs qui prirent part au débat ne surent pas dissimuler l'arrière-pensée à laquelle ils obéissaient. Les nationalistes, MM. Syveton et Auffray, combattaient le projet parce qu'ils en redoutaient les conséquences au point de vue de leur prépondérance à l'Hôtel de Ville ; les radicaux, qui en avaient pris l'initiative, n'en voulaient plus parce que, ayant fait leurs calculs, ils avaient compris qu'ils feraient les frais de la lutte entre les nationalistes et les socialistes. Ceux-ci, en revanche, se cramponnaient à la conception Maujan avec leur intransigeance ordinaire, et les manifestations de cette intransigeance donnèrent lieu à un incident qui fut de beaucoup le fait capital de la discussion.

M. Chautemps venait d'expliquer les scrupules et les résistances de certains radicaux, lorsque M. Jaurès, résumant la thèse de M. Maujan, s'écria que repousser le projet, c'était « voter contre le suffrage universel et pour le nationalisme ». Piqué au vif,

M. Chautemps releva le gant avec une vigueur significative :

« J'ai le droit de protester, dit-il, avec la dernière énergie contre l'abus de certain système qui tend à traiter immédiatement en adversaire politique animé des pires intentions quiconque fait ici mine d'indépendance. Nous ne pouvons pas prononcer une parole, nous ne pouvons pas exprimer un scrupule sur un point quelconque d'administration publique sans que, immédiatement, il soit question de pelures d'orange, de portefeuilles, d'ambitions cachées. Je proteste avec la dernière énergie contre cette tendance qu'on a depuis quelque temps de vouloir immédiatement accuser des pires intentions quiconque ne veut pas courber l'échine au point de se faire assez petit pour pouvoir entrer par la porte, trop basse pour moi, de votre église ».

M. Jaurès ne répondit pas, mais tout le monde avait compris la portée de l'incident, qui ne visait qu'indirectement le fait spécial qui lui avait donné naissance. Cette impression se fortifia lorsqu'on apprit les paroles échangées entre M. Jaurès et M. Sarrien dans les couloirs. Le leader collectiviste se plaignait au président du groupe radical de l'échec de la loi et de l'attitude des radicaux :

« Les radicaux, répondit M. Sarrien, en ont assez de la situation qui leur est faite par le parti socialiste. Il y a quatre groupes dans la majorité, et si trois de ces groupes se prononcent sur une question, il suffit que les socialistes aient une opinion contraire pour que le Gouvernement s'y rallie aussitôt en la faisant sienne. Nous en avons assez de cette dictature ».

La Chambre eut la sagesse de décider qu'elle ne passerait pas à la discussion des articles, par 300 voix contre 253.

LE SECRET DU VOTE

Dans sa séance du 27 octobre, la Chambre discuta
et adopta par 520 voix contre 24 une proposition
de loi de M. Ruau tendant à assurer le secret du
vote ; les principales dispositions du texte adopté
étaient les suivantes :

Dans toutes les élections, le vote avait lieu sous enveloppes non fermées ; dans chaque salle de vote, il
était établi des « dispositifs » ou cabines pour permettre à l'électeur de s'isoler et de mettre son bulletin
dans l'enveloppe. Les enveloppes, opaques, timbrées
au sceau de l'État, non gommées et à type uniforme,
étaient envoyées au maire cinq jours au moins avant
l'élection et mises à la disposition de l'électeur à son
entrée dans la salle. Après avoir fait connaître son
identité, l'électeur prenait une enveloppe, s'isolait pour
mettre son bulletin dans l'enveloppe et remettait bulletin et enveloppe au président, chargé de les déposer
dans la boîte du scrutin.

LES ACCIDENTS DU TRAVAIL

La Chambre, dans ses séances des 2 et 9 juin,
adopta, à l'unanimité, un projet de loi présenté par
M. Mirman et défendu par M. Millerand, au nom de
la Commission d'assurance et de prévoyance, éten-
dant à tous les employés de commerce, au service
d'un patron patenté, le bénéfice de la loi de 1898,
qui assurait aux ouvriers d'industrie une indemnité
en cas d'accident survenu à l'occasion de leur travail.

La taxe à payer par les patrons pour alimenter le

fonds de garantie destiné à indemniser les victimes
d'accidents du travail, dans le cas où le patron n'aurait pas été assuré et dans celui où la Compagnie
d'assurance serait insolvable, fut fixée à un centime
et demi additionnel au principal de la contribution
des patentes pour les patrons commerçants; elle
était de quatre centimes pour les industriels: cette
différence se justifiait par cette considération que
les accidents étaient plus rares dans les exploitations commerciales que dans les exploitations industrielles.

Le Sénat, dans ses séances des 14, 16, 17, 21 juin
et 29 novembre, adopta de son côté diverses dispositions complétant la loi de 1898: aux termes de ces
dispositions l'indemnité due à l'ouvrier, frappé, par
suite d'accident, d'incapacité temporaire, devenait
exigible à partir du premier jour, lorsque l'incapacité durait plus de dix jours; les frais d'hospitali-
sation, les frais médicaux et pharmaceutiques étaient
mis à la charge du chef d'entreprise, suivant un
tarif qui fut longuement débattu.

LA DURÉE DE LA JOURNÉE DE TRAVAIL
DANS LES MINES

Dans le mois de janvier 1902, la Chambre avait
voté un projet réduisant progressivement à huit
heures la durée du travail pour tous les ouvriers
employés dans les travaux souterrains des mines de
combustibles (voir année 1902, p. 98.

La Commission du Sénat, après une enquête dans
les centres miniers, proposa de limiter la réforme

aux ouvriers employés à l'abattage du charbon.
Ses conclusions, défendues par le rapporteur,
M. Boudenoot, et combattues par M. Maruéjouls,
ministre des travaux publics, furent adoptées par le
Sénat (8 novembre).

LOIS DIVERSES

Le Sénat adopta en seconde lecture le projet relatif
aux *prudhommes* qu'il avait voté l'année précédente en
première lecture (voir année 1903, p. 115); il accepta un
seul amendement autorisant les parties à se faire
assister d'un avocat devant le bureau de jugement
(4, 8 et 15 mars).

La Chambre adopta un projet longuement étudié,
organisant la surveillance et le contrôle des opérations
des *Compagnies d'assurances sur la vie* (21, 24, 27, 30 juin,
5 et 7 juillet). Une loi spéciale interdisant « comme
contraire à l'ordre public toute assurance au décès
représentant la tête d'enfants de moins de douze ans »
fut également adoptée par la Chambre et le Sénat.

Citons encore une importante loi sur *les enfants
assistés* (Chambre, 14 et 16 juin), une loi sur la *répression
des outrages aux bonnes mœurs* (Sénat, 25 mars), une loi
abrogeant l'*article 298 du Code civil* qui prohibait, en
cas de divorce pour cause d'adultère, le mariage entre
l'époux coupable et son complice (Sénat, 13 décembre)
et enfin une loi *d'amnistie* qui déjà adoptée par la
Chambre (voir année 1903, p. 119) fut votée le 29 mars
par le Sénat.

Une proposition tendant à réglementer les *débits de
boissons* et à en limiter le nombre, afin de combattre
les progrès de l'alcoolisme, échoua devant le Sénat; le
Gouvernement s'était déclaré opposé à son adoption
(17, 18 et 22 novembre).

Le Sénat vota un projet dû à l'initiative de M. Waddington apportant à la loi de 1900, qui réduisait à dix heures *la durée de la journée de travail* dans les manufactures occupant dans les mêmes locaux des ouvriers, des ouvrières et des enfants, des modifications dont la portée eut été considérable si la Chambre les eut étudiées et adoptées avant le 31 Mars, date fixée pour la mise en vigueur intégrale de la loi de 1900 (20, 22 et 24 mars).

V

QUESTIONS D'ENSEIGNEMENT

LA RÉFORME DE LA LÉGISLATION
DE L'ENSEIGNEMENT SECONDAIRE

Au mois de novembre 1903, le Sénat avait voté, en première lecture, ur projet de loi portant abrogation de la loi Falloux, et qui, tout en consacrant la liberté de l'enseignement secondaire, exigeait une déclaration préalable à l'ouverture de tout établissement d'enseignement secondaire, imposait des conditions de grades et de capacité aux directeurs et professeurs, organisait un système de contrôle, enfin et surtout interd'sait l'enseignement secondaire aux membres de toutes les congrégations autorisées ou non. (Voir année 1903, p. 292).

La discussion exceptionnellement ardente qui avait précédé ce vote avait été marquée par un discours de M. Waldeck Rousseau, dont le retentissement avait été considérable. L'intervention de l'ancien président du Conseil n'avait pu empêcher l'adoption de l'amendement Delpech (147 voix contre 136) aux termes duquel les congrénanistes étaient frappés d'une interdiction absolue de professer dans les établissements d'enseignement secondaire.

La discussion du projet en seconde lecture fut aussi calme et aussi terne que la première avait été vive et brillante. Le siège du Sénat était fait et, d'autre part, M. Waldeck Rousseau, déjà atteint par la maladie qui devait l'emporter, n'était plus là pour défendre ses idées.

A propos de l'article 1ᵉʳ, qui supprimait les derniers vestiges de la loi Falloux, M. de Lamarzelle fit le procès du projet discuté :

Si le mot de liberté de l'enseignement figure encore dans cette loi, dit-il, la chose en a disparu; on nous ramène à un monopole universitaire plus ou moins déguisé.

Ce qu'on nous prépare, c'est une œuvre de tyrannie, que d'aucuns voudraient audacieusement faire passer pour une œuvre de liberté — de cette liberté au nom de laquelle les Jacobins, suivant un mot célèbre, ont commis tant de crimes! (9 février).

L'article 1ᵉʳ fut adopté par 213 voix contre 33.

Une disposition additionnelle de M. Wallon : « L'enseignement secondaire est libre » fut repoussée par 171 voix contre 104.

On adopta sans discussion les premiers alinéas de l'article 2 (voir année 1903, p. 309).

Le débat s'engagea sur le paragraphe C, qui exigeait de celui qui voulait ouvrir un établissement d'enseignement secondaire privé la déclaration qu'il n'appartenait pas à une congrégation.

M. de Cuverville demanda la suppression de ce paragraphe qui était en contradiction formelle avec l'article 14 de la loi de 1901, par lequel le Parlement s'était moralement engagé à respecter les congrégations autorisées.

Appuyée par M. de Marcère, la motion de M. de Cuverville fut combattue par le rapporteur, M. Trézard. Répondant à une question de M. Le Provost de Launay, le ministre de l'instruction publique, M. Chaumié, déclara que l'adoption du projet n'entraînerait aucune dépense, aucun établissement d'enseignement secondaire n'étant, en fait, possédé par des congrégations.

Le paragraphe C fut adopté par 183 voix contre 64. (11 février).

M. de Las Cases demanda qu'on y ajoutât les deux mots « non autorisée », de façon que le paragraphe fût ainsi conçu : « La déclaration qu'il n'appartient pas à une congrégation *non autorisée* ». C'était à peu près la reproduction de l'article 4 du projet primitif du Gouvernement (Voir année 1902, p. 207).

Le ministre de l'instruction publique combattit l'amendement pour les raisons suivantes :

La liberté d'enseigner, dit-il en substance, n'est pas une liberté sans limite ; elle ne peut être accordée au congréganiste qui, « instrument docile de ses chefs », ne peut se montrer « un être d'évolution et de progrès » ; son enseignement « n'est pas un enseignement personnel » ; il ne peut le modifier, même si son sentiment vient à se modifier ; il conçoit l'enseignement comme « une chose rigide », alors que l'enseignement tient de la vie : il n'a donc pas la qualité nécessaire pour enseigner. Mais s'il se débarrasse des liens de la congrégation, s'il recouvre sa liberté, sa personnalité réapparaît et alors personne ne songera à lui contester le droit d'enseigner ; le sécularisé sincère rentrera en possession de ce droit. Par suite il est faux de prétendre que le projet porte atteinte à la liberté des individus ; il

respecte la liberté de tous ceux qui l'ont conservée.
La modification qu'a subi le projet originaire sur ce
point s'explique et se justifie par la nécessité de le
mettre en concordance avec le projet dont est saisie la
Chambre et qui supprime d'une façon générale l'enseignement congréganiste.

M. de Chamaillard mit en doute la sincérité des
affirmations du ministre quand il disait que les
sécularisés ne seraient pas inquiétés. Ne savait-il
pas que les parquets poursuivaient impitoyable-
ment les sécularisés les plus sincères?

L'amendement de M. Las Cases fut repoussé par
153 voix contre 101.

Sur le paragraphe D qui exigeait de celui qui
ouvrait un établissement secondaire le diplôme de
licencié ès lettres ou ès sciences, M. de Marcère
soutint sans succès un amendement tendant à remplacer le diplôme de licencié par celui de bachelier.

L'ensemble de l'article 2 fut voté par 194 voix
contre 65.

L'article 3 autorisant les départements et les
communes à allouer des subventions aux établissements privés sous réserve de l'autorisation du
ministre fut également adopté 11 février.

Sur l'article 8 (grades exigés des professeurs des
établissements libres de garçons), MM. de Blois et
de Lamarzelle proposèrent de déclarer équivalent
du grade de licencié ès sciences les titres de docteur
en médecine, d'ancien élève de l'École polytechnique, de l'École centrale, etc... Cet amendement
fut repoussé par 157 voix contre 115, M. Chaumié
ayant fait valoir que, pour enseigner, il fallait
s'être tout spécialement préparé à cette fonction
(18 février).

L'article 23 donnait au Gouvernement le droit de fermer par décret un établissement libre en cas d'enseignement contraire à la morale, à la Constitution ou aux lois, « ou d'emploi de livres interdits ».

M. de Marcère demanda la suppression de ces derniers mots, dont le vague lui paraît à bon droit menaçant. Quels étaient d'ailleurs ces livres interdits, et interdits par qui? M. Chaumié répondit qu'il s'agissait des livres prohibés par le Conseil supérieur, dont les décisions étaient consignées au *Bulletin officiel* du ministère de l'instruction publique. M. de Marcère riposta qu'une de ces décisions pourrait toujours échapper à quelque directeur ou professeur, et que fermer un établissement pour une erreur commise de bonne foi serait contraire à toute justice. Le Sénat n'en admit pas moins, par 210 voix contre 27, les mots dont s'inquiétait l'honorable sénateur.

M. Legrand développa un autre amendement dont l'objet était de limiter un peu le pouvoir absolu du gouvernement en matière de fermetures d'établissements libres. Il aurait désiré qu'il y eût au moins la garantie d'un avis *conforme*, préalablement obtenu du Conseil supérieur.

A quoi bon, dit-il, permettre l'ouverture d'une école privée sans autorisation préalable, si, cette école une fois ouverte, vous pouvez vous arroger le droit de la faire disparaître sur un simple geste, à votre fantaisie même au cas où le Conseil supérieur estimerait qu'il n'y a pas lieu de la fermer.

La réponse du rapporteur, M. Thézard, mérite d'être reproduite :

L'article 23, dit-il, est le résultat d'une entente, d'une transaction intervenue entre le Gouvernement et la Commission au moment où se discutait la question de l'autorisation préalable.

Le Gouvernement doit être juge en dernier ressort en ce qui concerne la fermeture de l'établissement, mais sa décision sera précédée de l'avis éclairé, nécessaire, des conseils compétents. C'est tout à fait exceptionnellement que le Gouvernement ne suivra pas cet avis.

La Commission reconnaît la très haute autorité du Conseil supérieur, mais il est impossible de lui reconnaître le pouvoir de décider. Il pourrait craindre qu'on lui reproche de vouloir supprimer un enseignement rival et reculer devant une mesure aussi grave que la fermeture. C'est au Gouvernement de reconnaître si le Conseil supérieur ne s'est pas laissé aller à un excès de générosité.

M. LEGRAND. — La transaction dont a parlé le rapporteur est due à des raisons uniquement politiques. Il s'agissait de solidifier le bloc qui menaçait de se désagréger. Mais nous avons à examiner à propos de l'article 23 une question juridique et non politique.

L'amendement de M. Legrand fut repoussé par 149 voix contre 127.

Les derniers articles furent adoptés (19 et 23 février), notamment l'article 25, dispensant du diplôme de licencié les chefs d'établissement ayant, au moment de la promulgation de la loi, trois ans d'exercice et plus de quarante ans d'âge ou justifiant du diplôme de certaines écoles (Ponts et chaussées, Mines, Centrale, Chartes), et l'article 27, exemptant de la loi les petits séminaires, préparant à l'état ecclésiastique ; ils étaient placés sous la surveillance du ministre de l'instruction publique, et leur nombre était limité à un par diocèse.

Le Sénat, après avoir repoussé, par 184 voix

contre 39, une motion d'ajournement de M. Le Provost de Launay, vota l'ensemble de la loi, en seconde lecture, par 184 voix contre 96.

SUPPRESSION DE L'ENSEIGNEMENT CONGRÉGANISTE

DISCUSSION DEVANT LA CHAMBRE

Dans la séance du Sénat, du 12 novembre 1903, M. Combes, président du Conseil, appelé à faire connaître l'avis du Gouvernement sur un amendement de M. Girard tendant à introduire dans le projet de loi en discussion sur l'enseignement secondaire une disposition portant interdiction d'enseigner pour « quiconque aurait fait vœu de célibat et d'obéissance », avait annoncé le dépôt d'un projet de loi spécial supprimant l'enseignement congréganiste (Voir année 1903, p. 303).

Le projet avait été déposé sur le bureau de la Chambre, le 18 décembre; nous en avons indiqué les dispositions essentielles dans notre précédent volume (p. 323).

Soumis à l'examen de la Commission d'enseignement, il fit l'objet d'un rapport de M. Ferdinand Buisson (11 février) dont voici une rapide analyse.

La Commission avait eu à trancher une question préalable : Pourquoi recourir à une loi; le Gouvernement n'avait-il le droit de dissoudre une congrégation par décret en vertu de l'article 13 de la loi de 1901 ? Il avait paru à la Commission que ce droit était limité au cas de dissolution d'une congrégation en particulier et qu'elle avait à solutionner une question toute autre : il s'agissait d'introduire une règle dans notre législation.

La loi avait pour objet d'établir « une incompatibilité légale entre deux institutions que les siècles nous avaient habitués à voir étroitement associées, l'institution monastique et l'institution scolaire ». Le rapporteur justifiait ce « principe » par l'argument suivant : « La congrégation rend possible un mode raffiné de servitude personnelle » : or « un groupement humain, reposant sur un contrat formel de servage — s'appliquant aussi bien à la vie du corps qu'à celle de l'esprit — ne peut être érigé en corporation d'enseignement.. ».

« Deux ordres de considérations, continuait M. Buisson, doivent déterminer la Chambre à retirer à toutes les congrégations qui l'ont obtenue l'autorisation d'enseigner qu'elle a déjà refusée en bloc à celles qui la demandaient. C'est d'abord au nom des droits de l'enfant que, suivant le mot de Thiers, le père a sans doute le droit d'élever d'une manière convenable à la sollicitude paternelle, mais que l'État a aussi le droit de faire élever d'une manière conforme à la constitution du pays...

Une société démocratique a besoin avant tout d'hommes et de femmes acceptant la loi de la liberté et de la responsabilité personnelle, la loi du travail, la loi de la famille. L'idéal de la société monastique est très différent : elle fait envisager à ses membres le travail individuel et le gain individuel comme un souci égoïste et vulgaire dont il est bon de se délivrer en renonçant à toute propriété autre que la propriété collective et globale de la corporation; pour elle l'état de perfection réside dans un célibat perpétuel, prétendu sacré... A qui fera-t-on croire qu'ayant charge de jeunes âmes, la congrégation ne mettra pas tout en œuvre pour les pétrir à son image, pour développer chez ces jeunes étudiants le sens catholique, au détriment des autres, ce sens qui leur fera envisager toutes choses au point de vue ultramontain... pour les préparer à prendre rang parmi ceux que M. de Mun nommait « les soldats d'une idée » c'est-à-dire « de la contre-révolution au nom du *Syllabus* ».

Abordant le second ordre de considérations qui justifiaient la loi, M. Buisson s'exprimait ainsi : « Allons plus loin. Supposons une congrégation qui enseignerait sans arrière-pensée de prosélytisme politique ou religieux : alors même l'État ne devrait pas l'autoriser à raison du lien conventuel qui porte atteinte au respect dû à la personne humaine dans le congréganiste lui-même... L'État ne peut participer à des actes de servage et les contresigner en bloc en autorisant la congrégation à recevoir, à enregistrer, à faire exécuter ces mêmes actes qu'il n'autoriserait pas un seul congréganiste à contracter devant lui, en se servant des congrégations comme éducateurs de la jeunesse... Il n'est pas permis à la République, même pour faire à meilleur marché des écoles et des hospices, de persuader à des milliers d'êtres humains de se retrancher de l'humanité.

... D'autres temps ont pu avoir des raisons d'admirer l'institution des congrégations enseignantes ; c'est là une raison insuffisante pour leur continuer le privilège de la reconnaissance légale.

La loi projetée n'est pas une loi d'exception. Nous ne touchons ni à la liberté de l'école, ni à celle de l'association, ni à celle de la personne. La seule que nous contestions, celle de la congrégation, n'a jamais existé dans le droit français ; la congrégation a toujours été considérée, sous tous les régimes, comme une institution *sui generis*, d'une nature extra-normale, à qui l'autorisation pouvait être accordée, refusée, limitée, et qui restait soumise à l'appréciation du pouvoir civil.

Cette loi respecte le droit du père de famille qui conserve le droit et le moyen de s'adresser à des maîtres d'une piété insigne ; ce qu'elle refuse, c'est de mettre à sa disposition un instrument patenté de compression à haute pression qu'il juge très commode, et qu'elle juge très dangereux.

Otera-t-elle aux maîtres catholiques rien de leur liberté en leur ôtant le privilège de se grouper dans des conditions exceptionnelles qui les transforment en une masse militairement constituée au service non d'une école, mais d'une Église ? »

Mais alors, disaient certains républicains, si les anciens congréganistes peuvent, après avoir quitté les congrégations, rouvrir leurs écoles et continuer leur enseignement, la loi ne constituera-t-elle pas une manifestation à peu près inefficace ?

« La loi, répondait M. Buisson, n'est pas faite pour fermer la bouche aux catholiques, pas plus qu'aux non-catholiques. Elle n'est, à aucun degré, une mesure de prohibition prise directement ou indirectement contre une Église ou une doctrine.

A l'enseignement catholique, elle n'ôte qu'une seule force, la force extrinsèque, économique, politique et sociale qu'il tirait d'une organisation artificiellement créée et entretenue, celle du monarchisme...

Pour avoir raison du cléricalisme, est-il besoin de lui interdire la parole, la presse, l'enseignement ? Nullement ; il suffit de ne lui laisser l'usage de l'enseignement, de la presse, de la parole que dans les conditions communes à tout le monde.

Un croyant, un dévot, un mystique, un clérical n'est pas plus dangereux qu'un libre-penseur, un sceptique ou un athée. Mais une troupe de croyants ou une troupe d'athées autorisée à se constituer en un corps social fondé sur l'abdication de tous aux mains d'un seul, avec serment d'obéissance absolue et renonciation à la famille, peut mettre en péril la société, à plus forte raison mettre en péril l'éducation de la jeunesse. »

Au rapport de M. Buisson étaient joints des documents statistiques desquels résultaient les constatations suivantes :

L'Institut des frères des écoles chrétiennes, seule congrégation d'hommes enseignante autorisée, possédait en *France*, au 1er janvier 1903, 1.152 établissements, occupant 10.787 frères pour l'instruction de 3.028 « étudiants » novices ?) et de 203.760 élèves ; *hors de France*, 551 établissements, dont 49 dans les colonies et pays de protectorat, avec 4.618 frères, 1.007 étudiants et 118.371 élèves.

La suppression de leurs écoles devait entraîner une

dépense *maxima* (c'est-à-dire en supposant qu'aucune école libre ne fût créée en remplacement de celles fermées) : 1ᵒ de 46.607.640 francs au point de vue des bâtiments (construction et appropriation d'écoles), à partager entre l'État, les départements et les communes; 2ᵒ de 3.663.000 francs chaque année, au point de vue du personnel, à raison de créations d'emploi, cette dernière dépense restant tout entière à la charge de l'État.

Les établissements dépendant des congrégations de femmes autorisées exclusivement enseignantes étaient au nombre de 466; ceux dépendant des congrégations mixtes (hospitalières et enseignantes', au nombre de 1.488. Certains de ces établissements comprenant deux écoles, le total des écoles supprimées s'élevait à 2.302, recevant 196.329 élèves, non compris les départements de l'Algérie. Il y avait lieu de prévoir : 1ᵒ dans 1.079 communes, une construction ou une appropriation d'école publique 718 constructions et 331 appropriations); 2ᵒ dans 1.096 communes, l'acquisition de mobilier scolaire; 3ᵉ pour l'ensemble, la création de 2.418 emplois nouveaux d'institutrices publiques.

Approximativement, la dépense *maxima* était évaluée à :

Constructions (20.000 francs en moyenne par école)	14.960.000
Appropriations 5.000 francs par école). .	1.665.000
Mobilier scolaire (500 francs par école'. .	548 000
Total. . . .	17.163.000

Quant au service des traitements afférents aux 2.418 emplois nouveaux d'institutrices, il devait entraîner une dépense annuelle de 3.058.770 francs.

Rappelons que le Gouvernement avait demandé un délai de cinq ans pour l'application de la loi ; la Commission ayant adopté cette disposition, les dépenses de constructions et d'appropriations devaient être réparties sur cinq exercices budgétaires.

Le texte proposé par la Commission subit de nombreuses modifications en cours de discussion.

Celle-ci débuta, le 29 février, par une motion d'ajournement proposée par M. Gauthier (de Clagny); elle fut repoussée par 323 voix contre 240.

M. Fabien Cesbron demanda à la Chambre d'écarter le projet de loi par la question préalable. qui fut repoussée par 327 voix contre 186.

M. Ripert, contestant les évaluations du rapport relativement aux conséquences financières du vote de la loi, évaluations qu'il estimait être très au-dessous de la réalité, réclama le renvoi du projet à la Commission du budget. Cette motion fut repoussée au scrutin nominal par 252 voix contre 193.

La discussion générale commença le 1ᵉʳ mars. après le rejet, par 321 voix contre 223, d'une motion de M. Lasies tendant à ajourner l'examen du projet pour permettre au Gouvernement de prendre l'avis des conseils municipaux.

M. Charles Benoist combattit le projet au nom de la liberté: la liberté d'enseigner était une liberté primordiale, vitale et nullement une concession de l'État dont le droit se limitait au contrôle et à la surveillance de l'enseignement.

M. Gouzy exprima son étonnement d'entendre parler de liberté ceux qui de tout temps avaient supprimé toutes les libertés.

M. Lerolle fit de l'enseignement congréganiste une éloquente apologie. Au premier rang de ceux qui avaient illustré les congrégations d'hommes il cita Jean-Baptiste de Lasalle, le fondateur des frères des Écoles chrétiennes, que M. Buisson dans son rapport avait qualifié d'homme admirable; lorsque leurs écoles avaient été fermées par la Révolution, l'enseignement s'était du coup trouvé supprimé en France, et ç'avait été pour répondre au vœu unanime du pays qu'en prairial an XI elles avaient été réouvertes et que Napoléon avait autorisé formellement leur institut et appelé ses représentants à faire partie des conseils universitaires.

Le nombre des élèves qui fréquentent les écoles congréganistes s'élevait, en 1900, à 1.486.845. Allez-vous détruire cette œuvre, alors que vous n'en avez pas reçu le mandat et que vos professions de foi n'en font aucune mention? 21 seulement d'entre vous ont réclamé le monopole universitaire, 40 seulement ont réclamé l'enseignement gratuit, 22 ont demandé la suppression des congrégations, tandis que 233 se sont nettement prononcés pour la liberté de l'enseignement.

... Pourquoi donner au père de famille la liberté de faire donner l'enseignement qu'il lui plaît à son enfant, tant que cet enfant reste dans la famille et le lui enlever quand l'enfant a franchi le seuil de la maison paternelle ?

... Vous dites que ceux qui ont prononcé des vœux sont inaptes à l'enseignement, parce qu'ils ne peuvent savoir ce que c'est que la famille. Pourquoi donc ne faites-vous pas une loi pour décider que tous les instituteurs devront être mariés et pères de famille ?

Gambetta, Goblet, de Freycinet, Ferry, Félix Faure ont reconnu les services rendus par les frères des écoles chrétiennes; leurs établissements ont toujours brillé au premier rang dans toutes les expositions nationales et internationales ; ils ont formé des hommes qui occupent les plus hautes situations. C'est donc que leur œuvre est bonne; pourquoi donc les poursuivez-vous aujourd'hui de votre haine?

Vous voulez changer la mentalité de tout un peuple.

Le christianisme est un fait historique que vous ne pourrez pas supprimer. L'œuvre que vous poursuivez n'aura pas d'autre résultat que de mutiler l'âme française.

... La vérité est qu'on ne veut plus entendre parler de la neutralité de l'école.

Quel sera donc l'enseignement dans les écoles? Enseignerez-vous la morale nouvelle, qui veut laïciser l'amour et prêche l'union libre?

Laisserez-vous circuler, dans les écoles, ces livres où M. Charles Dupuy, ancien ministre de l'instruction publique, est traité d'empoisonneur, parce qu'il a prêché le dogme de la patrie et exprimé l'espoir qu'on pourrait un jour retrouver nos deux provinces perdues?

... Rappelez-vous que les plaies à la conscience sont les plus difficilement guérissables, et revenez à des idées d'apaisement au lieu de chercher à créer entre les citoyens un fossé infranchissable.

Nous savons que la religion est immortelle, et que le droit finit toujours par triompher.

M. Jaurès, répondant à M. Lerolle, voulut démontrer que la loi proposée avait pour unique objet la consécration du droit de l'État laïque et la limitation de la puissance de l'Église (3 mars).

La Révolution, dit-il, en matière d'enseignement, a oscillé entre la solution communiste et la solution individualiste; la première a été apportée par Lepelletier Saint-Fargeau; elle fut écartée et la Révolution accepta la seconde.

Mais pas une minute elle n'a abandonné les droits de l'État laïque, elle pensait que l'idée révolutionnaire était tellement générale que tous les citoyens deviendraient les instituteurs du nouvel état social. N'oubliez pas, en effet, qu'elle avait déraciné les congrégations.

C'est donc dans une société d'où la congrégation semblait arrachée à jamais que la Révolution laissait, à des individus pénétrés de sa pensée souveraine, le droit d'enseigner. En réalité, c'était la Révolution qui s'enseignait elle-même.

Elle n'acceptait donc l'intermédiaire d'aucune congrégation. Voilà le fait principal qui se détache de son histoire.

L'explication de l'insuccès partiel de la Révolution, en matière d'enseignement, elle est tout entière symbolisée dans ce fait : le 20 avril 1792, au moment où Condorcet était à la tribune pour exposer son admirable système, il fut obligé d'en descendre pour faire place à la déclaration de guerre : la Révolution menacée était obligée de lutter contre toute l'Europe.

C'est ainsi que l'œuvre d'enseignement fut délaissée, mais l'esprit de la Révolution a subsisté tout entier.

Tantôt on nous reproche de ne pas être fidèles aux traditions de la Révolution, tantôt on nous reproche de continuer la lutte révolutionnaire. C'est ce dernier reproche que nous sommes fiers d'accepter.

Mais l'Eglise n'avait pas accepté sa défaite et, en 1848, au moment même où la démocratie semblait avoir retrouvé sa formule, les orateurs de l'Eglise, les Montalembert, les Veuillot, cherchèrent à inquiéter le peuple, à le persuader que, seule, l'Eglise pourrait le défendre contre la révolution socialiste, et c'est ainsi que fut entreprise l'œuvre de réaction en matière d'enseignement.

Ces calomnies, les mêmes orateurs, défenseurs de l'Eglise, les reprennent aujourd'hui à la même heure, à la même minute, ils inquiètent les intérêts menacés et présentent l'Eglise comme seule capable de les rassurer.

En 1850, les théoriciens de l'Eglise cherchèrent et réussirent à capter la confiance de la bourgeoisie; ils font aujourd'hui les mêmes efforts, mais la bourgeoisie n'est plus effrayée et elle désire la continuation de l'œuvre de laïcité, parce que, à force d'avoir vu des sauveurs s'offrir à elle, elle s'est aperçue qu'il y avait plus de péril pour elle à être sauvée, qu'à courir le danger.

Le parti républicain tout entier s'est constitué un patrimoine commun de liberté laïque, parce qu'il a enfin compris que la République ne pourrait vivre que par la laïcité.

M. Lerolle recherchait tout à l'heure la doctrine du parti républicain, mais le parti clérical a aussi sa doctrine, qui est consacrée dans le *Syllabus*.

Ce que la démocratie républicaine affirme, c'est qu'elle a le droit d'enseigner; il ne faut pas qu'il y ait d'équivoque entre nous.

Je prétends que la doctrine républicaine, que la liberté républicaine refuse le droit d'enseigner à ceux qui ne reconnaissent pas le droit de la personne humaine à la liberté illimitée des croyances.

M. Denys Cochin s'éleva contre le reproche d'intolérance adressé aux catholiques par M. Jaurès :

On nous reproche les violences de nos ancêtres : le même reproche peut vous être adressé, et je me souviens qu'un jour M. Clemenceau me disait : « Nous sommes tous deux couverts de sang. » Je lui répondis : « Oui, mais le vôtre est le plus frais. »

M. Jaurès a commenté hier une phrase de Montalembert qui, d'après lui, aurait laissé entrevoir la possibilité d'une nouvelle révocation de l'Edit de Nantes. Avec l'évolution de la société moderne, cette éventualité n'est pas à craindre, et nous ne verrons plus les bûchers. Mais nous sommes, aujourd'hui, en présence d'une réalité : c'est la politique de M. Buisson, de M. Combes, qui nous refuse la liberté accordée à tous les autres citoyens, de peur que nous en mésusions.

... Vous reprochez aux congréganistes les vœux qu'ils ont prononcés et, en particulier, le vœu d'obéissance. Mais n'imposez-vous pas l'obéissance à tous ceux qui sont autour de vous, à tous vos fonctionnaires qui sont l'objet d'une surveillance continuelle?

... Vous aimez la liberté, mais pour vous; vous ne voulez pas nous la donner, parce que, dites-vous, nous sommes des êtres inférieurs. Eh bien! Nous nous défendrons.

Si votre loi était intégralement appliquée, d'ici cinq ans vous auriez un personnel insuffisant et les ressources financières vous manqueraient.

Ou bien, alors, vous prendrez comme instituteurs laïques les congréganistes sécularisés. Si c'étaient des instituteurs congréganistes médiocres, ils resteront laïques médiocres. S'ils étaient bons professeurs et convaincus, ils garderont les sentiments qu'ils avaient dans leur première profession et vous aurez abouti à faire payer 1.500 francs par an par la République des hommes qui ne lui coûtaient rien.

Malgré tout, nous ne nous lasserons pas. Nous ne ferons pas grève et nous continuerons à organiser l'enseignement dans nos écoles non congréganistes. Et c'est bien sur notre dévouement que vous comptez, car vous savez bien que vous ne pourriez pas recueillir tous les enfants des écoles congréganistes. Le chiffre des dépenses que vous envisagez serait bien au-dessous de la vérité, surtout s'il vous fallait prendre, du jour au lendemain, les 60.000 enfants des écoles congréganistes de Paris.

Après une réplique de M. Levraud, M. Buisson développa les termes de son rapport dont nous avons donné plus haut l'analyse et de larges extraits; il agrémenta son développement d'une charge à fond contre « la congrégation » qu'il montra mettant au service de Rome ses nombreux et puissants moyens d'action.

Le 7 mars, la Chambre entendit MM. Raiberti, Combes, Ribot et Georges Leygues.

M. Raiberti s'attacha à établir l'inutilité de la loi discutée. Croyait-on que pour supprimer l'esprit congréganiste, il suffisait de supprimer le lien matériel qui unissait les congréganistes ? Pouvait-on empêcher les anciens congréganistes de former des associations laïques où prévaudrait l'esprit congréganiste ? Et dès lors qu'y aurait-il de changé, sinon qu'au lieu de congrégations autorisées, soumises au contrôle de l'État, la République verrait se dresser en face d'elle un carbonarisme clérical ?

M. Combes, président du Conseil, dénonça l'attitude des républicains progressistes qui, depuis le début de la lutte contre les congrégations avaient fait cause commune avec les réactionnaires ; le pays leur avait manifesté d'une façon nette qu'il n'entendait pas les suivre dans cette voie ; tous les républicains sincères devaient se séparer des progressistes dans le vote que le Gouvernement sollicitait de la majorité. La question qui se posait était simple : « il fallait être pour ou contre la congrégation, pour ou contre le parti républicain ».

Les congrégations enseignantes, continua-t-il, n'ont été autorisées, originairement, que dans le but de suppléer l'État pour combler une lacune qui aurait dû être comblée par l'État. L'enseignement public étant organisé aujourd'hui par nos lois scolaires, l'enseignement congréganiste n'a plus sa raison d'être.

Quant aux charges budgétaires, elles ne sont pas de nature à alarmer le parti républicain. Elles s'élèveront à 46 millions pour les écoles de garçons et à 17 millions pour les écoles de filles, y compris les 20 millions que la ville de Paris prendra à sa charge.

Les communes n'auront à leur charge que 22 millions. Il n'y aura, pendant cinq ans, que 3 millions et demi à payer par l'État et 4.650.000 francs à payer par les communes. Nous avons déjà prévu au budget une somme de dix millions. Quant aux communes, elles n'auront pas à inscrire d'autres crédits que ceux inscrits chaque année à leur budget pour construction ou réfection d'écoles.

... Il faut arrêter la congrégation dans son œuvre d'accaparement moral. La loi ne nous accule pas au monopole de l'enseignement, car la liberté de l'enseignement subsiste toujours pour les citoyens qui jouissent de tous leurs droits. Mais là où le citoyen disparaît, toutes les prérogatives du citoyen disparaissent.

Pour former des citoyens, il faut un enseignement donné par des citoyens jouissant de tous leurs droits.

On a parlé de l'apaisement. Nous aussi, nous voulons l'apaisement, non un apaisement qui résulterait de

9

l'abandon des désirs républicains, mais de l'apaisement fondé sur la suppression de la source principale de nos divisions.

Ce fut M. Ribot qui répondit au président du Conseil :

Cette question des congrégations, dit-il, revient ici périodiquement, comme si on voulait écarter les questions autrement importantes qui assiègent nos préoccupations.

En nous présentant la loi des associations, M. Waldeck Rousseau, qui avait le sentiment des devoirs d'un président du Conseil et auquel la Chambre me permettra d'envoyer nos vœux de rétablissement, ne voulait pas en faire une loi de persécution contre les congrégations.

Vous nous adressiez tout à l'heure des appels pressants pour entrer dans votre majorité. Mais vous oubliiez, à ce moment, que vous aviez forcé M. Waldeck Rousseau, dont vous vous prétendez être le continuateur, à se réfugier dans l'opposition pour essayer de vous arrêter dans votre œuvre néfaste.

Si, comme on l'a dit, c'est la politique de M. Waldeck Rousseau qui a triomphé aux dernières élections, vous avez le devoir strict de l'appliquer dans l'esprit où elle a été présentée et expliquée par son auteur, qui n'a jamais eu la pensée de supprimer les congrégations autorisées. En agissant autrement, en refusant d'attendre que le pays se soit de nouveau prononcé, en voulant le mettre en présence d'un fait accompli, vous commettez, vis-à-vis de lui, un acte de défiance.

La loi que vous nous présentez est le désaveu complet, brutal, de la loi de 1901.

On n'a pas pu prouver que l'enseignement des congréganistes et, en particulier, celui des frères des écoles chrétiennes, soit empreint de fanatisme. On n'a rien relevé contre lui. Alors, quelles sont vos raisons ?

Vous dites qu'en refusant l'autorisation en bloc aux congrégations qui l'avaient demandée, vous vous êtes implicitement engagés à supprimer toutes celles qui étaient autorisées.

M. Combes. — Je n'ai rien dit de cela.

M. Ribot. — Mais le rapporteur l'a dit. Alors, vous jugez l'argument; je passe.

On nous a dit : « Il faut séculariser complètement l'État. » C'est un grand mot qui me paraît bien vide de sens en la circonstance. Oui, quand on a laïcisé les écoles de l'État, on a fait œuvre de sécularisation. Mais aujourd'hui, quand il s'agit seulement d'enlever l'autorisation d'enseigner à des hommes qui n'invoquent aucun privilège, qui ne relèvent à aucun titre de l'État, comment pouvez-vous dire que vous continuez la sécularisation de l'État?

Mais M. le rapporteur a trouvé un autre argument qui consiste à dire que l'État ne doit pas mettre le sceau de la puissance publique sur des congrégations qui favorisent ou qui exigent des vœux qui ne sont pas dans le courant des idées modernes. Je réponds que je ne suis pas un admirateur passionné du système de l'autorisation; mais enfin il existe dans la loi et vous devez le respecter, puisque vous avez refusé de leur accorder le bénéfice du droit commun.

M. le ministre de l'instruction publique, parlant au Sénat, a dit que nous ne pouvions pas avoir confiance dans les congréganistes parce que la congrégation exerçait sur eux une tutelle qui ne leur laissait pas la liberté d'intelligence, la liberté nécessaire au développement moral de l'instituteur. Eh bien, je n'ai qu'à rappeler à M. le ministre la loi de 1886. Autre chose est la délégation de la confiance de l'État, autre chose est la reconnaissance du simple exercice de la liberté. En 1886 on a dit : l'entrée de l'école publique sera interdite au congréganiste, mais on lui a laissé la liberté d'enseigner en dehors de l'école publique. Une sorte de pacte est intervenu à cette époque entre les républicains et les catholiques; vous voulez le violer; vous détruisez l'œuvre de 1886 et c'est pourquoi l'un de ceux qui y ont attaché leur nom, M. Goblet, proteste contre votre entreprise qui équivaut à la répudiation de la doctrine du parti républicain.

Votre loi, c'est la rançon dont vous avez payé l'abandon par certains de vos amis du Sénat de leurs projets du monopole de l'enseignement secondaire Voir Année 1903, p. 292 et suivantes).

Vous dites que vous ne voulez pas toucher à la liberté d'enseignement, mais quelles garanties nous donnez-vous? Aucune. Et si le pays, qui aura le dernier mot, ne vous arrête pas, je suis sûr que vous irez jusqu'à nous demander la suppression de cette liberté.

Que coûtera l'application de votre loi? Vous ne le savez pas exactement, car les calculs qui nous ont été présentés sont inexacts. On les a rectifiés; mais qui nous dit que ceux qu'on nous présente sont exacts.

Vous abandonnez la tradition républicaine. On n'entend parler ici que de théologie, et les libres penseurs, ou du moins un grand nombre de libres penseurs de ce pays, n'ont d'autre pensée que de prendre l'envers de ce cléricalisme qu'ils combattent à outrance.

Je lisais dernièrement le beau livre d'Auguste Sabatier, l'ancien doyen de la Faculté de théologie protestante de Paris. Cette lecture me montrait quel anachronisme a commis M. Jaurès. Quoi? C'est ici, c'est à cette tribune, qu'on vient discuter des questions philosophiques sur les croyances des citoyens.

M. JAURÈS. — Vos amis avaient mis en cause mes idées philosophiques.

M. RIBOT. — Et vous avez mis une complaisance empressée à leur répondre par l'exposé de ces idées.

Vous avez affirmé que l'Evangile était tout, que le *Syllabus* était en germe dans l'Évangile. Bien plus, vous avez réuni, concentré toutes les religions dans la seule religion catholique. Quelle était donc votre pensée?

C'était, en portant tout votre effort sur la religion catholique en qui se concentraient d'après vous, toutes les religions, de ne plus tolérer, elle abattue, aucune religion; mais est-ce ici, dans un parlement, que de telles controverses peuvent s'établir?

Nous avons, plus que jamais, la manie de la théologie. Dans quel parlement du monde, sauf en ce parlement où le bloc fait la loi, pourrait-on discuter, comme nous le faisons depuis huit jours, de questions théologiques?

Avons-nous donc le droit de scruter les consciences? On peut être, quoi qu'en dise M. Combes, très bon catholique et très bon citoyen. Voyez Pasteur.

Prenez garde. On donne, depuis quelque temps, à la République, qui est la liberté organisée, une singulière direction. On commence à aimer, dans ce pays, ces coups de majorité et surtout s'ils sont brutaux. C'est l'oubli même de l'esprit républicain.

En privant successivement des catégories de citoyens de l'exercice de leurs droits, on affaiblit la République au lieu de la défendre.

Beaucoup de ceux qui suivent M. le président du Conseil savent ce qu'il y a de stérile, de violent, de dangereux dans sa politique. Qu'ils aillent encore aujourd'hui jusqu'au bout, c'est leur affaire. Pour nous, qui avons toujours défendu les idées libérales, nous y restons fidèles.

Ce ne sont pas les railleries faciles de M. le président du Conseil qui nous détourneront de notre devoir. Le présent peut encore nous réserver quelques déceptions. L'avenir arrive qui nous donnera raison. *Applaudissements prolongés au centre. L'orateur est vivement félicité par ses amis.*

M. Georges Leygues, ancien ministre de l'Instruction publique dans le cabinet Waldeck Rousseau, prit ensuite la parole.

La loi qui est soumise aujourd'hui à votre examen, dit-il, n'est à aucun degré la conséquence de la loi de 1901 qui se suffisait à elle-même. Qu'on relise les débats et les commentaires de M. Trouillot, et on s'en rendra compte.

M. Trouillot, alors rapporteur de la loi sur les associations, disait : « Les trois propositions que la Commission et le Gouvernement ont jugées essentielles dans une législation nouvelle sur les congrégations sont les suivantes : 1º Maintien du principe de l'autorisation pour les congrégations religieuses par la loi; 2º Interdiction d'enseigner pour les congrégations non autori-

sées; 3⁰ Mesures ayant pour but de parer à l'établissement et au développement des biens de main morte. »

Et l'honorable M. Trouillot, qui repoussait au nom
de la Commission l'amendement Zévaès, lequel tendait, comme vous vous le rappelez, à la suppression des
congrégations, ajoutait : « La Commission a pensé
qu'en consacrant par son projet le maintien des
droits acquis, le respect de toutes les situations qui
se sont fondées et formées en conformité des lois,
elle aurait par là plus de force pour demander à la
Chambre l'adoption des trois propositions dont je viens
de donner lecture. »

Il ne faut donc pas dire que le projet de loi que nous
discutons est la conséquence logique de la loi de 1901.

La loi de 1901 se suffisait à elle-même. Elle réglait
en son entier une question difficile et grave; elle résolvait un problème depuis longtemps posé devant l'État
républicain; la solution qu'elle donnait ne comportait
ni restriction, ni adjonction. Avec la loi de 1901, nous
avons franchi une longue étape. Cette loi est avec la
loi scolaire de 1886 l'acte le plus laïque qui ait été
accompli en France depuis la Révolution.

... Aujourd'hui, on nous demande de retirer aux
congrégations enseignantes l'autorisation qu'elles ont
reçue.

M. Buisson conclut au retrait de l'autorisation, non
pas parce que les congrégations sont indignes ou
instruisent mal les enfants qui leur sont confiés, mais
pour deux raisons dont voici la première :

« L'État intervient d'abord au nom des droits de l'enfant. Il n'appartient à personne, pas même aux parents,
d'exercer sur un enfant une pression qui soit de nature
à compromettre son développement normal de corps
ou d'esprit. L'adulte n'a pas le droit d'abuser de son
autorité, de sa puissance de persuasion ou de commandement pour fasciner l'imagination, pour séduire la
sensibilité, pour fausser l'intelligence, pour terroriser
la conscience du plus frêle et du plus impressionnable
des êtres. »

Il m'est impossible d'adhérer au principe que pose
M. Buisson. Car si je suis M. Buisson dans la voie où il

nous convie d'entrer avec lui, je ne vois pas où nous nous arrêterons.

Le raisonnement de M. Buisson — je dis ceci sans incriminer sa pensée — est celui qui a été tenu de tout temps pour persécuter les croyances, pour mettre en dehors de la loi des catégories de citoyens.

Les arguments de M. Buisson ont déjà servi en 1685 contre les ministres de la religion réformée.

Qui fixera le point jusqu'où pourra aller la propagande des idées? Qui sera juge de l'excès de puissance et de persuasion? Qui sera juge de savoir quand cette persuasion abusive nuit à l'intérêt personnel de celui qui la subit? Où est la limite? Qui la tracera? Qui viendra dire : Jusque-là l'adulte et l'enfant sont libres, mais, à partir d'ici, ils ne le sont plus, la loi intervient?

Messieurs, prenez garde! Ce n'est pas au xxᵉ siècle, sous la République, après la Révolution qui a émancipé l'homme et la pensée, qui a proclamé la liberté et le respect de toutes les opinions, de toutes les croyances, qu'il est bon de soutenir des doctrines qui amenèrent l'ancienne monarchie à accomplir des actes qui l'ont marquée d'une tache ineffaçable!

Le deuxième motif invoqué par M. Buisson pour demander le vote de la loi est tiré non pas du respect dû à la personne humaine dans l'enfant, mais du respect dû à la personne humaine dans le congréganiste lui-même.

Pour M. Buisson, à partir du moment où le congréganiste a prononcé les trois vœux de pauvreté, de chasteté et d'obéissance, il s'est mis hors la loi et ne peut exercer les droits des autres citoyens.

Messieurs, si la thèse est vraie, elle dépasse les congrégations enseignantes, elle atteint aussi les congrégations hospitalières que l'on vous demandera bientôt de dissoudre.

Mais les conclusions de M. Buisson, appuyées sur les deux principes qu'il a posés, conduisent inévitablement à exclure de l'enseignement quiconque a prononcé les vœux que je rappelais. Alors pourquoi confier au clergé séculier la partie la plus importante de l'enseignement : l'enseignement secondaire?

Vous aboutissez, que vous le vouliez ou non, au monopole; c'est en effet le seul moyen de sortir de l'impasse où nous sommes engagés.

Il n'y a pas de moyen terme, en cette matière : c'est la liberté d'enseignement ou le monopole.

Et si la loi qui nous est soumise soulève tant d'objections, c'est précisément parce qu'elle n'a su choisir entre deux solutions logiques et claires. On est contre le monopole, mais on n'ose pas l'attaquer; on est pour la liberté, mais on n'ose pas la défendre.

Enfin, l'honorable rapporteur allant au-devant d'une objection qui est dans tous les esprits, sachant que les écoles fermées se rouvrent et que l'enseignement congréganiste, que l'on prétendait détruire, n'est pas détruit, le rapporteur dit : « La loi n'aura pas supprimé l'enseignement clérical; ce n'est pas son but, et ce ne peut être son résultat. »

Alors, que faisons-nous? Et que pensera le pays de la stérilité de notre effort? Comment jugera-t-il les promesses qui lui avaient été faites et les charges si lourdes qu'on va lui imposer sans résultat?

J'entends bien. On dit : Nous aurons supprimé le congréganiste. Mais qu'est-ce que cela si vous ne supprimez pas l'enseignement qu'il donne et que vous jugez dangereux?

Il ne sera pas permis d'enseigner que la Révolution fut une œuvre d'iniquité et de sang, si l'on porte un froc, mais il sera permis de l'enseigner si on ne porte plus le froc! Et cela coûtera plus de cent millions aux contribuables. Beaucoup estimeront que c'est payer trop cher un simple changement de costume.

Voilà pour les observations générales. Serrons la question de plus près. Supposons la loi votée et voyons quelles en seront les conséquences.

Le vote de la Chambre aura un premier résultat qui mérite votre attention.

Toute la France n'est pas contenue dans nos frontières de France; nous avons sur tous les points du globe des intérêts considérables à défendre. Ces intérêts seront, en certaines régions, gravement compromis.

Parmi les congrégations auxquelles vous allez retirer

l'autorisation, il en est qui entretiennent à l'étranger des écoles, des orphelinats, des dispensaires et des garderies. Les missions au dehors sont un moyen de propagande dont tous les gouvernements étrangers usent largement. Allez-vous rompre cet immense réseau d'action et d'influence française? Gambetta, Paul Bert, Ferry pensaient qu'il fallait encourager et protéger nos missions.

La suppression de l'enseignement congréganiste amènera la suppression des écoles françaises, dans la vallée du Nil par exemple, et ruinera complètement notre influence.

M. DE PRESSENSÉ. — Alors, pourquoi avez-vous accepté le projet sur le stage scolaire déposé par le ministère Waldeck Rousseau?

M. GEORGES LEYGUES. — Ce projet n'avait aucun rapport avec le projet actuel.

Le stage scolaire était plus efficace, et il n'imposait aucune charge au budget; mais vous savez qu'il ne s'appliquait qu'aux jeunes gens qui se destinaient aux fonctions publiques. Il ne supprimait pas les noviciats; il ne dispersait pas les congrégations; il ne faisait aucun obstacle au recrutement de ces maîtres qui vont, sur toutes les parties du globe, porter à la fois et notre langue et le génie, l'influence intellectuelle et morale de notre pays.

M. JAURÈS. — Vous en tarissiez tout de même la source en France.

M. GEORGES LEYGUES. — Non. Vous commettez une erreur de fait. Aucun noviciat n'était fermé, aucune mission n'était touchée ni directement, ni indirectement.

M. JAURÈS. — Il y a une contradiction absolue entre la thèse que vous portez en ce moment à la tribune et ce qui était contenu dans votre projet de loi. Lorsque vous imposiez le stage scolaire, lorsque vous interdisiez à tous autres établissements que ceux de l'État, et notamment aux établissements congréganistes, de préparer les futurs fonctionnaires de tous ordres, vous saviez bien qu'en France surtout, étant donnée la multiplicité des fonctions publiques, vous portiez à ces éta-

blissements, indirectement mais certainement, un coup
mortel.

M. AYNARD. — Le projet de M. Leygues n'avait qu'un
but, celui de créer un stage pour tous les Français qui
désireraient occuper des fonctions publiques. Il supprimait si peu l'enseignement congréganiste qu'un
homme des plus distingués, M. Fernand Faure, a émis
cette idée très profonde et très ingénieuse que le stage
scolaire était une immense faute, parce que, favorisant
le recrutement des fonctions publiques, il laisserait
aux institutions congréganistes tous ceux qui se pré-
pareraient à l'industrie et au commerce, à tout ce qui
fait la prospérité et la force du pays.

M. GEORGES LEYGUES. — Au lendemain des massacres
d'Arménie, les rapports de nos ambassadeurs et consuls ont constaté l'influence et l'utilité des écoles créées
là-bas par les congrégations.

A Madagascar, il y a des écoles laïques et des écoles
congréganistes. Que deviendront ces dernières?

M. JAURÈS. — Le général Galliéni a laïcisé tout l'enseignement à Madagascar.

M. GEORGES LEYGUES. — Il y avait et il y a à Madagascar des écoles tenues par des missionnaires français,
protestants et catholiques. Mais il y a aussi des écoles
tenues par des missionnaires anglais et américains, en
sorte que vous allez détruire des établissements français
parce qu'ils sont dirigés par des congréganistes, alors
que vous laisserez subsister ceux qui sont dirigés par
des étrangers. Qu'arrivera-t-il? La langue française
sera moins enseignée et notre influence n'augmentera
pas, au contraire.

Le président de l'Alliance française, qui comprend
des personnalités de toutes les religions, a écrit que
notre influence à l'étranger était due, pour la plus
grande partie, à nos missionnaires.

Lors de la discussion de la loi de 1901, ce furent des
protestants qui appelèrent l'attention de la Commission
sur les services rendus à l'influence française par les
missionnaires : et M. Waldeck Rousseau prit alors
'engagement que les missions dépendant des congrégations autorisées ne seraient pas inquiétées.

Voulez-vous détruire aujourd'hui tous ces établissements?

... Le président du Conseil vous a donné des chiffres au sujet de la dépense que nécessitera le projet de loi. Ces chiffres sont très contestables. Il ne faut pas oublier que la laïcisation n'est pas terminée et qu'il y a encore de nombreuses écoles à construire.

J'ai étudié la question de très près sous le précédent ministère et, sans vouloir citer aucun chiffre et sans vouloir inquiéter la Chambre, je peux dire que, quand vous aurez fait l'addition totale, vous serez loin de compte avec les chiffres apportés par le président du Conseil.

Autre question. Avez-vous le personnel nécessaire pour remplacer les congréganistes? Nullement. Vous n'avez ni assez d'instituteurs ni assez d'institutrices. Vous serez obligés de recruter les 10.000 ou 12.000 instituteurs dont vous allez avoir besoin dans des conditions déplorables : vous ne pourrez exiger d'eux que le brevet élémentaire, ils ne vous offriront aucune garantie et du coup l'avancement et le classement des instituteurs qui sortent des écoles normales sera compromis.

Le budget est dans une situation telle qu'on ne peut faire des dépenses excessives. Tout le monde le sait.

M. Merlou, dans son rapport, évaluait à 198 millions les dépenses qui pèseraient sur nos budgets de 1905 à 1908. Si vous ajoutez à cela des charges nouvelles considérables, sans avoir des ressources nouvelles, comment ferez-vous? Créerez-vous des impôts nouveaux?

Vous allez grever le budget d'une charge annuelle de vingt millions.

Les prélèvements faits par les lycées et collèges sur les familles s'élèvent à 24 millions par an. Décidez que, dès le mois d'octobre prochain, les tarifs d'études seront réduits de moitié. Le nombre d'élèves augmentera très considérablement; et vous aurez plus fait pour la suppression de l'enseignement congréganiste que par votre projet dont je vous ai démontré l'inanité.

Je suis partisan de la liberté d'enseignement. Je ne reconnais ni à la Chambre, ni au Gouvernement, ni à personne, le droit d'imposer un dogme politique.

Nous allons supprimer ce qui reste de l'abominable loi Falloux et achever ainsi la sécularisation de l'enseignement de l'Etat commencé en 1886. L'Etat pourra exercer le contrôle le plus efficace sur les maîtres et les élèves. Avez-vous besoin d'autre chose? Le meilleur moyen de faire triompher la raison, ce n'est pas de l'armer de textes de loi.

M. JAURÈS. — La loi de 1901 était donc inutile.

M. GEORGES LEYGUES. — Elle était utile, parce que les congrégations doivent être soumises à la loi.

Un grand parti comme le parti républicain ne doit pas voter des lois contre la liberté. En ce qui me concerne je ne le ferai pas et je terminerai par le mot de Quinet : « N'attendez pas de moi que je sacrifie la justice et la raison. »

Le discours de M. Georges Leygues, violemment interrompu à l'extrème gauche, fut vigoureusement applaudi par le centre et une partie de la gauche.

L'urgence n'en fut pas moins votée par 306 voix contre 243 (7 mars .

La première partie de la séance du lendemain fut employée à l'examen d'une motion de M. Noulens, député radical du Gers, ainsi conçue :

La Chambre, résolue à laisser le Gouvernement user des prérogatives que lui donne l'article 13 de la loi de 1901, pour fermer par décret les établissements congréganistes *dans la mesure des crédits qui seront annuellement affectés à leur remplacement*, renvoie le projet à la Commission de l'enseignement.

Quoique favorable à la substitution de l'enseignement laïque à l'enseignement congréganiste M. Noulens formulait — c'était le sens de sa motion — quelque réserve sur l'application de ce principe, telle qu'elle était comprise par le Gouvernement. Rien ne justifiait, à ses yeux, la loi projetée.

La loi de 1901, dit-il, a été approuvée par le suffrage universel; mais je suis persuadé que le suffrage universel n'avait pas compris que cette loi signifiait la suppression intégrale des congrégations non autorisées. Dans tous les cas, il ne s'est pas prononcé sur la suppression des congrégations autorisées. Nous avons donc le droit de demander quels sont les motifs impérieux qui ont poussé le Gouvernement à déposer ce projet, d'autant plus que des difficultés d'un autre ordre vont apparaître.

Par quels moyens le Gouvernement trouvera-t-il en cinq années les cinq mille instituteurs qui lui sont nécessaires? Déjà les recteurs et les inspecteurs d'académie se plaignent d'avoir été obligés de recourir à des éléments peu susceptibles de relever l'enseignement primaire.

Quant aux conséquences financières du projet, on les a mal calculées, et elles sont presque incalculables.

Pour les écoles de garçons, on prévoit 351 écoles à construire ou à transformer, moyennant une dépense de 46 millions, et pour 718 écoles de filles, la dépense ne serait que de 17 millions! Il suffit de rapprocher ces deux chiffres pour comprendre qu'il doit y avoir là une erreur énorme! La vérité c'est qu'il faut évaluer la dépense à 150 millions, sans compter les dépenses annuelles du personnel.

On va donc surcharger les communes de dépenses qu'elles supporteront difficilement.

A ces dépenses viendront s'en ajouter d'autres, car les congrégations, se faisant exproprier par des créanciers fictifs, il n'y aura pas, après la liquidation, d'actif suffisant pour payer les pensions alimentaires aux congréganistes.

Le Gouvernement peut très bien accepter le renvoi du projet à la Commission de l'enseignement. Chaque année, il viendrait nous dire quelles écoles il y a lieu de fermer par décret. On éviterait ainsi ce qui se produit dans plusieurs communes, on ne verrait plus des enfants privés d'instruction parce que les écoles publiques ne peuvent les recevoir.

M. Combes, *président du Conseil.* — Je proteste énergiquement contre cette allégation.

Si le projet est voté, il y aura lieu de fermer 3.494 écoles. Sur ce nombre, il y en a 1.944 dont les élèves pourront être recueillis par les écoles existantes; 354 pour lesquelles pourra intervenir une location, et 486 qu'il faudra agrandir. Il n'y aura que 631 écoles à construire. Or, avec les 10 millions prévus annuellement au budget, on pourra construire 600 écoles par an. Comment donc ne pourrait-on pas en construire 631 en cinq ans?

Il peut vous plaire de renvoyer le projet au Gouvernement pour dégager votre responsabilité. Mais ne vous réfugiez pas derrière des échappatoires. Il faut être avec le Gouvernement ou avec la congrégation.

M. Noulens. — Il ne s'agit pas d'échappatoire. Je déclare très nettement que vous nous avez entraînés, moi et un certain nombre de mes collègues, au delà de nos promesses et de nos engagements.

Nous vous avons suivis jusqu'à ce jour par esprit de discipline; nous avons cru devoir, devant l'intérêt supérieur de la République, effacer nos préférences personnelles en certains cas.

Par le renvoi à la Commission de l'enseignement, nous vous offrions un moyen transactionnel, qui vous permettait de faire la réforme sans secousses, sans menaces, sans émotion dans le pays. Vous n'en avez pas voulu : nous vous laissons, monsieur le président du Conseil, la responsabilité de dissoudre le bloc républicain. (*Vifs applaudissements au centre et sur divers bancs à gauche.*)

M. Chaumié, ministre de l'instruction publique, répliqua que, dans l'esprit de la loi de 1901, l'article 13 ne devait s'appliquer que dans des cas spéciaux et particuliers, et qu'il était inapplicable lorsqu'il s'agissait d'une mesure générale de fermeture. M. Sarrien, président de la Commission, appuya cette opinion.

Après pointage, la motion de M. Noulens fut repoussée par 295 voix contre 255.

Le passage à la discussion des articles fut voté par 307 voix contre 245.

L'abbé Gayraud développa un contre-projet, tendant à abroger les articles 13 à 19 de la loi du 1er juillet 1901 sur le contrat d'association, et à décider que les congrégations pourraient se constituer librement, en se conformant aux dispositions des titres 1 et 2 de la susdite loi. Il fut repoussé par 335 voix contre 136 8 et 10 mars .

Le contre-projet de M. Colin, député de la majorité, donna lieu à un débat assez vif. Il était inspiré par la nécessité, impérieuse suivant M. Colin, de respecter les situations acquises.

Si nous approuvons sans réserve toutes les mesures législatives propres à amener la disparition de l'enseignement congréganiste, disait M. Colin, dans son exposé de motifs, c'est à la condition essentielle que ces mesures soient conçues et appliquées de telle manière qu'on ne puisse présenter comme une œuvre de persécution et de violence l'œuvre de progrès qu'il s'agit en réalité d'accomplir; c'est à la condition aussi qu'elles n'entraînent pas, pour les finances publiques, des sacrifices de nature à rompre, à troubler tout au moins l'équilibre de bien des budgets communaux.

Est-il juste de frapper si brutalement les membres des congrégations autorisées et autorisées à enseigner? Ceux-là étaient couverts par la loi. Si la loi est changée, il est de tradition constante que les droits antérieurs soient respectés

... Il suffit d'arrêter, d'une façon absolue, le recrutement de toutes les congrégations autorisées à donner l'enseignement... De cette façon, sans léser aucun droit, ni même aucun intérêt individuel, on n'en arriverait pas moins sûrement à la suppression de l'enseignement dont les congrégations sont les dispensatrices.

Sans doute, on aboutirait moins vite qu'avec le projet du Gouvernement. Ce n'est pas, certes, en cinq années que la réforme serait réalisée. Mais il est permis de croire qu'en moins de vingt-cinq ans elle serait accomplie.

L'article 1ᵉʳ du contre-projet, en interdisant toute autorisation future à des congrégations enseignantes, aurait eu comme conséquence le rejet de toutes les demandes d'autorisation pendantes, relatives à des établissements d'enseignement.

L'article 2 disposait qu'à compter de la promulgation de la loi, les congrégations enseignantes autorisées ne pourraient plus recruter de nouveaux membres.

Les membres existants auraient conservé, leur vie durant, le droit d'enseigner ; les établissements seraient restés ouverts tant qu'ils auraient conservé un personnel suffisant, et auraient été fermés au fur et à mesure de la disparition des congréganistes autorisés à enseigner.

Les congrégations mixtes, c'est-à-dire aussi bien enseignantes qu'hospitalières, auraient dû renoncer à leur première qualité pour échapper aux précédentes dispositions, à moins que leurs écoles n'eussent été exclusivement réservées aux enfants hospitalisés dans lesdits établissements.

Un dernier article ordonnait la laïcisation de toutes les écoles publiques dans le délai de trois ans.

M. Colin, dans un excellent discours, mit en lumière les inconvénients du projet du Gouvernement.

Quand les congréganistes seront expulsés, qu'en ferez-vous, demanda-t-il ?

S'ils veulent se faire instituteurs, vous leur ferez les procès que vous faites aux anciens congréganistes non autorisés sécularisés, procès que je trouve profondément regrettables, car ils obligent le juge à descendre dans la conscience du congréganiste pour y chercher si la sécularisation est sincère.

... Votre projet est une mesure violente. Et comme

toute mesure violente entraîne une réaction, à la place
de l'école congréganiste se créera une école privée,
tandis qu'avec mon contre-projet, la suppression se
faisant peu à peu, de nouvelles écoles ne se créeront
pas, ou se créeront en moins grand nombre, et les
enfants iront dans les écoles laïques.

On invoque les droits de la liberté de l'enfant, mais
en invoquant cette liberté embryonnaire, vous arrivez
à violer la seule qui soit en cause, la liberté du père
de famille.

Si mon contre-projet est adopté, dans douze ans il
n'y aura plus un seul établissement congréganiste en
France, et c'est une illusion de croire qu'avec celui du
Gouvernement il n'y en aura plus dans cinq ans.

Dans mon système, les difficultés d'ordre financier
sont atténuées dans une large mesure : c'est ainsi que
la question des pensions ne se pose pas, c'est un avantage appréciable.

M. Chaumié répondit qu'il lui était impossible de
suivre M. Colin dont le système reportait à vingt-
cinq ans la disparition de l'enseignement congréganiste, disparition que le Gouvernement avait estimée
devoir être immédiate.

Mais la Chambre ne paraissait pas aussi convaincue que le ministre de l'instruction publique de
cette nécessité, et l'échec des propositions gouvernementales semblait probable, lorsqu'un coup de
théâtre se produisit. Le rapporteur, M. Buisson,
demanda à M. Colin de retirer son contre-projet
moyennant la promesse que le délai d'application de
la loi serait porté de cinq à dix années. M. Colin
accepta.

M. Gauthier (de Clagny) dit ironiquement qu'il
paraissait impossible d'autoriser les congrégations à
continuer d'empoisonner la jeunesse pendant dix ans.

M. Caillaux se déclara partisan, pour des raisons

d'ordre financier, de la prolongation du délai d'application à dix années.

M. Grousseau, membre de la minorité de la Commission, ayant fait connaître que celle-ci avait délibéré sur la prolongation du délai de l'application et s'y était montrée hostile, plusieurs orateurs invitèrent le président, M. Sarrien, à faire savoir si M. Buisson avait parlé en son nom personnel ou au nom de la Commission. La réponse de M. Sarrien fut d'une ambiguïté telle que personne n'aurait su dire quelle en était la signification. Les explications du président du Conseil, appelé à la tribune, ne furent pas plus claires. Mis en demeure de s'expliquer d'une façon catégorique, le Gouvernement et la Commission, que la crainte d'être battus rendait muets, gardèrent un silence absolu.

La confusion était à son comble. Ce fut bien pis, lorsqu'on s'aperçut que, M. Colin ayant retiré son contre-projet, on discutait dans le vide. Heureusement, un député radical, M. Loque, le reprit, ses convictions de libre-penseur lui faisant un devoir de combattre par tous les moyens une loi qui portait atteinte à la liberté de penser. Alors, spectacle imprévu, on vit M. Colin attaquer, au nom de raisons d'ordre politique, ce même contre-projet que quelques instants auparavant il avait défendu avec tant de vigueur.

Après une protestation de M. Charles Benoist contre ces manœuvres indignes du parlementarisme, on vota et le contre-projet fut repoussé par 301 voix contre 11 ; la moitié de la Chambre s'était abstenue (10 mars.

Un second contre-projet de M. Loque fut repoussé par 321 voix contre 3.

M. Pérel était l'auteur d'un contre-projet qui avait la prétention d'arriver par des voies plus rapides au même but que celui visé par la Commission. Sur les observations de M. Buisson, M. Pérel consentit à retirer son contre-projet (11 mars).

La Chambre ayant ainsi repoussé tous les contre-projets, l'article 1er fut mis en discussion. Le paragraphe 1er était ainsi conçu :

L'enseignement de tout ordre et de toute nature est interdit aux congrégations, en France.

Ces deux derniers mots avaient été ajoutés à la demande de M. Combes et pour donner satisfaction à M. Georges Leygues qui avait réclamé l'insertion d'une disposition spéciale garantissant le fonctionnement des écoles congréganistes à l'étranger et aux colonies, notamment en laissant subsister leurs noviciats en France. Mais cette disposition paraissait devoir rester lettre morte puisque l'article 2 retirait ce qu'avait concédé l'article 1er en interdisant aux congrégations enseignantes de recruter de nouveaux membres. On verra plus loin (p. 122) l'important débat qui s'éleva sur ce point.

MM. de Rosambo et du Halgouet exprimèrent l'indignation que leur causait la lutte engagée contre la religion catholique par une majorité « brutale » qui se préparait à voter une « loi scélérate » (11 mars).

Le paragraphe 1er de l'article 1er fut adopté par 318 voix contre 231.

Des efforts furent en vain tentés par MM. Lemire, Lasies, de Ludre et Plichon pour exclure de l'application de la loi les établissements professionnels, industriels, commerciaux et agricoles. La Chambre repoussa tous les amendements tendant à ce but à des majorités de plus de 50 voix. Le ministre du commerce et le président du Conseil promirent cependant de retarder la fermeture de ceux de ces établissements en faveur desquels militeraient des considérations de fait spéciales.

Un amendement de M. Arnal tendant à autoriser les congrégations à donner l'enseignement supérieur fut repoussé par 302 voix contre 234, sur l'observation de M. Chaumié qu'aucune congrégation ne donnait l'enseignement supérieur.

Un autre amendement de M. Joseph Brisson qui demandait l'adjonction de la disposition suivante :

Sauf dans les écoles de filles établies dans les communes ayant moins de 500 habitants et où n'existeront pas d'écoles publiques spécialement destinées aux filles,

fut également repoussé par 302 voix contre 233, M. Chaumié ayant déclaré qu'il portait atteinte à la loi de 1886 (14 mars). Il en fut de même des amendements de MM. de Gailhard-Bancel et Lamy qui auraient voulu que les internats au moins pussent subsister, ceux dépendant de l'État étant insuffisants (15 mars).

M. Pichon proposa une addition au paragraphe 1ᵉʳ :

« Toutefois la mise en vigueur de cette disposition sera ajournée sur leur demande pour les communes dont les excédents disponibles du budget seraient insuffisants pour faire face aux dépenses nouvelles et qui seraient obligées pour assurer l'application de la présente loi de recourir à l'emprunt ou à des impôts nouveaux. »

Si l'on fait le compte de toutes les dépenses que la loi occasionnera en personnel, constructions ou aménagements d'écoles, on trouvera, dit M. Plichon, un chiffre total de 153 millions, dont une grande partie incombera aux communes. Le Gouvernement et la Commission ont fait des évaluations inexactes : ces erreurs proviennent de ce qu'on n'a pas compris dans les calculs les 2,000 écoles de filles non laïcisées et les 4.000 écoles non autorisées appartenant à des congrégations autorisées. Je suis donc fondé à dire que la dépense atteindra plus du double de celle qui a été prévue. Pour la ville de Paris seule, elle dépassera 81 millions...

L'amendement fut repoussé par 295 voix contre 235.

Le paragraphe 2 de l'article 1ᵉʳ était ainsi conçu :

Les congrégations autorisées, à titre de congrégations exclusivement enseignantes, seront supprimées dans un délai minimum de cinq ans.

La question du délai d'application de la loi avait déjà été soulevée à propos de la discussion du contre-projet de M. Colin. (Voir page 113. Après avoir soutenu avec beaucoup de force un contre-projet qui atténuait les rigueurs financières de la loi, M. Colin l'avait retiré sur une déclaration du rapporteur, M. Buisson, que n'avait point désavouée le président, M. Sarrien, et qui avait été interprétée comme un engagement pris au nom de la Commission d'étendre à dix années le délai d'application de la loi ; sans doute le président du Conseil n'avait pas pris d'engagement à la tribune ; mais il avait laissé entendre, au cours d'une conversation particulière avec M. Colin, qu'il ne s'opposerai pas à une proposition venant de la Commission et prolongeant le délai d'application. M. Colin avait abandonné son contre-projet, si favorablement accueilli par la Chambre, en raison

seulement de ces engagements. Mais M. Combes,
débarrassé du contre-projet, était revenu sur ses
promesses; il avait même insisté auprès de la Commission pour qu'elle repoussât un amendement de
M. Caillaux portant le délai à dix ans et la Commission l'avait écouté.

Ce fut en cet état que l'amendement Caillaux vint
en discussion à la séance du 15 mars. Son auteur
expliqua qu'en le déposant, il avait obéi à des préoccupations d'ordre exclusivement financier.

Le délai de cinq ans, dit-il, grèverait les finances
communales de charges beaucoup trop lourdes.

La Commission chiffre la dépense du personnel à
6 millions, la dépense de constructions à 63 millions.
Je crois ces chiffres inférieurs à ce qu'ils seront, en
réalité. Acceptons-les, pourtant; il n'est pas moins
vrai que la Commission oublie les indemnités de résidence et les compléments de traitements.

L'Etat supporte seul la dépense pour le personnel;
il paye 20 millions pour les constructions. Sans doute,
la charge répartie sur cinq ans n'est pas très excessive. Remarquez pourtant qu'elle s'ajoute à beaucoup
d'autres récentes ou prochaines et que ces charges
successives finissent par prendre une sorte d'hypo-
thèque sur les plus-values possibles de nos budgets
futurs.

Mais les communes? Elles auront à payer les indemnités de résidence, elles auront à payer les compléments de traitements et dans les constructions, elles
auront à payer 43 millions, Paris payera 24 millions,
les autres communes 22 millions; Cette charge corres-
pond à 1 p. 100 de la dette actuelle de Paris, à 1 1 2
p. 100 de la dette des communes. Cela équivaut à un
emprunt de 450 millions pour Paris, de 100 millions
pour les communes.

Or, la situation des communes est obérée. Depuis
vingt ans, toutes les lois que nous avons faites ont
grevé leurs finances. Sans doute, il n'est pas mauvais

que les communes, appelées à bénéficier de ces lois, en connaissent leur part de charges. Il n'en est pas moins vrai que leur situation budgétaire a besoin de quelques ménagements.

Pourquoi ai-je porté le délai à dix ans? Parce qu'en 1910, plus exactement de 1910 à 1915, arrivent à expiration les centimes extraordinaires communaux, résultant des emprunts contractés pour trente ans de 1880 à 1885 pour construction de maisons d'écoles.

L'argument était impressionnant. M. Combes tenta d'en détruire l'effet en dépêchant à la tribune l'un de ses mameluks, M. Codet, qui proposa, par une sorte de contre-amendement, d'autoriser le Gouvernement à prolonger le délai de cinq années pour les communes dont le budget se trouverait manifestement trop chargé.

M. Colin ayant rappelé à M. Combes qu'il avait pris l'engagement formel de ne pas s'opposer à une prolongation du délai d'application, le président du Conseil, avec un sans-gêne surprenant, répondit que le rejet par la Chambre du contre-projet Colin repris par M. Loque (voir page 114) l'avait dégagé de ses promesses antérieures et autorisait la volte-face dont on lui faisait grief; qu'au surplus — admirable *distinguo*! — il s'était engagé à son banc et n'avait rien dit à la tribune. Il se considérait donc comme tout à fait libre de se rallier à l'amendement Codet.

J'ai l'intention de fermer, sans retard, 1.900 écoles (sur 3.000), dont les élèves peuvent être recueillis dans les écoles publiques. Je fermerai les autres peu à peu. Nous accorderons aux communes les délais que nécessitera leur situation financière.

M. Caillaux répliqua que le moindre inconvénient de l'amendement Codet était d'abandonner la solu-

tion à l'arbitraire gouvernemental et de transformer
en affaires politiques de pures affaires administratives; il fallait établir un texte précis ne laissant
aucune place aux considérations politiques.

Malgré les efforts du Gouvernement, l'amendement
Caillaux portant à dix années le délai d'application
fut adopté par 282 voix contre 271. M. Buisson avait
prudemment gardé le silence durant ce débat.

Par suite de ce vote, le paragraphe 2 de l'article 1ᵉʳ se trouva ainsi libellé :

Les congrégations autorisées à titre de congrégations
exclusivement enseignantes seront supprimées dans un
délai maximum de dix ans.

Un amendement de M. Amédée Reille, tendant à
décider qu'il serait tenu compte dans l'application
de la loi de l'avis des conseils municipaux, fut
repoussé par 283 voix contre 230. Il fournit à son
auteur l'occasion de constater que, pour complaire
aux désirs de certains radicaux, le président du
Conseil avait laissé ouvertes 3.500 écoles — 1.900
seulement rectifia M. Combes — dépendant de
congrégations non autorisées (16 mars).

M. Grousseau tenta en vain de faire adopter une
disposition créant une situation de faveur pour les
congrégations qui, autorisées comme enseignantes,
avaient en fait cessé de donner l'enseignement.
M. Chaumié fit observer que ces congrégations
ayant en fait modifié leurs statuts ne pouvaient
plus être considérées comme autorisées (17 mars).

Le paragraphe 3 de l'article 1ᵉʳ était ainsi conçu :

Seront également supprimés, dans un délai maximum de dix ans, les congrégations et les établissements
qui, bien qu'autorisés en vue de plusieurs objets,

étaient, en fait, exclusivement voués à l'enseignement,
à la date du 1er janvier 1903.

M. de Ramel demanda que les congrégations enseignantes autorisées pussent conserver le bénéfice
de leur autorisation sur la simple déclaration
qu'elles entendaient ne plus s'occuper d'enseignement. M. Chaumié répondit que l'adoption de cet
amendement aurait eu pour effet de bouleverser
l'économie de la loi de 1901, puisqu'il équivalait à
donner à certaines congrégations la faculté de se
faire autoriser sans enquête ni débat devant la
Chambre, et l'amendement fut repoussé par 300 voix
contre 230 (17 mars).

Le 3e paragraphe de l'article premier fut donc
maintenu après l'engagement pris par M. Combes
de ne pas toucher aux établissements des sœurs de
charité en tant qu'établissements charitables.

Le 4e paragraphe fut adopté : il était ainsi conçu :

Les congrégations qui ont été autorisées et celles
qui demandent à l'être, à la fois pour l'enseignement
et pour d'autres objets, ne conservent le bénéfice de
cette autorisation ou de cette instance d'autorisation
que pour les services étrangers à l'enseignement prévus par leurs statuts.

M. Renault-Morlière proposa l'addition suivante :

Ne seront pas considérées comme congrégations les
associations religieuses dont les membres ne sont liés
par aucuns vœux perpétuels ou temporaires.

Cet amendement, qui avait pour but de consacrer
le droit, reconnu par le rapporteur, pour les anciens
congréganistes de se constituer en associations, fut
repoussé par 290 voix contre 245, M. Trouillot ayant

11

déclaré que le vœu n'était pas le critérium de l'état congréganiste.

L'ensemble de l'article premier fut adopté par 299 voix contre 242 (18 mars).

Un amendement de l'abbé Lemire tendant à la suppression de l'article 2 fut écarté par 301 voix contre 242. Le premier paragraphe de cet article était ainsi conçu :

A partir de la promulgation de la présente loi, les congrégations exclusivement enseignantes ne pourront plus recruter de nouveaux membres et leurs noviciats seront dissous de plein droit...

MM. Leygues et Flandin proposèrent d'ajouter à ce paragraphe la disposition suivante :

...à l'exception de ceux destinés à former exclusivement le personnel enseignant des établissements français à l'étranger et dans les colonies ou les pays de protectorat. Le nombre des noviciats et celui des novices dans chaque noviciat seront limités aux besoins des établissements visés au présent paragraphe.

Une motion de M. Lasies qui aurait voulu l'ajournement de la discussion jusqu'à ce que le ministre des affaires étrangères eût fait connaitre son opinion sur la répercussion qu'aurait l'article 2 relativement à nos missions et à notre influence à l'étranger n'ayant réuni que 154 voix, M. Georges Leygues prit la parole pour défendre son amendement.

Le président du Conseil, dit-il, vous a demandé (voir p. 115) de rétablir dans l'article premier les mots « en France ». Il en résulte que l'enseignement congréganiste n'est pas interdit hors de France. Or, l'article 2 n'a pas été modifié et constitue, avec l'article premier, une contradiction absolue que je viens vous demander de faire cesser. Par l'article premier, on autorise les congrégations à enseigner à l'étranger; par l'article 2, on les empêche de recruter le personnel qui leur est nécessaire. C'est comme si on disait qu'un bateau peut naviguer mais qu'on lui supprime son équipage. Je demande qu'on mette les deux articles en harmonie.

Dans la lutte économique engagée à l'étranger, l'avenir sera à la nation qui ne s'absorbera pas dans des querelles intestines.

En Orient, où nous avons tant d'intérêts et où se heurtent toutes les races, toutes les religions, l'influence française est prédominante. Nous sommes entourés, il est vrai, d'écoles protestantes anglaises, allemandes; mais ce sont nos écoles qui ont le plus grand nombre d'élèves. Allons-nous abandonner cette prépondérance au profit de nos rivaux?

Lisez les rapports de nos consuls, les lettres des négociants, les documents des chambres de commerce, et vous verrez que tout l'Orient est peuplé d'écoles appartenant à des congrégations autorisées. Les abandonner, ce serait abandonner un lambeau du patrimoine moral de la France. Le Gouvernement n'en a pas le droit.

On me dit : « Pourquoi le personnel de ces écoles doit-il être recruté en France? » Pourquoi? Mais pour que ces écoles restent françaises.

Je ne vous rappellerai que pour mémoire la pétition adressée à la Chambre par un certain nombre de notabilités protestantes, telles que M. Auguste Sabatier, en faveur du maintien de ces écoles d'Orient, lors de la discussion de la loi de 1901.

Avant cette époque, M. de Douville-Maillefeu lui-même, peu suspect de cléricalisme, avait montré combien ces écoles servaient notre influence.

L'Italie a voulu laïciser ses écoles à l'étranger; elle n'y a pas réussi, et elle s'occupe actuellement de substituer aux écoles laïques des écoles congréganistes. ...Notre consul à Smyrne a rendu hommage aux frères de la Doctrine chrétienne et aux filles de la Charité qui dirigent les écoles françaises.

Sur la côte occidentale d'Afrique, les missions protestantes, anglaises et allemandes, ont établi de nombreuses écoles et, comme il est naturel, entretiennent plutôt l'influence anglaise et allemande. C'est tellement vrai que M. Ballot a dû prendre des mesures... Si vous ruinez les missions françaises, rien ne viendra plus s'opposer au développement de l'influence anglaise et allemande dans nos propres colonies.

En Algérie, ce n'est un mystère pour personne que les tribus sont très travaillées par les missionnaires protestants anglais.

M. ETIENNE. — C'est absolument vrai.

M. GEORGES LEYGUES. — M. Etienne confirme ce que je dis. Les missions anglaises sillonnent l'Algérie et répandent des brochures où elles parlent de la décadence de la France, où elles disent que les écoles françaises vont disparaître.

Examinons maintenant la situation à Madagascar. Les écoles laïques fondées par le général Galliéni sont encore trop peu nombreuses. En face de ces écoles, il y a deux armées : celle des missions françaises et celle des missions étrangères, composées de missions anglaises, américaines et norvégiennes. En 1884, ce sont ces missions anglaises, toutes puissantes à la cour de Madagascar, qui nous ont créé toutes les difficultés. Le 15 septembre 1894, un membre d'une de ces missions écrivait au *Standard* pour protester contre la conquête. Aujourd'hui encore, ces protestations se produisent. Voulez-vous fermer, à Madagascar, les écoles françaises qui propagent notre influence et y laisser substituer des écoles étrangères, nettement hostiles à l'influence française?

Devant la Commission, le président du Conseil a déclaré accepter dans l'article 1er les mots « en France », mais il s'est opposé au maintien des noviciats. J'avoue que je n'ai pas compris. Il nous a dit qu'il était inspiré par une question de droit. Je m'explique d'autant moins son attitude que, d'après ses déclarations, les congrégations enseignantes pour l'étranger peuvent être considérées comme congrégations mixtes.

La question est simple, je la résume : « Voulez-vous

laisser subsister les œuvres françaises dans nos colonies, ou voulez-vous voir passer leur clientèle entre les mains des étrangers?

Au discours de M. Leygues, dont le succès avait été considérable. ce fut M. Doumergue, ministre des colonies, qui répondit. Il ne traita qu'un côté de la question, celui sur lequel aucune divergence d'opinions ne pouvait exister entre les républicains, à quelque groupe qu'ils appartinssent; il insista sur la nécessité de poursuivre sans arrêt l'œuvre de laïcisation; à l'appui de sa thèse, il cita un rapport du général Galliéni qui avait réclamé la substitution à Madagascar des instituteurs laïques aux frères des écoles chrétiennes, ceux-ci subissant l'influence des jésuites, s'occupant plus des questions religieuses que des questions scolaires et suscitant parfois, par leur prosélytisme, des embarras au Gouvernement. Il mentionna également une lettre de l'évêque de Saïgon adressée, en 1902, au Conseil supérieur de la Cochinchine, et par laquelle ce prélat déclarait préférer renoncer à toute subvention pour les écoles catholiques plutôt que de souscrire en leur nom à l'engagement d'enseigner le français au lieu du latin qui y était seul professé.

M. Georges Leygues répliqua :

Moi aussi, je dis qu'il faut substituer l'enseignement laïque à l'enseignement congréganiste, partout où cela peut être fait sans inconvénient. Mais la question n'est pas là. Allez-vous supprimer l'enseignement libre des congrégations catholiques françaises et respecter celui des missions protestantes, anglaises, américaines ou norvégiennes ? Ces missions étrangères ont 90.000 élèves à Madagascar. Voulez-vous priver l'influence française des missions catholiques qui leur font une concurrence efficace ?

Vous dites qu'il y a aux colonies des écoles congréganistes où l'on enseigne le latin au lieu du français;
ce sont des séminaires et non des écoles; et quand ce
seraient des écoles, faudrait-il donc, pour cette raison,
fermer les 12.000 écoles que les congréganistes ont à
l'étranger et où ils enseignent le français?

Le rapporteur, M. Buisson, dénonça l'amendement de M. Leygues comme « un nouveau brevet de
longévité donné à la congrégation », car « maintenir
les noviciats, c'était maintenir les congrégations ».

Pour M. Deloncle, la cause de l'influence française aux colonies et à l'étranger exigeait le vote de
l'amendement. Les conventions internationales ne
nous permettaient pas d'expulser les instituteurs
protestants étrangers; le moins que nous pussions
faire, c'était de permettre aux instituteurs français
de continuer leur œuvre, même s'ils étaient congréganistes.

Je sais que le ministre des affaires étrangères a été
prié de faire le discours que vient de faire M. Doumergue et qu'il a refusé. M. Delcassé a déclaré qu'il ne
voulait pas fermer à Alexandrie et au Caire les écoles
où sont instruits 15.000 élèves parlant français. M. Delcassé aurait dit, s'il était venu ici, qu'il ne consentait
pas, au moment même où il est en conversation diplomatique avec l'Angleterre pour régler la question
d'Egypte, à faire à l'Angleterre l'abandon gratuit d'une
telle source d'influence s'exerçant au profit de notre
pays.

M. LE PRÉSIDENT. — Je mets aux voix l'amendement
de M. Leygues.

Voix nombreuses au centre. — Quel est l'avis du Gouvernement? Quel est l'avis du président du Conseil,
puisqu'il a déclaré remplacer le ministre des affaires
étrangères?

M. Combes gardant le silence, il fut procédé au

scrutin sur l'amendement Leygues, qui fut adopté par 283 contre 272 (21 mars).

Le « bloc » prit sa revanche le lendemain en adoptant par plus de 300 voix un amendement de M. Dumont destiné à entraver le recrutement des novices pour l'enseignement à l'étranger en interdisant l'accès des noviciats aux élèves âgés de moins de vingt et un ans. Un amendement de M. Thierry, stipulant que cette disposition ne serait pas applicable aux jeunes gens âgés de dix-huit ans au moins, pourvus du consentement de leur père ou de leur tuteur, fut repoussé par 294 voix contre 250.

La Chambre adopta par 300 voix contre 255 les paragraphes 2, 3 et 4 de l'article 2 ainsi conçus :

Les congrégations enseignantes devront, dans le mois qui suivra la promulgation de la loi, fournir au préfet, en double expédition dûment certifiée, les listes que l'article 15 de la loi du 1er juillet 1901 les oblige à tenir; ces listes fixeront, *ne varietur*, le personnel appartenant à chaque congrégation.

Elle ne pourront comprendre que des congréganistes majeurs et définitivement entrés dans la congrégation antérieurement à la promulgation de la loi.

Toute inscription mensongère ou inexacte et tout refus de communication de ces listes seront punis de peines portées au paragraphe 2 de l'article 8 de la loi du 1er juillet 1901.

L'ensemble de l'article 2 fut adopté par 355 voix contre 97 (22 mars).

L'article 3 fut mis en discussion à la séance du 23 mars. Il était ainsi conçu :

Seront fermés dans le délai de dix ans, prévu à l'article 1er :

1º Tout établissement, relevant d'une congrégation supprimée par application des paragraphes 2 et 3 de l'article 1ᵉʳ;

2º Toute école ou classe annexée à des établissements, relevant d'une des congrégations visées par le paragraphe 4 de l'article 1ᵉʳ, sauf exception pour les services scolaires, uniquement destinés à des enfants hospitalisés, auxquels il serait impossible pour des raisons de santé ou autres de fréquenter une école publique.

L'abbé Lemire demanda de remplacer les alinéas 1º et 2º par la rédaction suivante :

Tous les établissements congréganistes enseignants ressortissant au ministère de l'instruction publique, sauf exception pour les services scolaires uniquement destinés à des enfants hospitalisés auxquels il serait impossible, pour des motifs de santé ou autres, de fréquenter une école publique.

L'amendement différait du texte de la Commission en ce que celle-ci ne laissait subsister les écoles fréquentées par les enfants hospitalisés, pour lesquels il existait une impossibilité de fréquenter une école publique, qu'autant que ces écoles dépendaient de congrégations *mixtes* (paragraphe 4 de l'article 1ᵉʳ); les écoles dépendant des congrégations *exclusivement enseignantes* étaient toutes condamnées sans exception aucune; l'amendement au contraire ne distinguait pas entre les écoles dépendant de congrégations mixtes et celles dépendant de congrégations enseignantes; les unes et les autres étaient maintenues si elles recevaient des enfants hospitalisés incapables de fréquenter une école publique.

Le rapporteur, M. Buisson, s'écria que l'amendement tendait à laisser subsister les congrégations; si la Chambre l'acceptait elle se contenterait « d'un anticléricalisme de parade » et « porterait un

coup morte, à la loi », l'enseignement congréganiste ne pouvant être supprimé qu'autant que les
congrégations enseignantes seraient elles-mêmes
supprimées et tous leurs établissements fermés.

M. l'abbé Lemire fit observer que son texte s'inspirait des mêmes principes que le projet du Gouvernement qui visait l'enseignement congréganiste et
non les congrégations : l'amendement Leygues,
voté par la Chambre, ne supposait-il pas la faculté
pour certaines congrégations de tenir ouverts certains de leurs établissements et par suite de subsister
dans des conditions déterminées ?

Le président du Conseil, qui avait gardé un
silence obstiné pendant tout le débat sur l'amendement Leygues, saisit cette occasion de se livrer à
un commentaire rétrospectif de cet amendement,
dans le but évident d'en restreindre la portée.
L'amendement Leygues, prétendit-il, n'avait pu
avoir pour effet d'autoriser à subsister en France
des congrégations que l'article 1er avait supprimées :
en autorisant les noviciats pour l'enseignement congréganiste à l'étranger, il avait simplement pu
autoriser la création de nouvelles congrégations,
lesquelles se trouveraient dans une situation privilégiée ; en effet, les règles imposées par la loi de
1901 en matière d'autorisation ne leur seraient pas
applicables, le vote de l'amendement équivalant au
vote de l'autorisation.

M. Georges Leygues, malade, n'assistait pas à la
séance et ne put protester comme il n'aurait certes
pas manqué de le faire, s'il eut été présent, contre
cette interprétation fantaisiste et jésuitique, qui se
produisait quarante-huit heures après l'adoption de
son amendement.

Mais à son défaut, M. Grousseau fit ressortir à quel point M. Combes travestissait le sens et la portée de la décision si claire de la Chambre ; et pour cela il lui suffit de rappeler les déclarations expresses de M. Buisson (voir page 126). Le président du Conseil étant le représentant du pouvoir exécutif pouvait regretter les décisions prises par le pouvoir législatif; mais il avait le devoir de les exécuter sans les modifier, ni en altérer le sens par une interprétation fausse et abusive.

Justement inquiet du parti que le gouvernement semblait vouloir tirer de la discussion de son amendement, M. Lemire le retira purement et simplement.

À ce point de la discussion, on apprit que plusieurs membres de la majorité, craignant qu'en raison des nombreux amendements déposés par les adversaires de la loi, celle-ci ne put être votée avant les vacances de Pâques, redoutant aussi que le ministère, après le dernier échec que lui avait infligé M. Millerand à propos du projet sur les retraites ouvrières (voir page 343) et après l'adoption de l'amendement Leygues, n'eût plus l'autorité nécessaire pour mener à bien une discussion qui menaçait d'être longue et fertile en incidents, avaient résolu d'enlever le vote final de la loi, en substituant aux huit articles qui établissaient les règles suivant lesquelles devaient être liquidés les biens et valeurs des congrégations supprimées, un article unique, renvoyant aux dispositions des lois de 1825 et de 1901 et confiant à un règlement d'administration publique le soin de trancher les questions laissées en suspens.

M. Rabier avait déposé un amendement en ce sens.

Dès que le dépôt de cet amendement fut connu, la droite, dans le but de retarder le vote de l'article 3, et, par suite, l'examen de l'amendement Rabier, mit en œuvre toutes les ressources que lui fournissait le droit d'amendement pour prolonger la discussion. Chacune des dispositions de l'article 3 fit l'objet de plusieurs amendements, pour lesquels le scrutin à la tribune avec appel nominal fut demandé. La majorité répondit à cette manœuvre, en exigeant la discussion immédiate de tous ces amendements ; mais l'opposition fit preuve d'endurance, et, le 23 mars, à 3 heures et demie du matin, l'article 3 n'était pas encore voté ; il restait encore à examiner plusieurs dispositions additionnelles. On avait voté sans modification les deux premiers paragraphes de l'article 3, tels que nous les donnons plus haut ; après le rejet d'un grand nombre d'amendements et l'adoption de quelques autres, les paragraphes suivants se trouvaient ainsi rédigés :

La fermeture des établissements et des services scolaires sera effectuée, aux dates fixées pour chacun d'eux, par un arrêté de mise en demeure du ministre de l'intérieur, inséré au *Journal officiel* et au *Recueil des Actes administratifs du département*. Cet arrêté sera, après ces insertions, notifié dans la forme administrative au supérieur de la congrégation et au directeur de l'établissement, quinze jours au moins avant la fin de l'année scolaire.

Il sera, en outre, affiché à la porte de la mairie.

Le lendemain (24 mars) on aborda la discussion des dispositions additionnelles qui furent toutes rejetées. Signalons seulement celle de M. Georges Berry qui aurait voulu que le délai fût prolongé, pour la ville de Paris, jusqu'en 1910, époque à

laquelle les centimes additionnels gageant l'emprunt
de 1869 devenaient libres.

« Paris est assez riche pour faire face aux obligations de la loi », répliqua M. Combes. Et la disposition additionnelle de M. Berry fut repoussée par
317 voix contre 250.

M. Gauthier de Clagny obtint qu'un état des établissements fermés, par arrondissement, fût publié
tous les six mois au *Journal officiel*; cette disposition fit l'objet de l'article 4.

L'amendement Rabier était ainsi libellé :

Supprimer les articles 5, 6, 7, 8, 9, 10, 11, 12 et les
remplacer par l'article suivant :

Article 5. — La liquidation des biens et valeurs s'opérera d'après les règles édictées par l'article 7 de la loi
du 24 mai 1825.

Toutefois, après le prélèvement des pensions prévues
par ladite loi ou des allocations visées à l'article 18 de
la loi du 1er juillet 1901, le prix des biens acquis à titre
onéreux ou de ceux qui ne feraient pas retour aux
donateurs ou testateurs ou à leurs parents au degré
successible servira à augmenter les subventions de
l'État pour construction ou agrandissement de maisons
d'écoles, et à accorder des subsides pour location.

Toute action en reprise, ou revendication, devra, à
peine de forclusion, être formée contre le liquidateur
dans le délai de six mois à partir du jour fixé pour la
fermeture de l'établissement.

Toute action, à raison de donations ou legs faits aux
communes et aux établissements publics à la charge
d'établir des écoles ou salles d'asile dirigées par des
congréganistes, sera déclarée non recevable si elle n'est
pas intentée dans les deux ans à partir de la même
date.

Un décret d'administration publique déterminera les
mesures propres à assurer l'exécution de la présente
loi

L'amendement était la reproduction quasi inté-

grale de l'article 7 de la loi de 1825 avec cette innovation que les valeurs disponibles provenant de la
liquidation étaient attribuées comme subventions
aux communes pour la construction, l'agrandissement ou la location de maisons d'écoles.

M. Sarrien, président de la Commission, déclara
accepter l'amendement dont le vote mettrait fin a
l'obstruction systématique de l'opposition.

M. Millevoye railla le Gouvernement qui, après
avoir représenté sa loi comme nécessaire pour combattre le cléricalisme, la jugeait inutile au point
qu'il en abandonnait des dispositions essentielles,
déclarait suffisante une loi de 1825, et laissait au
Conseil d'État le soin de faire ce qu'il renonçait à
obtenir de la Chambre.

M. Beauregard admettait que l'on appliquât la
loi de 1825 à la liquidation des biens : elle était plu-
libérale que la loi de 1901, et ses dispositions
n'étaient pas arbitraires comme celles élaborées par
la Commission. Mais il était impossible d'admettre
l'attribution de la partie disponible des biens aux
communes à titre de subventions scolaires. En effet
la loi de 1825, qui avait été un contrat passé entre
l'État et les congrégations, avait prévu qu'en cas
de liquidation, le produit de cette liquidation serait
partagé entre les œuvres ecclésiastiques et les
œuvres d'utilité publique. Si l'État se dérobait a
cette condition du contrat et s'appropriait des
biens qui avaient une destination contractuelle, il
commettrait plus qu'une spoliation, un véritable
détournement de fonds.

Un sous-amendement de M. Prache tendant à confier à l'administration des domaines les opérations
de la liquidation fut repoussé par 285 voix contre 258.

M. Lefas reprit, à titre de sous-amendement, les deux premiers paragraphes de l'ancien article 4 du projet de la Commission, disposant, le premier que les congrégations visées aux paragraphes 2 et 3 de l'article 1ᵉʳ seraient dissoutes de plein droit par le fait seul de la fermeture des derniers de leurs établissements, le second que le liquidateur serait chargé de dresser l'inventaire des biens de la congrégation, d'administrer les biens des établissements successivement fermés et de procéder à la liquidation des biens et valeurs après la dissolution.

Je ne veux pas, dit-il, que la liquidation soit fractionnée. Elle doit être une et ne doit commencer qu'avec la fermeture du dernier établissement, puisque c'est à ce moment seulement que la congrégation sera dissoute.

Cette théorie allait à l'encontre de celle du gouvernement. M. Chaumié, ministre de l'instruction publique, tout en reconnaissant que le texte de M. Rabier avait besoin d'être complété, notamment en ce qui concernait la nomination et les pouvoirs du liquidateur, précisa que si la liquidation ne pouvait avoir lieu qu'au fur et à mesure de la fermeture des établissements, la congrégation se trouvait dissoute du fait même du vote de la loi. Et M. Buisson appuya les explications du ministre en faisant observer que, dans le système de M. Lefas, certaines congrégations ne seraient jamais dissoutes. puisque leurs noviciats étaient maintenus.

Un sous-amendement de M. Tavé, comblant la lacune signalée par M. Chaumié, devint le paragraphe 1ᵉʳ de l'article 5; il était ainsi rédigé :

Par le jugement du tribunal du siège de la maison

mère, rendu à la requête du procureur de la République, le liquidateur nommé aussitôt après la promulgation de la loi sera chargé de dresser l'inventaire des biens des congrégations, *lesquels ne pourront plus être loués ou affermés sans son consentement*, d'administrer les biens des établissements successivement fermés et de procéder à la liquidation des biens et valeurs des congrégations dissoutes dans les conditions de la présente loi.

La rédaction du 2° paragraphe 1° de l'amendement Rabier, fut légèrement modifiée par l'adjonction des mots « après la fermeture du dernier établissement *enseignant* », afin de bien préciser que le maintien des noviciats n'empêcherait pas la dissolution de la congrégation et sa liquidation, les noviciats n'étant pas des établissements enseignants :

La liquidation des biens et valeurs, qui aura lieu après la fermeture du dernier établissement enseignant de la congrégation, s'opérera d'après les règles édictées par l'article 7 de la loi du 24 mai 1825, et par les soins du liquidateur nommé dans les formes et investi des pouvoirs prévus par la loi du 1er juillet 1901. 24 mars.

Le reste de l'amendement Rabier fut adopté, ainsi que les deux additions suivantes :

... Les biens et valeurs affectés aux services scolaires dans les congrégations visées au dernier paragraphe de l'article 1er congrégations mixtes seront affectés aux autres services statutaires de la congrégation.

... Passé le délai de six mois, le liquidateur procédera à la vente en justice de tous les immeubles et objets mobiliers qui n'auront pas été repris ou revendiqués, sauf exception pour les immeubles précédemment affectés, avant la promulgation de la présente loi, à la retraite des membres actuellement vivants de la congrégation, âgés ou invalides, ou qui seront réservés pour cet usage par le liquidateur.

Avant de passer au vote sur l'ensemble de la loi, on entendit un certain nombre de *déclarations*.

Ce fut d'abord une petite explication entre M. Leygues et M. Combes au sujet de la signification restrictive que ce dernier avait donnée à l'amendement de M. Leygues. Le président du Conseil subtilisa et équivoqua, suivant sa coutume, et se montra une fois de plus un commentateur fantaisiste et infidèle.

Puis un radical, M. Henry Maret, exposa les raisons pour lesquelles il ne voterait pas la loi.

Il me sera impossible de voter la loi, d'abord parce que c'est évidemment une loi contre la liberté. Ce ne peut être que par une aimable ironie que M. Buisson l'a traitée de loi de liberté; mes amis doivent être bien convaincus qu'ils votent une loi de combat.

Pour moi, je ne vote pas ces lois là, parce qu'elles se retournent toujours contre leurs auteurs. En matière d'enseignement, il n'y a que deux méthodes : ou le monopole, — je ne l'admets pas, mais je le comprends, — ou la liberté.

Pour le moment, vous avez voté une loi qui a un aspect — je voudrais employer une expression parlementaire — un peu jésuitique. Vous conservez le droit à la liberté d'enseignement. En fait, vous le supprimez, puisque vous faites d'avance des parias, en disant d'avance à certaines personnes : « Vous n'enseignerez pas ». Vous avez sans doute des motifs excellents. Mais demain un gouvernement de réaction viendra qui, d'avance, supprimera le droit d'enseigner à certaines personnes pour des motifs non moins bons. D'autre part, cette loi sera complètement inutile. Or, toute loi inutile est dangereuse. Elle est inutile puisque le Gouvernement aurait pu procéder par décret... Elle est inutile, dans l'application, puisque le même enseignement continuera, sous la soutane ou sous la redingote.

Vous devrez donc faire autre chose. Vous arriverez au monopole, qui sera mauvais.

J'espère cependant que vous vous déterminerez à proposer l'unique solution, qui est la séparation des Églises et de l'État et la suppression du budget des cultes. Hors de là, il n'y a rien, sinon la lutte de deux autorités.

Luther, ce grand moine qui avait fait une révolution au nom de la liberté, s'aperçut rapidement que le lendemain on brûlait aussi bien au nom de la liberté qu'on avait brûlé la veille au nom de l'autorité. Il émit cette parole qui peut être donnée comme la moralité de la pièce parlementaire que nous avons eu, comme on dit en langage de théâtre, l'honneur de représenter: « L'esprit humain est pareil à un paysan ivre. Il tombe d'un côté; vous le relevez, vous le mettez sur son axe : il retombe de l'autre. — Applaudissements au centre .

M. Binder critiqua l'abstention systématique des ministres des finances et des affaires étrangères durant tout le débat.

L'ensemble de la loi fut adopté par 316 voix contre 269 28 mars).

DISCUSSION DEVANT LE SÉNAT

Le projet voté par la Chambre vint en discussion devant le Sénat, le 23 juin.

Diverses motions d'ajournement présentées par des membres de la droite furent repoussées.

La discussion générale fut ouverte par un discours de M. de Las Cases.

Le projet, dit-il, révoque des autorisations, très anciennes, accordées aux Frères de la doctrine chrétienne, aux Ursulines et aux Sœurs de Saint-Vincent-de-Paul, et maintenues par tous les gouvernements.

Si le Sénat vote le projet, le Gouvernement pourra expulser 10.000 frères et 12.000 sœurs, et fermer près de 7.000 établissements; il pourra priver 400.000 enfants de l'enseignement des instituteurs congréganistes, exerçant leur apostolat avec une apostille de l'Etat.

Il y a quelques années, M. Buisson, rappelant les services rendus pendant plusieurs années par les frères et les sœurs, ajoutait : « nous ne serons jamais ingrats envers eux ». Or, c'est le même M. Buisson qui a rédigé à la Chambre le rapport concluant à leur suppression, et par voie de conséquence à celle des 500 écoles que les congréganistes ont aux colonies et où ils enseignent à 78.000 élèves l'amour du nom français.

M. Combes lui répondit (24 juin) par l'exposé de la théorie longuement débattue devant la Chambre sur la nature du droit d'enseigner.

... Nous croyons qu'il n'est pas chimérique de considérer comme souhaitable et comme praticable de réaliser, dans la France contemporaine, ce que l'ancien régime avait si bien réalisé dans la France d'autrefois. Un seul roi, une seule foi : telle était alors la devise. Cette maxime a fait la force de nos gouvernements monarchiques; à nous d'en trouver une qui soit analogue et qui correspondent aux exigences du temps présent.

Cette unité nouvelle, les congrégations ne peuvent pas la donner parce qu'elles sont soumises, de par leur institution même, à des obligations qui rendent leur mission éducatrice incompatible avec les nécessités d'existence d'une démocratie au xxe siècle.

Les congrégations sont le passé; elles ont aidé la monarchie à faire son œuvre dans le passé. Les temps sont révolus. L'heure est venue où elles doivent rejoindre la royauté dans les limbes de l'histoire.

M. de Marcère soutint au contraire que le droit d'enseigner était un droit primordial. On voulait déchristianiser le pays. Le Sénat ne pouvait se prêter à une semblable entreprise.

A la séance du 28 juin, on entendit M. de Lamarzelle :

J'accepte pour ma part, dit-il, la définition de M. Clemenceau, qui a dit : « Quand l'Etat a exigé les garanties de moralité et de capacité de quiconque veut enseigner, il a épuisé son droit. »

Cette définition est la seule qui assure tout le monde contre les caprices changeants de l'Etat.

Quelles sont les objections faites contre l'enseignement des congréganistes? On dit qu'ils vivent en dehors de la société et qu'ils n'en supportent pas les charges. Mais, en réalité, quelles sont donc les charges soc. les qu'ils esquivent. Ils payent l'impôt et accomplissent leur service militaire comme tout le monde.

On leur reproche leur vœu de célibat. Sont-ils donc les seuls parmi les citoyens qui ne se marient point, qui ne forment point de famille?

En vérité, la seule chose qu'on puisse leur reprocher, c'est le succès de leurs efforts, c'est la concurrence redoutable qu'ils font aux établissements de l'Etat.

Après les congrégations non autorisées, cela a été le tour des congrégations autorisées. En ce moment, on les achève. Demain, ce sera le tour des prêtres séculiers, des catholiques.

Il n'y a pas que les catholiques pratiquants qui combattent de pareils projets. M. Henry Maret et M. Goblet, dira-t-on que ce sont des catholiques? Il est vrai qu'on les excommunie. Quiconque ne pense pas comme le bloc est exclu de la République.

Pour ce qui est du droit des pères de famille, les partisans du nouveau projet disent que ce droit cesse du jour où il fait élever son enfant en dehors du foyer. Cela revient à dire que c'est un droit sacré quand on est riche, et que ce n'est plus un droit quand on est pauvre.

Dans un article, M. Viviani a déclaré qu'il fallait user de contrainte légale vis-à-vis des familles.

Le président du Conseil a dit qu'il voulait rétablir l'unité morale de ce pays. Comment peut-il espérer que nous allons cesser de combattre alors qu'il foule aux pieds nos croyances et nos convictions?

Vous aurez beau supprimer tous vos adversaires, vous n'aurez pas pour cela la pacification générale.

Vous vous combattrez les uns les autres. Vous n'avez même pas attendu notre disparition pour cesser d'être unis entre vous.

M. Combes, dans son discours de Laon, traite les républicains dissidents de traîtres et de perfides. Comment peut-il dire que ses lois ont pour but la pacification des esprits?

... Vous recommencez la politique de vos ancêtres avec le sang et la grandeur en moins. Le sang viendra peut-être, quant à la grandeur aucun de vous ne peut l'espérer.

M. Gourju prit la parole au nom des progressistes. « Nous ne devons rien aux congrégations, dit-il ; et cependant nous ne pouvons assister avec indifférence au débat soulevé, car nous devons apporter notre concours à la défense de la liberté ».

M. de Montfort s'attacha à réfuter l'argument de l'unité morale dont le Gouvernement se servait pour justifier la loi. C'est au nom de ce principe qu'avaient été exercées toutes les persécutions dans le passé : les bûchers du moyen âge, la Saint-Barthélemy, les dragonnades, les guillotinades de la Révolution.

M. de Cuverville déclara que les catholiques ne pouvaient considérer ce projet que comme un obstacle insurmontable à la réconciliation de tous les Français (29 juin).

M. Guillier traita la question financière. Il contesta les appréciations de l'administration.

Dans les documents de l'enquête, il est dit qu'au 26 octobre 1903 les écoles tenues par les frères de la doctrine chrétienne comptaient 178.000 élèves. Or, d'un rapport récemment présenté à la Chambre, il résulte que le chiffre des élèves de ces mêmes écoles de frères montaient au 1ᵉʳ janvier à 203.000, soit 26.000 de plus que ne dit l'enquête administrative.

Quand bien même les chiffres du ministère seraient

exacts. une observation s'impose. L'administration se
prétend en mesure d'appliquer le placement immédiat
de 75.000 élèves; il resterait donc, selon ces chiffres,
103.000 élèves dont le placement nécessitera des dépenses. On n'a aucun élément d'appréciation sérieuse
pour ces dépenses.

Les immeubles des congréganistes sont évalués dans
leur état actuel à 86 millions. Comment veut-on les
remplacer par des constructions neuves ne coûtant que
46 millions?

La dépense totale pour les établissements de garçons
dépassera certainement 60 millions.

Pour les filles, il s'agira de loger 200.000 enfants. Il
semblerait que la dépense devrait être double de celle
pour les garçons. Cependant le Gouvernement ne
l'évalue qu'à 17 millions. Comment, lorsqu'on conclut
à une dépense de 46 millions pour 100.000 garçons et
de 17 millions pour 200.000 filles?

Que deviendront les élèves des écoles primaires
supérieures de ces établissements, surtout celles des
pensionnats de jeunes filles, si nombreux et si importants?

Quant aux autres dépenses qu'entraînera le vote de
la loi, elles sont :

Pour les traitements, 21 millions; pour les dépenses accessoires, 12 millions 800.000 francs; soit
au total, 34 millions de dépenses permanentes annuelles
qui viendront s'ajouter aux dépenses de constructions
et de premier établissement.

Le fardeau sera énorme et le Sénat ne peut pas s'engager dans cette voie sans avoir pris l'avis de la Commission des finances 29 et 30 juin .

M. Chaumié, ministre de l'instruction publique,
répliqua :

Sur les 9.770 écoles congréganistes précédemment
fermées, 4.970 se sont transformées en écoles laïques
privées. On a le droit de penser que le même phénomène se reproduira pour les écoles actuellement tenues
par les congrégations autorisées.

Le chiffre total de 178.000 élèves donné par l'administration comprend tous les enfants actuellement présents dans les écoles primaires congréganistes. Le chiffre de 203.000 élèves donné par le précédent orateur comprend non seulement les élèves de France et de l'étranger, mais aussi les élèves des écoles professionnelles et les élèves des établissements secondaires.

Le chiffre de 36.000 francs donné par l'administration pour chaque école nouvelle à construire est un prix moyen. Certaines écoles coûteront plus, mais d'autres coûteront moins.

En ce qui concerne les écoles de filles, la plupart des écoles existantes seront en mesure de recevoir les nouvelles venues et, partout, les élèves trouveront des maîtresses admirables de dévouement, comme celle de Roscoff, que le Gouvernement vient de décorer.

Il faut d'ailleurs considérer qu'un délai de dix ans est accordé au Gouvernement pour l'application intégrale de la loi.

Il faudra enfin de quatre à cinq mille nouveaux instituteurs et nouvelles institutrices. On ne sera pas en peine pour les trouver. Il y a, dans les écoles normales plus de 9.000 élèves et dans les cartons s'entassent plus de 15.000 demandes d'emploi. Le Sénat peut se tranquilliser; le service est assuré.

Sans doute, la dépense sera importante, mais elle n'atteindra pas les chiffres dont a parlé M. Guillier, et dont il n'a pu parler qu'en faisant des calculs extrêmes, sans correspondance avec la réalité. La réforme accomplie sera importante aussi, c'est ce que l'on oublie un peu volontiers.

Le Sénat repoussa par 166 voix contre 11 la motion de M. Guillier tendant au renvoi du projet à la Commission des finances et, par 172 voix contre 106, il décida qu'il passerait à la discussion des articles.

Sur le paragraphe 1ᵉʳ de l'article 1ᵉʳ qui portait que l'enseignement de tout ordre et de toute nature

était interdit en France aux congrégations, M. Bérenger développa un amendement limitant cette
interdiction à l'enseignement secondaire et supérieur. Il fit l'éloge des instituteurs congréganistes,
en particulier des frères et nia que leur enseignement
constituât un danger pour la République 30 juin.

Le rapporteur, M. Saint-Germain, tout en protestant de son respect pour les croyances religieuses,
déclara qu'il était impossible de tolérer un enseignement qui s'inspirait uniquement des préceptes
du dogme catholique et allait jusqu'à inspirer le
mépris et à conseiller la méconnaissance des lois
civiles, par exemple de la loi du divorce. Au surplus
— et cette observation permettait de douter de l'utilité de la loi projetée — aucune disposition législative n'empêcherait les catholiques d'user de la
liberté d'association pour constituer des groupe-
ments qui assureraient à leurs enfants un enseignement conforme à leurs idées.

M. Milliard rappela les principales étapes par-
courues depuis l'ouverture de la campagne contre
les congrégations : Vote de la loi de 1901, fermeture
des écoles tenues par les congrégations autorisées,
rejet des demandes d'autorisation, enfin suppression
des écoles tenues par les congrégations autorisées.
L'orateur mit en parallèle ces mesures avec celles
que le parti républicain avait fait prévaloir, de 1881
à 1886, sous les directions de Paul Bert et de Jules
Ferry.

A cette époque, continua-t-il, deux principes avaient
été inscrits dans notre législation : L'enseignement
primaire est libre; l'enseignement primaire public doit
être laïque. Ces deux principes, tous les républicains
les ont adoptés.

Aujourd'hui, par l'influence d'un certain parti, on
dit que, pour être républicain, il faut proclamer que
l'enseignement primaire ne doit pas être libre, que non
seulement l'école publique mais encore l'école primaire
doivent être laïques... De sorte que l'on se demande si
on peut encore se dire républicain, quand on réclame
simplement l'application des lois scolaires inspirées par
Goblet. Paul Bert et Ferry.

Toute cette politique, en somme, n'est que l'expression de cet état d'esprit que M. Henry Maret appelait
« le caporalisme jacobin ». Nous en serons les adversaires déterminés et nous vous demanderons de vous
lever contre lui au nom de l'esprit de la liberté (*Vifs
applaudissements au centre*).

M. Bérenger modifiant son amendement demanda
le renvoi de l'article 1ᵉʳ à la Commission, ce qui lui
fut refusé par 170 voix contre 110 1ᵉʳ juillet).

M. Wallon ne fut pas plus heureux en réclamant sa suppression ; le paragraphe 1ᵉʳ fut voté par
171 voix contre 107 (1ᵉʳ juillet).

M. de Blois demanda qu'au moins une exception
fût faite en faveur de l'enseignement professionnel.

M. Trouillot, ministre du commerce, lui répondit
que rien ne justifiait cette exception ; les 105 établissements officiels existant déjà et qui comptaient
22.000 élèves pourraient recevoir le plus grand
nombre des 4.000 élèves des frères ; le Gouvernement se proposait cependant de créer 20 à 25
écoles nouvelles ; la part de l'État dans les frais de
premier établissement était évaluée à 1.100.000 fr.,
somme à laquelle il y avait lieu d'ajouter 1.200.000 fr.
pour sa participation à la construction d'une école
des arts-et-métiers à Paris.

L'amendement fut repoussé par 158 voix contre
111 (2 juillet).

Le reste de l'article 1ᵉʳ fut voté sans modification

au texte de la Chambre par des majorités d'environ 100 voix.

M. de Lamarzelle développa un paragraphe additionnel ainsi conçu :

Toute congrégation qui en fera la demande obtiendra un délai d'un an pour se transformer en association religieuse ordinaire dans les termes de la loi du 1er juillet 1901. Les membres ne devront plus être liés par aucun vœu perpétuel ou temporel.

M. Chaumié, ministre de l'instruction publique, combattit l'amendement qui aurait eu, dit-il, pour conséquence de perpétuer les congrégations qu'on voulait dissoudre; il fut repoussé par 168 voix contre 98.

Après une protestation de M. Wallon contre le vote que le Sénat allait émettre, l'ensemble de l'article 1er fut voté par 165 voix contre 103.

Le paragraphe 1er de l'article 2 autorisant le maintien des noviciats destinés à former le personnel pour les écoles françaises aux colonies et à l'étranger, fut adopté par 168 voix contre 47.

M. Bérenger proposa une disposition ainsi conçue :

Au moment de la liquidation, il sera réservé sur les biens de la congrégation, des immeubles et des valeurs mobilières suffisants pour assurer l'entretien des écoles des colonies et de l'étranger ainsi que des noviciats destinés à former leur personnel.

M. Chaumié, ministre de l'instruction publique, déclara :

En principe le Gouvernement ne voit pas d'obstacle à ce qu'un prélèvement soit fait sur le patrimoine de la congrégation au moment où les biens seront liquidés et à ce que ce prélèvement soit affecté à assurer l'entretien des noviciats. Il appartiendra au Conseil d'Etat de fixer les prélèvements voulus.

Après une réplique de M. Bérenger qui aurait voulu que le Gouvernement prît un engagement formel, son amendement fut repoussé par 152 voix contre 118.

Sur le paragraphe 2 disposant que les noviciats ne pourraient recevoir d'élèves ayant moins de vingt et un ans, M. Vidal de Saint-Urbain demanda que les élèves pussent être admis dans les noviciats à partir de dix-huit ans. Son amendement fut repoussé par 152 voix contre 118.

L'ensemble de l'article 2 fut voté par 168 voix contre 76 (4 juillet).

Sur l'article relatif à la liquidation des biens des congrégations supprimées, M. Guérin développa un amendement tendant à ce que la liquidation fût faite par l'administration des domaines. L'amendement exceptait aussi de la liquidation les biens jugés nécessaires à l'entretien de noviciats.

M. Tillaye protesta contre la spoliation qui était inscrite en réalité, dans l'article 5 du projet. Il ne s'agissait pas de biens sans maître. Il s'agissait de biens dûment acquis sous le contrôle de l'État par des congrégations autorisées. Il termina en disant : « L'Etat doit être le plus honnête homme de France. Si l'article 5 passe tel quel, peut-être ne pourra-t-on plus continuer à le dire. »

M. Vallé, garde des sceaux, s'abstint de répondre, la cause, déclara-t-il, étant entendue.

L'amendement Guérin fut repoussé par 154 voix contre 114.

M. Tillaye demanda que le reliquat des liquidations fut, non pas donné à l'État, mais réparti entre les ayants droit. Cette formule était celle de la loi de 1901 : on ne pouvait pas traiter les congrégations autorisées plus rigoureusement, que les congrégations, qui ne l'étaient pas.

Le ministre de l'instruction publique répondit qu'il était de principe que, lorsqu'une personne morale disparaissait, ses biens passassent, d'abord à ceux qui avaient des revendications à exercer et ensuite, s'il y avait un reliquat, à celui qui avait donné l'existence à la personne, c'est-à-dire l'État.

L'amendement Tillaye ne fut pas pris en considération.

Les trois premiers paragraphes de l'article 5 furent adoptés par 161 voix contre 101.

M. Bérenger demanda ce que le Gouvernement comptait faire à l'égard des congréganistes qui allaient être mis sur le pavé et qui devraient attendre, pour toucher une pension alimentaire, la fin d'une liquidation qui pouvait durer dix ans.

M. Chaumié donna à M. Bérenger l'assurance que le règlement d'administration publique lui donnerait satisfaction.

L'ensemble de l'article 5 fut adopté par 166 voix contre 103.

L'ensemble de la loi fut voté par 167 voix contre 108 (5 juillet).

Le règlement d'administration publique prévu par l'article 5 n'avait pas encore été signé par le président du Conseil, le 31 décembre 1904. Par contre, dès la promulgation de la loi, des arrêtés étaient pris prononçant la fermeture, à dater du 1er octobre 1904, de 2.938 écoles se répartissant ainsi :

Écoles des Frères de la Doctrine chrétienne . .   751
Écoles dirigées par les sœurs 1.054
Écoles annexées à des établissements hospita-
liers (femmes).   593

Pour cette dernière catégorie, les locaux qui
étaient réservés à l'enseignement firent retour de
plein droit aux œuvres hospitalières, qui etant autorisées continuaient à subsister à ce dernier titre.

Il restait à fermer, dans les années suivantes, 662
établissements de Frères et environ 1.200 établissements de femmes.

Le 26 janvier, à la veille de l'ouverture de la discussion devant la Chambre, les cardinaux Langé-
nieux et Richard, archevèques de Reims et de Paris
avaient adressé au président de la République une
lettre où il était dit notamment :

... Oui, nos cœurs saignent à ce spectacle (de la
guerre religieuse, et nous nous demandons avec
anxiété si vous vous souviendrez enfin, monsieur le
Président, que vous devez égale protection à tous les
Français, et si, gardien de nos libertés et de nos droits,
comme vous l'êtes de la dignité du pays, vous tenterez
un effort pour arrêter cette nouvelle barbarie — car
c'en est une — qui menace de tout asservir.

... Nous avons peur qu'entraînée hors de ces voies
par ceux qui ont entrepris de la guider, la France ne
trahisse sa vocation providentielle, et que, n'ayant plus
de raison d'être, elle finisse, comme tant d'autres nations, dont l'histoire nous raconte la décadence et la
ruine.

Cette lettre fut déférée au Conseil d'État qui la
censura par une déclaration d'abus. Mais presque
tous les prélats français y donnèrent leur adhésion,
et ceux qui, plus réservés, ne s'associèrent pas à

cette manifestation, firent savoir qu'ils en approuvaient le fond, sinon la forme.

LES PRÊTRES CATHOLIQUES ET L'AGRÉGATION

Le 25 juin, plusieurs ecclésiastiques se voyaient refuser le droit de prendre part au concours pour l'agrégation.

Questionné au sujet de cette mesure par l'abbé Gayraud, M. Chaumié répondit (1er juillet :

Il faut distinguer entre le grade et le titre. Les examens ordinaires auxquels tout le monde a le droit de prendre part confèrent un grade, tandis que les concours d'agrégation confèrent un titre en vue d'exercer le professorat. Le Gouvernement a donc le droit de refuser ce titre à ceux auxquels il ne croit pas devoir le donner. Ce droit, spécifié dans tous les règlements, a été reconnu, dès 1851, par le Conseil d'État.

VI

POLITIQUE RELIGIEUSE

LA QUESTION DES BULLES

Nous avons exposé dans notre précédent volume (page 41) le dissentiment qui s'était élevé au sujet de la rédaction des bulles concernant la nomination des évèques de Carcassonne et d'Annecy. Le Conseil d'État avait refusé de les enregistrer à raison de l'expression *nobis nominavit*.

Le 20 janvier, un accord intervint dans les termes que voici :

Les bulles pontificales pour la création des évèques, faisant allusion au président de la République française, porteront le seul mot *nominavit* sans le mot *nobis*, pourvu que dans les lettres patentes par lesquelles le gouvernement français adresse au Saint-Siège la demande de concéder l'investiture canonique au candidat, autrement dit la demande des dites bulles, on use de la formule qui indique la simple présentation.

Si dans quelque lettre patente cette formule n'était pas employée, la bulle pontificale relative à un évêque déterminé remettrait pour ce cas en vigueur les deux mots : *nobis nominavit*.

Les lettres patentes par lesquelles, depuis le Concordat, le chef de l'Etat français demande l'investiture canonique, sont la reproduction exacte des dispositions du Concordat, qui donnent à l'État le droit de nomination, laissant naturellement au pape le droit d'investiture canonique.

LA PROTESTATION PONTIFICALE

RAPPEL DE NOTRE
AMBASSADEUR PRÈS DU SAINT-SIÉGE

Au mois d'avril, le président de la République avait officiellement rendu au roi d'Italie la visite que celui-ci nous avait faite l'année précédente. Le fait de la part du chef d'un État, réputé catholique, d'accomplir un tel acte de courtoisie pouvait-il apparaître comme une offense à l'égard du Saint-Siège? Lors de la discussion des crédits afférents au voyage présidentiel, M. Delcassé, ministre des affaires étrangères, avait protesté contre une semblable interprétation (voir page 423. Ses déclarations n'avaient pas été considérées comme satisfaisantes par la Cour de Rome; et le 4 mai, le secrétaire d'État faisait remettre à M. Delcassé une note, datée du 28 avril, contenant une protestation contre la visite du président de la République à Rome, visite qui était qualifiée d'offense au souverain Pontife. Le Conseil des ministres fut unanime à penser que, bien plus que toute réfutation, cette visite était la preuve éclatante que la France n'épousait à aucun degré les prétentions qui s'affirmaient dans cette note dont

nous donnons le texte plus loin et que sa forme au
moins étrange ne pouvait être acceptée.

Par télégramme du 5 mai, notre ambassadeur fut
chargé de remettre au cardinal secrétaire d'État la
déclaration suivante :

« Le ministre des affaires étrangères me charge de
déclarer qu'ayant pris soin lui-même de préciser devant
le Parlement le caractère et le but du voyage de M. le
président de la République à Rome, il ne peut que repousser et les considérations qui sont développées
dans la note du 28 avril et la forme sous laquelle elles
sont présentées. ».

L'incident pouvait et aurait dû être ainsi clos.
Mais bientôt l'*Osservatore romano* annonçait qu'une
circulaire avait été adressée à tous les gouvernements et, le 17 mai, l'*Humanité*, journal de M. Jaurès, donnait le texte de ce document que voici :

28 avril 1904.

Des Chambres du Vatican.

La venue à Rome, en forme officielle, de M. Loubet,
président de la République française, pour rendre
visite à Victor-Emmanuel III, a été un événement de
si exceptionnelle gravité que le Saint-Siège ne peut
le laisser passer sans appeler sur lui la plus sérieuse
attention du Gouvernement que Votre Excellence représente.

Il est à peine nécessaire de rappeler que les chefs
d'États catholiques, liés comme tels par des liens
spéciaux au pasteur suprême de l'Église, ont le devoir
d'user vis-à-vis de lui des plus grands égards, compara-
tivement aux souverains des États non catholiques, en
ce qui concerne sa dignité, son indépendance et ses
droits imprescriptibles. Ce devoir, reconnu jusqu'ici
et observé par tous, nonobstant les plus graves raisons
de politique, d'alliance ou de parenté, incombait

d'autant plus au premier magistrat de la République française, qui, sans avoir aucun de ces motifs spéciaux, préside en revanche une nation qui est unie par les rapports tradionnels les plus étroits avec le pontificat romain, jouit, en vertu d'un pacte bilatéral avec le Saint-Siège, de privilèges signalés, a une large représentation dans le Sacré-Collège des cardinaux. et par suite dans le gouvernement de l'Eglise universelle, et possède par singulière faveur le protectorat des intérêts catholiques en Orient. Par suite, si quelque chef de nation catholique infligeait une grave offense au souverain pontife en venant prêter hommage à Rome, c'est-à-dire au lieu même du siège pontifical, à celui qui, contre tout droit, détient sa souveraineté civile et en entrave la liberté nécessaire et l'indépendance, cette offense a été d'autant plus grande de la part de M. Loubet: *et si, malgré cela, le nonce pontifical est resté à Paris, cela est dû uniquement à de très graves motifs d'ordre et de nature en tout point spéciaux.* La déclaration faite par M. Delcassé au Parlement français ne peut en changer le caractère ni la portée, — déclaration suivant laquelle le fait de rendre cette visite n'impliquait aucune intention hostile au Saint-Siège ; car l'offense est intrinsèque à l'acte d'autant plus que le Saint-Siège n'avait pas manqué d'en prévenir ce même Gouvernement...

Cardinal MERRY DEL VAL.

Ce document était la reproduction de la note remise au Gouvernement français avec en plus la phrase que nous avons reproduite en caractères italiques.

Le 19 mai, M. Delcassé télégraphiait à notre ambasadeur :

... La communication à des gouvernements étrangers des termes employés dans la note du 28 avril, à l'égard du chef de l'Etat français, et que nous avons énergiquement repoussés dès que nous en avons eu connaissance, constitue une offense, qu'aggrave une phrase qui ne figure pas dans la note du 28 avril et où le cardinal secrétaire d'Etat s'excuse en quelque sorte de n'avoir pas rappelé de Paris le nonce apostolique.

Je vous prie de vous informer sans retard auprès du cardinal secrétaire d'Etat de l'existence de la circulaire. Si l'authenticité en est reconnue, ou si l'on éludait la réponse, je vous invite, au nom du Gouvernement, à quitter Rome dans le plus bref délai.

Le lendemain, M. Nisard répondait :

Dès la réception de votre télégramme, je me suis rendu chez le secrétaire d'Etat et je lui ai posé, en reproduisant les termes mêmes de ce télégramme, la question qui en faisait l'objet. Le cardinal a déclaré qu'il était prêt à répondre, mais par écrit. J'ai insisté pour avoir une réponse verbale immédiate. Le secrétaire d'Etat a maintenu qu'il ne pouvait répondre que par écrit et qu'il répondrait immédiatement à une communication écrite de ma part. Je ne me suis pas cru en mesure d'accepter cette procédure sans votre autorisation.

Pendant ce temps, M. Delcassé acquérait la certitude de l'existence de la circulaire et la preuve que certains gouvernements en avaient été saisis. Il envoyait aussitôt à notre ambassadeur le télégramme suivant :

La déclaration répétée du cardinal secrétaire d'Etat de n'accepter que par écrit la question relative exclusivement à l'authenticité de la circulaire publiée par l'*Humanité* et d'y répondre seulement par écrit, équivaut à éluder la réponse immédiate que nous devions demander.

L'éventualité prévue par mon télégramme d'hier se trouvant réalisée, veuillez vous conformer immédiatement à mes instructions.

Vingt-quatre heures après, notre ambassadeur avait quitté Rome laissant à M. de Courcel, secrétaire d'ambassade, l'expédition des affaires.

Le Gouvernement fut appelé à fournir des explications sur le rappel de M. Nisard (27 mai). Huit demandes d'interpellation lui avaient été adressées : les interpellateurs appartenaient à tous les partis.

M. Paul Meunier rappela les faits : la sanction qu'ils compartaient aurait dû être, selon lui, la suppression de l'ambassade près du Vatican.

M. Lasies demanda, sans succès, l'ajournement du débat : l'incident n'était que le résultat d'une indiscrétion qui avait permis de connaître un document non destiné à la publicité ; le Gouvernement devait au pays de faire une enquête pour découvrir la source de l'indiscrétion.

M. Hubbard estimait que la question de la séparation des Eglises et de l'Etat était posée : le parti radical était au pouvoir ; sa politique traditionnelle lui faisait un devoir d'envisager cette question.

M. Allard reprocha au Gouvernement de n'en avoir pas fait plus que n'en aurait fait M. Méline.

M. l'abbé Gayraud se refusait à voir dans la note aucune intention blessante pour la France ; cette protestation était imposée au Saint-Siège par le souci de sa dignité. Et c'était bien ainsi que le ministre des affaires étrangères en avait compris le sens puisqu'il avait commencé par se borner à refuser de recevoir la note. Mais on avait à dessein envenimé les choses ; on voulait provoquer une rupture entre la France et le Saint-Siège. Et qui donc en bénéficierait, sinon l'Autriche, l'Italie et l'Allemagne ? Elles se partageraient le protectorat des missions qui était le meilleur instrument de notre influence dans le monde !

M. Delcassé fit l'historique des faits qui avaient précédé l'envoi de la note :

Au cours d'une réception diplomatique, au printemps de l'année dernière, le représentant du Saint-Siège m'ayant questionné au sujet du voyage éventuel de M. Loubet à Rome, je répondis que je ne pouvais encore fournir aucun renseignement.

Quelque temps après, le nonce me fit part d'une dépêche où le Saint-Siège faisait, au nom de ses droits sur Rome, toutes réserves au sujet de ce voyage. Je répondis que je n'avais pas à entrer dans cet ordre d'idées. Qui donc aurait pu avoir une autre conception de nos droits, de notre indépendance ?

Le voyage à Rome eut lieu, et vous savez quelle réception inoubliable fut faite au représentant de la France.

Le 4 mai, je reçus communication de la note que le cardinal secrétaire d'État avait fait remettre, après le départ de M. Loubet, à notre représentant à Rome. Cette note était une protestation formelle contre le voyage du Président de la République. Ce voyage y était qualifié d'offense envers le Saint-Siège, et d'offense d'autant plus douloureuse qu'elle venait de la France.

La France peut-elle donc accepter cette singulière théorie, qui aboutirait à ce résultat paradoxal de placer les pays catholiques et elle-même dans une situation d'infériorité particulière en ce qui concerne leur politique extérieure ?

J'avais, du reste, par avance, aussi bien à cette tribune qu'à celle du Sénat, déclaré qu'il n'y avait, dans ce voyage, rien qui fût de nature à émouvoir le Saint-Siège. Et j'ajoutais ces paroles qui auraient bien dû être entendues en dehors de cette enceinte : « Faut-il donc arriver à laisser croire que la France ne peut vivre en bons termes avec le Saint-Siège qu'à la condition de ne pas se prêter à des manifestations amicales avec l'Italie ? »

M. Delcassé continua en donnant lecture de la note du 28 avril et de la correspondance échangée entre lui et M. Nisard, du 4 au 20 mai, jour où le Gouvernement était avisé que le secrétaire d'État refusait de répondre à la question qui lui avait été

posée relativement à l'authenticité du texte donné
par l'*Humanité* comme étant celui de la circulaire
adressée aux puissances. Nous avons reproduit plus
haut tous ces documents.

Ce refus équivalait à un aveu : l'offense était indiscutable et grave ; elle résultait de « cette sorte d'évo-
cation devant des gouvernements étrangers d'une
affaire purement française », et du langage dans lequel
cette communication leur était faite, langage qui prenait à l'égard du chef de l'Etat « un ton absolument
inadmissible de remontrances ». Quelle sanction le
Gouvernement devait-il donner à ces faits ?

Trois solutions s'offraient à lui : la mise en congé
illimité de l'ambassadeur, le rappel de l'ambassadeur
c'est-à-dire du chef de mission, en laissant à l'ambassade le personnel suffisant pour l'expédition des
affaires ; enfin, le retrait de l'ambassade, c'est-à-dire la
rupture complète des relations diplomatiques.

La première mesure a paru insuffisante au Gouvernement ; le Gouvernement a jugé que la troisième dé-
passerait le but ; et, s'il était besoin de marquer la gravité de la seconde, à laquelle il s'est arrêté, je n'aurais
qu'à évoquer devant les républicains le souvenir des
luttes des trente dernières années, et à les prier de
considérer que, même après le 24 mai, même après le
16 mai, même après chacune de ces crises graves où
pourtant l'existence de la République était en jeu,
même alors où tant de griefs et de si légitimes pouvaient être invoqués, cette mesure n'a pas été prise, si
même elle a été envisagée.

M. Grousseau demanda à M. Delcassé s'il n'y avait
pas d'autres documents que ceux dont il avait été
donné lecture ; le ministre lui répondit qu'il n'en
existait aucun autre. M. Grousseau prétendit que
le secrétaire d'État s'était conformé aux usages diplomatiques en ne répondant pas à la communication verbale de M. Nisard et en exigeant une note

14

écrite. M. Delcassé soutint que le Gouvernement avait le droit de procéder comme il l'avait fait.

M. Allard avait sommé le Gouvernement de dénoncer immédiatement le Concordat. Son collègue socialiste. M. Briand, auteur et rapporteur d'une proposition de loi sur la séparation des Églises et de l'État, lui fit remarquer ce qu'aurait de dangereux une pareille décision.

Avant d'y arriver, il fallait armer la société civile. sous peine de la livrer sans défense à l'Église qui. délivrée de toutes ses obligations. aurait cependant conservé tous ses avantages. Une Commission s'occupait de ce grave problème ; la loi qu'elle élaborait permettrait de rompre sans violence les liens qui enchaînaient l'État à l'Église.

M. Combes, président du Conseil, expliqua que le rappel de notre ambassadeur signifiait, que « nous avions voulu en finir une fois pour toutes avec la fiction surannée d'un pouvoir temporel disparu depuis trente-quatre ans. » Quant à la suppression de l'ambassade et à celle du Concordat, il en laissait le soin à la Chambre ; cependant, tout en réservant l'avis du Gouvernement, il donna son opinion personnelle : il était favorable à la dénonciation du Concordat, parce que celui-ci était « violé » chaque jour par l'Église.

M. Ribot fit des déclarations d'une extrême importance dont voici le résumé :

J'approuve le Gouvernement quand il dit que nous ne pouvons pas accepter les revendications du Saint-Siège en ce qui concerne le pouvoir temporel.
En 1871, M. Thiers, qui avait défendu le pouvoir temporel, a reconnu que la question avait changé de face. Il ne s'agissait plus de savoir si le pape aurait

des sujets et le pouvoir temporel, mais de savoir si le chef spirituel de la religion catholique aurait son entière indépendance.

Le pape admet que les souverains qui n'ont pas de Concordat rendent visite au roi d'Italie. Et si je comprends qu'il ait essayé d'empêcher le voyage du président de la République, je dois ajouter que son intransigeance n'est pas absolue, puisque le cardinal Svampa va aller saluer à Bologne le roi Victor-Emmanuel.

Je crains que, dans cette affaire, le ministre des affaires étrangères ait un peu trop brusqué les choses.

Je reconnais que la note a dépassé le ton habituel des conventions diplomatiques. Mais avouez, Monsieur le ministre, que si le document n'avait pas été publié, l'incident aurait été clos.

Nous savions tous, par les notes qui avaient paru, que cette protestation n'avait pas été remise seulement au ministre des affaires étrangères français, mais à toutes les puissances catholiques, et vous ne vous êtes aperçus de la gravité de cette communication que le jour où M. Jaurès, je peux bien le dire, a rendu au Gouvernement le très mauvais service de publier ce document.

Je sais que les documents, quand on le veut, sont toujours publiés, surtout quand certains gouvernements sont intéressés à ce qu'ils le soient.

Le président du Conseil a dit qu'il fallait s'en tenir à l'incident lui-même et ne pas le grossir; il a dit qu'il fallait, qu'à Rome, on n'eût pas d'illusion sur l'impression produite par la note pontificale. Le rappel de l'ambassadeur aura suffi.

Mais, dans quelques mois, quand viendra la discussion du budget, nous verrons ce qu'il pense de la suppression de l'ambassade.

Quand le moment sera venu, je montrerai à quelles conditions on pourra faire la séparation. Mais pour l'instant, je dis qu'une rupture violente serait une folie.

...Mes amis et moi sommes prêts à voter un ordre du jour qui approuvera la mesure prise par le ministre des affaires étrangères, car nous voulons défendre la société laïque contre tous les empiètements.

M. Barthou, au nom de ses amis de l'Union démocratique, déclara qu'il approuvait la mesure avec
la portée limitée que lui avait attribuée le ministre
des affaires étrangères.

M. Charles Benoist demanda au président du
Conseil, qui se garda bien de lui répondre, si le
rappel de M. Nisard était définitif.

L'ordre du jour pur et simple, réclamé par la
droite, fut repoussé par 410 voix contre 155.

Par 385 voix contre 146, la priorité fut refusée à
un ordre du jour de M. Allard, demandant la dénonciation immédiate du Concordat.

L'ordre du jour approuvant le rappel de l'ambassadeur fut adopté par 427 voix contre 95.

LA SUPPRESSION DE L'AMBASSADE DU VATICAN

Six semaines plus tard, la Commission du budget
était appelée à délibérer sur un amendement portant suppression du crédit affecté à l'ambassade du
Vatican; avant de statuer, elle invita le Gouvernement à lui faire connaître son avis. M. Combes se
rendit devant la Commission, accompagné du ministre des affaires étrangères, M. Delcassé. Celui-ci
garda le silence. Quant au président du Conseil, il
se livra à d'indécises qualifications de l'état de nos
relations avec le Saint-Siège; la situation était
« bien singulière », mais il entendait ne faire connaître qu'à la Chambre la solution que le Gouvernement lui donnerait (30 juin).

Avec M. Rouvier, la Commission n'obtint non
plus aucun éclaircissement.

Elle vota par 14 voix contre 10 la suppression par

voie budgétaire de l'ambassade, et, par 18 voix contre 5 et 1 abstention, elle adopta une motion de blâme à l'adresse du président du Conseil :

La Commission du budget, regrettant que le Gouvernement n'ait pas cru devoir se prononcer sur la question du maintien ou de la suppression des crédits pour l'ambassade près le Vatican, invite le rapporteur du budget des affaires étrangères à insérer l'expression de ce sentiment dans son rapport.

Lors de la discussion du budget des affaires étrangères (26 novembre), la situation s'était modifiée en s'aggravant (voir *Représailles pontificales*) ; personne, même du côté de la droite, ne réclama le rétablissement du crédit supprimé par la Commission.

REPRÉSAILLES PONTIFICALES

Au moment même où s'échangeaient les notes qui devaient avoir pour conclusion le rappel de M. Nisard, le Saint-Siège prenait, à l'encontre de deux évêques français, une attitude qui constituait la violation la plus grave et la plus flagrante des règles concordataires. Ces deux prélats étaient Mgr Geay, évêque de Laval, et Mgr Le Nordez, évêque de Dijon.

Trois ans auparavant, une véritable cabale avait été montée contre le premier par le parti réactionnaire de la Mayenne. On l'accusait de se livrer à l'intempérance et à la débauche, et, notamment, d'avoir pris pour maîtresse la supérieure du Carmel de Laval. A cette époque, le Gouvernement français avait été sollicité par le Saint-Siège de prendre,

14.

d'accord avec lui, une mesure disciplinaire contre
Mᵍʳ Geay. Mais il avait refusé d'entrer dans cette
voie, estimant, d'une part, que la preuve des accusations n'était pas apportée, et, d'autre part, que
l'intervention pontificale, sous la forme où elle se
produisait, était anticoncordataire. A la suite d'un
échange de vues, il avait été convenu, d'un commun
accord, que l'incident serait considéré comme clos.
Depuis, aucune perturbation nouvelle ne s'était produite dans le diocèse de Laval, malgré la sourde
hostilité d'une fraction des catholiques et de certains prêtres contre leur évêque.

Telle était la situation quand, le 17 mai, le cardinal Vanutelli, d'ordre du Saint-Office, invita
l'évêque de Laval « à résigner spontanément la
charge et la direction de son diocèse », faute de
quoi, le Saint-Office serait contraint à « d'autres
mesures ».

Le Conseil des ministres saisi de l'incident par le
président du Conseil, auquel Mᵍʳ Geay avait commu
niqué la lettre du cardinal Vanutelli, arrêta les
termes d'une note que M. de Courcel, notre chargé
d'affaires, reçut mission de remettre au cardinal
secrétaire d'État (28 mai).

... L'évêque de Laval, était-il dit dans cette note, a
été régulièrement nommé et institué dans les conditions
prévues par l'article 5 du Concordat du 15 juillet 1801,
qui est ainsi conçu : « Les nominations aux évêchés
qui vaqueront dans la suite seront également faites par
le premier consul; et l'institution canonique sera
donnée par le Saint-Siège ». Il doit en être de la desti
tution comme de la nomination. ... Donc en exerçant
à l'insu du Gouvernement français et par l'intermédiaire
d'une autorité qu'il ne connaît pas un acte de pression
non déguisée sur l'évêque de Laval pour l'amener à

donner sa démission, le Saint-Siège porte atteinte au
droit reconnu à l'Etat par l'article 5 du Concordat.

C'est pourquoi si la lettre du 17 mai n'est pas annu-
lée, le Gouvernement sera amené à prendre les mesures
que comporte une semblable dérogation au pacte qui
lie la France et le Saint-Siège.

Mais ce n'était pas en cette seule circonstance
que le Saint-Siège avait violé le pacte concordataire.

Mgr Le Nordez, évêque de Dijon, était, depuis
quelque temps, en butte aux attaques d'un certain
nombre de prêtres ayant à leur tête M. Bizouard,
curé de la cathédrale ; on prétendait savoir qu'il
était affilié à la franc-maçonnerie. Si absurde
que fût ce bruit, il avait trouvé créance parmi les
séminaristes du diocèse, et, au mois de février,
quarante-huit de ces jeunes gens, encouragés par
leurs professeurs, tous prêtres de Saint-Sulpice,
avaient refusé de recevoir l'ordination des mains de
Mgr Le Nordez et avaient quitté le séminaire : il est
vrai que, quatre jours plus tard, ils y rentraient;
l'autorité militaire avait en effet manifesté l'intention
de les incorporer dans des régiments ainsi que l'exigeait la loi sur le recrutement, leur sortie du séminaire équivalant à la rupture de l'engagement
d'exercer le sacerdoce.

Par la suite, des manifestations avaient été
organisées contre l'évêque de Dijon par ses ennemis ; elles avaient même pris un caractère particulièrement scandaleux : on était allé jusqu'à huer
l'évêque lorsqu'il montait en chaire; le 13 juin,
enfin, l'abbé Bizouard avait empêché Mgr Le Nordez
de donner la confirmation à l'église cathédrale.

Le 11 mars, après la manifestation des séminaristes, le nonce transmettait à Mgr Le Nordez l'ordre

du Saint Père d'avoir à suspendre les ordinations dans son diocèse jusqu'à nouvel avis.

Le Gouvernement, dès qu'il eut connaissance de cette mesure « tendant à diminuer les prérogatives d'un évèque et à lui infliger une déposition partielle », protesta auprès du Saint-Siège contre la démarche du nonce qui était en opposition au fond avec le Concordat; d'autre part, en la forme, le nonce n'avait qu'une qualité, celle d'ambassadeur, et jamais aucun Gouvernement ne lui avait reconnu le droit de correspondre directement avec les évèques. Sa lettre du 11 mars devait donc être considérée comme « nulle et non avenue » (juillet).

Sans s'arrêter aux protestations du Gouvernement français, le cardinal secrétaire d'État, les 9 et 10 juillet, « enjoignait » à Mᵍʳ Le Nordez et à Mᵍʳ Geay « d'avoir à se rendre à Rome dans les quinze jours sous peine d'encourir la suspension *latæ sententiæ ab exercito ordinis et juridictionis*, sans qu'il fût besoin d'une déclaration ultérieure ».

Le 23 juillet, M. de Courcel remettait au secrétaire d'État, le cardinal Merry del Val, deux notes, l'une concernant Mᵍʳ Geay, l'autre Mᵍʳ Le Nordez :

Les lettres des 9 et 10 juillet, expliquait chacune de ces notes, « méconnaissent la disposition du Concordat de laquelle il résulte qu'un évèque ne peut être suspendu ou déposé sans l'accord des deux autorités qui ont contribué à le créer... Si ces lettres ne sont pas rapportées, si une suite est donnée aux menaces qu'elles contiennent, le Gouvernement français comprendra que le Saint-Siège n'a plus souci de ses relations avec le pouvoir qui, remplissant les obligations du Concordat, a le devoir de défendre les prérogatives que le Concordat lui a conférées ».

Le 27 juillet, le cardinal secrétaire d'État répon-

dait par deux notes qui avaient une partie commune,
seule intéressante à retenir, parce qu'elle était
d'ordre général :

... Il ne s'agissait pas d'une déposition, auquel cas
le Saint-Siège en aurait informé le Gouvernement,
ni d'autres mesures pénales, mais d'une simple convo-
cation à Rome pour donner des explications.

... Dans aucun des dix-sept articles du Concordat, il
n'est dit que le Saint-Siège ne peut pas, sans le consentement préalable du Gouvernement, ordonner à
un évêque, comme mesure de prudence réclamée par
les circonstances, de s'abstenir temporairement de
quelque acte de son ministère ou l'appeler à Rome,
pour fournir des explications sur sa conduite. Le Sou-
verain-Pontife ne pouvait pas faire cette concession,
sans manquer aux sacrés devoirs du pasteur suprême
de l'Église, puisque, si personne ne conteste que les
évêques en France doivent avoir avec le Gouvernement
les rapports nécessaires définis par le Concordat, toutefois, dans l'exercice de leur juridiction, ils dépendent
du pontife romain qui leur a conféré cette juridiction
au moyen de l'institution canonique et qui la leur conserve. Le pontife romain ne peut pas subordonner cette
dépendance au consentement de l'autorité civile. Que
le pontife romain, même depuis le Concordat, conserve
sur les évêques en France sa pleine autorité, cela
résulte clairement même du serment solennel et spécial
que le Gouvernement français ne peut pas ignorer,
puisqu'il fait partie de l'institution canonique qui est
jointe aux bulles, et par lequel les évêques s'obligent
sans aucune restriction à recevoir avec soumission et
à exécuter très fidèlement les injonctions du pontife
romain : « Mandata apostolica humiliter recipiam et
suam diligentissime exequar. » Et, en particulier, le fait
que le pontife romain, même depuis le Concordat,
peut appeler à Rome — même sous menace de peines à
encourir *ipso facto* — les évêques de France pour
rendre compte de leurs actes, est confirmé par la loi
bien connue, loi que le Gouvernement français n'ignore
certainement pas, qui oblige sous menace des peines

latæ sententiæ les évêques de France, comme ceux des autres pays d'Europe, sans aucune réserve du consentement de leur Gouvernement, à se rendre tous les quatre ans à Rome, ou au moins à y envoyer leur représentant, dans le but principal d'exposer au Saint-Siège l'état de leur diocèse et d'en recevoir des instructions, des conseils et des commandements.

Le **29** juillet, à l'issue du Conseil des ministres, M. Delcassé télégraphiait à **M.** de Courcel le texte de la note suivante avec ordre de la remettre sur le champ au Vatican :

« Après avoir, à plusieurs reprises, signalé les graves atteintes que l'initiative du Saint-Siège, s'exerçant directement auprès des évêques français, porte aux droits concordataires de l'État, le Gouvernement de la République a, par deux notes en date du 23 juillet courant, prévenu le Saint-Siège de la conclusion qu'il serait amené à tirer de la méconnaissance persistante de ses droits.

« Obligé de constater, par la réponse de S. E. le cardinal secrétaire d'État, en date du 26 juillet courant, que le Saint-Siège maintient les actes accomplis à l'insu du pouvoir avec lequel il a signé le Concordat, le Gouvernement de la République a décidé de mettre fin à des relations officielles qui, par la volonté du Saint-Siège, se trouvent être sans objet. »

Cette note remise, vous ajouterez que nous considérons comme terminée la mission du nonce apostolique.

A ce dernier télégramme de **M.** Delcassé, **M.** de Courcel répondait par le suivant :

Rome, 30 juillet, 1 h. 35 soir. — Conformément aux instructions contenues dans le télégramme de Votre Excellence en date d'hier, je viens de me rendre au Vatican. J'ai remis la note au cardinal secrétaire d'État, après lui en avoir donné lecture. J'ai ensuite ajouté que le Gouvernement de la République considère

comme terminée la mission du nonce apostolique. Le
cardinal Merry del Val m'a déclaré que l'ordre de partir
allait être télégraphié à M⁰ᵉ Lorenzelli.

En même temps, M. Delcassé avisait de la rupture
des relations diplomatiques le nonce, Mᵍʳ Lorenzelli; et, le 31 juillet, celui-ci quittait Paris.

Deux jours auparavant, Mᵍʳ Le Nordez était
parti à l'improviste pour Rome; cet exemple était
suivi, le 29 août, par Mᵍʳ Geay. Aussitôt le président
du Conseil supprimait leur traitement, attendu
qu'ils avaient « enfreint les articles organiques en
s'absentant de leur diocèse sans y avoir été autorisés par le Gouvernement ».

Les deux prélats, une fois à Rome, faisaient leur
soumission au Saint-Père et lui remettaient leur
démission.

De la lecture des documents que nous avons reproduits ou analysés plus haut se dégage une impression très nette.

Ni du côté du Gouvernement français, ni du côté
du Vatican, on n'avait cherché à limiter la discussion, à en restreindre la portée et les conséquences;
bien loin de rechercher un terrain de conciliation,
on semblait s'être efforcé d'aggraver le conflit; de
part et d'autre on n'avait pas dissimulé le désir de
préparer une rupture plus complète, un divorce
définitif. Il ne nous appartient pas de dire ici si cette
politique était prudente et conforme à nos intérêts
et à ceux de l'Église. Nous nous bornons à constater
un fait ; mais nous devons ajouter que si l'éventualité de la séparation était considérée à Rome comme
désirable, au point de vue catholique, le ministère Combes paraissait convaincu que le parti ré-

publicain en tirerait les plus sérieux avantages.

Il y avait bien la question du protectorat de la France sur les catholiques en Orient qui préoccupait certains esprits. Préoccupations chimériques! expliqua M. Combes à un rédacteur de la *Nouvelle Presse Libre de Vienne* (fin août.)

Si une puissance quelconque, dit-il, avait le désir de se charger de ce protectorat, nous ne lui opposerions aucune difficulté. Personnellement je ne souhaite pas à l'Autriche, que j'aime, qu'elle se laisse entraîner par ses cléricaux dans cette aventure.

La France n'a de ce protectorat que des embarras et aucun avantage, et je ne vois pas pourquoi l'Autriche pourrait souhaiter la même situation. Le protectorat de la France sur les catholiques de tout l'univers avait autrefois un sens, quand la France était encore la « fille aînée de l'Église ». Il était alors naturel que cette aînée traitât ses sœurs cadettes comme des protégées et intervînt pour elles partout où elles étaient lésées ou bien menacées. Mais la France ne se sent plus du tout « fille aînée de l'Église ». D'ailleurs les plus jeunes sœurs ont aussi grandi; elles sont majeures et ne voient plus volontiers que la France s'occupe de leurs affaires. La France ne retire non plus de ce protectorat aucun avantage. La solution naturelle de la question doit être et sera celle-ci : chaque État protégeant lui-même ses nationaux sur toute la surface de la terre. Nous, Français, nous avons bien assez de cette tâche.

A Auxerre où il était allé présider un banquet, M. Combes compléta sa pensée en disant (4 septembre) :

La seule voie restée libre aux deux pouvoirs en conflit, c'est la voie ouverte aux époux mal assortis, le divorce et, de préférence, le divorce par consentement mutuel.

... Le parti républicain acceptera « sans répugnance la pensée du divorce ».

... Il importe que les républicains fassent preuve dans ce débat d'une largeur d'idées et d'une bienveillance envers les personnes qui désarment les défiances et rendent acceptable le passage de l'ordre de choses actuel à l'ordre de choses à venir.

Qu'il s'agisse des édifices affectés au culte ou des pensions à allouer aux titulaires actuels des services concordataires, il n'est pas de concession raisonnable, pas de sacrifice conforme à la justice que je ne sois disposé, pour ma part, à conseiller, afin que la séparation des Églises et de l'État inaugure une ère nouvelle et durable de concorde sociale, en garantissant aux communions religieuses une liberté réelle, sous la souveraineté incontestée de l'État.

... Si la croyance des siècles passés a attaché au protectorat une idée de pieux dévouement et de grandeur chrétienne, si elle a servi notre influence à une époque de foi, il s'est trouvé alors aussi, qu'on ne l'oublie pas d'autres motifs très positifs et très humains, qui ont contribué largement à faire décerner à l'ancienne France un privilège glorieux, mais parfois encore plus embarrassant que glorieux. Il fallait, pour l'exercer, une puissance militaire et navale de premier ordre. La France réunissait cette double condition.

Nous avons la conviction absolue que notre considération et notre ascendant dépendent exclusivement aujourd'hui de notre puissance matérielle, ainsi que des principes d'honneur, de justice et de solidarité humaine, qui ont valu à la France moderne, héritière des grandes maximes sociales de la Révolution, une place à part dans le monde. Je me refuse donc à considérer le privilège dont il s'agit comme un motif susceptible de nous détourner de la séparation de l'Église et de l'État.

Il est intéressant de mettre en regard de cette opinion celle de M. Waldeck Rousseau, telle qu'elle était exprimée dans des notes constituant un projet de discours, notes trouvées dans ses papiers, après son décès, et publiées par les soins de la

15

Revue politique et parlementaire et du *Figaro*. Ces
notes avaient été rédigées en 1903, en vue d'un
débat qui devait s'élever au Sénat sur la politique
religieuse du cabinet à propos de la discussion du
budget des cultes (26 mars ; une maladie de
Mᵐᵉ Waldeck Rousseau avait empêché l'ancien président du Conseil d'y prendre part.

On remarquera que M. Waldeck Rousseau invo-
quait l'autorité de Paul Bert et déclarait que depuis
son remarquable rapport « la question n'avait pas
changé d'aspect ». M. Waldeck Rousseau ne pouvait prévoir ni la protestation pontificale contre le
voyage de M. Loubet en Italie, ni les sommations
adressées par le Vatican à des évêques français en
passant par-dessus la tête du Gouvernement. La
question, depuis la rédaction de ces notes, avait
donc un peu changé d'aspect. Est-ce à dire que leur
auteur aurait suivi, dans sa brusque évolution,
M. Combes, qui, concordataire en 1902 (voir année 1902, p. 125), se déclarait, en 1904, partisan de
la dénonciation du Concordat ? A coup sûr non. Et,
pour s'en convaincre, il suffirait de rapprocher le
discours qu'il prononçait le 17 décembre 1901, étant
président du Conseil (voir année 1901, p. 46), des
notes dont nous donnons le texte ci-après ; ce rapprochement ferait apparaître avec évidence toute
sa pensée et tout son système ; nous en trouvons
l'expression et le résumé dans ces lignes écrites
de sa main : « La séparation se fera par l'action
lente et presque invisible du temps... Mais s'il est
une question dont on puisse dire qu'elle n'est pas
mûre, c'est de celle-là. » L'empressement qu'avait
mis le Gouvernement de M. Combes à saisir les
occasions qui s'offraient à lui de la poser devant

le pays était l'un de ces « procédés » que M. Waldeck Rousseau condamnait comme les manifestations d'une « politique hâtive, imprévoyante, fertile
seulement en équivoques, peu favorable à l'action
d'un parti républicain désireux de rester uni, et
non de se diviser et de se subdiviser ». Voici le
texte de ces notes tel qu'il fut publié :

Je ne puis me dispenser de défendre une politique
qui se réclame d'une longue tradition pratiquée après
tous mes prédécesseurs.

Si je n'ai pas cessé de défendre le régime concordataire, c'est qu'il s'impose par la nature même des choses
et qu'il tient à la logique des faits ; il n'est, à vrai dire,
qu'une manifestation, plus considérable et plus notoire
qu'une autre, des lois les plus simples qui président à
la direction des affaires.

Dans toutes les questions où des intérêts rivaux et
légitimes se trouvent en présence, le rôle de la politique est et restera toujours de les concilier, et, si un
conflit s'élève, de les accorder par un juste départ, par
une juste appréciation des droits de chacun et de ses
obligations. Sans cesse ces conflits se produisent, sans
cesse le Gouvernement s'emploie à les dénouer par un
règlement équitable, de sorte que la politique courante
est faite de solutions, d'accords, et, dans le sens vrai
du mot, de concordats successifs.

Il n'y a donc pas de témérité à penser qu'en une
matière où la rivalité est permanente, et particulièrement grave par ses conséquences, la sagesse consiste à
fixer d'avance la sphère d'action de chaque partie et le
champ laissé à sa libre initiative.

C'est ce qui a été fait aussitôt que la société civile a
conçu le sentiment de son autonomie — en 1516 — et,
plus tard, dans un esprit d'ailleurs différent, en 1802.

Ce dernier Concordat a posé en principe : que les
évêques sont nommés par le Gouvernement, que le
Saint-Siège leur conférera l'institution canonique.

Il ne peut donc y avoir d'évêque, au sens du Concordat, que par le concours de deux circonstances : la

nomination par l'Etat, — l'institution canonique par le Saint-Siège.

Au sens du Concordat, — car on peut imaginer la nomination d'un évêque sans l'intervention de Rome, dans une Église affranchie de l'autorité spirituelle de Rome, c'est-à-dire dans une Église schismatique ; mais c'est là une supposition qui est exclue précisément par l'intervention d'un Concordat, dont cette exclusion a, en partie du moins, été la raison d'être.

Ceci posé, une double intervention étant nécessaire, il y a deux moyens de la réaliser.

Le premier consiste, de la part de l'État français, à nommer l'évêque sans chercher à s'assurer que l'institution canonique pourra lui être donnée.

Il pèche par un défaut de logique et de prévoyance. Défaut de logique, car lorsque deux parties ont fait une convention, on conçoit mal qu'elles se comportent comme si elles étaient étrangères l'une à l'autre.

Défaut de prévoyance, car il n'y a point d'intérêt à faire une nomination qui restera lettre morte, à moins de supposer des candidats évêques disposés à se passer de la consécration du Saint-Siège et à braver ses foudres. Il y aurait peu d'avenir aujourd'hui dans une telle solution ; elle ne serait pas à souhaiter, — une Eglise catholique en France me suffit, — et en tout cas elle supposerait la rupture.

On a usé d'un second moyen, plus en harmonie avec des rapports contractuels. Il consiste à causer avant d'agir, à rechercher s'il existe des raisons légitimes d'opposition à l'institution canonique. Est-ce à dire qu'en pareil cas l'Etat s'arrêtera devant un *non possumus* abstrait et souverain ? Aucun de mes prédécesseurs ne l'a pensé, et, s'il apparaît que l'objection tient à des raisons plutôt politiques que religieuses, le devoir de l'Etat est non pas de nommer un évêque qui ne serait pas un évêque, mais de ne pas nommer à l'évêché vacant.

Une autre difficulté a sollicité l'attention. Elle tient à l'introduction dans les bulles d'institution canonique d'une formule empruntée — sans qu'elle puisse rien modifier dans la nature des choses — au dictionnaire de ces formules diplomatiques destinées à sauvegarder

les amours-propres et à donner une certaine parure
aux soumissions inévitables.

Nobis nominavit!... Quand j'ai pris la direction des
cultes, l'Etat avait coutume de ne pas prendre au tra-
gique cet exécrable latin. Il ne lui apparaissait ni assez
clair pour être accepté sans mot dire, ni assez anticon-
tractuel pour mériter un éclat. A un langage obscur il
répondait par des réserves très claires qui maintenaient
formellement les droits qu'il tient du Concordat lui-
même.

Eh bien, sur ce point comme sur beaucoup d'autres,
l'important c'est le fond des choses. Le Saint-Siège en-
tend-il contester que la nomination appartienne à
l'Etat, — soutenir qu'il peut donner l'institution à un
ecclésiastique qui ne serait pas nommé par l'Etat ? —
Je ne le crois pas si téméraire; et, le droit de l'Etat
étant constaté, affirmé, je persiste à penser qu'il peut
rester assez indifférent aux quelques gouttes de miel
par lesquelles s'adoucirait un aveu nécessaire.

Séparation des Eglises et de l'Etat.

Un répertoire complet des arguments, des réponses :
le rapport Paul Bert de 1883.

Ni au point de vue *doctrinal*, ni au point de vue de
l'*opinion*, la question n'a changé d'aspect.

Doctrinal? parce que, dès ce moment, la logique, la
haute rhétorique, la philosophie politique avaient dé-
ployé toutes leurs ressources.

Opinion? parce qu'en vingt ans nos mœurs, nos habitudes d'esprit, l'opinion en un mot, ne se sont que
très insensiblement modifiées.

Une première considération toujours juste : que la
politique compte avec les faits et que de tous ceux dont
nous subissons les conséquences, le plus considérable,
celui dont la répercussion sera le plus durable : le catholicisme.

Associations, P. Bert, p. 44.

« Nous pensons, écrit Paul Bert, non seulement que
l'état social vers lequel aspirent nos collègues est préférable et désirable, mais qu'il convient de travailler à en
préparer l'établissement, et nous sommes absolument
d'accord avec eux pour appeler de nos vœux et pour

hâter de nos efforts sa réalisation. Car autant qu'à eux
le triomphe définitif du principe de la liberté de conscience nous est cher.   .

« Mais nous nous demandons si, dans les circonstances actuelles, ce triomphe ne serait pas retardé et
compromis précisément par les moyens qu'ils nous
proposent d'employer. Et cette question, nous la posons
en envisageant non plus seulement les difficultés théo-
riques, mais les conditions pratiques du problème.
Nous faisons ici de la politique et non de la philosophie.

« Et nous disons : la paix publique, les libertés politiques, l'état social issu de la Révolution française
ont-ils à gagner ou à perdre à la suppression immédiate
du budget des cultes, à la séparation des Églises et de
l'Etat? Et c'est la considération de ces intérêts suprêmes
de la société civile qui nous détermine à nous séparer,
dans le temps présent, de collègues dont nous parta-
geons les sentiments, et qui nous force à ajourner, à
une époque que nous ne saurions nettement préciser,
l'accord de leurs espérances et des nôtres sur le terrain de la réalité. »

Il est aisé de constater la lenteur d'une évolution de
cette sorte, et le sujet s'y prête merveilleusement, car
il n'en est pas qui atteste moins de changements.

Sans remonter au delà de dix à quinze ans, inter-
rogez l'histoire des législatures qui se sont succédé et
qui ont vu, après des ministères modérés, des ministères radicaux — des cabinets Floquet, Goblet, Brisson
après des cabinets Ribot, Dupuy, Tirard, Méline.

La séparation recueille :

Eu 1887 : Ministère Goblet. . . .   173 voix.
    1888   —   Tirard. . . .   180 —
    1890   —   Tirard. . . .   191 —
    1896   —   Bourgeois. .   132 —
    1897   —   Méline . . .   181 —

Chiffres instructifs : le nombre des suffrages moindre
avec les ministères radicaux — pourquoi? sinon parce
que la séparation ne recueille pas seulement les voix
des partisans de la séparation, mais des suffrages d'opposition.

Elle recueille en 1900. . . . . .   179 voix.
  —   1901. . . . . . .   167 —
  —   1902. . . . . .   187 —

Avec ce maximum, elle a 4 voix de moins qu'en 1890 !

De ces constatations conclure :

Qu'un Etat, une République surtout, qui a le libre examen pour affirmation, le droit divin, c'est-à-dire l'ingérence du spirituel, comme négation nécessaire, ne peut pas ignorer l'Eglise, — lui laisser la liberté de sa hiérarchie et de son fonctionnement, permettre que Rome nomme ses évêques, ces évêques leurs curés... Alors, il faudrait conclure avec P. Bert, p. 49 :

« Or, la conséquence, nous n'hésitons pas à le dire, ce serait avant trente ans la mainmise sur la France par l'Eglise catholique, à moins que quelque réaction violente ne vienne soulever ce pays. Oui, l'Eglise rayée du budget de l'Etat, chassée de ses presbytères et de ses temples, mais laissée absolument libre, retrouverait bientôt une richesse personnelle qui lui fait aujourd'hui absolument défaut, une influence politique qui chaque jour s'en va diminuant, et reconquerrait tous ces édifices dont on l'aurait chassée, toutes ces situations privilégiées dont on l'aurait violemment dépouillée. »

Il faut donc qu'il y ait des rapports...

Quels peuvent-ils être? Ils ne peuvent dériver que de la convention ou, à défaut d'un régime contractuel, de sanctions pénales.

Loi de police des cultes? Personne n'en a jeté les bases ni donné la formule...

Ce qui est permis au citoyen, défendu au prêtre ?... Y aura-t-il, à son égard, des délits d'opinion? Paroles tombées de la chaire — paroles tombées de la tribune des réunions? Etablira-t-on des incapacités personnelles... une *capitis diminutio?*

La loi pénale punira-t-elle la nomination d'un prêtre par le chef d'une Eglise que la loi civile ne connaît pas ?

Et si on abandonne toute cette force incommensu-

rable à sa propre gravitation... par l'Église libre... *une
anarchie catholique dans un État impuissant.*

Est-ce à dire que la société civile doit rester indéfiniment rivée au régime des Concordats? Je ne le pense
pas. La séparation se fera; elle se fait par l'action
lente et presque invisible du temps sur l'état des esprits, sur l'état des mœurs, par le progrès insaisissa-
ble, mais certain, de l'esprit de discussion, de contrôle,
de critique et d'analyse, et par la nécessité même pour
le catholicisme d'évoluer vers cette conception plus
moderne, qui a déjà ses apôtres, de la séparation de la
conscience politique et de la conscience religieuse.

Mais, en pareille matière, quand il faut compter
avec des croyances, des traditions, des habitudes, un
atavisme séculaire, profondément enraciné, il faut,
pour espérer d'une brusque mesure législative, une
soudaine transformation — il faut avoir les illusions et
l'inexpérience parfois incorrigibles, et l'imprudence
des esprits purement spéculatifs qui croient à la toute-
puissance du verbe *légiférer*. On change par une loi
l'assiette d'un impôt, des divisions administratives; on
ouvre à l'activité libre des hommes de nouvelles issues;
on fournit à la prévoyance de nouvelles formules; on
modifie l'organisation d'une armée — on ne transforme
pas les hommes, on ne fait pas la conquête des esprits.
C'est l'œuvre patiente du temps et de la réaction qu'exercent sur la mentalité d'une nation toutes les mesures
successives qui élargissent le champ des conquêtes intellectuelles.

Ces considérations et ces chiffres féconds en conséquences fourniront des conclusions de plusieurs sortes.

S'il est une question dont on puisse dire qu'elle n'est
pas mûre, c'est celle-là. Pourquoi alors cette obstina-
tion à la jeter sur la route de tous les gouvernements...
à faire apparaître constamment une menace qu'on
n'est point en mesure de réaliser?

Comment ne pas mettre en présence la vanité et la
stérilité, — non de certaines réformes, — mais de certaines agitations, et le poids dont elles ont pesé sur
l'évolution même que l'on voudrait seconder? Le parlementarisme a été, et il est encore, violemment attaqué;

mais le véritable péril pour lui n'est pas dans ces attaques; il est dans les fautes qu'il peut commettre, et
il n'est pas de faute plus grave, et au point de vue de la
paix morale et au point de vue de la sécurité des intérêts, que d'agiter incessamment ou des problèmes
financiers ou des problèmes moraux, dont la solution
reste lointaine, que de voter sans cesse des motions ou
des résolutions quand on est dans l'impuissance de
faire une loi, que cet art détestable de menacer tout le
monde et de ne satisfaire personne.

S'il y a, dans l'état de l'opinion, quelque hésitation;
dans l'épargne, de la timidité; dans l'esprit d'entreprise, un temps d'arrêt, c'est parce qu'on a, comme à
plaisir, soulevé plus de difficultés qu'il n'est permis
d'en surmonter dans un laps de temps mesuré.

Les procédés que je combats, cette politique hâtive,
imprévoyante, fertile seulement en équivoques, peu
favorable à l'action d'un parti républicain désireux de
rester uni et non de se diviser et de se subdiviser, n'a
jamais été la politique du Sénat. Je lui demande, en
ne lui faisant pas de nouveau sacrifice, de rester fidèle
à la haute conception qu'il a de son devoir d'initiative
et de contrôle, et par laquelle il n'a pas cessé d'accroi-
tre son autorité dans le pays.

LA POLITIQUE RELIGIEUSE DU GOUVERNEMENT
DEVANT LE PARLEMENT

Dès la rentrée d'octobre, la Chambre se trouva
saisie de plusieurs demandes d'interpellation visant
la rupture des relations diplomatiques avec le Saint-
Siège, et les déclarations faites par M. Combes dans
son discours d'Auxerre.

Les groupes de gauche se réunirent avant la discussion de ces interpellations. Unanimes pour approuver la rupture des relations diplomatiques, les
membres de l'Union démocratique se montrèrent

très divisés sur l'opportunité de la séparation. Au
contraire, la gauche radicale exprima la volonté
de la réaliser sans retard. M. Combes ayant fait
savoir à son président, M. Sarrien, que le Gouvernement ne déposerait pas de p   t spécial et qu'il
prendrait pour base de discuss   le rapport Briand
en y apportant certaines modifications, notam.ment
en ce qui concernait les pensions des ministres du
culte et les édifices consacrés aux cultes, le groupe
radical adopta à l'unanimité un ordre du jour qui
était une mise en demeure formelle adressée au
Gouvernement d'avoir à déposer un projet, « une
question de cette gravité ne pouvant être discutée
que sur un projet du Gouvernement ».

La discussion des interpellations sur la politique
religieuse occupa les séances des 21 et 22 octobre.

M. Boni de Castellane s'attacha à mettre le président du Conseil en contradiction avec le ministre
des affaires étrangères. M. Delcassé avait maintes
fois proclamé la nécessité de ne rien abandonner des
droits que nous avait conférés notre protectorat séculaire en Orient. M. Combes avait infligé à son
collaborateur un éclatant désaveu. L'anarchie gouvernementale que révélait cette divergence d'opinions était préjudiciable à nos intérêts, et ne pouvait être tolérée plus longtemps.

M. Grousseau reprocha à M. Combes d'avoir engagé le pays dans de graves complications sans
avoir consulté la Chambre. Puis il reprit, en la développant, la thèse contenue dans la note du cardinal Merry del Val sur les droits de la papauté
vis-à-vis de l'épiscopat français.

M. Paul Deschanel intervint à ce moment dans la
discussion, et prononça un discours sensationnel :

Depuis cinq ans, dit-il, il semble que toute la vie nationale soit suspendue par la guerre religieuse.

Pour Bonaparte, le Concordat était un moyen de tenir l'Église. Mais, depuis, quelle différence! Les deux parties contractantes ne sont plus les mêmes. Le Concordat ne saurait être le régime définitif sous la démocratie du vingtième siècle. L'avenir, c'est la neutralité de l'État en matière de religion.

Le budget des cultes paraissait à Paul Bert comme une garantie contre la reconstitution des biens du clergé, mais les objections qu'il faisait au problème de la séparation sont trop contradictoires pour ne pas être exagérées ; et, pour croire le problème insoluble, il faudrait croire la France incapable de suivre l'évolution de l'histoire.

L'heure est donc venue de fixer les garanties sans lesquelles la séparation ne serait qu'une œuvre de réaction.

La première, c'est d'avoir un gouvernement ferme dans ses desseins, qui ne se laisse pas entraîner plus loin qu'il ne le voudrait, et qui se mette résolûment à la tête du mouvement et non à la remorque, un gouvernement qui ait un projet à lui et qui ne s'en remette pas à une sorte de comité exécutif. Il ne faut pas que la séparation soit faite par un gouvernement confessionnel ni par un gouvernement anticonfessionnel. Il faut qu'elle soit faite par un gouvernement également respectueux de la liberté et des droits réciproques de la société laïque et des catholiques.

En second lieu, il ne faut pas que les consciences catholiques soient troublées. Il faut assurer l'entière liberté du culte. Il faut laisser à chacun son entière liberté, et la liberté de penser, de croire, doit être aussi entière que celle de ne pas croire. Il faut une entière impartialité. Mais sommes-nous sûrs de la rencontrer aujourd'hui? Sous la Restauration, les officiers, pour être bien notés, étaient obligés d'accomplir leurs devoirs religieux, aujourd'hui c'est le contraire qu'on leur demande. On semble regarder les religions comme des superstitions basses, et il semble qu'on veuille exercer des représailles.

Dans le régime nouveau, il faudra songer à assurer la conservation des intérêts français dans le monde. La question de la séparation et la question de la représentation auprès du Vatican sont deux questions distinctes. Est-ce que l'Angleterre protestante et la Russie orthodoxe n'ont pas un représentant auprès du pape? Monarchies, direz-vous. Est-ce que la République du Brésil, au lendemain de la séparation, n'a pas renforcé sa représentation au Vatican? Est-ce que la république helvétique protestante n'a pas un représentant auprès du Saint-Siège?

C'est que cette représentation est nécessaire à la défense des intérêts de chaque nation dans le monde. Pour nous, elle est indispensable à notre protectorat en Orient. Nos pères de la Révolution l'avaient bien compris. Tandis qu'ils décapitaient les prêtres en France, ils envoyaient à notre ambassadeur à Constantinople des instructions pour qu'il assiste aux cérémonies catholiques dont ils comprenaient toute l'importance sur l'imagination orientale.

Oui, la pensée française s'est propagée grâce à notre protectorat d'Orient. La religion catholique, a été, pour les peuples d'Orient qui l'ont adoptée, le signe de l'affranchissement de la conscience dans l'islamisme, au lieu d'être, comme elle apparaît à d'aucuns ici, le signe de la servitude. De même que les cimes du Liban se colorent des rayons de l'aurore lorsque nos nations occidentales sont encore plongées dans la nuit, de même nous apercevons des lueurs que d'autres peuples ne voient pas encore. Je me rappellerai toujours l'émotion profonde que j'ai ressentie en entrant un jour dans une école française d'Orient. Tous les enfants étaient rangés là sous le drapeau tricolore, non pas le drapeau de la France catholique ou de la France laïque, mais de toute la France. C'est tout ce patrimoine qu'il ne faut pas abandonner sans retour comme nous avons renoncé à nos droits en Égypte.

Je dis à mon parti : Prenez exemple sur les libéraux d'Angleterre. Ce qui leur a assuré dans l'histoire de leur pays une place prépondérante, c'est d'avoir su toujours, à l'heure voulue, se mettre à la tête des réformes ;

faites de même pour celle-ci. Bien imprudents seraient
ceux qui, mis en présence de la séparation, se borne-
raient à la défense éternelle du Concordat dont les
catholiques comme Lamennais et Lacordaire ne voulaient plus, il y a soixante-dix ans, et qui était abandonné par des libéraux comme Prévost-Paradol, il y a
quarante ans. Notre démocratie bientôt ne comprendrait plus cet attachement stérile à un contrat qui ne
saurait être le seul bon.

Entre la séparation violente, agressive, et le maintien
du Concordat, il y a place pour une séparation non pas
de liberté — car c'est un mot qui change de sens selon
les lèvres sur lesquels il passe — non pas dans le
droit commun — car là aussi, les interprétations sont
changeantes — mais pour une séparation dans le droit
et dans la justice.

M. Deschanel très applaudi fut félicité chaudement
par M. Pelletan.

M. Hubbard fit grief au Gouvernement de n'avoir
pas déposé un projet sur la question de la séparation. M. de Baudry d'Asson défia le président du
Conseil de faire la séparation « même avec le concours de M. Paul Deschanel ». M. Engerand demanda
que le pays fût consulté par voie de referendum.

La première phrase du discours de M. Combes
domina toute son argumentation : « Je viens montrer qu'après ce qui s'est passé, il n'est pas possible
de maintenir le Concordat actuel ou de lui substituer un Concordat nouveau ». Après cette déclaration, le président du Conseil fit l'historique de ses
démêlés avec Rome. Nous renvoyons le lecteur aux
documents que nous avons reproduits et analysés
plus haut. « La conduite du Saint-Siège justifiait
amplement le retrait de l'Ambassade. »

Le pape, continua-t-il, en use manifestement avec la

France comme avec un pays conquis. Dans un de ses écrits, il appelle ses façons d'agir : défendre la liberté de l'Église !

Vraiment, est-ce défendre la liberté de l'Église que la dégager de ses obligations envers l'État, en laissant à celui-ci toutes les charges, notamment le budget des cultes, que réclamer une sorte de droit de *veto* en matière législative, en encourageant les catholiques à protester contre l'application de la loi de 1901 aux congrégations ? Je comprends que, pour défendre la liberté ainsi entendue, le Saint-Siège ait senti le besoin d'avoir la haute main sur le groupement de l'épiscopat qui dirige la milice ecclésiastique.

Et telle est la raison de sa conduite quand il viole l'article du Concordat qui accorde au Gouvernement la nomination des évêques.

Cet article est la pierre angulaire de l'édifice concordataire. Or, quand nous notifions au Saint-Siège la promotion à l'épiscopat d'un sujet quelque peu libéral Rome répond qu'elle ne peut adhérer, sans même motiver son refus.

... On ne négocie pas avec un tel pouvoir. Il faut le subir dans toute l'étendue de son domaine ou l'écarter résolument de la sphère civile et politique. Tous les ministres qui se sont évertués, depuis 1870, à entrer en pourparlers avec lui pour l'amener à reconnaître les droits du pouvoir civil y ont perdu et leur temps et leur peine.

S'il est des hommes qui rêvent de négocier avec le Saint-Siège, soit pour une interprétation loyale du Concordat, soit pour la rédaction d'un Concordat nouveau, ceux-là ignorent tout de l'Église et de sa constitution présente. En admettant qu'ils parviennent à jeter les bases d'un *modus vivendi*, je leur prédis qu'ils seront dupes et complices.

Ils seront dupes des clauses destinées à sauvegarder les droits de souveraineté que la doctrine catholique réprouve ; complices de l'équivoque inavouée qui condamnera leur gouvernement à une impuissance finale.

Quant à moi, je ne veux être ni dupe ni complice.

Ce fut M. Ribot qui répondit à M. Combes. Mais à
peine avait-il prononcé quelques paroles que, violemment interrompu, à plusieurs reprises, par le
président du Conseil, il se vit réduit à quitter la tribune et à retourner à son banc où le suivit un long
et immense applaudissement des deux tiers de la
Chambre. L'épisode mérite une mention particulière.

M. RIBOT. — Vous tenez un langage que vous n'auriez
pas tenu quand vous étiez aux côtés de mon ami
M. Bourgeois, qui n'était pas un théologien égaré dans
la politique. *Très bien! très bien au centre.*)

M. LE PRÉSIDENT DU CONSEIL. — M. Bourgeois était un
ministre libéral : vous, vous ne l'êtes pas. *Interruptions.*)
Et je vous déclare que je me ferai justice quand je
vous répliquerai si vous ne prenez pas un autre ton.
(*Exclamations et rumeurs à droite et au centre. — Très
bien! très bien! à l'extrême gauche.*)

Voix au centre. — A l'ordre!

M. LE PRÉSIDENT DU CONSEIL. — J'ai dit, et j'ai employé
une expression parlementaire, que je me ferais justice
en répliquant. *Bruit.*)

M. RIBOT. — Je ne comprends pas cette émotion. Nous
avons le droit, j'imagine, dans cette Chambre, de nous
expliquer librement.

M. PRÉSIDENT DU CONSEIL. — Librement, mais pas inso-
lemment. (*Nouvelles exclamations. — Interruptions. —
Bruit prolongé.*)

M. RIBOT descend de la tribune. *Vifs applaudissements à droite, au centre et sur divers bancs à gauche. —
Agitation.*)

M. Combes ayant, sur l'invitation du président de
la Chambre, retiré ses paroles, M. Ribot regagna la
tribune; à toutes les témérités ministérielles il
opposa le langage du bon sens et de la fermeté
politique.

Il y a quelques mois, j'ai fait connaître mon sentiment sur la question de la séparation dans une lettre
qu'on m'a fait l'honneur de citer à cette tribune; je
disais qu'à mon avis le mouvement nécessaire des
idées amènerait dans un avenir plus ou moins prochain la séparation du temporel et du spirituel, et je
déclarais que l'Eglise devait se placer en face de cette
situation et l'accepter.

Je n'entendais pas lier mon parti; dans les questions
vitales pour la nation, deux choses sont à considérer :
les vues d'avenir et le programme qui engage le parti
envers le pays. Je pense qu'hier M. Deschanel a fait
cette distinction. Il n'a pas eu la pensée de faire de la
séparation le programme de demain de notre parti;
nous n'y mettons pas la séparation, par probité vis-à-
vis du pays.

M. Deschanel a fort bien parlé hier de l'attitude des
partis modérés en Angleterre, se mettant à la tête des
réformes les plus hardies, mais ne promettant jamais
des réformes lorsqu'ils ne se sentent pas en état de les
réaliser. Il en est de même de notre parti vis-à-vis de
cette question de la séparation des Eglises et de l'Etat.
Si M. Deschanel l'a crue possible aujourd'hui, il a mé-
connu l'état actuel des esprits dans le pays. Le jour où
la séparation pourra se faire, c'est que l'état des esprits
le permettra. Ce sera une mesure pacifique. Venant à
la suite de la rupture diplomatique, elle prendrait un
tout autre caractère. Nous n'avons pas la guerre civile,
mais il y a un trouble profond dans les esprits et il
n'est pas un homme d'Etat qui puisse croire que, dans
ces conditions, le moment soit venu de tenter la séparation.

Il est facile de lancer le mot d'une réforme comme on
a fait pour l'impôt sur le revenu, que tout le monde
accepte, mais entend d'une façon différente. Quand,
hier, du côté de l'extrême gauche, on prodiguait à
M. Deschanel des applaudissements un peu excessifs,
était-on vraiment d'accord avec lui? Si l'on confrontait
les divers types de séparation, ce serait la cacophonie
et l'impuissance.

Il y a diverses questions à trancher. Je ne refuse

pas de les discuter, d'examiner le projet très bien étudié de M. Briand. Mais quand même nous serions d'accord, sur le papier, sur le plan de la cité future où l'Etat et l'Eglise seront complètement séparés, nous n'aurions pas résolu la plus grande difficulté qui est de faire passer la réforme, par une transition bien ménagée, dans les mœurs d'un pays aussi vieux que le nôtre.

Il faut une révolution dans nos mœurs et dans nos idées, qui ne peut s'accomplir d'un trait de plume. On n'y arrivera que peu à peu, en donnant à l'Eglise plus de liberté à mesure qu'on lui retirera l'appui de l'Etat. Cela ne peut se faire que par une entente avec les catholiques. En vous enlevant les moyens de négocier, vous avez supprimé les moyens de transition nécessaires. Le fait impardonnable, c'est d'avoir rompu brusquement les relations avec le Saint-Siège.

Voilà pourquoi nous ne pouvons pas nous associer à la politique qui vient de nous être exposée. M. le président du Conseil a dit qu'il ne capitulerait pas. Il veut vous engager. A vous de voir si vous voulez le suivre. Pour moi, je déclare très hautement qu'à aucun prix ni mes amis ni moi ne voulons prendre la responsabilité de cette politique. (Vifs applaudissements au centre. L'orateur en regagnant son banc, reçoit les félicitations de ses amis.)

M. Combes avait annoncé qu'il répondrait : il garda le silence et la discussion fut close.

Un ordre du jour de M. Bienvenu-Martin approuvant les déclarations du Gouvernement fut adopté par 325 voix contre 287, après une courte déclaration de M. Deschanel qui expliqua que voulant « une réforme et non une aventure » il ne pouvait le voter.

Les déclarations de M. Combes relativement à l'exercice de notre protectorat en Orient firent l'objet d'un nouveau débat, lors de la discussion du budget des affaires étrangères à la Chambre (25 novembre).

16.

Le rapporteur, M. Dubief, dans son rapport, avait dit qu'il fallait renoncer au plus tôt à ce protectorat qui, pour nous, n'était plus qu'une gêne.

M. Delafosse s'éleva contre une pareille opinion. M. Denys Cochin la combattit également : il rappela, ce qui avait été déjà fait tant de fois devant le Parlement, les services rendus par les missions ; ce seraient les missions étrangères qui remplaceraient les missions françaises, le jour où nous abandonnerions le bénéfice des capitulations.

M. Combes répondit qu'il ne niait pas que la France eût retiré du protectorat un certain prestige.

Mais ce protectorat, la France le tenait des traités ; ce n'était pas la papauté qui le lui avait conféré ; il subsisterait à la dénonciation du Concordat ; tout au plus le pape pourrait-il en entraver l'action en invitant les missionnaires à ne plus s'adresser à nos agents diplomatiques ; nous pouvions nous passer des missionnaires, dont le prosélytisme ardent avait été trop souvent la cause de complications. L'influence de la France en Orient résultait uniquement de sa puissance militaire. Les seuls principes dont nous devions nous inspirer dans l'exercice de notre protectorat, c'étaient l'humanité et la justice ; les seuls droits que nous avions à défendre, c'étaient la liberté de conscience et les autres libertés essentielles que la doctrine ultramontaine condamnait ; la France séparée de Rome remplirait plus efficacement son rôle que la France fille aînée de l'Église. Sans doute les maîtres laïques français en Orient n'étaient pas assez nombreux ; aussi avait-il indiqué l'année précédente que s'il voulait la dispersion des congrégations il était disposé à faire bon accueil aux demandes d'autorisation ayant pour but exclusif de faciliter le recrutement des missionnaires ; les Capucins, les Franciscains et les Dominicains, au lendemain même de ces déclarations, avaient saisi le Gouvernement de demandes d'autorisation visant leurs établissements à l'étranger :

mais deux mois plus tard ils avaient dû les retirer sur un ordre venu de Rome.

Les idées de M. Combes furent défendues par M. Messimy.

Mais le lendemain, passant de la théorie à la pratique, le Gouvernement, par la bouche de M. Delcassé, réclamait le vote des subventions affectées aux écoles d'Orient ; le ministre des affaires étrangères faisait l'éloge de leur enseignement, énumérait complaisamment leur nombre et celui de leurs élèves, montrait à coté d'elles les écoles laïques peu florissantes et peu nombreuses, et protestait à demi-mot contre une motion l'invitant à multiplier ces dernières. La Chambre d'ailleurs ne se piquait pas de plus de logique que le Gouvernement ; elle votait tout à la fois les crédits et la motion ; l'intitulé du chapitre, il est vrai, était ainsi modifié : « Allocations aux établissements français en Orient et en Extrème-Orient ; encouragements à la création d'écoles laïques », ce qui voulait dire que les allocations accordées aux établissements d'enseignement confessionnel devraient être éteintes successivement au bénéfice des écoles laïques exitantes ou à créer.

LE PROJET DE SÉPARATION DES ÉGLISES ET DE L'ÉTAT

Nous avons dit plus haut que par deux fois, à Auxerre, puis devant la Chambre, M. Combes avait indiqué très nettement sa volonté d'arriver à la séparation. Mais : ous avons dit aussi qu'interrogé par M. Sarrien, il avait déclaré que le Gouvernement ne présenterait pas de projet 'spécial et prendrait pour base de discussion le rapport déposé par M. Briand au nom de la Commision chargée de l'examen des propositions visant la séparation. Voici d'après M. Briand lui-même quelles étaient les grandes lignes de ce rapport :

Le budget des cultes est supprimé, mais non confisqué. Une partie en est employée à assurer des pensions à tous les ministres du culte remplissant des conditions prévues d'âge et de fonctions. Le surplus est restitué non pas à l'ensemble des réformes imposées par la suppression, mais par voie de détaxe sur les cotes foncières, aux petits et moyens cultivateurs, c'est-à-dire à ceux qui en France forment la grosse clientèle de l'Église.

Une question complexe et délicate à la fois était celle des édifices religieux. Il fallait respecter le principe de la neutralité de l'État et par conséquent ne pas accorder gratuitement et pour un temps indéfini aux Eglises les édifices dont l'État et les communes sont propriétaires : c'eût été une subvention. D'un autre côté, reprendre toute de suite ces édifices et les mettre en location aux conditions habituelles dans lesquelles s'exerce le droit de propriété, c'était dans beaucoup de paroisses, obliger les Églises à sortir de ces édifices, et pendant une longue période d'organisation faire obstacle à l'exercice normal de la religion en France. Ce n'eût pas été loyal.

Nous avons décidé, pour concilier ces deux préoccupations que, pendant une période de dix ans, l'État et les communes devraient laisser les édifices à la disposition des cultes qui les occupent. Mais les Églises, pour la consé ration du principe, devront payer un loyer dont le minimum n'a pas été fixé, c'est-à-dire qu'il peut descendre à un franc, et dont le maximum au contraire a été indiqué. Ce loyer ne peut pas être supérieur au dixième des revenus annuels moyens de l'association religieuse locataire.

Le principe est ainsi respecté et les Églises auront devant elles une longue période de possession paisible des édifices indispensables à l'exercice du culte, période pendant laquelle elles pourront s'organiser pour faire face à toutes les exigences de leur situation, à l'é-chéance des dix années.

Par compensation, le projet impose aux Eglises non seulement les réparations locatives, mais même les grosses réparations...

Pour les associations de prêtres, le projet s'est montré très large. Ainsi, par exemple, celles qui se constituent selon les règles de la loi de 1901 pourront se « fédérer » régionalement et nationalement.

Nous touchons maintenant à la question de la police des cultes.

Le projet interdit à tous les ministres du culte de transformer les cérémonies cultuelles en réunions po-litiques. Il leur fait défense, dans leurs sermons, d'ou-trager ou de calomnier les membres des deux Cham-bres, les ministres, le président de la République : de fomenter des émeutes contre l'exécution des lois. Il est bien entendu que, comme citoyens, dans telle autre réunion, les mêmes ministres restent libres, sauf le respect des lois communes à tous, d'agir et de parler.

Le projet, dans l'intérêt de l'Église, a cru devoir sortir du droit commun en matière de réunion, en édic-tant des dispositions contre ceux qui, au cours des cérémonies religieuses, pourraient, par parole ou par acte, porter atteinte à l'exercice du culte.

Pour les signes extérieurs, les emblèmes religieux, les processions, le projet laisse aux autorités munici-pales le soin de décider.

Le port du costume reste libre, mais il n'est plus privilégié. Pour le serment, chacun le prête dans la formule suggérée par sa conscience.

Le Gouvernement avait-il le droit de se soustraire à la responsabilité de prendre l'initiative de la sépa-ration en se bornant à faire sien le rapport Briand ? Ce n'était pas le sentiment de la gauche radicale (voir page 178) ; cette manière de voir n'était pas non plus celle de l'Union démocratique qui, le 24 octobre,

votait un ordre du jour identique à celui de la
gauche radicale. Ce vote avait été précédé d'une déclaration de M. Barthou dont voici le résumé :

Veut-on imposer la séparation au suffrage universel
par un coup de force légal et le mettre, sans qu'il ait été
consulté, en présence du fait accompli ? Il serait d'une
politique à la fois plus loyale et plus prudente de lui
soumettre tous les éléments du problème et de solliciter
son jugement éclairé et son adhésion réfléchie... Il est
impossible que cette discussion s'engage sans que le
Gouvernement ait fait connaître, par un projet de loi
déposé sous la responsabilité collective de tous ses
membres, son sentiment sur toutes les questions soulevées par l'organisation séparée et libre des cultes.

La situation personnelle des ministres des cultes,
l'affectation des édifices religieux, l'exercice du culte et
de la prédication peuvent, selon qu'on les résout dans
un sens ou dans un autre, donner à la séparation le
caractère d'une libération réciproque ou celui d'une
persécution injuste et dangereuse. Il ne suffit pas que
le Gouvernement s'explique sur ces points capitaux devant une Commission saisie d'un projet particulier. Il
est nécessaire et indispensable qu'il saisisse lui-même
la Chambre, dans le plus bref délai, d'un projet où
s'affirmeront l'initiative et la responsabilité qui lui
incombent.

Dans l'intérêt de la République, il ne faut pas préci-
piter la Séparation et la risquer comme une aventure.

M. Combes n'en persista pas moins dans son refus
de déposer un projet de loi au nom du Gouvernement ; il se contenta de saisir la Commission, sous
forme de note écrite, d'une série d'amendements au
texte élaboré par elle.

Il y avait là une situation intolérable sur laquelle
M. Grosjean appela la Chambre à dire son opinion
en déposant une interpellation. M. Combes qui
voulait à tout prix esquiver le débat répondit à la

lecture de la demande d'interpellation par le dépôt
d'un projet (10 novembre).

Mais qu'était ce projet ? Tout simplement les
amendements, dont quelques jours auparavant il
avait transmis le texte à la Commission, coordonnés
de façon à former un ensemble en apparence à peu
près complet et précédés d'un exposé quelconque de
vingt lignes. Ce projet ne portait d'ailleurs ni la
signature du ministre des affaires étrangères, ni
celle du ministre de la justice, ni celle du ministre
de l'instruction publique, tous intéressés cependant.
Voici, d'après un communiqué officieux, quelles
étaient les principales dispositions de ce projet et
en même temps en quoi il différait de celui de la
Commission.

Le projet Briand, accepté sur ce point par la Commission, établissait des pensions viagères ne pouvant
dépasser 1,200 francs au profit des ecclésiastiques âgés
de plus de quarante-cinq ans.

M. Combes fixait la quotité de ces pensions en établissant une gradation suivant l'âge, et en distinguant
entre desservants et vicaires. Pour les desservants, les
pensions auraient été de 600, de 750 ou de 900 francs,
et pour les vicaires de 250, de 300 ou de 350 francs,
suivant que les bénéficiaires auraient été âgés de plus
de quarante, cinquante ou soixante ans.

En outre, le projet de M. Combes attribuait une
indemnité de 400 francs aux ministres du culte durant
les quatre années qui devaient suivre immédiatement
la séparation, afin de laisser aux associations cultuelles
le temps de se former et d'obtenir par le concours des
adhérents les ressources nécessaires à l'exercice du
culte.

En ce qui concernait les édifices du culte, le projet
du Gouvernement présentait des différences assez
considérables avec celui de la Commission. Pour les
biens d'origine antérieure au Concordat qui avaient

été rendus à la nation par la Révolution, le projet de la
Commission affirmait la propriété de l'Etat, du département ou de la commune, suivant les cas. Le projet
du Gouvernement ne contenait aucune prescription à
cet égard, considérant que le droit de propriété était
suffisamment établi. Il les mettait à la disposition des
associations, sous forme de concession, au lieu de
location, pendant dix ans, sous condition du paiement
d'une indemnité dont le maximum était fixé au même
taux que celui prévu par la Commission à titre de loyer.
Pour les biens d'origine postérieure au Concordat, le
projet de la Commission, après avoir restitué à l'Etat les
biens provenant de dotations de l'Etat, faisait, pour le
surplus, attribution de propriété suivant les cas, soit aux
départements soit aux communes, soit aux associations.
Le projet du Gouvernement ne réglait pas les attributions de propriété. Il répartissait ces biens entre les
associations, au prorata de leurs besoins, par un système
de concessions gratuites décennales, renouvelables
indéfiniment de droit tous les dix ans sur simple
demande des associations.

Le projet du Gouvernement retirait aux conseils
municipaux le droit qu'ils tenaient de la loi de 1884,
d'autoriser ou d'interdire les manifestations sur la voie
publique et de régler les sonneries de cloches. Il donnait ces attributions au pouvoir central. Il interdisait
formellement les processions et autres manifestations
publiques et laissait à un règlement d'administration
publique le soin de fixer les conditions des sonneries
de cloches.

Le projet du Gouvernement supprimait ce qui dans
le projet de la Commission concernait le serment
judiciaire, laissant à une loi spéciale le règlement de
cette question.

Il laissait subsister une direction des cultes, mais ne
prévoyait pas l'existence d'une ambassade près du
Vatican, réservant cette question que la Commission
résolvait par voie de suppression.

Enfin, le projet du Gouvernement renforçait sur
certains points les pénalités pour les délits commis à
l'occasion de l'exercice du culte.

Le projet de la Commission prévoyait la formation d'associations pour le culte, correspondant aux paroisses et diocèses et, considérant d'autre part que les cultes protestant et israélite avaient des consistoires centraux, il permettait aux associations, dans chaque culte, d'établir une fédération. Le projet du Gouvernement, au contraire, n'autorisait le groupement des associations, quel que fût le culte, que dans la limite du département.

A bien des égards on le voit, le projet de M. Combes était moins libéral que celui de M. Briant. Au point de vue juridique il ne pouvait manquer de soulever de graves objections puisque, pour les biens d'origine postérieure au Concordat, il ne distinguait pas entre ceux appartenant à l'État, aux départements et aux communes, et ceux appartenant aux associations et aux fabriques ; il supprimait complètement, d'un trait de plume, les droits de propriété de ces dernières, leur laissant simplement un droit de jouissance précaire dont l'étendue et la modalité restaient soumises à l'arbitraire gouvernemental.

Le 28 novembre, un socialiste, M. Deville, plus pressé que les autres, proposa à la Commission d'adopter en bloc et sans discussion le projet du Gouvernement. Mise aux voix, cette proposition fut rejetée par 13 voix contre 12.

Ce succès ayant enhardi la minorité de la Commission, M. Georges Berry proposa le rejet en bloc du projet du Gouvernement ; les membres de la majorité ministérielle, voyant qu'ils n'étaient pas en nombre pour combattre utilement la proposition, se retirèrent ; par suite de leur départ le nombre des votants se trouva réduit à 13. C'était insuffisant, paraît-il, pour que le vote pût être valable ; ce fut du moins ce que, le lendemain, firent décider les

ministériels qui, cette fois, étaient tous présents.
M. Deville reprit alors à titre de contre projet, le
projet du Gouvernement qui, après un examen ultra-
rapide, fut adopté, bien que certaines de ses dispositions fussent en opposition avec celles du texte précédemment élaboré par la Commission. Il est vrai
que le président du Conseil avait fait quelques concessions ; il avait notamment admis :

1º Que la Commission fit précéder l'article 1ᵉʳ du projet de cette déclaration de principes :
« La République ne reconnaît, ne salarie, ne sub-
ventionne, directement ou indirectement, sous quelque
forme et pour quelque raison que ce soit, aucun culte » ;
2º Que fût affirmée par un article du projet la propriété de l'État, des départements ou des communes
sur tous les biens ecclésiastiques, meubles ou immeubles, d'origine antérieure au Concordat ;
3º Que la concession aux associations cultuelles des
immeubles appartenant aux communes fût subor-
donnée à une autorisation des conseils municipaux
pour la deuxième période de dix ans et les suivantes ;
4º Que les unions d'associations fussent autorisées
en tant qu'elles correspondraient aux circonscriptions
ecclésiastiques des différents cultes telles qu'elles exis-
taient sous le régime concordataire ;
5º Que l'article 17, relatif à la police des cultes, fût
modifié, notamment en aggravant les pénalités qu'il
prévoyait.

A la rupture des négociations diplomatiques et
aux projets de séparation, le pape Pie X avait
répondu, le 14 novembre, par un discours très
agressif prononcé au consistoire secret.

Parlant des articles organiques invoqués par
M. Combes à propos de l'affaire des évêques de
Laval et de Dijon, il en avait contesté la valeur :
ces articles constituaient une loi contre laquelle

le Saint-Siège n'avait cessé de protester : ce n'était point une convention ; il fallait donc s'en tenir au texte et à l'esprit du Concordat, la seule convention reconnue par le Saint-Siège.

« Lequel des deux pouvoirs a manqué aux conditions du Concordat? interrogeait Pie X.

« Est-ce l'Eglise?

« A-t-elle jamais repris à l'Etat le droit de nommer les évêques? Parmi les candidats que la République a proposés, c'est de beaucoup l'immense majorité qui ont eu l'institution canonique. Les exceptions ont toujours été amenées par des raisons très graves, et où la politique n'est jamais intervenue.

« De même, l'Eglise a toujours observé les lois instituées pour la tranquillité publique, elle a fidèlement respecté les constitutions politiques quelles qu'elles fussent.

« Enfin, elle n'a jamais inquiété aucun acquéreur des biens ecclésiastiques.

« Donc, l'Eglise n'a rien à se reprocher.

« L'Etat peut-il se rendre le même témoignage?

« Le premier article du Concordat, c'est que la religion catholique peut s'exercer librement en France.

« Cette liberté, peut-on dire qu'elle existe aujourd'hui, quand on interdit aux évêques de venir, à l'insu du Gouvernement, trouver le pape, ou même de lui écrire?

« ... Mais plus grave encore que tout le reste, est la chaîne dont on veut entraver le ministère apostolique du pape lui-même...

« L'institution canonique ne peut tomber que sur un sujet qui soit digne de cette haute charge par les mœurs, les aptitudes, la science. — Dès lors, le pontife ne peut pas promouvoir de suite à l'épiscopat tous ceux que le Gouvernement peut lui désigner. Il s'informe, puis demande ensuite à l'Etat de conclure pour les uns, de remplacer les autres candidats par de meilleurs choix. Voilà quel fut longtemps l'usage pacifique.

« Que fait depuis un certain temps le Gouvernement?

« Il refuse au pontife le droit de repousser n'importe lequel des sujets qu'il lui présente. Il veut que le pape

accueille indistinctement tous les candidats nommés ;
il s'obstine à ne pas laisser instituer canoniquement
ceux dont le choix a été approuvé par l'Eglise tant que
ceux qui sont repoussés n'auront pas emporté l'approbation. Étendre le droit de nomination jusqu'à vouloir
détruire le droit naturel et sacré qu'a l'Eglise d'examiner si les candidats nommés sont dignes, ce n'est
plus interpréter le pacte concordataire, c'est l'annuler.
Prétendre que plus personne ne sera canoniquement
institué, s'il y en a quelques-uns de refusés, c'est vouloir que désormais il ne soit plus possible de faire des
évêques en France...

Le pape avait conclu son allocution par une protestation contre les supressions de traitements, lesquels
ne représentaient que « l'acompte minime d'une dette ».

LES SULPICIENS DANS LES SÉMINAIRES

Une circulaire de M. Combes, en date du 3 octobre, adressée aux évêques dont les grands séminaires étaient dirigés par des Sulpiciens, les invita à
remplacer ces congréganistes par des prêtres séculiers, dans le délai d'un an, la présence d'un personnel congréganiste enseignant dans les séminaires
n'étant conforme « ni à la lettre, ni à l'esprit du
Concordat ».

VII

MARINE

ENQUÊTE SUR LA MARINE

A plusieurs reprises déjà, l'attention de la Chambre avait été appelée sur la façon singulière dont M. Pelletan entendait ses devoirs de ministre chargé de l'un des organes de la défense nationale (voir années 1902 et 1903, tables, *verbo Marine*). L'incurie coupable du ministre, le désordre et l'anarchie qui régnaient à son cabinet furent mis en lumière, au début de l'année 1904, d'une façon saisissante.

La guerre russo-japonaise venait d'éclater; il ne nous était pas permis de nous désintéresser de cet événement dont les répercussions pouvaient se faire sentir dans notre grande colonie d'Indo-Chine; il fallait prévoir toutes les éventualités et en premier lieu renforcer notre escadre d'Extrême-Orient. Ordre fut donc donné au port de Toulon de faire partir le croiseur cuirassé le *Sully*.

Le 2 janvier, le préfet maritime de Toulon, l'amiral Bienaimé, faisait savoir au ministre que le capitaine Farret, commandant le *Sully* et la Commission

d'études estimaient que ce navire n'était pas complètement prêt pour faire campagne, n'ayant pas
de cuiller lance-torpille et la visite des hélices étant
indispensable; il ne pouvait être en état de prendre
la mer que le 5 février.

M. Pelletan répondit qu'il était inadmissible que
les travaux nécessaires à la mise en état de ce navire
n'eussent pas été plus rapidement effectués; il fallait
qu'il partît coûte que coûte; l'ordre était formel.

L'amiral Bienaimé répliqua en établissant les
responsabilités :

Le *Sully*, livré à la marine le 26 janvier, écrivait-il à
M. Pelletan, avait terminé la série de ses expériences
principales le 11 juillet. Il aurait pu prendre la mer du
1ᵉʳ au 15 septembre, si des retards de correspondance
dans lesquels le port et la Commission des travaux
n'ont aucune responsabilité ne s'étaient pas produits.

Les causes principales qui ont empêché le *Sully* d'être
prêt à la date indiquée ci-dessus sont au nombre de
deux.

La première est que les pourparlers engagés avec
l'administration centrale à Paris au sujet des avaries du
système de pointage des canons de 194, survenues le
11 juillet ont duré du 17 juillet, au 31 décembre 1903 et
que c'est à cette date seulement que nous avons été
autorisés à faire les tirs définitifs sur l'urgence desquels
j'insistais tout particulièrement dans ma transmission
du 24 novembre dernier.

Il y a une autre cause de retard; il fallait installer à
bord deux pompes Thirion de 15 tonnes dans les chauf-
feries.

La nécessité de cette installation, signalée le 19 février 1903 par le commandant du service des constructions navales, a fait l'objet d'une étude et d'un devis qui
vous ont été adressés le 25 mars; l'affaire vous a été
rappelée le 2 septembre, puis le 25 novembre, en termes
urgents, indiquant que, faute d'une réponse immédiate,
le travail, devant durer deux mois, retarderait l'arme-

moment du bâtiment prévu pour le mois de janvier, et
c'est seulement par dépêche du 10 décembre qu'il a été
autorisé.

Le démontage des hélices, que le ministre dit avoir
été demandé au dernier moment était prévu depuis
longtemps; il a été notifié au constructeur le 20 juillet 1903, mais cette opération ne pouvait se faire qu'au
premier passage du bâtiment au bassin, qui devait avoir
lieu au commencement de décembre, mais qui a été
retardé de dix-huit jours parce que la demande du port
du 24 novembre de faire les tirs des canons de 194 mil-
limètres restait sans réponse.

M. Pelletan, espérant échapper devant l'opinion
publique aux responsabilités écrasantes qu'établissait ce simple exposé de faits, pensa donner le
change en accusant publiquement le capitaine Farret
et la Commission d'être les seuls coupables; et non
content d'adresser un blâme à la Commission, il
releva de son commandement le capitaine Farret.
Cela fait, il renouvela l'ordre de faire partir le *Sully*:
la cuiller lance-torpilles serait mise en place et les
autres travaux seraient exécutés à son arrivée en
Indo-Chine.

Mais au moment du départ, on constata que pour
compléter l'effectif du *Sully*, il fallait prendre des
hommes sur les navires de l'escadre de la Mediter-
rannée. Le ministre ayant manifesté son mécontten-
tement de ce que le port de Toulon ne pouvait suffire à l'armement d'un croiseur, l'amiral Bienaimé
lui donna sur ce point des explications, desquelles
il résultait que partout les effectifs faisaient défaut
dans la proportion de plus de 50 p. 100, par suite
d'une série de mesures illégales réduisant la durée
du temps de service, prises par M. Pelletan.

L'incident du *Sully* amena tout naturellement les

spécialistes du Parlement à se préoccuper de l'état
de l'escadre d'Extrême-Orient. Il était lamentable.
Lorsque M. Pelletan était arrivé au ministère, cette
escadre était en voie de réorganisation; M. de Lanessan, prédécesseur de M. Pelletan, avait prévu
l'envoi de nouveaux croiseurs et le groupement
de toutes nos forces navales disséminées en Extrême-
Orient, dans l'Océan Indien et dans le Pacifique.
M. Pelletan avait abandonné ce plan; il avait fait
mieux; il avait réduit non seulement le nombre des
unités prévu par M. de Lanessan, mais encore celui
prévu au budget; de sorte qu'au lieu de six croiseurs
prévus au budget pour l'escadre d'Extrême-Orient
on n'en comptait que quatre.

D'autre part, par suite du retard apporté dans la
passation des marchés pour la fourniture du charbon, les dépôts de Cochinchine avaient été obligés
d'entamer leur réserve pour alimenter l'escadre : la
situation était d'ailleurs la même dans tous les ports
de la métropole.

Si l'on passait à l'examen des points d'appui de
la flotte, on constatait qu'à Bizerte et à Diégo-Suarez
il y avait pas de cale de radoub, ce qui rendait ces
points inutilisables.

Mise en présence de cette situation, la Chambre
ne pouvait rester indifférente : on chercha par quel
moyen il serait possible d'obliger le ministre à
fournir les explications que le pays était en droit
d'exiger de lui.

M. Pelletan montra peu d'empressement à se
prêter à cet interrogatoire : il crut même s'y soustraire en usant d'un subterfuge. Il y avait à la
Chambre une Commission de la marine qui ne faisait guère parler d'elle; elle était composée en ma-

jorité d'amis personnels du ministre de la marine. M. Pelletan la fit convoquer et, devant elle, se donna un *satisfecit*, auquel adhéra la Commission.

L'opinion de l'unanimité de la Chambre, les socialistes exceptés, fut que cela était insuffisant. Les délégués des groupes de gauche se réunirent le 26 février et après une longue discussion le principe de la nécessité d'une enquête fut adopté ; on savait que le Gouvernement allait prochainement déposer un cahier de crédits supplémentaires de dix millions pour la mise en état de défense de Saïgon, à raison de la guerre russo-japonaise ; il paraissait normal qu'à ce moment la Commission du buget demandât des explications au ministre ; ce serait là le point de départ de l'enquête jugée indispensable.

M. Pelletan une fois de plus tenta de se dérober. La demande de crédits ne fut pas déposée, et le Gouvernement tenta d'obtenir de la Commission du budget une sorte d'autorisation officieuse d'engager la dérense. En présence de cette attitude, la Commission, brusquant l'attaque, vota, le 29 février, la résolution suivante :

La Commission du budget, constatant qu'elle n'est saisie d'aucune demande de crédit qui lui fournisse l'occasion naturelle, normale de faire une étude approfondie sur l'administration de la marine, charge son président de demander au Gouvernement à quel moment il déposera une demande de crédit sur le bureau de la Chambre.

Le même jour, M. Firmin Faure demandait à interpeller le Gouvernement sur les mesures qu'il comptait prendre pour mettre notre marine en état d'assurer la défense nationale. Il réclama la discussion immédiate, le pays devant être fixé au plus tôt sur le bien fondé des accusations portées contre M. Pelletan.

M. Pelletan, fuyant toujours le débat, n'assistait pas à la séance. M. Combes demanda l'inscription de l'interpellation à la suite des autres; il s'était assuré par lui même que la marine « n'avait pas besoin de crédits »; il n'en serait pas demandé à la Chambre qui « ne se prêterait pas aux manœuvres des adversaires du Cabinet ».

M. Ribot constata que M. Combes voulait soustraire les actes du Gouvernement au contrôle parlementaire. Si la marine n'avait besoin de rien, que signifiait la décision prise par la réunion des délégués des groupes de gauche?

M. Doumer intervint alors en qualité de président de la Commission du budget pour faire connaître la mission qui lui avait été confiée.

La Chambre vota l'ajournement de la discussion de l'interpellation, estimant qu'il fallait laisser une pleine liberté d'action à la Commission du budget.

La résistance n'était plus possible pour M. Pelletan. Le lendemain même, un premier cahier de crédits supplémentaires concernant la marine était déposé et transmis à la Commission du budget.

Le 3 mars, la Commission décida d'entendre MM. Etienne, Chaumet, Lockroy, Lanessan, Gotteron et Decker David.

M. Etienne parla de la défense de nos colonies :

Les travaux incombant à l'administration coloniale avaient été effectués; au contraire, depuis 1902, le ministère de la marine n'avait rien fait : c'était en vain qu'on lui avait demandé d'assurer la défense mobile à Dakar, à Diégo-Suarez, en Indo-Chine ; M. Pelletan n'y avait envoyé ni un navire ni un marin.

M. Chaumet traita spécialement la question des constructions navales :

Il signala les modifications nombreuses introduites, en cours de construction et contrairement à l'avis des Commissions compétentes, au plan des bâtiments, à l'armement, aux chaudières remplacement des chaudières à gros tubes coûtant 900.000 francs par des chaudières à petit tubes coûtant 1.200.000 francs ; il en résultait des dépenses supplémentaires et des retards considérables ; une autre cause de retard, c'était la négligence du ministre qui égarait les projets de marchés avec les constructeurs et ne les signait que sept et huit mois après qu'ils lui avaient été présentés. En ce qui concernait les submersibles, le ministre avait arrêté la construction de onze de ceux qui avaient été commandés par son prédécesseur, M. de Lanessan. Quant à la défense mobile, pour ne citer qu'un exemple, l'escadre d'Extrême-Orient n'avait pas été un seul jour, durant l'année 1903, à l'effectif budgétaire.

M. Lockroy insista sur l'état moral de notre marine .

Du côté des officiers, découragement justifié, résultant de certaines promotions scandaleuses dont avaient bénéficié les officiers qui avaient servi les rancunes et les haines de l'entourage du ministre ; du côté des hommes, indiscipline dangereuse, encouragée par le ministre qui, on ne le savait que trop, prêtait une oreille complaisante aux dénonciations venant des inférieurs et, par exemple, n'avait pas hésité à faire enquêter le le commandant d'un navire, officier du plus haut mérite, sur le vu d'une lettre anonyme. La Commission savait quel désordre régnait rue Royale ; c'était elle qui, en 1902, avait été obligée d'établir le budget de la marine, et, depuis c'était toujours le même budget fixe, éternel qu'on lui apportait ; au ministère, le poste de chef d'état-major chargé de la préparation de la mobilisation était vacant depuis deux ans ; les cadres du conseil supérieur restaient vides, le conseil des travaux n'était jamais réuni. Les économies, dont M. Pelletan

se glorifiait, n'avaient été réalisées ni sur les frais de
bureau, ni sur les frais accessoires, mais sur les frais
d'utilisation militaire : c'était pour cela que sur les bateaux de réserve le personnel manquait dans la proportion de 45 p. 100, de telle sorte que les bâtiments ne
pouvaient plus être entretenus ; les réserves de Saïgon
et d'Indo-Chine avaient été supprimées. M. Chaumet
avait cité à titre d'exemples de nombreux cas de retards
dans la passation et la signature des marchés et dans
leur notification aux constructeurs; M. Lockroy en cita
d'autres, portant sur des cuirassés, des croiseurs, des
torpilleurs et des sous-marins, où les retards s'étaient
élevés jusqu'à dix-huit mois.

MM. Gotteron et Decker David déposèrent qu'ils
avaient constaté à Bizerte l'insuffisance des approvisionnements de charbons et la non-exécution de
travaux urgents.

M. de Lanessan expliqua que durant son ministère
de grands progrès avaient été réalisés dans la construction des sous-marins ; il avait donc été conduit
à inscrire au budget pour 1902 la construction de
treize submersibles perfectionnés ; la Chambre et le
Sénat avaient approuvé cette décission. Or M. Pelletan, dès son arrivé au ministère avait arrêté les
travaux de constructions, en dépit des votes du
Parlement; enfin M. de Lanessan fournit des éclair-
cissements sur plusieurs questions techniques.

M. Pelletan fut appelé à produire sa défense. Il
plaida les circonstances atténuantes : puis, au lieu
de fournir les explications qui lui étaient demandées,
il attaqua violemment ses prédécésseurs, en particulier M. de Lanessan. A une demande de communication de documents, il répondit par un refus pur
et simple pour certains; il en promit d'autres ; en
fait, il en communiqua aucun.

Plusieurs officiers écrivirent à la Commission ; le
Figaro de son côté publia certains rapports des
amiraux Caillard, Mallarmé et Melchior. Tous s'ac-
cordaient à reconnaitre qu'un grand nombre des
navires figurant sur les états de la flotte étaient in-
disponibles faute de réparations effectuées en temps
voulu ; les effectifs des réserves, par suite de la réduction arbitraire et illégale du temps de service,
étaient insuffisants au point que l'entretien du matériel n'était plus assuré ; enfin l'indiscipline faisait
des progrès dont les plus optimistes se montraient
justement inquiets. Comment, d'ailleurs, les officiers
auraient-ils pu réagir contre ce dernier danger avec
le « tarif des punitions » inventé par M. Pelletan,
qui permettait aux hommes punis de discuter la
nature et le quantum de la punition, supprimait
pour les chefs la faculté d'apprécier la gravité de
la faute et diminuait par suite leur autorité? Au
surplus, le ministre semblait prendre à tâche de
ruiner tout principe d'autorité, en multipliant les
vexations à l'égard des officiers, en accueillant ou-
vertement les dénonciations de leurs inférieurs ; le
découragement, le dégoût se traduisaient par des
démissions en masse.

Comme par bravade, le 6 mars, M. Pelletan, s'étant
rendu à Rochefort, permit aux syndiqués de l'Arsenal de le saluer, en chantant l'*Internationale*, et
de faire son éloge en l'appelant le « ministre réfor-
mateur » grâce auquel ils avaient pu « secouer le
joug tyrannique » de toute « la hiérarchie galon-
née » malgré ses « cris de putois ».

Le rapporteur de la Commission du budget,
M. Merlou, avait été chargé de déposer un rapport
relatant les dépositions entendues par celle-ci et

constatant le refus par M. Pelletan de lui communiquer aucun document ; il était laissé à la Chambre le soin de conclure.

Aussitôt M. Chaumet demanda à interpeller sur « les retards, les négligences et les désordres constatés dans l'administration de la Marine ». La discussion immédiate fut ordonnée (29 mars).

Toute votre défense devant la Commission dit M. Chaumet à M. Pelletan, a consisté à dire que si des abus avaient été commis depuis votre arrivée au ministère, il en avait été commis bien d'autres du temps de vos prédécesseurs. Oubliez-vous que pendant vingt ans, vous avez combattu les auteurs de ces abus ? Les retards dans la construction des torpilleurs sont d'une année ; pour les submersibles, ils sont de deux années ; nous devrions en avoir treize, nous n'en avons que deux ; même incurie coupable en ce qui concerne les réfections : le *Friant* est désarmé depuis quinze mois et le *Plongeur* depuis quatorze, attendant que vous donniez les ordres nécessaires pour changer leurs chaudières. Pourquoi avez-vous refusé la communication de votre correspondance avec l'inspecteur des constructions sous-marines, et celle avec votre collègue des colonies ? N'est-ce pas parce qu'on y trouverait la preuve de votre négligence ? Les retards pour la mise en défense des points d'appui, de Bizerte notamment, sont inexcusables. Les bateaux en réserve ne sont plus entretenus, faute d'effectifs ; s'il fallait les mobiliser, l'opération serait folle, puisque avec un noyau de 75 hommes, il faudrait en mobiliser 375. Vous avez dû avouer que vous aviez déchiré le plan de mobilisation. Je dis à mes collègues : prenez garde ! c'est la défense nationale, c'est l'existence même de la République qui sont en cause !

M. Bignon avait pu juger par lui-même de l'abandon complet des travaux de Bizerte.

M. Decker David se constitua le défenseur assez

inattendu de **M.** Pelletan, ce qui lui attira cette
observation de M. Thierry : « Vous avez l'air d'un
repenti ! »

M. Amédée Reille insista sur les réductions d'effectifs et sur l'indiscipline.

M. Lockroy souligna le refus de communication
de documents.

M. Casimir-Périer, dit-il, s'était montré en une circonstance analogue plus libéral. Ce qu'on a refusé à la
Commission ce sont des pièces comptables, tirées à des
milliers d'exemplaires, que tous les entrepreneurs ont
entre les mains. Ce refus serait inexplicable si on ne
savait que ces pièces contiennent la preuve de l'anarchie régnant au ministère.

Le budget depuis trois ans a augmenté de 18 millions,
et cependant jamais la défense nationale n'a été si mal
assurée. Les frais généraux sont montés à 40 p. 100.
Le Conseil supérieur de la Marine, le Conseil des travaux ne sont plus réunis. Tout passe par le cabinet où
règne le désordre : les chaudières d'un navire en réparation à Cherbourg ont été envoyées à Toulon ; un
officier a été nommé au commandement d'un navire
parti depuis quinze jours pour les mers lointaines ;
l'escadre du Nord ne présente plus d'homogénéité ;
l'escadre de réserve du Nord comme celle de la Médi-
terrannée n'est plus en état.

L'administration actuelle de la marine n'a d'autre
souci que de tracasser les grands chefs. Le ministre
qui la dirige est jaloux du haut commandement. Pas
de querelle qu'il ne lui cherche. Il veut faire pénétrer
l'esprit démocratique dans la marine, mais l'esprit démocratique est un esprit de justice et non d'indiscipline. Est-ce l'esprit démocratique qui est responsable
de ces nombreuses démissions d'officiers, réduits à
abandonner une carrière désormais pleine de déceptions ?

Pourquoi a-t-on suspendu les travaux et arrêté des
transformations indispensables ? Si l'on ne construit pas
de bateaux neufs, et si l'on ne répare pas les vieux ba-

teaux, que nous restera-t-il ? Une escadre qui n'a plus
de charbon, plus d'effectifs, plus de personnel, et à qui
les manœuvres sont interdites.

La délation est à l'ordre du jour. On n'en est plus à
compter les infamies commises par des envieux, des
jaloux, des hommes justement punis, et peut-être par
des agents étrangers. Lorsque les humbles, que M. Pelletan prétend défendre, ne doivent pas jouer un rôle
dans les batailles électorales, on méconnaît leurs droits.
Qu'a-t-on fait pour les maîtres de la flotte ? Rien. Ils ne
votent pas, ceux-là !

J'aurais souhaité que cette discussion ne vînt pas à la
tribune, parce que ce n'est plus aujourd'hui sur le ministre ou sur le gouvernement que retombe la responsabilité de la situation actuelle, c'est sur la Chambre
elle-même.

C'est à la Chambre que, pour éviter une enquête qui
déplaît et que l'on redoute, — car personne n'osera
demander un ordre du jour de confiance, — l'on va
demander de voter une enquête générale. On va, remontant jusqu'en 1897, réveiller les morts et inquiéter ce
malheureux amiral Besnard qui dormait dans sa tombe ;
on va demander à la Chambre de dire que tous les ministres qui se sont succédé jusqu'à présent n'ont eu
aucun souci de la défense nationale ; qu'ils ont retardé
les constructions navales. On va peut-être donner sous
cette forme au ministre une approbation déguisée.

A la veille de nos désastres, à la veille du plus grand
ébranlement qui ait secoué la terre française, on disait
que tout était pour le mieux. Il y a trente ans, dans
cette même salle, sur ces mêmes bancs où siège aujourd'hui une majorité républicaine, siégeait une majorité docile qui repoussait les enquêtes, qui applaudissait aux affirmations ministérielles et se refusait à voir
le danger du présent et de l'avenir. Elle ne voulait voir
ni l'orage qui s'amoncelait sur sa tête, ni la foudre
prête à tomber, et quand Thiers, Jules Simon et Jules
Favre dénonçaient le péril, elle les accusait de trahison.
Alors que, comme aujourd'hui, les plans de combat
étaient délaissés, alors que les grandes manœuvres
n'étaient plus que des parades, alors que la puissance

militaire de la France n'était plus qu'une ombre
et un fantôme, elle s'obstinait dans son optimisme
aveugle.

Un jour, le réveil est venu, terrible, et la majorité a
été emportée par la tempête sous les malédictions de
la France égorgée et démembrée.

Toutes les majorités dociles se ressemblent. Est-ce
que les leçons de l'histoire seront perdues pour nous,
est-ce que les mêmes fautes prépareront les mêmes
désastres? Vous le direz par vos votes.

Cette péroraison poignante, toute vibrante d'un
patriotisme indigné, produisit une impression qui
n'a pas besoin d'être décrite. Les félicitations d'un
grand nombre de députés vengèrent M. Lockroy des
indécentes manifestations auxquelles s'était livrée
l'extrême gauche durant qu'il était à la tribune (29
et 30 mars).

M. Pelletan ne chercha pas à se défendre : il accusa : c'était toujours la même tactique; il prétendit
être victime d'infâmes calomnies qu'il se flatta de
toutes réfuter : à l'entendre, pas une seule ne résistait
à son indulgent examen. Constructions navales,
points d'appui, défense mobile, sous-marins, torpilleurs, il avait l'œil à tout, la main à tout; il avait
dépensé plus que tous ses prédécesseurs et il avait
encore trouvé le moyen de faire des économies. Ce
ne fut pas une apologie, ni un panégyrique, ce fut
une apothéose. Il s'esquiva d'ailleurs assez adroite-
ment, en avocat d'une mauvaise cause devant un
tribunal gagné d'avance; il ne dit pas un mot de la
démoralisation, de la délation, des démissions, de la
flagornerie incessante à toutes les passions basses, à
tous les sentiments vils. Il eut tort, car la claque,
qui, à l'extrême gauche, l'applaudissait avec un
vacarme effroyable n'eut pas ménagé son appro-

bation aux aveux les plus cyniques. M. Pelletan
n'osa pas cependant aller jusque-là.

L'émotion fut vive lorsqu'on vit M. Doumer le
remplacer à la tribune. Malgré les interruptions
irritées de M. Jaurès, M. Doumer dit en peu de mots
tout ce qu'il avait à dire :

M. Pelletan n'a pas du tout prouvé qu'il ait fait le
nécessaire depuis qu'il est à la tête de l'administration
de la marine.

Je me fais honneur des cinq années que j'ai passées
loin de la politique. J'y ai servi utilement mon pays et
je crois que j'ai fait pendant ce temps honneur à mon
parti. Vraiment, l'accusation puérile d'avoir accepté un
poste où mon prédécesseur venait de mourir et où je
n'ai ménagé ni ma santé, ni mes forces, ne peut
m'atteindre.

Dans vos petites passions politiques, vous oubliez
qu'au-dessus d'elles et des discussions des partis, il y a
la France. Nous avons été d'une bienveillance peut-
être excessive ; cédant à la pression amicale d'amis
communs, trop longtemps nous n'avons pas voulu porter
à la tribune des faits qui auraient pu éclairer le Parlement. On nous disait que ces désordres n'était pas impu-
tables au ministre. Aujourd'hui j'ai cru de mon devoir
de rompre le silence. Je dis, avec le sentiment de ma responsabilité, que la continuation de l'état de choses actuel au ministère de la marine serait un péril national.

Deux ordres du jour étaient en présence : celui de
M. Chaumet, dont l'auteur réclamait une enquête
parlementaire ; celui de M. Maujan, plus compliqué
et accepté par le Gouvernement :

La Chambre, confiante *dans les pouvoirs publics* pour
faire procéder à une enquête *extra-parlementaire se ratta-
chant à l'enquête de 1894* sur la situation de la marine
et sur la mise en état de défense de nos colonies, et
repoussant toute addition, passe à l'ordre du jour.

Quelqu'un qualifia cet ordre du jour de « fumis-
terie ».

M. Chaumet demanda si les documents dont la
communication avait été refusée à la Commission du
budget seraient fournis à la Commission d'enquête.

M. Ribot s'éleva contre la prétention de confier
à une commission de fonctionnaires une enquête de
cette nature :

Si le ministre accepte ce misérable subterfuge, il
perdra toute autorité morale; il sera le plus humilié de
tous les ministres. Et vous, monsieur le président du
Conseil, si vous avez confiance dans votre ministre de
la marine, pourquoi acceptez-vous l'enquête ? Et si vous
n'avez pas confiance en lui... concluez vous même !

M. Combes répondit que dans l'état des esprits
une enquête parlementaire n'était pas acceptable :

Les plus modérés sont entraînés à dépasser la
mesure. M. Doumer n'a-t-il pas prononcé un véritable
réquisitoire contre le ministre de la marine?

La Commission sera ainsi composée : un tiers de
sénateurs, un tiers de députés, un tiers d'amiraux et
de spécialistes. Elle aura, à sa disposition, tous les documents qui n'intéressent pas les secrets de la défense
nationale. C'est à prendre ou à laisser, et puisqu'il
s'agit de confiance, je pose la question de confiance!

M. Doumer déclara qu'il accepterait la Commission extra-parlementaire ainsi composée.

« Le ministre est enquêté aujourd'hui, il sera
condamné demain ! », s'écria M. Lockroy.

L'ordre du jour pur et simple fut repoussé par
330 voix contre 250. Celui de M. Maujan fut adopté
par 318 voix contre 256 (30 mars).

Le ministre de la marine avait été vilipendé, discrédité; mais il gardait son portefeuille et se déclarait battu et content. De plus délicats ne se seraient pas si facilement accommodés d'une enquête dont le vote rendu nécessaire par les révélations apportées à la tribune équivalait à une flétrissure.

Avec la logique et l'impartialité dont il faisait généralement preuve, M. Pelletan se vengea de sa déconvenue en mettant les amiraux Bienaimé et Ravel en disponibilité, sous prétexte que c'étaient eux qui, par une indiscrétion coupable, avaient livré à la publicité la correspondance relative à l'incident du *Sully*, correspondance si accablante pour le ministre (15 avril). Une enquête avait cependant prouvé qu'il était impossible d'établir quels étaient les auteurs de l'indiscrétion; les deux amiraux avaient nié leur culpabilité. Dans le doute, M. Pelletan n'avait pas hésité : il les avait frappés.

La composition de la Commission d'enquête, telle qu'elle fut arrêtée par le Gouvernement, n'était pas à l'abri de toute critique. Elle comprenait de nombreux fonctionnaires; puis à côté des parlementaires d'une compétence indiscutable, comme MM. Lockroy, Chaumet, Doumer, de Lanessan, on y trouvait des députés infiniment moins qualifiés, et dont le seul titre était d'avoir fait preuve d'un « ministérialisme » inébranlable, tels que MM. Briand, Gouzy, Massé et vingt autres. La présidence était dévolue à l'enquêté lui-même, M. Pelletan; la vice-présidence était partagée entre M. Clemenceau, qui avait déclaré que la Commission avait « autre chose à faire » que de « vérifier les *commérages* de M. Chaumet et les *radotages* de M. Lockroy », et M. Thomson, le terre-neuve du ministère

La Commission se réunit le 11 avril.

Il ne rentre pas dans notre plan de la suivre dans ses travaux qui n'avaient pas encore pris fin le 31 décembre 1904; ils devaient faire l'objet d'un rapport dont les conclusions trouveront place dans le volume de l'année prochaine.

Bornons-nous à mentionner que des incidents parfois très vifs s'élevèrent au sein de la Commission, tous motivés par la mauvaise volonté que M. Pelletan apportait à répondre aux demandes de renseignements qui lui étaient adressées, et ce dans le but avoué de retarder le plus possible l'accomplissement de son œuvre.

La Commission, avec un soin qui témoignait de son impartialité, entendit tous les spécialistes, tous les officiers généraux qui lui furent indiqués; puis elle décida de demander au ministre de répondre au questionnaire suivant dont la simple lecture dira suffisamment quelles étaient ses préoccupations et quelles étaient aussi les accusations portées devant elle contre M. Pelletan :

CONSTRUCTIONS NEUVES. — 1° Quels sont exactement les motifs qui ont causé les retards constatés par les rapporteurs du budget dans l'exécution du programme naval de 1900? — 2° Y a-t-il, dans les modifications apportées aux plans primitifs, des compensations suffisantes aux retards dans la mise en service des bâtiments? Quelles sont ces compensations? — 3° Quels sont les conseils techniques qui ont approuvé les modifications? — 4° Pour quels motifs a-t-on retardé de plusieurs mois la notification des marchés des tourelles des cuirassés *Patrie* et *Justice*? — 5° Ces retards n'ont-ils pas entraîné le payement d'indemnités? Quel est le montant de ces indemnités? — 6° En ce qui concerne l'*Ernest-Renan*, pourquoi a-t-on successivement modifié les principales caractéristiques du bâtiment?

— 7º Quels sont les conseils techniques qui ont conseillé ou approuvé ces modifications? — 8º Pourquoi a-t-on attaché une importance essentielle à l'augmentation de la vitesse de l'*Ernest-Renan*? — 9º Pourquoi les crédits primitifs affectés à ce bâtiment ont-ils augmenté, dans les annexes du budget de 1905, d'environ 6 millions?

LES CHAUDIÈRES. — 1º Sur l'avis de quels conseils techniques le ministre a-t-il rédigé sa circulaire du 12 février 1903? — 2º Comment était composée la commission des mécaniciens consultée par le ministre sur la substitution des petits tubes aux gros tubes? — Pourquoi l'inspecteur général mécanicien n'en faisait-il pas partie?. — 3º Pourquoi la Commission n'a-t-elle pas rédigé un rapport collectif? — 4º Pour quelles raisons et sur l'avis de quels conseils techniques le ministre donne-t-il une préférence marquée aux chaudières Niclausse? — 5º Pourquoi, contrairement à l'avis de la section technique et de la Commission du grand outillage, le ministre a-t il donné l'ordre de traiter de gré à gré avec les maisons Niclausse et Belleville? — 6º Comment explique-t-on les prix élevés des chaudières fournies par ces maisons? — 7º Pourquoi le ministre a-t-il donné l'ordre, contrairement aux propositions formelles du port de Cherbourg, de traiter avec la maison Niclausse pour la refonte des chaudières du *Friant*? — 8º Pourquoi le ministre a-t-il donné l'ordre de recevoir les chaudières du *Davout*, alors que la Commission d'essais les avait refusées à l'unanimité? — 9º Pourquoi le ministre a-t-il laissé des chaudières Du Temple-Guyot sur le *Jules-Michelet*?

LES TORPILLEURS. — 1º Quelles sont exactement les objections des constructeurs qui ont fait modifier, suivant leur désir, les règlements d'essais établis par M. de Lanessan? — 2º A-t-on soumis ces objections à la Commission qui avait préparé le règlement, ou à toute autre commission technique? — 3º Comment une modification projetée au règlement d'essais a-t-elle pu retarder d'un an la mise en chantier des torpilleurs prévus pour 1902? — 4º Comment et pourquoi l'adoption d'un nouveau calibre de torpille a-t-elle pu retarder d'un an la construction des torpilleurs prévus pour

1903? — 5° Pourquoi est-on resté plus d'un an sans
commander, à Fiume, des torpilles?

LES SOUS-MARINS. — 1° Pour quelles raisons précises
a-t-on arrêté la construction de onze submersibles (type
Aigrette) mis en chantier par M. de Lanessan? —
2° Quels sont les conseils techniques qui ont conseillé
cet arrêt? — 3° Quels conseils techniques ont arrêté **ou**
approuvé les plans des nouveaux sous-marins mis en
chantier? — 4° Pourquoi est-on resté dix-huit mois
avant de mettre en chantier de nouveaux sous-marins?
— 5° Pour quelles raisons n'a-t-on pas tenu compte des
rapports de l'amiral Fournier demandant la construction des onze submersibles commandés par M. de
Lanessan? — 6° Quelles différences y a-t-il entre les
moteurs à pétrole prévus pour les submersibles il y a
deux ans et les moteurs à pétrole acceptés actuellement
par la marine? — 7° Quels sont les conseils techniques
qui ont conseillé la construction de sous-marins de
40 tonnes?

LA GRÈVE DES ARSENAUX

Le 8 septembre, une réunion des ouvriers de l'Arsenal de Brest était organisée, en vue de préparer
la grève générale, par deux ouvriers de l'arsenal,
adjoints de la municipalité collectiviste, les citoyens
Vibert et Goude; des discours violents et injurieux
étaient prononcés visant les « galonnés ». Le préfet
maritime, l'amiral Mallarmé, y répondait par un
ordre du jour où il se contentait d'exprimer l'avis
que « la liberté syndicale pouvait se concilier avec
la correction que les ouvriers de l'arsenal, *comme
agents de l'État*, devaient conserver toujours, aussi
bien en dehors que dans l'enceinte de l'arsenal ».
Et le préfet maritime priait paternellement ces tapa-
geurs de ne point l'obliger désormais, par leurs
imprudences, à sévir.

Cet ordre du jour n'eut pas l'heur de plaire aux ouvriers qui, dans une nouvelle réunion publique, fin septembre, proférèrent des injures contre leurs chefs et vinrent ensuite manifester devant la préfecture maritime aux cris de : « Démission! » « Mallarmé à Charenton! »

L'amiral en référa au ministre, mais la réponse se fit attendre : M. Pelletan était sur la Côte d'Azur; cependant le 11 octobre, il adressait à l'amiral Mallarmé une longue lettre dans laquelle il lui disait de « réclamer des ouvriers un désaveu formel des propos et des procédés outrageants qu'on leur attribuait ».

L'amiral Mallarmé exécuta l'ordre du ministre, et convoqua les représentants du syndicat des ouvriers et de celui des commis de marine; dans l'entrevue, l'attitude de Goude fut loin d'être celle d'un subordonné devant son supérieur : il refusa arrogamment de retirer les propos outrageants qu'on lui reprochait, et, quarante-huit heures plus tard, il les renouvelait dans une réunion publique.

Le préfet maritime dut à nouveau écrire au ministre lui demandant de l'autoriser à traduire Goude devant un conseil d'enquète : mais sa requête resta sans réponse. En présence de cette situation, il crut de son devoir de demander sa mise en disponibilité. Mandé à Paris, il eut la faiblesse de retirer sa demande et d'accepter le congé de trois mois que lui offrait le ministre (fin octobre). L'ouvrier Goude triomphait de l'amiral.

L'effet produit par cet événement sur les ouvriers fut celui auquel on devait s'attendre.

Le 18 novembre, les ouvriers de la poudrerie de Lorient se mettaient en grève : ils avaient émis la prétention de se faire payer le temps qu'ils employaient à se rendre de leur domicile à la poudrerie et à retourner chez eux. Les ouvriers des arsenaux de Lorient, de Brest et de Toulon décidèrent immédictement de se solidariser avec les grévistes. La grève générale des arsenaux était donc imminente.

Les ouvriers croyaient pouvoir compter sur la bienveillance ou tout au moins sur la neutralité du ministre dont les flagorneries étaient encore présentes à leur esprit. La responsabilité de ce dernier était incontestablement engagée; il le comprit et, contrairement à l'attente des ouvriers, l'imminence du danger ayant réveillé en lui le sentiment du devoir, il donna l'ordre de congédier les six ouvriers de la poudrerie qui avaient pris la tête du mouvement; dans une interview il déclara même que cette menace de grève générale était « intolérable » et qu'il « ne voulait pas être accusé d'encourager, par une tolérance coupable, l'indiscipline parmi ceux sur lesquels le pays avait le droit de compter pour assurer sa sécurité ».

Le 23 novembre, la grève générale des arsenaux était effective à Lorient et à Brest. M. Pelletan télégraphia aussitôt qu'il avait décidé que tout ouvrier qui n'aurait pas repris le travail, le 25 novembre, serait considéré comme démissionnaire.

Le premier moment de surprise passé, les ouvriers de Lorient réfléchirent qu'ils avaient tout intérêt à reprendre le travail et, le 24 novembre, ils réintégraient tous l'arsenal. Les ouvriers de Brest qui s'étaient mis en grève pour soutenir les revendications de ceux de Lorient suivirent leur exemple dès le lendemain; le citoyen Vibert, il est vrai, venait de recevoir du ministère l'assurance que les

19

ouvriers congédiés pour faits de grève seraient tous
repris et que des crédits seraient demandés au
Parlement pour l'amélioration des salaires.

A Rochefort, les ouvriers de l'arsenal n'avaient
pas fait grève : mais cela ne signifiait pas que leur
esprit fût meilleur. En effet, le 30 novembre, le
syndicat de l'arsenal faisait afficher un placard
contenant des injures et des menaces à l'adresse
d'un officier. Le préfet maritime, l'amiral Marquis,
répondit à cette affiche en annonçant qu'il ces-
sait tout rapport avec le syndicat ; M. Pelletan ap-
prouva publiquement cette décision.

VIII

LES FRAIS DE JUSTICE

ET LA TENTATIVE DE CORRUPTION

DE M. COMBES

Au mois de novembre 1900, M. Monis, étant ministre de la justice, avait pris un arrêté constituant une commission extra-parlementaire chargée d'élaborer une refonte du tarif des frais de justice en matière civile. La Commission avait élaboré un projet qui fut remis à M. Vallé, successeur de M. Monis. Après quatorze mois d'études et de réflexions, celui-ci avait soumis, le 15 août 1903, à la signature du président de la République, un décret mettant en vigueur de nouveaux tarifs desquels devait résulter une sensible diminution des frais de justice au profit des petits justiciables.

Dans une interpellation, discutée le 16 novembre 1903, MM. Charles Bos et Buyat avaient soutenu que cette diminution était illusoire. M. Vallé avait défendu son œuvre avec insistance et, pour

conquérir la Chambre, il avait proposé de remettre
à une commission composée de parlementaires le
soin de « suivre l'application du tarif et de donner
ensuite son avis sur les modifications dont le fonctionnement du tarif nouveau pourrait démontrer
l'utilité ». La Chambre avait accepté et, le 13 novembre, la commission avait été nommée et placée
sous la présidence de M. Millerand.

Entre temps, M. Vallé avait consulté les premiers
présidents et les procureurs généraux (que n'avait-
il commencé par là ?) Tous avaient conclu que le
nouveau tarif était plus onéreux que l'ancien; il
avait déjà coûté 6 ou 7 millions aux petits justiciables.

Le garde des sceaux ne se démonta pas pour si
peu. Il décida de suspendre immédiatement l'application du tarif de 1903 et de se pourvoir à cet effet
devant le Conseil d'État. Il envoya en même temps
à la commission une note explicative dans laquelle
il déclarait que, d'après les rapports des magistrats,
le tarif édicté l'année précédente était « excellent
en principe », mais qu'il avait un défaut, « celui
d'augmenter les frais de procédure au lieu de les
diminuer ». Cette augmentation, « contraire aux prévisions, provenait surtout de l'élévation des chiffres
qui avaient été pris pour point de départ du calcul
proportionnel ». M. de La Palice n'aurait pas mieux
dit.

Tous les membres de la commission n'acceptèrent
pas cette désinvolture prud'hommesque. Ceux d'entre eux qui n'étaient pas hypnotisés par la crainte
de passer pour des adversaires systématiques du
ministère n'admirent pas qu'après les avoir chargés
d'étudier l'application du tarif de 1903, et de donner
leur avis sur les modifications qu'il fallait y apporter,

le ministre de la justice, de sa propre autorité et sans les consulter, décidât la suspension immédiate de ce tarif.

MM. Millerand, Caillaux, Buyat, Charles Bos, Renault-Morlière et Klotz donnèrent leur démission, et M. Charles Bos déposa une demande d'interpellation, afin de faire la Chambre juge de l'incident.

Cette interpellation fut discutée le 10 juin ; M. Charles Bos exposa les faits et arriva à cette conclusion :

Des rapports des procureurs généraux il résultait que les justiciables avaient grandement raison de se plaindre, les majorations sur l'ancien tarif s'élevant à 38, 68, 94, 100 et même parfois 200 p. 100. Si M. Monis avait préparé ce tarif, c'était M. Vallé qui l'avait remanié et promulgué ; que dire d'un ministre, d'un Gouvernement qui avaient pris la responsabilité d'un décret dont les effets devaient être si préjudiciables aux petits contribuables ?

M. Buyat parla dans le même sens.

M. Vallé essaya de rejeter la faute, dont la matérialité était indiscutable, sur son prédécesseur, comme si le décret n'avait pas été signé quatorze mois après son arrivée au pouvoir !

M. Millerand, en un lumineux exposé, montra le tort considérable et irréparable, subi par les petits justiciables sans profit pour le Trésor. Puis, élargissant le débat, il établit comment la politique générale du Gouvernement se trouvait en jeu :

Le garde des sceaux a dit que la responsabilité d'avoir modifié le tarif de 1807 remontait à M. Monis. On ne saurait reprocher à celui-ci d'avoir voulu modifier un tarif que tout le monde condamne, tandis qu'on peut reprocher à M. Vallé d'avoir approuvé des tarifs supérieurs à ceux de 1807.

Y a-t-il une sanction à cette erreur ? C'est pour cela

que le régime parlementaire, quand il fonctionne régulièrement, a établi la responsabilité ministérielle.

.On veut donner au gouvernement un bill d'indemnité
pour ne pas interrompre l'œuvre laïque et sociale qu'il
a entreprise.

Examinons son œuvre sociale. Dans un banquet, le
président du Conseil a dit qu'on s'occuperait des
retraites ouvrières quand les congrégations auraient
complètement disparu; il a dit aussi qu'il n'abandon-
nerait pas les réformes ouvrières et sociales, et il
a parlé de la loi sur les enfants assistés votée par le
Sénat. Or, tous les sénateurs membres du cabinet, et
M. Combes en tête, ont voté contre et, en ce moment,
le ministre des finances combat ce projet devant la
commission du budget.

Quant à la politique laïque du cabinet, je dis que si
on la regarde de près, on n'y voit que fumée et
trompe-l'œil.

Un gouvernement doit donner chaque jour satisfaction
aux intérêts et aux besoins d'un grand pays. Il n'est pas
un arrondissement de France qui ne souffre aujour-
d'hui du nouveau tarif des avoués. Mon devoir est
tracé. Je me refuse à faire supporter à la République
la responsabilité à laquelle le Gouvernement prétend
se dérober.

Embarrassé par l'argumentation serrée, précise,
irréprochable de M. Millerand, le président du Conseil transforma la discussion en une misérable
question de personnes.

Oui, dit-il, le gouvernement a commis une faute; et
cette faute c'est de trop durer au gré de M. Millerand
et de plusieurs de ses collègues.

Ce n'est pas la droite, ce n'est pas le centre qui
mènent l'attaque, qui créent des difficultés au Gouvernement. Ce sont les ministres d'un cabinet que les
membres du cabinet actuel ont défendu pendant trois
ans avec une constance qui ne s'est pas démentie,
même au prix de quelques-unes de leurs préférences
et de leurs convictions.

M. Millerand nous a déjà reproché d'être obsédés, hantés, de la pensée des congrégations. Notre œuvre est différente. Je supprime les congrégations. Heureusement, je ne suis pas tenté d'aller plaider contre elles devant les tribunaux. Si je les supprime, c'est dans l'intérêt de la République et je ne songe pas à m'enrichir de leurs dépouilles[1].

A ce moment un interrupteur anonyme ayant crié : « Et le million des Chartreux », on vit avec stupeur M. Combes saisir cette interruption inconsidérée comme une planche de salut, et lui, chef du Gouvernement, ouvrir de ses mains l'ère de nouveaux scandales en parlant de cette vieille histoire oubliée. (Voir année 1903, page 188.

On me parle du million des Chartreux. C'est un des incidents les plus douloureux de ma vie, insinua-t-il. J'ai fait à un intérêt politique supérieur le sacrifice de la preuve d'une infamie commise contre moi.

Il termina en déclarant qu'il désirait terminer son œuvre anticongréganiste. Après cela, le pouvoir n'aurait plus pour lui aucun attrait et il le quitterait bien volontiers.

M. Millerand répliqua :

Avec un art des sous-entendus et des insinuations qui décèlent son origine, le président du Conseil a essayé de faire dévier 'e débat exclusivement politique en débat personnel. Je ne le suivrai pas sur ce terrain.

Si vous avez des reproches à m'adresser, il faut le faire directement ; j'ai le droit de dédaigner des insinuations qui n'ont pas été formulées. Je prends la res-

---

[1] M. Millerand comme avocat avait eu à plaider plusieurs affaires pour les liquidateurs de diverses congrégations dissoutes

ponsabilité de tous mes actes. Quel est celui qui a
quelque chose à me reprocher?

M. Combes. — De quelle insinuation voulez-vous
parler?

M. Millerand. — Vous avez fait des insinuations. Je
vous demande de les préciser.

M. Combes. — Je constate que vous ne répondez pas.

M. Millerand. — Je vous demandais de préciser; et
vous ne le faites pas

M. Combes. — Mieux que personne, vous savez que
j'ai eu la preuve, et certaine, de l'innocence de mes
actes et de ceux de mes collaborateurs.

M. Millerand. — Je sais que, comme chef du Gouvernement, vous n'avez pas voulu apporter ici certains
faits. Mais je ne sais pas si ces faits constituent une
preuve certaine.

M. Combes. — M. Millerand est venu me demander, à
l'occasion d'un témoignage qui contenait cette preuve
certaine de ne pas le révéler.

M. Millerand. — Je vous ai entretenu d'un fait qui
était à notre connaissance commune; je vous ai demandé de ne pas en parler. Mais je ne puis pas déclarer que ce fait constituait une preuve certaine.

M. Combes. — Devant ce refus inexplicable, je suis
obligé d'en appeler de l'ancien ministre du commerce
au ministre actuel du commerce.

M. Trouillot, ministre du commerce. — Nous savons,
l'un et l'autre, de quoi il s'agit. Vous savez à quel point
le cabinet actuel était désintéressé dans le silence qu'il
a gardé.

M. Combes. — Le témoignage établissait que trois
mois avant qu'on m'accusât d'avoir demandé un million pour épargner la congrégation des Chartreux, on
était venu me proposer deux millions si je déposais un
projet qui leur fût favorable. J'ai refusé avec indignation. J'ai rendu compte de cette affaire au Conseil des
ministres qui m'a approuvé d'avoir fait, dans un *intérêt
supérieur* politique, le silence sur cette affaire; M. Millerand le sait.

[A ce moment, des explications dont il est assez difficile de démêler le sens exact paraissent s'échanger

au banc des ministres. M. Chaumié se penche vers
M. Trouillot. Il semble qu'il le prie de lui rafraîchir ses
souvenirs sur cette délibération du conseil des ministres.
M. Trouillot semble lui fournir les explications demandées. Ne satisfont-elles pas M. Chaumié ? toujours est-il
qu'il se penche vers M. Maruéjouls, et fait appel à ses
souvenirs et que M. Maruéjouls ne semble pas plus
se rappeler l'incident que M. Chaumié. Ce dialogue au
banc des ministres est souligné par des applaudissements ironiques de la droite.]

M. MILLERAND. — Le président du Conseil rappelait
que les membres du cabinet actuel ont soutenu l'ancien cabinet et demande pour lui la réciprocité. S'ils
soutenaient l'ancien cabinet, c'était dans l'intérêt de la
République.

Si moi, je vous ai combattu, c'est parce que j'ai cru,
et je persiste à croire, que votre politique est mauvaise
pour l'intérêt républicain. Il n'y a pas d'autre arrière-
pensée.

Ce n'est pas faire de la politique républicaine que
d'ajourner les réformes ouvrières après le vote des lois
congréganistes. Je suis monté à cette tribune comme
j'y remonterai chaque fois que j'aurai à défendre une
politique que je n'abandonnerai jamais.

On était loin des frais de justice et l'effet des arguments de M. Millerand s'effaçait devant les préoccupations nouvelles qui venaient de surgir. A la faveur du trouble qui s'était emparé de la Chambre,
le Gouvernement obtint le vote de l'ordre du jour
pur et simple par 313 voix contre 250.

Alors s'ouvrit une nouvelle discusion. M. Renault-
Molière demanda au président du Conseil de s'expliquer sur le fait très grave qu'il venait de signaler à
la Chambre. M. Combes montra beaucoup d'empressement à le satisfaire.

Au mois de décembre 1902, dit-il, le secrétaire général

du ministère de l'intérieur me dit qu'il avait reçu la visite d'une personne qui lui avait offert deux millions si je déposais un projet favorable aux Chartreux. Il lui répondit que, s'il ne voulait pas passer par la fenêtre, il lui conseillait de ne pas passer la porte de mon cabinet.

Je n'attachai pas d'importance à cela, quand, quelques mois plus tard, après le dépôt du projet de loi tendant à refuser l'autorisation aux Chartreux, un journal accusa le secrétaire général du ministère de l'intérieur d'avoir demandé un million pour me faire faire un discours en faveur des Chartreux.

La première pensée qui vint au secrétaire général comme à moi fut de faire entendre un témoignage établissant QUE J'AVAIS REFUSÉ DEUX MILLIONS. Car il aurait été évident pour tout le monde que SI J'AVAIS REFUSÉ DEUX MILLIONS QUI M'ÉTAIENT OFFERTS, je ne pouvais décemment être accusé d'en avoir demandé un quelque temps après.

Une enquête fut faite. Une instruction fut ouverte. On entendit le témoignage de l'intermédiaire, M. Lagrave, commissaire général à l'Exposition de Saint-Louis, qui ne voulut pas nommer la personne pour le compte de laquelle la démarche avait été faite.

Le ministre du commerce lui donna l'ordre, par télégramme, de livrer ce nom. Il répondit qu'il l'avait livré à son ancien chef, M. Millerand. C'est alors que celui-ci vint me demander de ne pas divulguer ce nom dans un intérêt politique supérieur.

M. MILLERAND. — Le président du Conseil peut avoir changé d'avis. Moi, pas, et je ne livrerai jamais un secret que je ne connais qu'en raison de mes anciennes fonctions de ministre du commerce.

M. GROSJEAN. — Puisque le corrupteur est connu, je m'étonne qu'il n'ait pas été arrêté et je demande quel est cet intérêt supérieur qui a empêché cette arrestation ?

M. COMBES. — On m'assure que M. Pichat a dit que c'est parce qu'on ne m'a pas donné deux millions que les Chartreux ont été expulsés.

M. PICHAT. — J'ai dit qu'on n'avait pas pu vous apporter les 2 millions parce que les Chartreux les ont refusés. Il devait y avoir en outre 300,000 francs pour un groupe si le projet était repoussé.

M. BERTRAND. — Il est de l'intérêt de la République que la lumière soit faite. L'intérêt supérieur de la République c'est la pureté des mœurs publiques.

Le président du Conseil a cru aujourd'hui devoir rompre le silence pour dire qu'il avait été l'objet d'une tentative de corruption.

Pourquoi le garde des sceaux, qui était au courant, n'a-t-il pas poursuivi ? Et s'il ne l'a pas fait, quand il s'agissait de deux millions et du président du Conseil, que fera-t-on lorsqu'il s'agira d'un petit fonctionnaire ?

On a dit que l'intruction a révélé le nom. Pourquoi donc y a-t-il eu non-lieu ?

Je demande qu'on donne l'ordre au parquet de rouvrir l'instruction, et à une Commission de la Chambre le moyen de faire la lumière.

M. VALLÉ. — J'ai peut-être eu le dossier entre les mains, mais je n'en ai pas gardé de souvenir précis.

Si la Chambre le désire, je ferai rouvrir l'instruction. Mais comment voulez-vous que, sans avoir les pièces sous les yeux, je sache s'il y a eu tentative de corruption ?

A droite. — C'est le président du Conseil qui l'a dit.

M. VALLÉ. — On demande aussi une commission d'enquête. Si la Chambre la nomme, je lui communiquerai le dossier. D'une façon comme de l'autre, la Chambre connaîtra toute la vérité.

M. BERTRAND. — Toute la Chambre veut la lumière.

Puisque les noms figurent au dossier, le garde des sceaux n'a pas fait son devoir en acceptant le non-lieu.

M. GROSJEAN. — Le dossier est resté quinze jours à la chancellerie.

La discussion était close et ce fut à mains levées que la Chambre décida d'élire une Commission d'enquête de 33 membres chargée de faire toute la lumière sur la tentative de corruption dont le président du Conseil prétendait avoir été l'objet.

Cette Commission fut élue le 14 juin : elle comprenait 21 membres de l'opposition et 12 membres de la majorité ministérielle.

Le même jour, un premier incident fut soulevé à la tribune par M. Pugliesi-Conti qui proposa d'étendre l'enquête à tous les faits connexes.

M. Combes répondit par la déclaration suivante :

il y a trois ordres de faits : 1º la démarche faite en décembre au ministère de l'intérieur pour tâcher d'empêcher l'adoption du projet de loi contre les Chartreux ; 2º la calomnie du million, lancée par un journaliste ; 3º le fait relatif aux prétendus 2.300.000 francs destinés à acheter la complicité du Gouvernement et celle d'un groupe parlementaire.

Ces faits ont donné lieu à trois instructions distinctes.

La Commission n'aura qu'à se faire remettre les dossiers de ces instructions, pour être fixée sur l'inanité des accusations portées. Ceux qui ont applaudi à ces accusations éprouveront sans doute une déconvenue complète, quand ils connaîtront la déposition précise et formelle du prieur des Chartreux.

La déconvenue annoncée et la contradiction qu'elle formait avec les graves paroles prononcées à la séance du 11 juin par le président du Conseil provoquèrent une surprise qui ne devait pas être la dernière.

M. Tournier réclama la question préalable que M. Combes appuya. C'était une faute ; car aussitôt l'unanimité de la Chambre protesta contre ce qu'elle considérait comme un obstacle aux investigations de la Commission d'enquête. M. Combes battit prudemment en retraite et se rallia à une motion d'ajournement à laquelle on donna cette signification que la Commission resterait juge de l'opportunité d'étendre ses pouvoirs et, le cas échéant, saisirait ultérieurement la Chambre de cette question.

La Commission se mit immédiatement à l'œuvre. Sa tâche était nettement indiquée. Elle avait à examiner et à résoudre deux questions : Dans quelle mesure le président du Conseil avait-il été l'objet d'une tentative de corruption? Quel était l'*intérêt supérieur* qui, des instructions judiciaires ayant été ouvertes, l'avait empêché de poursuivre l'auteur ou les auteurs de cette tentative criminelle?

Plusieurs journaux désignèrent immédiatement M. Chabert, ingénieur, membre du Comité du commerce et de l'industrie, comme l'auteur de la soi-disant tentative. M. Chabert, par une lettre adressée au *Temps*, précisa en quoi elle aurait consisté :

... 1° Ayant de gros intérêts dans des affaires industrielles, je me suis rendu à plusieurs reprises chez M. Michel Lagrave, commissaire général de l'Exposition de Saint-Louis, pour lui demander des renseignements relatifs à cette exposition.

Dans une de mes conversations en 1902, je lui avais manifesté le désir de verser une certaine somme d'argent en mon nom et au nom de quelques industriels de mes amis, à la caisse des élections, pour la cause républicaine. Il me répondit que le ministre de l'intérieur n'accepterait pas un don de cette nature, mais que je pouvais m'adresser pour cela au Comité républicain du commerce et de l'industrie.

Je fis un versement de 100.000 francs à ce comité, mais avec l'engagement formel, pris aussi bien par M. Lagrave que par le comité susdit, que ma souscription serait considérée comme anonyme, car mes amis et moi nous sommes en dehors de la lutte politique et nous entendons y rester.

Je vois que l'on a mis M. Lagrave dans l'obligation de révéler mon nom. Il est certes excusable, puisqu'il

l'a fait à son chef direct, le ministre du commerce, sur
une injonction formelle de sa part, mais j'ai lieu d'être
désagréablement surpris d'une divulgation de cette
nature ;

2° Dans une conversation ultérieure avec M. Michel
Lagrave, toujours à propos de l'Exposition de Saint-
Louis, je lui ai parlé incidemment de cette affaire des
Chartreux, qui occupait tant l'opinion publique.

Je crois me souvenir de lui avoir dit :

« Si les Chartreux étaient malins, ils devraient verser
annuellement une forte somme à l'une des œuvres
philanthropiques patronnées par le Gouvernement; ils
s'attireraient forcément ainsi sa bienveillance! »

M. Lagrave, qui avait trouvé l'idée originale, en
aurait, paraît-il, entretenu M. le secrétaire général du
ministère de l'intérieur, qui n'a pu qu'en rire sans y
attacher d'autre importance; je n'ai jamais d'ailleurs
été en relations ni directes ni indirectes avec les Chartreux ou leurs représentants, ni avec aucun membre du
Gouvernement.

Toute cette affaire des Chartreux, en ce qui me concerne, est absolument enfantine, mais il résulte de tous
ces incidents que cette malheureuse politique finira
par écarter des concours précieux et par lasser bien
des dévouements.

S'emparant de cet aveu, le dénaturant, M. Ferrette
et M. Georges Berry invitèrent la Chambre à
devancer l'œuvre de la Commission et à mettre le
Gouvernement en demeure de frapper M. Lagrave,
de le révoquer et par contre-coup de dénoncer le
comité du commerce comme une agence de corruption; ils allèrent même jusqu'à insinuer qu'on y
faisait le trafic des décorations. Très sagement la
Chambre refusa de se prêter à cette manœuvre
(16 juin).

La version donnée par M. Chabert était-elle
exacte. S'agissait-il d'une sorte de propos en l'air?

Avait-il au contraire donné une mission quelconque à M. Lagrave? Et celui-ci avait-il rapporté le propos à M. Edgard Combes en des termes qui auraient autorisé celui-ci à croire à un « amorçage »?

Nous ne pouvons entrer ici dans l'examen des dépositions reçues sur tous ces points par la Commission. Nous nous bornerons à reproduire dans ses parties essentielles le rapport très impartial, très modéré en la forme de M. Colin, contenant le résumé des investigations de la Commission.

I. — Il n'est pas contesté, disait le rapport, que, dans la seconde quinzaine de décembre 1902, M. Michel Lagrave, directeur au ministère du Commerce et commissaire général de la France à l'Exposition de Saint-Louis, se rendait chez M. Edgar Combes, secrétaire général du ministère de l'intérieur, et lui faisait part d'une conversation que, vers le 15 décembre, il avait eue avec un M. Chabert. En quoi consistait cette conversation?

A en croire M. Chabert, il ne pouvait être question d'y voir l'ébauche, même imparfaite, de la moindre tentative de corruption. Il s'agissait, dit M. Chabert, d'un simple propos en l'air, intercalé dans une longue conversation ayant un tout autre objet : une participation à l'Exposition de Saint-Louis. Mais jamais il n'a entendu donner et n'a, en fait, donné la moindre mission à M. Lagrave.

M. Lagrave n'est pas moins explicite. Il dit seulement que, tenant M. Chabert pour une personnalité sérieuse, il avait considéré son propos comme sérieux. Mais il affirme que jamais M. Chabert ne l'a chargé d'une mission et que, dans sa pensée, il n'y a jamais eu aucune idée, aucune amorce de corruption de fonctionnaires.

Il est venu apporter au ministère de l'intérieur un renseignement qu'il avait recueilli comme fonctionnaire, renseignement qu'il lui a paru intéressant de porter à la connaissance du secrétaire général et qu'il pouvait d'autant mieux porter à la connaissance de celui-ci, qu'il avait avec lui des relations déjà anciennes, très intimes et très cordiales.

M. Millerand, auquel M. Lagrave avait parlé de sa conversation avec M. Chabert et de son intention d'en entretenir M. Edgar Combes, n'y a jamais vu autre chose qu'un renseignement de sûreté générale qu'il pouvait être intéressant de porter à la connaissance du fonctionnaire placé à la tête des services de l'intérieur, alors surtout que ce fonctionnaire se trouvait être un camarade et un ami de M. Lagrave. Or, pour quiconque connaît la sûreté de caractère de l'ancien ministre du commerce, il est bien certain que, s'il avait vu quelque chose de suspect dans l'initiative de M. Lagrave, il l'eût immédiatement et catégoriquement dissuadé de la prendre.

M. Trouillot n'a jamais vu, dans l'acte de son subordonné, M. Lagrave, que le fait d'un fonctionnaire obligé par un devoir de conscience de faire connaître au Gouvernement une information qu'il a recueillie.

Tel est également l'avis très net de M. le procureur général Bulot qui a déclaré formellement que dans la conduite de M. Michel Lagrave, même telle qu'elle était révélée par sa déposition devant M. le juge d'instruction de Valles, il ne lui est pas apparu du tout qu'il y ait eu la moindre tentative de corruption.

Et cette manière de voir vient d'être judiciairement confirmée par l'ordonnance de non-lieu rendue par M. le juge d'instruction André, ordonnance par laquelle ce magistrat a clôturé l'instruction ayant précisément pour but d'apprécier la qualification légale qu'il convenait de donner aux conversations échangées entre MM. Chabert, Lagrave et Edgar Combes.

Comment M. Michel Lagrave s'y est-il pris pour donner à M. Edgar Combes le renseignement qu'il lui apportait?

Très maladroitement, paraît-il, puisque M. Edgar Combes l'aurait reçu de façon à lui faire comprendre tout le côté indélicat de la mission dont il s'était chargé. L'indignation de M. Edgar Combes, il le dit lui-même, ne se serait d'ailleurs manifestée que par un

sourire[1]. Il n'en aurait pas moins parlé de la fenêtre
par laquelle M. Lagrave aurait dû sortir s'il était entré
dans le cabinet de M. le président du Conseil pour faire
à celui-ci une communication pareille. Il est vrai que
M. Lagrave, qui n'a peut-être pas su discerner dans le
sourire de M. Edgar Combes tout ce que celui-ci entendait y mettre, prétend que les choses ne se sont
nullement passées ainsi, et qu'en les racontant comme
il les raconte, M. Edgar Combes est servi par son imagination plus que par ses souvenirs.

Et cependant, pour M. Edgar Combes lui-même, la
démarche de M. Lagrave, « c'est une communication et
pas du tout une tentative de corruption, c'est une communication qu'un fonctionnaire faisait à un fonctionnaire d'un ordre plus élevé ».

Enfin, et c'est ce qui peut paraître vraiment étrange,
après les paroles qu'il a prononcées à la tribune, M. le
président du Conseil, qui n'a cependant connu que par
son fils la démarche de M. Lagrave, a déclaré à la
Commission qu'il n'a jamais cru à une tentative de
corruption de la part de M. Lagrave.

Dans tous les cas si, à ce moment, la démarche de
M. Lagrave a été envisagée comme une tentative de
corruption, soit par M. Edgar Combes, soit par M. le
président du Conseil, tous deux ont également pensé
qu'aucune poursuite judiciaire ne devait être exercée
contre l'auteur ou les auteurs de la tentative criminelle
dont ils étaient l'objet. Ils ont, d'eux-mêmes, jugé qu'ils
devaient se taire, puisqu'à ce moment ils n'ont, pour
expliquer leur silence, ni l'intérêt politique supérieur,
ni l'intervention de M. Millerand.

Bien plus, la démarche jugée si sévèrement par

---

1. Déposition devant la Commission :

M. GEORGES BERTHOULAT. — Tout à l'heure, lorsque je vous
ai interrogé sur le sentiment qui a fait que vous avez dit à
M. Lagrave : Vous passeriez immédiatement par la fenêtre
si M. le président du Conseil était ici, vous m'avez bien dit
que vous aviez eu un sentiment d'indignation ?

M. EDGAR COMBES. — Ce n'était pas de l'indignation, c'était
du sourire ; je souriais en lui disant la chose. Je n'étais pas
indigné, je souriais.

M. Edgar Combes, n'a aucunement nui aux rapports très intimes et très cordiaux qu'il entretenait avec M. Lagrave. Celui-ci a pu, en effet, affirmer, sans être contredit par M. Edgar Combes, que, sinon le jour même de l'incident, mais le lendemain ou le surlendemain, il déjeunait avec celui qu'il avait tenté de corrompre.

Et M. Lagrave a pu verser aux pièces de l'enquête une lettre familière établissant que, le 3 janvier 1903, un déjeuner intime le réunissait au secrétaire général de l'intérieur.

Enfin, un autre fait, non moins incontestable que les précédents, puisqu'il vient d'être révélé par une des pièces saisies chez M. Chabert, atteste de la façon la plus nette la cordialité et l'intimité des rapports que, fin décembre 1902, M. Lagrave entretient avec M. Edgar Combes. Il s'agit de la décoration d'un M. Bonnet. Cette décoration devait être décernée par le ministre du commerce. Celui-ci, au 1ᵉʳ janvier 1903, n'a pas de croix disponible; son contingent est trop réduit. Il ne pourra décorer M. Bonnet que si le ministre de l'intérieur veut bien lui céder une croix. La mission est délicate. Il n'est pas facile de la mener à bien. C'est M. Lagrave qui s'en charge et qui la fait réussir, prouvant ainsi l'efficacité de son intervention, et, par là même, les bonnes relations qu'il entretient avec M. Edgar Combes.

II. — Il ne paraît pas douteux que l'incident Lagrave fût définitivement tombé dans l'oubli si, quelques mois plus tard, une campagne diffamatoire n'avait été commencée contre M. Edgar Combes par un journaliste de l'Isère, un M. Besson, rédacteur en chef du *Petit Dauphinois*. Dans cette campagne, M. Edgar Combes était accusé d'avoir tenté d'obtenir des chartreux un million en échange duquel il les aurait fait autoriser[1].

Il pouvait d'autant plus dédaigner cette accusation qu'elle se présentait avec un caractère d'invraisemblance marquée. *Le Petit Dauphinois* plaçait au 13 mars 1903

1. Voir *Année 1903*, p. 188.

la tentative faite par M. Edgar Combes ou en son nom. Or, à ce moment, le Gouvernement, au sein de la Commission, avait déjà déclaré qu'il poserait à la Chambre la question de confiance sur le refus d'autorisation. Enfin, le rapporteur, M. Rabier, avait déposé, le 6 février, un rapport défavorable à l'autorisation.

Dans ces conditions, n'est-il pas manifeste que, si simples et si naïfs qu'on les supposât, les chartreux n'auraient jamais pu consentir à verser un million à M. Edgar Combes, en vue de rémunérer un concours que celui-ci était manifestement hors d'état de leur prêter efficacement.

Quoi qu'il en soit, M. Edgar Combes a commis l'erreur de croire qu'il avait à faire justice de cette calomnie autrement que par le dédain, et c'est sans doute en recherchant par quel moyen il pourrait sans risques arriver à ce résultat, qu'il s'est souvenu de la conversation échangée, quelques mois auparavant, avec M. Lagrave. « Si, par un témoignage digne de foi, a-t-il pensé, je puis judiciairement établir que j'ai refusé deux millions qui m'étaient offerts pour m'entremettre au profit des chartreux, j'établirai par là même, avec une évidence manifeste, que je n'ai pu, trois mois après, en solliciter un pour le même objet. »

Mais, pour que ce raisonnement fût possible, il fallait que M. Lagrave consentît à venir, devant un juge d'instruction, exhumer la conversation qu'il était allé tenir à M. Edgar Combes en décembre 1902.

Pour que ce raisonnement fût irrésistible, il fallait que M. Lagrave se prêtât à faire une déposition telle que M. Edgar Combes ait eu quelque mérite à refuser l'offre qui lui était faite, il fallait par là même que cette offre ait eu un incontestable caractère de réalité ; il fallait, en d'autres termes, que M. Lagrave voulût bien reconnaître qu'il ne s'était pas borné à apporter au secrétaire général un simple renseignement.

Or, il paraît fort peu vraisemblable que M. Lagrave n'ait pas été pressenti à ce sujet par M. le président du Conseil et par M. Edgar Combes. Il ne paraît guère douteux non plus que ce dernier tout au moins n'ait pas indiqué exactement à M. Lagrave le service qu'il

attendait de lui, et ne lui ait ainsi précisé le sens dans
lequel il devait déposer; il paraît enfin peu discutable
que, consentant à se présenter devant le juge d'instruction, alors que rien ne l'y obligeait, M. Lagrave ne se
soit cru autorisé à y mettre au moins une condition,
et cette condition devait nécessairement être qu'il ne
révélerait point le nom de l'auteur même d'une offre
qu'en réalité il n'avait jamais été chargé de faire.

Sur tous ces points M. Lagrave est seul, il est vrai,
très affirmatif. M. le président du Conseil ne nie pas
qu'il ait vu M. Lagrave, le 16 avril 1902, et qu'il lui ait
demandé de témoigner dans l'intérêt de son fils ; il ne
nie pas davantage qu'il ait, sinon autorisé M. Lagrave
à taire le nom de Chabert, au moins admis que M. Lagrave ne le fît point connaître, puisque, pour la preuve
de moralité qu'il voulait procurer à son fils, l'indication
de ce nom était sans importance. Le seul point sur lequel il oppose un démenti formel à M. Lagrave, c'est
qu'il ait eu une entrevue avec celui-ci en présence du
secrétaire général.

De même M. Edgar Combes n'oppose un démenti
formel à M. Lagrave que sur ce même point. Sur tous
les autres, il n'affirme rien que l'imprécision de ses
souvenirs.

Mais il faut reconnaître que, si elles ne sont point
absolument confirmées par le président du Conseil et
par M. Edgar Combes, les affirmations de M. Lagrave
trouvent un appui singulier dans la lettre que, des
États-Unis, M. Lagrave a adressée le 29 avril 1903 à
M. Millerand et que celui-ci a versée aux pièces de l'enquête. Et, en effet, quand, par cablogramme, M. Trouillot
a demandé à M. Lagrave l'indication du nom resté
jusqu'alors inconnu, M. Lagrave, justement inquiet sur
les conséquences de la divulgation du nom de Chabert,
prie M. Millerand d'aller voir M. Trouillot et le président du Conseil pour empêcher cette divulgation. Il lui
demande notamment de rappeler qu'il a été formellement autorisé à ne point révéler le nom de l'auteur de
l'offre qu'il a transmise. Or, comprendrait-on que,
même par l'intermédiaire de M. Millerand, M. Lagrave
se soit permis de faire rappeler au président du Conseil

une promesse que celui-ci ne lui aurait pas faite?

La lettre que M. Lagrave écrit en même temps à M. Edgar Combes est non moins explicite. Il est vrai que, cette lettre, nous ne la connaissons que par le brouillon dont M. Lagrave a donné communication à la Commission. Or, si M. Lagrave affirme l'avoir écrite et envoyée, M. Edgar Combes affirme, au contraire, ne l'avoir jamais reçue. Et il semble croire, il dit même que cette lettre n'a jamais été ni écrite ni envoyée.

M. Edgar Combes va même plus loin; il soutient qu'à son retour jamais M. Lagrave ne lui a parlé ni de cette lettre, ni de son objet même. Il faut avouer que, sur ce dernier point tout au moins, les affirmations de M. Lagrave sont infiniment plus vraisemblables que celles de M. Edgar Combes; car, on ne comprendrait guère que, revenant des États-Unis, encore sous le coup de la révélation qui lui avait été imposée, M. Lagrave n'ait pas immédiatement couru chez M. Edgar Combes et ne lui ait pas fait part de ses légitimes préoccupations.

Au reste, il est un détail qui semble bien prouver qu'ici comme ailleurs les souvenirs de M. Edgar Combes le servent mal. M. le président du Conseil. M. Edgar Combes et peut-être encore M. Trouillot étaient seuls à savoir que c'était à l'intervention du procureur général qu'était dû le cablogramme réclamant le nom de Chabert. Or, M. Lagrave a connu cette intervention du procureur général[1], et il paraît difficile qu'il l'ait connue par un autre, que par M. Edgar Combes. Donc, il semble bien que, dès son retour d'Amérique, en mai 1903, M. Lagrave ait entretenu M. Edgar Combes d'une affaire qui devait nécessairement l'inquiéter. D'ailleurs,

---

1. Déposition devant la Commission :

M. LAGRAVE. — Je l'ai eue, cette explication, je ne l'invente pas. M. Edgar Combes, je le répète, m'a dit que c'est sur l'intervention de M. Bulot, procureur général, auprès de M. le président du Conseil, que le nom de M. Chabert a été réclamé. Je n'en sais rien. Je n'ai pas vérifié si cette affirmation est exacte, je ne l'ai vérifiée ni auprès de M. Bulot ni auprès de qui que ce soit. Vous avez des moyens d'action que je n'ai pas, vous pouvez vérifier si l'affirmation est exacte. Si elle est exacte, comme je n'ai pas pu la tenir

si M. Edgar Combes lui en a parlé, c'est évidemment
pour le rassurer sur les conséquences de la révélation
du nom de Chabert, puisqu'à ce moment l'intervention
de M. Millerand s'est produite et a décidé le président
du Conseil au silence.

Enfin, ce qui s'est passé devant M. le juge d'instruction de Valles confirme toutes les conclusions qu'on
peut tirer des faits relatés ci-dessus. Sans doute, ici
encore, l'imprécision des souvenirs de M. Edgar Combes
s'accuse toujours. Mais le témoignage du juge d'instruction, corroborant celui de M. Lagrave, permet d'arriver au moins à deux constatations certaines.

M. Edgar Combes a eu connaissance de toute la
déposition de M. Lagrave et il l'a fait rectifier sur un
point essentiel.

Or, ce n'est nullement contre l'anonymat laissé à
l'offre dont M. Lagrave a parlé que proteste M. Edgar
Combes. Mais M. Lagrave avait parlé d'une somme importante à *verser dans une caisse publique*. M. Edgar
Combes fait rectifier et dire que cette somme importante serait *mise à la disposition du Gouvernement*, c'est-
à-dire, dans une certaine mesure, à sa disposition personnelle puisque c'est lui qui, comme secrétaire général
à l'intérieur a, par délégation du ministre, le manie-
ment des fonds mis à la disposition du Gouvernement.

Qu'en conclure, sinon qu'il était bien convenu que
l'anonymat de l'offre attestée par M. Lagrave serait rigoureusement conservé ?

Le témoignage de M. Lagrave n'avait donc en aucune
façon pour but de faire connaître un corrupteur, mais
uniquement d'établir l'existence d'une offre de 2 mil-

d'une autre personne que de M. Edgar Combes, vous reconnaîtrez que j'ai donné vraiment l'expression de la vérité.

Je vous demande instamment de vérifier que c'est bien
M. Bulot qui a provoqué auprès du Gouvernement la demande qui m'a été faite de désigner le nom de M. Chabert.

Je m'indigne, non pas. je le répète. contre le fond de
l'entretien que j'ai pu avoir avec M. Edgar Combes, qui est
un entretien fugitif. discutable. je m'indigne contre l'affirmation de M. Edgar Combes qu'il n'en a pas causé avec
moi. Or, cela, je l'affirme, je le réitère, nous en avons causé.

lions, faite dans des conditions telles que M. Edgar Combes avait eu vraiment quelque mérite à la refuser.

Ainsi, et sur ce point, les investigations de la Commission permettent d'aboutir à une constatation certaine.

Si, en mars 1903, l'incident de décembre 1902 est évoqué et sort de l'oubli, ce n'est nullement dans l'intérêt de la vindicte publique et pour démasquer un corrupteur qu'il importe d'atteindre et de frapper, c'est dans l'intérêt personnel de M. Edgar Combes et pour lui fournir une preuve de moralité destinée à enlever toute vraisemblance à la calomnie lancée contre lui par le Petit Dauphinois.

III. — L'initiative de M. le procureur général Bulot a fait cesser l'anonymat de l'offre de deux millions, attestée par M. Lagrave devant M. le juge d'instruction de Valles. Le nom de M. Chabert a été révélé à M. Trouillot. Si celui-ci parle, on va pouvoir combler le trou que M. le procureur général signale et ne voudrait pas laisser subsister dans une instruction dont il a mission d'assurer la régularité.

C'est alors que, provoquée par M. Lagrave, se produit l'intervention de M. Millerand.

D'après ce que M. le président du Conseil a paru dire à la tribune, et aussi, il faut bien le reconnaître, dans ses dépositions devant la Commission, M. Millerand serait intervenu comme un sphynx. Il aurait crié : « Halte-là ! un intérêt politique supérieur commande que le nom de Chabert ne soit pas dévoilé », et, impressionnés autant que convaincus par ces explications claires et décisives de l'ancien ministre, MM. Trouillot et Émile Combes se seraient immédiatement résolus à dérober le nom de Chabert à toutes les investigations de la justice, et à épargner ainsi à ce corrupteur toutes les rigueurs de la loi bravée par lui.

A travers quelques contradictions certaines, et parfois plus apparentes que réelles, dans les témoignages recueillis par la Commission, il apparaît nettement que cette attitude plutôt singulière, et pour M. Millerand et plus encore peut-être pour ceux qui l'écoutaient, n'a jamais été prise par l'ancien ministre du commerce.

En réalité, dans sa conversation avec M. Trouillot,

M. Millerand a signalé très clairement les inconvénients
qu'il pouvait y avoir à dévoiler le nom de Chabert; il a
dit qu'on s'exposait ainsi à découvrir le Comité républicain du commerce et de l'industrie, auquel Chabert
avait fait, pour les luttes électorales de 1902, un versement de cent mille francs; il a rappelé enfin que c'était
pour tout Gouvernement, un devoir élémentaire de ne
pas livrer à la malignité publique les auxiliaires aussi
désintéressés que précieux que successivement M. Waldeck Rousseau et M. Combes avaient trouvés dans ce
Comité. C'est évidemment de tout cela qu'a parlé M.
Milllerand à M. Trouillot. S'il a été moins explicite
avec M. Émile Combes, c'est que celui-ci avait auparavant vu M. Trouillot par lequel il avait été mis au
courant[1].

L'événement a certes montré combien M. Millerand
avait raison, puisque le nom de Chabert n'était pas

---

1. Déposition de M. Millerand. — Dans l'hiver de 1902, M.
Michel Lagrave, ancien chef du bureau de mon cabinet, qui
était demeuré en relations avec moi, me rapporte un propos qui lui aurait été tenu. M. Chabert, dont, comme
avocat, j'avais fait la connaissance, il y a une dizaine d'années, lui aurait parlé d'une somme importante que les
Chartreux pourraient verser au Gouvernement. M. Lagrave
me fit part de son intention de rapporter ce propos, auquel
il ne me paraissait pas attacher grande importance, à M.
Edgar Combes, secrétaire général au ministère de l'intérieur, avec lequel il avait, depuis plusieurs années, des
relations de camaraderie. J'approuvai complètement son
intention.

Quelques mois plus tard, fin mars ou commencement
d'avril, M. Lagrave m'informa, en me rappelant cet incident, qu'il avait été prié d'en déposer dans l'instruction
ouverte sur la demande de M. Edgar Combes. Il n'y avait
consenti, me disait-il, que sous réserve de ne pas donner le
nom de son interlocuteur et parce qu'il n'avait jamais sus-
pecté ses intentions et parce que celui-ci s'était fié à lui et
parce que surtout il avait, quelque temps auparavant, été
mêlé à une affaire d'ordre politique. M. Lagrave avait tenu
à mettre au courant son ancien chef avant de quitter la
France pour Saint-Louis où l'appelaient ses fonctions.

Le 28 avril, je reçus de M. Lagrave une dépêche de New-
York que je communiquai le jour même à M. le ministre

plutôt connu que le Comité républicain était mis en cause et que commençait contre ce Comité et contre son honorable président, M. Mascuraud, toute une campagne d'imputations outrageantes et de basses calomnies.

Ainsi, et c'est là ce qu'il importe de bien préciser, l'intérêt politique supérieur qui commandait de taire le nom de Chabert — l'expression est d'ailleurs de M. le président du Conseil et non de M. Millerand — n'a jamais été, pour M. Millerand, que le souci d'un devoir de discrétion, impérieux autant qu'élémentaire,

du commerce par le mot que voici, dont j'ai retrouvé le brouillon, avec la réponse du ministre :

28 avril 1903.

Mon cher ami,

Je reçois de Michel Lagrave la dépêche suivante :
« Ministre commerce m'a demandé nom télégraphiquement. Vous prie de conférer urgence avec lui à ce sujet et avec président conseil. »
Je lui réponds que, puisque cela lui est agréable, je suis à votre disposition, si vous le jugez utile.
Cordialement.

MILLERAND.

Le jour même, M. Chapsal, directeur du cabinet, avait téléphoné chez moi, en mon absence. Il m'envoya, le lendemain matin, la lettre suivante :

29 avril 1903.

Monsieur le ministre,

M. le ministre du commerce me téléphone de province qu'il serait heureux de vous voir ce soir au ministère à six heures et demie.
Veuillez agréer, etc.

CHAPSAL.

J'allai au ministère à l'heure convenue. M. Trouillot n'était pas encore rentré. Il arriva de la gare quelques minutes plus tard. Une conversation s'engagea qui dura environ une demi-heure. J'avais été douloureusement surpris de la disgrâce imméritée qu'avait subie, quelques semaines plus tôt, à l'occasion de cette même affaire des Chartreux, un haut fonctionnaire du plus rare mérite, le gouverneur général de l'Algérie, M. Paul Revoil, dont je m'honore d'être l'ami. Les

pour tout gouvernement qui accepte des concours comme ceux que peut prêter et qu'a prêtés le Comité républicain du commerce et de l'industrie.

En dévoilant le nom de Chabert, on s'exposait à méconnaître ce devoir. Ne valait-il pas mieux se taire, puisqu'il s'agissait par ce silence, non pas certes de soustraire un corrupteur à un châtiment mérité, mais uniquement de renoncer à poursuivre, au profit de M. Edgar Combes, l'établissement d'une preuve de moralité d'ailleurs bien inutile.

Il faut féliciter M. Émile Combes du parti qu'il n'a pas

incidents qui se produisaient me faisaient craindre que, sans plus de raison, M. Michel Lagrave auquel, et je le rappelai à M. Trouillot, ses chefs n'avaient eu que des éloges à adresser, ne fût, à son tour, victime de la même affaire. J'insistai vivement sur l'iniquité et le péril de pareils procédés. Je signalai surtout au ministre du commerce la responsabilité et les reproches justifiés auxquels s'exposerait le Gouvernement si, par son fait, il livrait aux commentaires empoisonnés de leurs ennemis privés et publics et peut-être à des représailles dans leurs intérêts particuliers les braves gens qui, uniquement guidés par le désir de défendre la République, apportaient depuis quatre ans, sous le ministère Combes comme sous le cabinet précédent, le concours le plus actif au parti républicain. Ces raisons parurent frapper M. le ministre du commerce, qui ne me fit aucune objection d'aucun genre. Il me dit qu'il allait rendre compte de notre conversation au président du Conseil, auquel je n'avais pas écrit, comme me le demandait M. Lagrave, mais à la disposition duquel, bien entendu, je déclarai me tenir.

Je rentrai chez moi vers sept heures et demie. Une demi-heure plus tard, pendant mon dîner, on me téléphona du ministère de l'intérieur pour me prier de voir le président du Conseil, vers neuf heures. Je me rendis à son appel. Après quelques propos tout à fait étrangers à la politique, j'abordai l'objet de notre rendez-vous. Au bout de deux à trois minutes de conversation, M. Combes m'interrompit pour me dire : « J'ai causé avec Trouillot, nous sommes d'accord. »

Voilà quelle fut mon intervention.

M. SEMBAT. — Ce n'est donc pas à la solidarité qui lie les deux Gouvernements que vous avez fait appel ?

M. MILLERAND. — J'ai fait appel au devoir élémentaire de tout Gouvernement.

hésité à prendre au moment de la visite de M. Millerand. Il faut regretter que, plus tard, il ait cru devoir
revenir avec éclat sur le sacrifice que le père de famille
avait su faire au chef du Gouvernement.

En résumé, la Commission estime que si, pour expliquer qu'il ait tu le nom de Chabert, M. le président du
Conseil a parlé d'un intérêt politique supérieur, c'est
sans doute parce qu'il entendait caractériser ainsi
toute l'étendue du sacrifice qu'un devoir gouvernemental élémentaire imposait à l'ardente affection qu'il
porte à son fils.

IV. — La Commission s'est aussi préoccupée de
savoir s'il pouvait y avoir un fondement quelconque
dans l'accusation lancée par le *Petit Dauphinois* à l'encontre de M. Edgar Combes. Elle a entendu tous les
témoins qui, sur ce point, pouvaient faire la lumière
ou apporter un éclaircissement quelconque. Le résultat
de ses investigations a été d'établir que rien ne pouvait
justifier l'accusation de M. Besson.

Il semble bien que certaines personnalités sans
mandat aient mêlé le nom du secrétaire général de
l'intérieur aux agissements louches qu'elles poursuivaient pour leur compte personnel. En démontrant
l'inanité du crédit que certaines des personnalités en
cause ont pu se targuer d'avoir auprès de lui, la justice
fournirait à celui-ci la plus complète et la plus sûre des
justifications.

La lumière qu'elle a essayé de faire à propos de l'affaire du million, la Commission s'est également efforcée
de l'obtenir dans l'affaire dite des deux millions trois
cents mille francs. Elle a dû vite reconnaître l'impossibilité de l'œuvre que, dans l'intérêt de tous, elle aurait
désiré accomplir. En effet, les témoins qui avaient pour
premier devoir d'éclairer la Commission, ceux sur lesquels elle pouvait et devait avant tout compter pour
faire la lumière, les Chartreux se sont retranchés dans
un silence étrange autant qu'obstiné, ne voulant rien
retrancher des réserves et des réticences de leurs dépositions primitives. La Commission n'a pas à se faire
accusatrice. Il lui sera cependant permis d'exprimer

les regrets et les doutes que cette attitude lui a inspi-
rés.

Là encore, sans toutefois que des noms puissent être
précisés, il paraît manifeste que des appétits se sont
agités autour des Chartreux. Sur ce point, la Commission a recueilli des témoignages qui pourraient fournir
à la justice d'utiles indications. Mais elle a le devoir
de dire que, nulle part, elle n'a trouvé la moindre
preuve d'une complicité gouvernementale ou parlementaire quelconque.

V. — La Commission estime qu'elle n'a pas à discuter les théories émises devant elle par les magistrats
qu'elle a entendus.

Elle pense cependant qu'il lui est permis de regretter le caractère insolite de certaines des procédures en
présence desquelles elle s'est trouvée, puisque ces procédures donneraient à penser que l'égalité devant la
loi n'est pas peut-être une règle toujours rigoureusement observée[1].

1. A. — Déposition de M. de Valles, juge d'instruction :
*Quand la déposition de M. Lagrave a été finie... j'ai été
chercher dans la salle à côté, où il était, M. Edgar Combes
et je lui ai dit : « Monsieur le secrétaire général, je ne
veux pas qu'une déposition de l'importance de celle que je
viens de recevoir, soit terminée sans que vous en ayez connaissance. »*

. . . .

*C'est ainsi que j'ai lu la déposition à M. Edgar Combes
lui-même.*

*Cette lecture a été faite et un petit colloque s'est établi
entre M. Lagrave et M. Combes.* M. Edgar Combes s'est
tourné vers le témoin et a dit : *Mais non, Lagrave, ce n'est
pas tout à fait cela. La phrase était celle-ci :* « Cette somme
serait versée dans telle caisse que le Gouvernement jugera
à propos d'indiquer. »

« J'ai compris, c'est M. Lagrave qui parle, qu'il s'agissait
d'un versement à faire dans une caisse publique, peut-être
même dans une caisse politique : rien n'a été défini... »
M. Edgar Combes a dit à M. Lagrave : — « Ce n'est pas
exactement en ces termes : il n'a pas été question de caisse
publique, il n'a pas été question de caisse d'utilité publique
ou d'œuvre politique, il a été dit que la somme serait mise à

Elle croit enfin qu'elle a le devoir d'appeler toute l'attention de la Chambre sur certains actes qui ne sauraient être trop énergiquement blâmés, car, dans une certaine mesure, il semble qu'on puisse les considérer comme de véritables détournements de pouvoir. Prémédités ou inconscients, ils méritent également d'être flétris, car c'en serait fait du bon renom de notre magistrature française si de semblables actes pouvaient impunément se produire dans la pratique judiciaire.

Au cours d'une saisie pratiquée au domicile de M. Chabert[1], et parmi d'innombrables papiers, deux lettres avaient été recueillies, dans lesquelles il était question de M. Millerand. L'une d'elles, remontant à

la disposition du Gouvernement. » M. Lagrave n'a pas eu l'air d'attacher une grande importance à ce mot là. Je l'ai regardé, je l'ai interrogé, je lui ai dit : « Vous entendez la correction qu'on vous demande? » Il a eu l'air de dire : « Cela m'est égal, la phrase que j'ai dite est celle-là. » *Et alors, avec mon assentiment, en présence de M. Edgar Combes,* on a dicté les quelques mots qui remplacent la phrase que je viens de dire...

M. Lagrave est parti et je ne l'ai plus revu.

M. Edgar Combes, resté dans mon cabinet, a fait alors la déposition que vous connaissez. *Il avait eu connaissance de la déposition de M. Lagrave.*

M. Jean Codet. — De toute la déposition?

M. de Valles. — *Parfaitement.*

B. — Déposition de M. Bulot, procureur général :

M. Marcel Sembat. — Vous avez parlé, vous aussi, monsieur le procureur général, de l'intérêt supérieur; il y a donc une raison d'État devant laquelle un magistrat est obligé de s'incliner?

M. Bulot. — Sous peine d'être révoqué, évidemment. (*Rires*).

M. Berthoulat. — Comment se fait-il que l'instruction ait continué de marcher, bien que vous n'ayez pas eu le nom que vous déclariez indispensable au président du Conseil?

M. Bulot. — Elle n'a pas continué longtemps et elle a abouti à un non-lieu parce que, ne pouvant aller plus loin, je me suis incliné devant la raison d'État, « le fait du prince », si vous voulez.

1. A la demande de la Commission, une instruction avait été ouverte assez arbitrairement contre X pour arriver à saisir les papiers du pseudo-corrupteur Chabert.

1900, émanait d'un secrétaire de l'ancien ministre du commerce. Elle est dépourvue de toute importance et de tout intérêt. L'autre, adressée par un M. Bonnet à M. Chabert, traitait d'une grosse affaire industrielle à laquelle tous deux s'intéressaient. Elle se terminait par une phrase tout à fait indépendante de l'objet même de la lettre, phrase dans laquelle M. Millerand et M. Lagrave étaient visés, le premier désigné par son initiale et par son numéro de téléphone, le second par son initiale seulement.

Appelé par le garde des Sceaux à rédiger un rapport indiquant à la Commission les résultats des perquisitions pratiquées au domicile de M. Chabert, le procureur de la République près le Tribunal de la Seine ne craignait pas de conclure en ces termes :

« *En résumé, les perquisitions n'ont produit que cette seule preuve que MM. Chabert, Bonnet, Lorenz, Lagrave et Millerand étaient en relations à propos de grandes affaires industrielles que M. Millerand a connues soit comme avocat, soit comme ministre du commerce.* »

Rien dans le contexte même de la lettre visée ne justifiait une semblable conclusion. Cette conclusion devenait vraiment inadmissible, alors que le contexte de la lettre était éclairé par les dépositions recueillies. Aussi, après la lecture du rapport, l'audition de M. Millerand et l'ouverture du scellé contenant les pièces, ce fut, au sein de la Commission, l'explosion d'un sentiment unanime de réprobation. Exprimant pour ainsi dire l'indignation de tous, un des honorables commissaires a pu dire très justement : « Quand un homme qui sait écrire écrit une phrase semblable sans qu'elle soit plus justifiée, il commet ou une infamie ou une insigne maladresse ! » Rien n'autorise la Commission à croire, et surtout à dire, qu'une infamie ait été commise. Elle regrette cependant que le contrôle successif de M. le procureur général et de M. le garde des sceaux n'ait pas trouvé l'occasion de s'exercer sur cette phrase, bien faite cependant pour éveiller leur attention, puisqu'elle était la conclusion même du rapport officiel dont ils assuraient officiellement la transmission.

Ainsi, bien qu'elles n'aient pu faire une pleine lumière sur tous les points qu'elles ont embrassés, les investigations de la Commission l'ont cependant amenée à certaines constatations aussi nettes que précises. Ce sont ces constatations que la Commission s'est fait un devoir de dégager et de signaler à la Chambre. Elle estime qu'elles peuvent justifier les projets de résolution suivants qu'elle a l'honneur de soumettre à vos délibérations :

1° — La Chambre déclare que de l'enquête telle qu'elle a été ordonnée n'est résulté aucune preuve de la tentative de corruption dénoncée à la tribune dans la séance du 10 juin 1904, pas plus que de l'accusation portée contre M. le secrétaire général de l'intérieur à propos de l'affaire des Chartreux.

2° La Chambre renvoie à M. le garde des sceaux le soin de faire rechercher et punir, conformément aux lois, tout individu qui se serait rendu coupable d'escroquerie ou de tentative d'escroquerie, en employant des manœuvres frauduleuses pour persuader de l'existence d'un pouvoir ou d'un crédit imaginaire.

3° La Chambre proteste énergiquement contre l'attitude des accusateurs qui se sont refusés à justifier leurs accusations.

4° La Chambre regrette que le président du Conseil ait imprudemment et sans motifs suffisants, jeté une émotion profonde dans le pays et risqué de disqualifier, au préjudice des intérêts français, le représentant de la France à l'exposition internationale de Saint-Louis.

5° La Chambre, regrettant certains abus de pouvoir commis dans l'ordre judiciaire, passe à l'ordre du jour

En résumé si l'enquête avait établi le néant des imputations dirigées par une certaine presse contre MM. Combes père et fils, elle avait aussi établi d'une façon éclatante qu'à aucun moment il n'avait été possible de se méprendre sur le caractère de l'intervention de M. Millerand au sujet de la non révélation du nom de M. Chabert, qu'il n'avait pas

été possible non plus de se méprendre sur le caractère de la communication faite par M. Lagrave à
M. Edgard Combes, et que l'attitude des intéressés
au lendemain de la démarche de M. Millerand et de
celle de M. Lagrave au ministère de l'intérieur
prouvait bien qu'ils en avaient compris le véritable
sens.

Il restait donc avéré que c'était uniquement dans
le but de créer une diversion au cours d'un débat
dont l'issue lui paraissait douteuse et aussi dans
l'espoir de paralyser l'action d'un adversaire en
faisant planer sur lui un soupçon déshonorant, que
M. Combes avait feint de croire à l'existence d'une
tentative de corruption et avait insinué que M. Millerand l'avait obligé à soustraire les auteurs de
cette tentative criminelle à des poursuites judiciaires.

Le zèle d'un fonctionnaire qui avait trop bien
compris son secret dessein et mis trop d'ardeur à le
seconder fut cause d'un incident qui se produisit à
la fin des travaux de la Commission. Nous voulons
parler du rapport de M. le procureur de la République Cottignies rendant compte du résultat des
perquisitions opérées chez M. Chabert. Deux lettres
insignifiantes lui fournirent un prétexte pour formuler les insinuations les plus graves — surtout
sous la plume d'un magistrat — concernant la moralité de M. Millerand. On a vu plus haut, dans le
rapport de M. Colin, en quels termes il le fit.

La lecture de ce rapport provoqua une vive émotion; et l'émotion s'accrut lorsque l'on acquit la
certitude que le Gouvernement conservait sa confiance au magistrat qui avait commis cette faute
inexcusable — ou cette infamie.

M. Millerand bondit sous l'outrage et demanda à la Commission d'entendre ses explications (28 juin).

Au cours de l'instruction ouverte contre X..., dans des ballots de papier saisis chez M. Chabert, on a trouvé, dit-il, deux documents qu'on s'est empressé de mettre à part, où il est parlé de moi. Le premier est une longue lettre écrite en janvier 1903 de Touraine par M. Bonnet à M. Chabert au sujet d'affaires qui leur étaient communes : il est question de moi dans les trois ou quatre dernières lignes :

« N'oubliez pas, écrit le 2 janvier 1903 M. Bonnet à M. Chabert, au reçu de cette lettre, de téléphoner à votre ami M..., 156-25, pour lui dire d'ouvrir l'œil, afin que, en l'absence de L...., on n'escamote pas ce qu'on dit avoir réservé. »

De quoi s'agit-il? voici :

Peu de temps après mon arrivée au ministère du commerce, mon attention fut attirée sur l'état d'infériorité lamentable où se trouvait notre pays par rapport à ses concurrents au point de vue du fonctionnement des organes officiels de la propriété industrielle.

Sur l'indication d'un de mes confrères du Palais, avocat du ministère du commerce, je confiai à un spécialiste, M. Bonnet, de la maison Thirion et Bonnet, une mission, afin d'aller étudier à Berlin l'organisation du Patent-Amt (office des brevets d'invention.

Il en revint avec un rapport tout à fait remarquable qui a été largement mis à contribution pour l'exposé des motifs de la loi du 9 juillet 1901 qui institue au Conservatoire l'office national des brevets d'invention et des marques de fabrique.

J'aurais désiré, avant de quitter le ministère, reconnaître par une distinction honorifique la collaboration de M. Bonnet. Ce me fut impossible. Peu avant la promotion du 14 juillet 1902, j'allai trouver mon successeur et je le priai de vouloir bien y comprendre M. Bonnet.

Il me répondit que le nombre des croix dont il disposait et les engagements qu'il avait pris ne lui permettaient pas d'accueillir ma recommandation, mais que si un autre ministère plus abondamment pourvu, celui de l'intérieur par exemple, mettait une croix à sa disposition, il serait heureux de proposer M. Bonnet.

M. Lagrave était au ministère du commerce; il entretenait, vous le savez, d'excellents rapports avec le secrétaire général du ministère de l'intérieur : je le priai de surveiller cette petite affaire, qui ne paraissait devoir soulever aucune difficulté et dont je n'avais guère le temps de m'occuper. En janvier 1903, M. Bonnet fut décoré par M. Trouillot avec une croix cédée par M. Combes.

Ainsi s'explique le passage de la lettre que vous connaissez. Le 2 janvier 1903, M. Bonnet savait qu'il ne serait pas compris dans la promotion ordinaire du commerce, préparée à la fin de décembre, qui parut, en effet, sans son nom, le 5 janvier au *Journal officiel*. Mais il redoutait, sans doute, que l'intérieur, au dernier moment, ne tînt pas sa promesse. C'était une crainte vaine, car le 14 janvier 1903, le *Journal officiel* publia, avec quelques autres, la nomination de M. Bonnet, par le commerce.

L'autre lettre saisie date de 1900 et émane d'un attaché de mon secrétariat lorsque j'étais au ministère.

M. Chabert m'avait invité en sa qualité de président, je crois, du Conseil d'administration de la Société des moteurs Otto et au nom du Conseil, à visiter son exposition. Le Conseil d'administration devait m'y recevoir et m'y présenter son administrateur délégué, M. Firminhac, pour lequel était demandée la rosette d'officier.

A une demande où M. Chabert était directement et personnellement intéressé je n'envoie point de réponse personnelle. Un secrétaire écrit que le ministre remercie de l'invitation ; qu'il ne pourra s'y rendre, et que bonne note est prise de la recommandation en faveur de M. Firminhac. Rien de plus banal dans la forme comme dans le fond.

Qu'était M. Firminhac? Ingénieur civil, il avait été fait chevalier en janvier 1892, à la suite de l'Exposition de Moscou. A l'Exposition de 1900, il avait été nommé membre des Comités et rapporteur du jury de la classe 20. Le vice-président de la classe, M. Jules Le Blanc, président des Comités d'admission et d'installation, avait, au lieu et place du président de la classe, de nationalité suisse, présenté la candidature de son rapporteur.

La candidature se présentait donc dans les conditions* les plus normales et les plus correctes, mais il y avait tant de candidats méritants que, peut-être, à égalité de titres, elle n'eût pas été retenue si elle n'avait eu la bonne fortune d'être chaudement appuyée, et par un de nos collègues du groupe socialiste révolutionnaire, l'honorable M. Chauvière, qui m'apporta une pétition d'ouvriers de la Compagnie française, et surtout par un des membres les plus sympathiques du cabinet actuel. l'honorable M. Maruéjouls.

Par une réserve bien compréhensible, M. le juge d'instruction n'a pas cru devoir saisir les lettres où il est question du ministre des travaux publics pour les annexer à la lettre où il est question de moi.

Tels sont les faits. Ils ne justifient en rien, vous le reconnaîtrez, les termes tendancieux qui figurent au rapport qui vous a été communiqué. C'est un procédé nouveau, que je regrette beaucoup moins pour moi que pour mon parti et mon pays, de voir un gouvernement républicain lancer contre un républicain coupable d'indépendance, moins encore pour essayer de salir que pour tenter une diversion nécessaire, jusqu'à des magistrats placés — une voix autorisée vous l'a dit — entre l'obéissance à la raison d'État et la révocation.

Je ne me plains pas. D'autres républicains qui avaient rendu à leur pays d'incomparables services auprès desquels mes faibles efforts pèsent bien peu ont, comme moi, plus cruellement que moi, été en butte aux mêmes outrages. Je suis plus heureux qu'eux, puisque, pour faire éclater la vérité, je puis vous faire appel.

S'il est un seul des membres de la Commission qui, animé à son insu et contre son gré par la passion politique, conserve encore un doute, j'ai le droit de vous adresser la demande, que vous avez le devoir d'accueillir, de faire sur moi, sur ma vie, sur ma situation de fortune, la lumière la plus éclatante. Quand on se livre aux louches trafics auxquels le rapport a, dans les termes les plus équivoques, essayé de mêler mon nom, comme ce n'est pas pour l'honneur, c'est pour l'argent.

Je suis entré au ministère du commerce avec, devant moi, quelques milliers de francs d'économie. J'en suis sorti, trois ans plus tard, un peu plus pauvre que je n'y étais entré. Si je venais à disparaître subitement, je laisserais derrière moi les miens sans aucune fortune. J'entends du moins leur transmettre intact un nom que j'ai reçu et porté sans tache.

Le garde des sceaux, contre toute vraisemblance, soutint avoir transmis le rapport Cottignies à la Commission *sans l'avoir lu ni même ouvert*.

Le 1ᵉʳ juillet, M. Georges Leygues demanda à interpeller le Gouvernement sur ces faits et réclama la discussion immédiate de son interpellation. M. Millerand appuya cette demande. Il rappela à ce propos les conditions dans lesquelles une instruction avait été ouverte et une perquisition opérée chez M. Chabert.

Il s'agissait de savoir si, à la fin de décembre 1902, la vertu d'un haut fonctionnaire n'avait pas été mise à l'épreuve. Que contient le premier scellé? Une lettre qui remonte à 1900, qui n'a aucun rapport avec l'instruction, mais qui présente aux yeux de magistrats dressés à comprendre à demi-mots l'intérêt capital d'émaner du secrétaire d'un ancien ministre, adversaire politique du cabinet.

On fouille des ballots de papiers et on en extrait de quoi constituer un second scellé et dans ce scellé on ne trouve que trois lignes d'une lettre où était prononcé le nom du même adversaire politique. Sur l'un et l'autre, on recueille des témoignages, ils sont nets et concordants, on reconnaît qu'on a dit la vérité. Il va falloir clore l'instruction et transmettre à la Commission ce dossier où il n'y a rien.

Alors, quelques jours avant la clôture de l'instruction,

paraît dans un journal ministériel, une note, bien faite pour piquer l'attention : Elle est intitulée : « Les papiers Chabert ». — « On nous assure, dit la note, qu'au nombre des papiers saisis, qu'on disait dépourvus d'intérêt, figurait un document curieux découvert au moment où le magistrat allait se retirer ». Selon la méthode, une note Havas aux journaux de province met les points sur les *i* et fait intervenir le nom de l'ancien ministre du commerce.

L'opération est amorcée, il n'y a rien dans les scellés, mais pourquoi ne pas les faire précéder d'un rapport où il y aurait quelque chose? Vous connaissez la phrase, le public lui a attribué la seule explication possible : « En réalité les perquisitions n'ont produit que la preuve que MM. Chabert, Bonnet, Lorenz, Lagrave et Millerand étaient en relations, à propos de grosses affaires industrielles que M. Millerand a connues soit comme avocat, soit comme ministre ».

M. GEORGES LEYGUES. — C'est une honte.

M. MILLERAND. — Je ne rends pas responsable de cette infamie son auteur apparent.

Que le Gouvernement, se sentant impuissant à défendre par des arguments politiques ses actes politiques, tente de déconsidérer ses adversaires par une campagne de calomnies dans les salles de rédaction des journaux et dans les cabinets de ses juges, soit! Que la majorité couvre de pareils procédés, c'est son affaire! Mais sommes-nous trop exigeants en demandant au Gouvernement de se contenter de déshonorer ses adversaires, s'il le peut et de ne pas les injurier en les traitant comme des idiots.

Sous un régime où, de l'avis d'un haut magistrat le « fait du prince » et la raison d'Etat sont monnaie courante au Parquet, dans une affaire qui intéressait, j'imagine, le Gouvernement au moins autant que celle du cercle d'Aix-les-Bains, à qui fera t-on croire que la chancellerie et la présidence du Conseil n'ont pas suivi jour par jour l'instruction et que la veille de la clôture MM. le président du Conseil, le garde des sceaux, le procureur général et le directeur des affaires criminelles ont tenu au Sénat une conférence uniquement pour causer de la pluie et du beau temps?

A qui fera-t-on croire que pour la première fois depuis que la chancellerie et le Parlement existent, un dossier de cette nature ait pu venir du Palais de Justice au Palais-Bourbon sans être connu de la chancellerie? Pour un Gouvernement qui se pique de libre-pensée, vous demandez à vos adversaires trop d'actes de foi.

N'est-il pas évident que sous un régime pareil il n'y a plus de sécurité pour les intérêts des personnes? Si un homme politique est accusé, il peut se défendre. Il va devant une commission d'enquête, dont les débats sont livrés à la publicité. La défense a autant de retentissement que l'attaque.

Mais que devient le simple citoyen livré entre quatre murs au pouvoir d'un juge d'instruction, dès qu'il est entendu que ce juge d'instruction peut recevoir des ordres et agir dans un autre intérêt que celui de la recherche de la vérité?

Il est temps et grand temps de réagir contre un pareil système. Il n'y a plus de sécurité, je le répète, si la majorité républicaine couvre de son approbation de pareilles pratiques.

Quant à moi, il m'a suffi de faire connaître les faits à la Chambre dans leur netteté et dans leur suite. Je n'ai qu'un mot à ajouter : A se perpétuer, le péril qui menace ainsi tous les intérêts risquerait de devenir mortel pour le régime qui serait lui-même assez faible ou assez corrompu pour le laisser vivre et se développer.

M. Vallé répéta ce qu'il avait été dit à la Commission à savoir qu'il avait transmis le rapport sans le lire. Et sur cette affirmation il descendit de la tribune en déclarant qu'il ne voulait pas « discuter avec M. Millerand ».

M. Combes dit que la phrase était « malheureuse et maladroite ». Il se plaignit qu'une partie de la Chambre se montrât plus pressée de venger les offenses faites à M. Millerand que celles dont il avait

eu lui-même à souffrir. Il conclut en laissant entendre que si l'interpellation était jointe à la discussion du rapport, on se trouverait en présence
d'une situation nouvelle.   —

Après pointage, la Chambre, par 297 voix
contre 260, ordonna la jonction.

Le lendemain, 2 juillet, M. Cottignies, donnant au
Gouvernement une nouvelle preuve de son dévouement, se démettait des fonctions qu'il lui était d'ailleurs impossible d'occuper plus longtemps désormais.

Les conclusions de la Commission à vrai dire ne
furent pas discutées.

Dans sa séance du 10 juin, la Chambre, à la suite
de l'étrange déclaration de M. Combes, avait décidé
la nomination d'une Commission d'enquête, chargée
« de faire toute la lumière sur la tentative de corruption faite auprès de M. le président du Conseil ».

C'était donc le point qui aurait dû être discuté. Ce
fut celui que l'on écarta systématiquement. Aux
conclusions si nettes et si formelles de la Commission,
établissant, avec témoignages à l'appui, que la tentative de corruption si solennement dénoncée par
M. Combes n'avait jamais existé, la délégation des
groupes de gauche, « le Comité de salut ministériel », avait substitué un ordre du jour proclamant
urbi et orbi la parfaite honorabilité du président du
Conseil. Cette démonstration était superflue, parce
que la Commission avait pris soin de déclarer que
sa probité personnelle était intacte.

Mais en tout cas, ce jugement sur la personnalité
de M. Combes n'aurait pas dû exclure l'appréciation
des actes du président du Conseil, de l'homme
public.

C'était le contraire que voulait le « Comité de sa'ut ministériel ». Il prétendit étouffer le débat politique — et il y parvint — en donnant une place prépondérante et absorbante à un sentimentalisme de parade, derrière laquel disparaissaient les considérations les plus élevées de la politique.

En vain, le rapporteur de la Commission, M. Colin, puis son président, M. Flandin, s'efforcèrent-ils de ramener le débat sur son véritable terrain, de faire comprendre à la Chambre, qu'en vertu même de sa propre résolution, elle avait à se prononcer non pas sur l'honorabilité privée de M. Combes, que personne ne contestait, mais sur les actes précis de la politique gouvernementale. La lumière sur ce point était trop éclatante pour que ceux qui plaçaient la question ministérielle au-dessus de toutes les préoccupations consentissent à laisser le débat s'engager.

Avec une précision dont l'impitoyable logique était rehaussée par la modération de la forme, M. Flandin démontra que la tentative de corruption invoquée par le président du Conseil ne s'était pas produite, et qu'en jetant dans le pays les germes d'une émotion aussi profonde, en exposant le parti républicain à la suspicion et au discrédit, M. Combes ne s'était pas conduit en chef de Gouvernement conscient de son devoir et de sa responsabilité. A ce réquisitoire serré, irréfutable, M. Combes opposa le silence d'une tactique arrêtée.

En vain le président de la Commission, poursuivant sa tâche, étala-t-il devant la Chambre des mœurs judiciaires nouvelles devant lesquelles un Parlement, soucieux de l'indépendance de la magistrature n'aurait pas dû rester insensible. On lui répondit à gauche par des hou! hou! d'autant plus accentués qu'ils traduisaient une plus lamentable absence d'arguments.

Finalement, la majorité décida « de repousser toute addition » à l'ordre du jour célébrant les vertus de M. Combes, c'est-à-dire de ne pas examiner les conclusions qu'elle avait elle-même demandées à la Commission d'enquête (12 juillet).

Quelques jours plus tard, M. Lagrave était remplacé dans ses fonctions de commissaire général de l'Exposition de Saint-Louis. Et au mois d'octobre, M. Cottignies était nommé avocat général à la Cour de cassation.

Une interpellation de M. Bussière sur la révocation de M. Lagrave fut renvoyée à la suite des autres, c'est-à-dire *sine die*.

Lors de la discussion du budget du commerce (3 décembre), MM. Beauregard, Astier et Charles Bos constatèrent que M. Lagrave ayant fait éclater la mauvaise foi de M. Combes, M. Trouillot l'avait sacrifié, tandis que M. Cottignies qui avait rendu service au Gouvernement avait été réintégré. Mais leur protestation bien que légitime ne fut pas entendue par la majorité.

IX

LA DÉLATION

LA DÉLATION DANS L'ARMÉE

L'odieux système dont se servait le général André, ministre de la guerre, pour se renseigner sur les officiers, les noter et les classer sur les tableaux d'avancement et de concours de la Légion d'honneur fut révélé au pays par un débat public devant la Chambre (28 octobre.)

Il avait été précédé d'une campagne de presse commencée dans le *Matin*, et dont le champ avait été considérablement élargi par le *Figaro*.

Les faits révélés par le *Matin* étaient au nombre de trois.

Un officier instructeur de Saint-Cyr avait détourné une somme de 1.800 francs provenant de la caisse du mess. Au lieu d'être puni, il avait été simplement déplacé et envoyé dans un régiment de Paris. Et pourquoi? parce que, avait expliqué le ministre, c'était « un bon républicain ». En réalité parce qu'il était l'un de ces officiers dont le ministre se servait pour espionner les autres officiers. Le *Matin* ayant dévoilé le

fait, le ministre affolé l'avait frappé de la peine de mise
en retrait d'emploi; la faute indéniable du ministre
ne s'était pas bornée là; pour préparer sa défense,
il avait commis un faux en datant sa décision du 25
août, alors qu'en réalité elle était postérieure de vingt-
cinq jours et n'avait été prise qu'après la campagne
du *Matin*.

Un autre instructeur qui professait devant ses élèves
des doctrines internationalistes avait été envoyé dans
un régiment de Paris, tandis qu'un de ses collègues
qui avait protesté contre son attitude antipatriotique
avait été envoyé en province.

A Saint-Maixent, le commandant de l'école avait
donné à un élève la mission de surveiller les autres
élèves; il avait ouvert l'école à des conférenciers anti-
militaristes qui se plaisaient à dénaturer et à ridicu-
liser les faits les plus glorieux de notre histoire
militaire; à leur sortie les élèves étaient notés de la
façon la plus étrange: l'un d'eux, neveu du général
Dodds, avait reçu cette note : « Se fera aussi bien jésuite
que franc-maçon ». Qu'avait-on fait de ce commandant?
Le commandant militaire de la Chambre!

Le lieutenant colonel Rousset interpella le ministre de la guerre sur ces faits.

Le général André tenta de faire la preuve qu'ils
avaient été exagérés; il s'étendit longuement sur
son désir de ne se laisser guider dans les questions
d'avancement que par des considérations de mérite
et d'intérêt général.

Il fut remplacé à la tribune par M. Guyot de
Villeneuve. Celui-ci apportait un dossier bourré de
documents d'une authenticité indéniable qui faisaient apparaître la pratique constante au ministère
de la guerre de procédés abominables.

Un service de délation avait été organisé et fonctionnait au ministère de la guerre depuis plusieurs mois,
plusieurs années; il avait été confié au capitaine

Mollin, officier d'ordonnance du ministre. Les renseignements sur les officiers proposés par leurs chefs pour l'avancement ou la croix étaient demandés par lui au secrétaire du Grand-Orient, le F.˙. Vadecard : celui-ci transmettait la demande à un franc-maçon habitant la ville où les officiers enquêtés tenaient garnison; la réponse du correspondant du F.˙. Vadecard était consignée sur une fiche qui était envoyée au capitaine Mollin, classée par lui et répertoriée suivant la nature des renseignements recueillis sur un registre désigné par le nom de *Corinthe* ou sur un autre désigné par le nom de *Carthage*. L'officier qui avait les honneurs de l'un était en droit d'espérer toutes les faveurs, fussent-elles imméritées; au contraire la carrière de celui dont le nom figurait sur l'autre était à tout jamais compromise, son mérite et ses qualités professionnelles fussent-ils incontestables.

Quelle était la nature des renseignements demandés et donnés? Pour la préciser, M. Guyot de Villeneuve donna lecture de nombreux documents, portant tous l'en-tête : *Ministère de la Guerre. — Cabinet du Ministre,* et dont voici quelques-uns.

Visa du Grand-Orient de France
12 mars 1902
Nᵒ 3910

Paris, le 11 mars 1902.

T.˙. C.˙. F.˙. Vadecard,

Je vous envoie les deux listes ci-jointes dont l'une représente les officiers qui, ne réunissant pas les conditions d'ancienneté suffisantes pour être maintenus au tableau de concours pour la Légion d'honneur, l'ont cependant été grâce à leurs opinions républicaines que nous avons connues par vous, et dont l'autre représente, au contraire, les officiers qui réunissaient toutes les conditions d'ancienneté et de notes militaires pour être maintenus, mais que nous avons éliminés parce que vous nous les aviez signalés comme hostiles à nos institutions. Vous voyez par là que nous avons tenu un grand compte de vos renseignements : les républicains sont avantagés, les cléricaux sont désavantagés...

A vous très affectueusement.

MOLLIN.

Paris, le 8 mars 1902.

T∴ C∴ F∴ Vadecard,

Ci-joint je vous envoie une liste de commandants brevetés, devant par conséquent être à bref délai affectés à un service d'état-major et sur lesquels nous n'avons aucun renseignement. En nous en procurant vous nous donnerez le moyen de classer dans les états-majors importants et agréables ceux qui seraient par hasard républicains et au contraire de classer les autres dans des endroits comme Gap, Briançon et autres lieux de plaisance.

Si vous le voulez bien, ce ne sera là que le commencement d'un travail très vaste que nous avons l'intention de faire sur l'état-major tout entier; et, dans ce but, je vous enverrai d'autres listes semblables à celles-ci, c'est-à-dire comprenant des officiers brevetés. Au bout de quelque temps, c'est-à-dire quand ces messieurs se seront rendus compte qu'il y a vraiment avantage à être républicains, ils changeront de façon de faire et feront tout au moins semblant de l'être. Grâce à certaines dispositions prises ou à prendre prochainement par le ministre en ce qui concerne l'état-major, cette utile besogne peut être accomplie. Vous nous aiderez certainement. Sans votre concours, nous ne pourrions le faire que d'une façon très incomplète.

A vous très affectueusement.

MOLLIN.

Visa du Grand-Orient de France
18 octobre 1901
N° 9008

Paris, le 16 octobre 1901.

T∴ C∴ F∴ Vadecard,

Ci-joint une note concernant l'Ecole de Saumur, au sujet de laquelle vous avez obtenu satisfaction.

Avez-vous vu la dernière promotion? Si oui, je pense
que vous devez être content, car les généraux, les
colonels et officiers supérieurs nommés sont presque
tous républicains. Vous y êtes pour beaucoup, mon
cher ami, et nous ne saurions trop vous en remercier.

Très frat∴ à vous.

MOLLIN F∴

Les lettres du capitaine Mollin étaient innombrables;
elles étaient datées de 1901, 1902, 1903, 1904; elles
établissaient que pas une promotion, pas un changement de garnison n'avaient été signés sans que le
Grand-Orient eût été consulté, sur l'ordre du ministre.

Quant aux délateurs, ils appartenaient à tous les
milieux : préfets, magistrats, professeurs et autres,
fonctionnaires; médecins, avocats, officiers ministériels;
enfin des officiers de l'armée, séduits par des idées
d'ambition, avaient consenti à apporter leur concours
à l'office de renseignements du ministère de la guerre.

Quant aux notes en voici quelques-unes « pour préciser l'esprit qui y régnait », dit M. Guyot de Villeneuve
que nous citons textuellement :

La note sur le général Metzinger émanant du frère
Bédarrides, de Marseille, et portant le n° 12065, était
ainsi conçue : « Metzinger, son action est néfaste à
la tête d'un corps d'armée. Ses idées n'ont pas changé.
Il serait inoffensif à Paris comme membre du Conseil
supérieur de la guerre. »

Voici la note sur le général Lacoste rédigée par le
frère Bégnicourt, de Saint-Quentin : « C'est une fripouille
de mauvais aloi; c'est un élément nuisible dont il
faut se débarrasser par mesure de haute sécurité. »

Le frère Bernardin, de Toul, écrivait sur un commandant de la garnison : « C'est un orléaniste clérical; s'il
pouvait étrangler le ministre de la guerre, ce ne serait
pas long; c'est un jésuite qui salit l'armée. »

Le maire de Lorient écrivait que le colonel de
Courson était un parfait clérical; « il est temps, ajou-
tait-il, d'en désinfecter l'armée ».

Le frère Randonant dénonçait un colonel de Dijon :
« Très froid, très réservé, il a assisté à la messe de

première communion de son fils. « Il n'a jamais fait acte hostile contre le Gouvernement; il est difficile de connaître ses opinions politiques et philosophiques; ce ne doit pas être un républicain. »

Le frère Séjournan, de Chaumont, classait comme « douteux » le commandant Vagner, qu'il qualifiait lui-même de soldat dans toute l'acception du mot, appliquant le règlement à la lettre.

Voilà, continua M. Guyot de Villeneuve, les notes sur lesquelles, sans être entendus, des officiers sont condamnés.

Je ne blâme pas l'administration et la police de donner des renseignements au Gouvernement; je ne leur reconnais pas le droit de les donner au Grand-Orient. Or, M. le procureur de la République d'Orléans, M. Bourgueil, a transmis directement des renseignements au Grand-Orient. Par lettre du 14 juin 1902, il a communiqué au frère Vadecard un rapport officiel de la police sur l'abbé Lefranc. L'abbé Lefranc avait, au cours d'une procession, arboré un drapeau tricolore sur lequel était brodé un sacré cœur.

M. le ministre de la guerre a pour complice l'administration du président du Conseil, qui a su, qui a autorisé la délation contre les officiers. Deux lettres du capitaine Mollin, au frère Vadecard le prouvent : il lui écrit le 13 novembre 1902, au sujet d'un officier recommandé, dit-il, par le président du Conseil; mais celui-ci voudrait d'abord être fixé ; le 11 juillet 1902, il lui transmet la liste des colonels proposables pour le grade de général; il ajoute qu'on a demandé des renseignements aux préfets, mais que beaucoup de préfets sont encore mélinistes. Le général, dans le but de contrôler les renseignements demandés par la voie préfectorale, serait désireux d'obtenir des renseignements destinés à vérifier ceux qui vont être envoyés par les préfets.

M. le ministre de la guerre, d'accord avec M. le président du Conseil et avec le Grand-Orient, a donc organisé contre l'armée la délation et l'espionnage.

Ministre de la guerre, à qui la France avait confié la force et l'honneur de l'armée, vous avez divisé les officiers, vous avez jeté la discorde dans leur corps en y introduisant la politique et ses passions. Agissant ainsi, vous avez compromis ce que je considère comme au-dessus de tous les partis, je veux dire la défense nationale. Vous ne pouvez pas rester sur les bancs du Gouvernement. L'armée est trahie; elle n'a plus de chef; elle en appelle au Parlement.

L'exposé de M. Guyot de Villeneuve avait été coupé par deux interruptions, l'une de M. Combes qui, comprenant la nécessité de jeter du lest, avait désavoué le capitaine Mollin, l'autre de M. Barthou; mis personnellement en cause par un membre de l'extrême-gauche qui avait rappelé que c'était lui qui avait nommé ces préfets que le capitaine Mollin traitait de « mélinistes », M. Barthou lança d'une voix vibrante ces mots qui lui valurent une longue ovation :

Il n'y a pas les préfets d'une personne; il y a des préfets que j'ai nommés; vos présidents du Conseil les ont gardés. Mais, puisque vous me mettez personnellement en cause, je m'étonne qu'il n'y ait pas dans la Chambre un mouvement d'indignation commun devant les faits abominables qui ont été dénoncés. Sous prétexte de favoriser l'avancement des officiers républicains, les procédés qu'on a signalés n'auront d'autre effet que de perdre l'armée et de déshonorer la République.

Le général André, dans sa courte réponse à M. Guyot de Villeneuve, feignit avoir ignoré tout; il alla jusqu'à exprimer un doute sur l'authenticité de certaines pièces lues par l'interpellateur; il demanda un délai pour faire une enquête :

Si je constate, dit-il, que les choses se sont passées comme vous le pensez, je commencerai par prendre les mesures... et je n'hésiterai pas une minute à considérer que ma responsabilité est engagée.

M. Gérault Richard revendiqua pour tous les républicains le droit — il dit même qu'ils avaient le devoir — de renseigner le Gouvernement sur les tendances politiques de tous ceux qui détenaient une partie de la force publique.

Deux ordres du jour avaient été proposés.

Le premier, de M. Maujan :

« La Chambre, blâmant, s'ils sont reconnus exacts, les procédés inadmissibles signalés à la tribune et convaincue que le ministre de la guerre donnera, dans ce cas, les sanctions nécessaires, et repoussant toute addition, passe à l'ordre du jour. »

Le deuxième de M. Noulens :

« La Chambre, réprouvant les procédés de délation pratiqués au ministère de la guerre, passe à l'ordre du jour. »

Le ministre de la guerre ayant demandé à la Chambre de voter l'ordre du jour de M. Maujan, M. Doumer riposta :

Il ne me paraît pas possible de voter cet ordre du jour. Je crois que la grande majorité de cette Chambre blâme et réprouve les procédés de basse police dont on a apporté la preuve à la tribune, mais que tout le monde connaissait. Il n'est pas possible à M. le ministre de la guerre de rejeter aujourd'hui sur un subordonné une responsabilité qui lui incombe.

Je n'avais pas l'intention de prendre la parole ; il a fallu que nous nous trouvions en face de ce procédé singulier d'un ministre n'osant pas prendre de responsabilité. La Chambre ne doit pas absoudre les actes qu'on lui a signalés, et il n'est pas possible que, sous des prétextes d'ordre politique, on n'apporte pas un remède à la situation.

M. Maujan vint au secours du cabinet et l'on re-

marqua qu'il insistait sur cette considération que
si les faits étaient prouvés, le général André ne resterait pas au ministère. Le bruit qui courait que
c'était lui qui devait le remplacer fit remarquer
cette affirmation.

M. Noulens montra que la faute du ministre était
inexcusable.

Nous avons protesté, dit-il, contre l'influence cléricale
lorsqu'elle sévissait au ministère de la guerre; ce n'est
pas une raison pour approuver les procédés qui, depuis
trois ans, y ont cours. Lorsque nous avons donné notre
confiance à M. le ministre de la guerre, nous pensions
qu'il poursuivrait une œuvre républicaine par des procédés honnêtes.

M. Jaurès, pour les besoins de sa cause, nia l'évidence même, c'est-à-dire l'authenticité des documents que d'ailleurs il ne devait pas contester plus
tard ; puis il recommença la manœuvre qui lui avait
tout de fois réussi : « Vous faites les affaires de la
droite »! dit-il à M. Doumer. Les adversaires du ministre de la guerre étaient surtout préoccupés de
« laisser se reconstituer une caste militaire factieuse
et irresponsable » et de disloquer cette majorité républicaine qui était en train d'accomplir un merveilleux effort pour arriver à la séparation des
Églises et de l'État. Serait « dupe ou complice de
cette manœuvre qui voudrait ! »

La priorité en faveur de l'ordre du jour de confiance Maujan ne fut votée que par 282 voix contre 278. La première partie blâmant la délation fut
adoptée à mains levées ; la seconde le fut également
mais après pointage par 278 voix contre 274.

Pendant le pointage, le bruit s'était répandu que
le ministère était en minorité de 6 voix. Aussitôt

MM. Sarrien et Étienne avaient préparé un ordre du jour pour être présenté au nom des groupes de gauche et où la confiance envers le président du conseil aurait été inscrite. La crise aurait donc été limitée au général André.

Le lendemain, le *Figaro* publiait une lettre du capitaine Mollin au F∴ Vadecard datée du 21 juin 1901, où se trouvait cette phrase : « Le général me charge de vous demander de nous procurer des renseignements sur le colonel Vieillard... »

D'autre part le colonel Hartmann adressait au *Temps* la lettre suivante :

M. le général André connaît ces agissements depuis longtemps.

Il sait bien que les fiches secrètes d'officiers ont été conservées jusque vers la fin de 1902 dans le bureau du capitaine Mollin ; qu'à cette époque le général Percin a voulu les enlever à cet officier ; que celui-ci, même menacé d'arrêts, a refusé de les donner, en invoquant qu'il était le représentant direct du Grand-Orient auprès du ministre ; que le conflit lui a été soumis, à lui le général André, et qu'il s'est borné à répondre au chef de cabinet qu'il n'entendait pas se brouiller avec le Grand-Orient ; que quelque temps après le général Percin, mettant à profit une absence du capitaine Mollin, a fait transporter d'autorité les fiches secrètes dans une pièce secrète attenant à son bureau.

Le capitaine Mollin, qui s'était acquitté avec tant de ponctualité de la mission que le général André lui avait expressément confiée, poussa le dévouement jusqu'à se sacrifier pour essayer de le sauver. Il envoya sa démission d'officier ; c'était plus que ne lui en demandait son ministre qui lui avait simplement signifié qu'il ne faisait plus partie de son cabinet et qu'il serait envoyé dans un régiment.

Cependant le *Figaro* continuait sa courageuse campagne en publiant chaque jour des documents montrant le fonctionnement du service de délation organisé au ministère de la guerre. Ces documents étaient tellement nombreux qu'à la fin de l'année 1904, ils n'avaient pu encore être tous publiés, bien que chaque jour plusieurs colonnes du journal fussent remplies par leur reproduction.

De cette publication il résultait que le service était réparti au cabinet du ministre en trois sections. La première confiée au capitaine Mollin avait dans ses attributions les relations avec la franc-maçonnerie ; la seconde confiée au commandant Bernard centralisait les dénonciations *anonymes* ; cet officier en appréciait l'intérêt, il y inscrivait un coefficient 0 à 20 qui était désormais celui à l'aide duquel le ministre allait noter les officiers dénoncés ; puis il les transmettait au capitaine Mollin qui les classait avec ses fiches et les répertoriait sur les fameux registres *Corinthe* et *Carthage*. La troisième était chargée de recevoir les renseignements fournis par des officiers sur leurs camarades, notamment par le commandant Pasquier, directeur de la prison militaire du Cherche-Midi, le commandant Boquéro et le colonel Jacquot.

Comment M. Guyot de Villeneuve et le *Figaro* s'étaient-ils procuré ces documents? Un employé du Grand-Orient, nommé Bidegain, les avait détournés et les leur avait vendus. Le Grand-Orient déposa une plainte contre M. Guyot de Villeneuve qu'il considérait comme complice de la soustraction commise par Bidegain ; mais il ne fut pas donné suite à cette plainte ; aucun jury, d'ailleurs, n'aurait assumé la responsabilité de se constituer le défenseur des agissements de la franc-maçonnerie.

La précision des accusations portées, la provenance des documents mis au jour, l'aveu implicite du Grand-Orient, toutes les circonstances de l'affaire établissaient d'une façon lumineuse l'authenticité des pièces constituant le dossier de M. Guyot de Villeneuve. Le général André les avait-il connues, les avait-il utilisées? Il n'était malheureusement que trop vrai qu'il s'en était constamment servi et le *Figaro* le prouva en publiant le fac-similé photographique d'un tableau de concours pour la Légion d'honneur, signé du paraphe du général André, et dans lequel une colonne contenait, pour chaque candidat, un renvoi à l'une des fiches colligées par le capitaine Mollin. Parmi ces candidats se trouvaient des officiers qui étaient en Chine ou au Tonkin, et par conséquent dans l'impossibilité de se défendre.

Ce n'était pas seulement le général André qui était responsable, c'était M. Combes lui-même, car il connaissait depuis deux ans l'œuvre de police maçonnique organisée par le capitaine Mollin. La preuve en était dans une démarche faite en 1902 par le général Percin, chef du cabinet militaire du général André, auprès de M. Waldeck Rousseau, qui avait laissé lui-même le récit de cette visite et de sa visite subséquente à M. Combes. Voici ce récit, trouvé dans ses papiers après sa mort, et dont le *Figaro* publia le fac-similé :

35, rue de l'Université.
24 décembre 1902.

Reçu la visite du général Percin. Au mois de septembre, le capitaine Humbert, venu à Corbeil pour m'entretenir de la situation difficile qui lui était faite, me donnait incidemment sur certaines pratiques du

23.

cabinet cette indication : que certains correspondants
spontanés étaient trop écoutés lorsqu'il s'agissait de
connaître les opinions politiques de certains officiers.
Aujourd'hui, le général Percin a été plus explicite. Il
m'a dit qu'un officier du cabinet, M. Mollin, recevait
des loges des notes sur les officiers, qu'elles servaient
à établir des fiches. Personnellement, il n'a jamais
tenu compte de certains renseignements, mais on est
arrivé à faire figurer sur les feuilles contenant ceux
qui concernent les titres des officiers une colonne d'appréciations renvoyant à la fiche établie. Le général
Percin me demandait s'il devait donner sa démission.
J'ai vu à cette solution des inconvénients que je lui ai
fait apercevoir. On attribuerait son départ à de toutes
autres raisons que celles qu'il pourrait indiquer, car il
y a, paraît-il, auprès du ministre, un parti qui le représente comme desservant son chef pour le remplacer.
Mais je lui ai dit que s'il devait, à mon sens, rester à
son poste, il devait refuser catégoriquement de se prêter à des pratiques aussi « extraordinaires, aussi *blâmables* et aussi *inadmissibles* » que celles qu'il me signa-
lait, et de laisser figurer dans les renseignements
personnels ceux puisés aux sources les moins autorisées
et qui pouvaient être les plus suspectes. J'admettais très
bien que les préfets, représentants du pouvoir central,
fussent consultés pour les avancements importants. Ils
offrent des garanties et ils sont responsables, mais personne ne pourrait imaginer qu'on fît état des renseignements fournis par le premier venu. La délation n'avait
pas besoin d'être encouragée. Le général m'a promis
qu'il se conformerait à la ligne de conduite que je lui
indiquais.

30 *décembre*. — Vu Combes. Je lui ai rapporté la conversation précédente. Mon avis est que le procédé mis
en vigueur à la guerre est inadmissible et déchaînera de
légitimes colères quand il sera connu. Combes en convient. Il ne connaissait pas les feuilles avec renvoi aux
fiches. Tout cela doit cesser; mais il attend Delpech
après les élections sénatoriales.

La situation devenait donc singulièrement dange-

reuse pour le ministère. A la séance du 28 octobre,
les amis du Gouvernement avaient été unanimes à
affirmer que les faits portés à la connaissance de la
Chambre par M. Guyot de Villeneuve étaient abominables. La seule raison qu'ils eussent eu de ne
point flétrir, séance tenante, les personnes à qui
elles étaient imputées, c'était que l'authenticité
n'en était pas encore certaine.

Ce jugement avait été formulé par le ministre de
la guerre en personne : « Je blâme très énergiquement... Si je viens à constater la réalité des faits,
je n'hésiterai pas une minute... » ; il avait été celui
de M. Jaurès qui répudiait « l'emploi de moyens
occultes d'informations, indignes d'un Gouvernement
républicain », et aussi celui de M. Maujan, auteur
de l'ordre du jour voté par la majorité : «... nous
vous demandons, après avoir blâmé de tels procédés, d'attendre que les faits soient vérifiés et vous
ne pouvez loyalement nous refuser ce court délai,
lorsque *nous réclamons contre leurs auteurs les sanctions nécessaires...* » ; il avait été, enfin, celui de
la majorité elle-même qui avait voté les mots
«... blâmant, s'ils sont reconnus exacts, les procédés inadmissibles signalés à la tribune... ». M. Clemenceau ne faisait que paraphraser cet ordre du
jour quand il écrivait dans l'*Aurore* :

> Ce que je ne saurais admettre, c'est que le ministre
> de la guerre recommence, avec ou sans la franc-
> maçonnerie, les dossiers secrets de l'affaire Dreyfus,
> car il n'y a là, j'ai le regret de le dire, que du *jésui-
> tisme retourné.*

Or, non seulement le général André avait été à
même de constater que les choses s'étaient bien
passées comme l'avait dit M. Guyot de Villeneuve,

mais il était avéré, que lorsqu'il avait répondu au réquisitoire de M. Guyot de Villeneuve en feignant d'entendre parler de ces choses pour la première fois, il avait joué une odieuse comédie et que M. Combes n'avait pas été plus sincère quand il s'était indigné et avait désavoué le capitaine Mollin.

Mais M. Jaurès qui prévoyait que la chute de M. Combes marquerait la fin de l'influence politique des socialistes, entreprit de sauver M. Combes ; et, puisque le général André ne poussait pas l'abnégation aussi loin que son fidèle Mollin, puisqu'il n'avait pas démissionné et que sa chute pouvait entrainer celle de M. Combes, il fallait le sauver lui aussi. Tâche difficile qui aurait répugné à de moins délicats que M. Jaurès, mais qui ne le rebuta pas. Payant d'audace, il ne discutait plus la réalité des faits, mais il qualifiait l'indignation de la Chambre d' « hypocrisie » ; chez les uns ç'avait été de l' « impudence » et du « pharisaïsme », chez les autres de la « faiblesse » et de la « panique ».

Le ministre de la guerre, écrivait il dans l'Humanité. a eu le tort de ne pas affirmer assez haut que, responsable de la République, il avait le devoir absolu de déjouer la perpétuelle conspiration cléricale qui tend à faire de l'armée, contre la République un instrument de servitude. Ceux qui affectent de se scandaliser de ce que des officiers fréquentant les loges aient donné des renseignements sur leurs camarades sont des fourbes qui veulent continuer l'asservissement de l'armée aux puissances cléricales, et prolonger, au profit des favoris du jésuitisme, la mise hors la loi des officiers républicains. Avec une hypocrisie scélérate ils qualifient de délation tous les *actes de légitime défense* par lesquels des officiers républicains tentent d'échapper à l'effroyable oppression du haut militarisme clérical, si longtemps maître de l'armée.

C'est déjà trop que la démission du capitaine Mollin. La République ne saurait, sans suicide, frapper les bons et courageux serviteurs qui se sont exposés pour elle, durant les longs jours de la domination cléricale, aux haines et aux mépris de la haute armée jésuitique, aux mortifications et aux dégoûts. Il est temps de rappeler ses méfaits à l'impudente coterie cléricale qui, après avoir pratiqué pendant trente ans, dans le recrutement et l'avancement des officiers, une politique d'exclusivisme et de délation, ose *dénoncer comme infâme le juste effort du Gouvernement républicain pour réparer les iniquités d'hier et prévenir celles de demain.*

De son côté le Conseil du Grand-Orient adressait à toutes les loges un long factum dont nous extrayons les deux passages suivants :

... Et maintenant nous tenons, au nom de la franc-maçonnerie tout entière, à déclarer hautement qu'en fournissant au ministère de la guerre des renseignements sur les serviteurs fidèles de la République et sur ceux qui, par leur attitude toujours hostile, peuvent faire concevoir la plus légitime inquiétude, le G∴ O∴ de France a la prétention non seulement d'avoir exercé un droit légitime, mais d'avoir encore accompli le plus strict des devoirs.

... Nous signalons au moins à nos loges, à tous les maçons présents et à venir, les votes de défaillance, de peur et de lâcheté d'un certain nombre de républicains qui, au moment où il fallait faire bloc contre la réaction déchaînée, sont allés mêler leurs voix à celles de nos plus acharnés ennemis. Cela rappelle, hélas! les défaillances, les peurs et les lâchetés des plus sombres jours du boulangisme et du nationalisme triomphants.

Les francs-maçons et les socialistes considéraient donc que l'acceptation de la démission du capitaine Mollin constituait un acte gouvernemental dépassant de beaucoup la sanction que comportait le vote de l'ordre du jour Maujan; au surplus ils considéraient ce vote comme nul et de nul effet. Le Gouvernement semblant partager cette manière de voir, M. Guyot de Villeneuve déposa une nouvelle interpellation.

Mais les événements allaient servir les ministériels quand même, bien au delà de leurs espérances. Ce fut tout d'abord un incident soulevé devant le Conseil de guerre auquel avaient été déférés l'archiviste Dautriche et trois autres anciens officiers du service des renseignements (voir page 380).

Au cours des débats, il avait été établi que le bureau des renseignements, avant l'arrivée du général André, avait coutume d'établir des dossiers et des fiches sur des hommes politiques et des journalistes. Il y avait là matière à créer une diversion utile aux intérêts du cabinet en confondant deux questions qui n'avaient entre elles aucun rapport. M. Berteaux se chargea de l'opération : il déposa donc une demande d'interpellation visant les suites que comportaient les révélations de l'existence au ministère de la guerre de fiches concernant des hommes politiques et de fiches concernant des officiers.

Le dépôt de cette interpellation fut bientôt suivi d'une autre de M. Jaurès dont le libellé indiquait à lui seul l'intention bien arrêtée des socialistes de faire dévier le débat : elle portait en effet « sur les mesures que le Gouvernement comptait prendre pour protéger les officiers républicains, l'armée et la République contre le favoritisme aristocratique et clérical ».

Malgré les protestations de M. Guyot de Villeneuve qui estimait que la Chambre, pour sortir « de l'atmosphère de mensonge où nous vivions » de-

vait discuter séparément son interpellation, « une
question de défense nationale devant être discutée
sans qu'on y mêlât la politique », la jonction de
son interpellation à celle de M. Berteaux et à celle
de M. Jaurès fut votée par 310 voix contre 240
(3 novembre. La discussion eut lieu le 4 novembre.

M. Guyot de Villeneuve rappela les déclarations
faites à la séance du 28 octobre par M. Jaurès, par
le ministre de la guerre et le président du Conseil,
enfin les termes de l'ordre du jour Maujan.

Un sursis avait été demandé pour vérifier ses accusations! Depuis cela, qu'a fait le ministre? Il n'a pas
encore accepté la démission du capitaine Mollin et
il s'est borné à demander des explications au commandant Pasquier; il m'a demandé communication de
mon dossier, comme s'il mettait en doute son authenticité. Les publications faites par le *Figaro*, le témoignage posthume de M. Waldeck-Rousseau prouvent
que ce qui s'est fait au ministère de la guerre se faisait
par ordre du général André et que M. Combes n'en
ignorait rien. La Chambre doit au pays de condamner
l'auteur et le complice de semblables agissements.

**Le général André répondit en faisant longuement
sa propre apologie.**

Lorsqu'il était arrivé au ministère, il avait trouvé
l'armée profondément divisée par les menées réactionnaires. Il cita deux ou trois faits particuliers d'où il
prétendit tirer la preuve qu'on était en droit de douter
du loyalisme des chefs et que ceux-ci encourageaient
leurs subordonnés à user de mauvais procédés à l'égard
de leurs camarades républicains. La tâche lui incombait de républicaniser l'armée. Il s'était adressé au
haut commandement; mais contre l'inertie ou la mal-
veillance de celui-ci étaient venus se briser tous ses
efforts; et cependant c'était son devoir de s'assurer,
avant de comprendre un officier dans une promotion,

non seulement de ses qualités militaires, mais aussi de
la correction de son attitude vis-à-vis de nos institutions; dans ces conditions, d'accord avec M. Waldeck
Rousseau, alors président du Conseil, il avait demandé
des renseignements aux préfets; par la suite il avait
autorisé le capitaine Mollin à demander et à recevoir
des renseignements; les cond   ons dans lesquelles cet
officier avait usé de cette   ..orisation étaient blâmables; mais, il avait agi ainsi sans en avoir référé à
ses chefs qui ne devaient pas en être rendus responsables. Quant aux autres officiers accusés d'avoir fourni
des renseignements sur leurs camarades, le ministre
soutint, contre toute vraisemblance, que s'il leur était
arrivé de renseigner des loges sur le compte de certains officiers, ce n'avait été que dans des cas où il
s'agissait d'officiers demandant à entrer dans la franc-
maçonnerie.

M. Berteaux rappela qu'il avait été établi au
procès Dautriche qu'en 1898 et 1899, partie des
fonds mis à la disposition du service des renseignements pour assurer la défense nationale, avait
été employée à constituer des dossiers sur des hommes
politiques, notamment sur M. Brisson, alors président du Conseil, et sur M. de Freycinet, alors ministre de la guerre.

Ces pratiques avaient cessé depuis l'arrivée du
général André au ministère. Elles révélaient que l'influence des grands chefs qui, pendant vingt-cinq ans,
avaient été maîtres des Commissions d'avancement
avait fait pénétrer l'esprit réactionnaire dans l'armée;
ainsi s'expliquaient les incidents militaires qui s'étaient
produits aux obsèques de Félix Faure et après l'élection de M. Loubet, les mises en quarantaine dont certains
officiers républicains avaient été victimes. Il fallait
que le ministre prit la défense des officiers républicains
et fît comprendre aux autres que leur place n'était plus
dans l'armée républicaine. Pour républicaniser l'armée
nous avions deux moyens : la réforme du recrute-

tement des officiers par le passage égalitaire dans les
régiments avant leur entrée dans les écoles militaires,
réforme qui avait pour complément nécessaire celle
de la loi sur l'avancement; et en second lieu, la
réforme des écoles militaires.

M. Jaurès fut l'éloquent orateur d'une. cause
mauvaise. Avec infiniment d'art il déplaça la question, feignant de croire que ce qui était en cause
c'était « le droit pour la République de contrôler
les sentiments politiques des hommes auxquels elle
confiait sa propre défense », et de « prendre des
garanties ».

Aujourd'hui, on essaye de discréditer tous les
moyens de contrôle par lesquels le Gouvernement
peut rechercher les garanties que j'indique. On parle
de délation, comme si ce n'était pas là le moyen favori
qu'ont employé la réaction et le cléricalisme depuis
plus de trente ans.

Pourquoi la proportion des officiers nobles qui est
pour les lieutenants de 11 p. 100 s'élève-t-elle à 29 p. 100
pour les généraux?

Est-ce en raison des vertus militaires de la noblesse?
elle a toujours été héroïque et vaillante sur les champs
de bataille du passé; mais ce courage que je reconnais
à la noblesse vous ne refuserez pas de le reconnaître
aux enfants du peuple.

Les nobles ont donc bénéficié d'une faveur indéniable.
Et par quel moyen? Par un moyen plus dangereux
que celui des notes secrètes : par celui des notes chif-
frées, c'est-à-dire rédigées en langage conventionnel;
par exemple, d'un officier républicain on dit qu'il
« fait de la politique ».

... Au lendemain de la guerre, la République, trop
confiante, avait cru que l'armée, qui avait vu le gouffre
de Sedan et la trahison de Metz, ne consentirait
jamais à rester asservie à des dictatures impériales.
Elle fit confiance à l'armée nouvelle qui naissait.

Et voilà qu'un travail sourd et permanent s'opéra.

Les forces de réaction devinèrent quel parti on peut
tirer dans un pays de suffrage universel des défaillances passagères de l'esprit républicain. Elles voulu-
rent, avec l'armée, avoir toujours prêt un redoutable
instrument qui, aux heures troubles, mure à jamais dans
un sépulcre la liberté qui, sans doute, bientôt viendrait
à renaître.

Voilà ce qu'il faut abattre. C'est en fortifiant le contrôle républicain que nous ferons face à l'ennemi.

La singulière théorie de M. Jaurès devait être
appréciée en ces termes par Kautsky dans le
Vorwaerts, l'organe officiel du socialisme allemand.

... En principe nous devons nous prononcer contre
toute surveillance policière ou même privée du loyalisme politique, soit des officiers, soit des autres serviteurs de l'État; nous devons rester fidèles à ce principe
qui déclare que les plus grandes canailles d'un pays
sont les dénonciateurs.

M. Georges Leygues, en un vibrant discours, ramena la question à ses véritables termes.

La question, dit-il, est très simple. Il s'agit de savoir
si la délation peut devenir un procédé de gouvernement. Il faut que la Chambre dise si elle veut revenir
en arrière. Il faut savoir si tous les citoyens peuvent
être à la merci d'une centaine d'individus, masqués
pour la plupart et sans mandat.

Mes amis et moi ne sommes pas dupes des indigna-
tions d'un certain parti. Tous nos aînés ont dénoncé
au pays ces procédés abominables, et c'est ce qui a
fait l'honneur du parti républicain. Aujourd'hui la
délation a envahi l'armée.

M. CHAUVIÈRE. — Qu'avez-vous fait contre Hervé?

M. G. LEYGUES. — J'ai reçu des lettres anonymes
contre Hervé. Je les ai brûlées. J'ai rejeté toutes les
plaintes qui m'ont été adressées contre lui. S'il a été
poursuivi, c'est à la suite d'une instruction judiciaire.

Avez-vous oublié le rôle qu'ont joué, il y a quelques années, les dossiers secrets et les pièces secrètes. Avons-nous lutté pour en arriver à instituer aujourd'hui la délation comme moyen de gouvernement?

Je suis de ceux qui ont lié leur conscience à l'œuvre de vérité et de justice.

Nous avons chassé de la rue Saint-Dominique l'influence prépondérante de la rue des Postes. Ce n'est pas, je pense, pour y apporter les mêmes procédés.

Si nous avons poursuivi la réparation du forfait commis contre un officier juif parce que juif, ce n'est pas pour remettre en honneur les procédés qui étaient en honneur au ministère de la guerre.

Il n'y a plus de Gouvernement, il n'y a plus de Chambre, si les dénonciateurs peuvent exercer impunément leurs basses vengeances.

Il faut que la majorité montre l'énergie nécessaire pour flétrir des actes blâmables que la conscience publique et tous les honnêtes gens condamnent.

Le Gouvernement a le droit de prendre des renseignements à condition d'abord qu'ils ne touchent pas à la vie privée de l'officier, ensuite qu'ils soient contrôlés, d'où qu'ils viennent, par l'administration centrale; enfin, il faut qu'une sanction intervienne chaque fois qu'un manquement grave aura été constaté.

M. Combes répondit qu'il avait déjà blâmé les procédés usités au cabinet du ministre de la guerre, et visés dans l'ordre du jour Maujan.

Mais il admettait très bien que des comités, des associations fussent admis à fournir des renseignements à la condition que ces renseignements fussent vérifiés par l'autorité administrative avant d'être incorporés aux dossiers des officiers. Il n'osa pas nier que l'établissement des fiches eût fait l'objet d'une conversation entre M. Waldeck Rousseau et lui; mais il ne lui en « était resté qu'un souvenir assez vague », et l'assurance que lui avait donnée le général André que tous les renseignements avaient été contrôlés avant d'être inscrits sur les fiches l'avait pleinement satisfait.

Le capitaine Mollin avait abusé de la confiance de son ministre en ne procédant pas régulièrement à ce travail de contrôle; il s'était fait justice; que voulait-on de plus? Les procédés du Gouvernement étaient donc *réguliers*.

M. Millerand s'emparant des derniers mots du président du Conseil, lui demanda :

Qu'entendez-vous par moyens réguliers ? Le ministre de la guerre a déclaré que les chefs ne le renseignaient pas sur mille incidents quotidiens; il a déclaré que le capitaine Mollin était autorisé à demander et à recevoir des renseignements; le capitaine Mollin disparaît du cabinet du ministre, c'est entendu : va-t-il demain y être remplacé par un autre officier qui, pour porter un autre nom, fera la même besogne, cette besogne que la Chambre était unanime à condamner, à flétrir vendredi, qu'une partie s'apprête, semble-t-il, à approuver aujourd'hui?

Voilà ce qu'il faut d'abord préciser; et voici d'autres observations, plus graves, plus douloureuses, qu'il faut présenter à la Chambre et, si elle y reste sourde, qu'il faut dire au pays.

Qu'est-ce que le système nouveau qu'on nous apporte, sous prétexte de combattre la congrégation? On emprunte à la congrégation ses armes et jusqu'à ses procédés. La fin justifie les moyens. Et quelle fin? La constitution d'une armée républicaine!

Vous avez la folie de croire que c'est avec de pareils procédés que vous constituerez une armée républicaine? Ne voyez-vous pas que vous ne faites ainsi que donner une prime à l'hypocrisie, et que ceux qui hier allaient à l'église pour obtenir de l'avancement iront demain dans le même but à la loge avec la même pensée.

Sans doute, vous réaliserez ainsi l'idéal que paraissait se proposer dans ses lettres le principal agent de ce système, lorsqu'il disait : « Au moins, ils feront semblant d'être républicains. »

Un si brillant résultat vaut-il qu'on déshonore le parti républicain et qu'on jette à pleines mains des

ferments de haine et de division dans l'armée et dans
le pays?

Je demande si, après ces révélations, il y aura une
ville où l'on ne trouve quelque famille qui ait lieu de
craindre pour quelqu'un des siens. Ce système appliqué
à l'armée fera vite son chemin dans le monde. Il n'y
aura pas une commune qui n'ait son ou ses dénonciateurs publics.

Vous aurez ressuscité, en le rapetissant à votre
taille, le régime des suspects. Mais que vous importe!
Périssent les principes plutôt que le ministère! Et qui
tient ce langage? Ceux-là mêmes qui, plaçant le droit
au-dessus de tout, ont soulevé le pays par leurs cris
de : « Lumière, vérité, justice. »

Libre à eux de se rapetisser ainsi! Ils ont dû leur
succès à la bonté de leur cause et à la noblesse des
principes dont ils se sont faits, une heure, les représentants.

La vérité et la justice ne changent pas. Vous jugez
aujourd'hui convenable de les renier. Soit, elles demeu-
rent et vous passerez.

**M. Guieysse, en quelques mots, expliqua pourquoi
il ne pouvait approuver le Gouvernement :**

Je me suis ému en voyant que la Chambre oubliait
l'ordre du jour voté vendredi et qui visait M. le ministre
de la guerre, seul responsable des agissements d'un
officier de son cabinet. Quand nous lui avons fait
crédit vendredi, nous espérions les explications qu'il
nous promettait; car, à la dernière séance, M. le
ministre de la guerre a fait l'ignorant; il a déclaré
qu'il ne savait pas ce que c'était que les lettres du
capitaine Mollin. Cela paraissait assez inadmissible.
Aujourd'hui, M. le ministre de la guerre, avec une
crânerie qui lui a manqué à la séance de vendredi
dernier, a proclamé son droit d'user de ces moyens,
mais il a déclaré que M. Mollin avait agi contre ses
instructions. Je ne puis admettre que pour se tirer
d'affaire le ministre se cache ainsi derrière son subordonné.

La Chambre ne se trouvait pas en présence de moins de neuf ordres du jour. Le Gouvernement déclara accepter celui de MM. Bienvenu-Martin, Berteaux, Jaurès et Thomson ainsi conçu :

La Chambre, convaincue que le devoir de l'Etat républicain est de défendre contre les influences de l'esprit de caste et de réaction et par les moyens de contrôle régulier dont il dispose, les fidèles et courageux serviteurs de la République et de la nation, compte sur le Gouvernement pour assurer, dans le recrutement et l'avancement des officiers, avec la reconnaissance des droits, des mérites et des services de chacun, le nécessaire dévouement, de tous aux institutions républicaines, et repoussant toute addition, passe à l'ordre du jour.

M. Vazeille proposa l'ordre du jour pur et simple, avec cette signification qu'il « serait la confirmation de l'ordre du jour voté le 28 octobre ».

M. Combes repoussa l'ordre du jour pur et simple. Le vote eut lieu au milieu d'une vive agitation ; il donna lieu à pointage. Par 279 voix, dont 7 voix de députés ministres, contre 277, l'ordre du jour pur et simple fut repoussé.

Par 286 voix contre 276, la priorité fut accordée à l'ordre du jour Bienvenu-Martin.

La séance durait depuis huit heures sans interruption et une certaine effervescence régnait dans la salle ; on se disposait à voter sur l'ordre du jour Bienvenu-Martin par division et une addition blâmant le ministre de la guerre allait être proposée avec les plus grandes chances d'être adoptée, ce qui aurait entraîné la chute inévitable du Cabinet, lorsque se produisit un incident qui assura son triomphe.

Un député nationaliste, M. Syveton, s'approchant

du général André qui lui tournait le dos, se livra
sur sa personne à des voies de fait avec tant de violence que le ministre tomba sur son pupitre.

La censure avec exclusion temporaire fut prononcée contre M. Syveton qui fut expulsé de la salle
des séances.

Après quoi l'ordre du jour Bienvenu-Martin fut
adopté par 297 voix contre 221 ; la demande de
division avait été retirée et l'idée d'une addition
abandonnée, en raison du sentiment général de
réprobation inspiré par l'acte de M. Syveton qui
avait ainsi sauvé le ministère.

M. Syveton, dans une lettre à ses électeurs, expliqua qu'il avait voulu venger les officiers « frappés
dans leur carrière et leur avenir par le ministère de
délation » que la Chambre avait « absout » par ses
deux premiers votes.

Le 9 novembre, la Chambre autorisait des poursuites contre M. Syveton, à raison de l'attentat commis par lui sur la personne du général André.
L'affaire devait venir devant le jury de la Seine,
le 9 décembre. Mais la veille de sa comparution,
M. Syveton décédait subitement dans des conditions
assez mystérieuses. Une instruction judiciaire fut
ouverte pour établir les causes de cette mort qui, se
produisant dans de telles circonstances, était incontestablement suspecte. L'instruction écarta tout de
suite l'hypothèse d'un accident : restaient celle d'un
suicide et celle d'un crime ; malgré les objections
soulevées par l'hypothèse d'un suicide, le juge
d'instruction conclut que, menacé par ses proches
de révélations scandaleuses concernant des faits
d'immoralité extrêmement graves dont il s'était
rendu coupable sur la personne de sa belle fille,

M. Syveton avait volontairement mis fin à ses jours, en s'asphixiant à l'aide du gaz d'éclairage.

Le 15 novembre, le général André donnait sa démission. Des émissaires de M. Combes lui avaient persuadé qu'il devait faire le sacrifice de son porte-feuille. Et il avait consenti à partir sous l'outrage de M. Syveton, sans s'être représenté devant la Chambre, ne voulant pas, disait-il dans sa lettre de démission, être « même par hypothèse une cause de désunion dans la majorité républicaine ».

Les conditions dans lesquelles le général André avait été amené à se retirer étaient nettement indi-quées et appréciées par M. Clemenceau qui écrivait dans l'*Aurore* :

M. Combes a *démissionné* le général André. M. le président du Conseil est tombé dans cette illusion de croire que la faiblesse du Cabinet venait de la présence du général André au ministère de la guerre. Il a donc conçu tout aussitôt et réalisé la pensée de se débarrasser du collègue fâcheux dont il a connu et encouragé, tacitement au moins, toutes les fautes. Le malheureux guerrier s'est vu, en conséquence, assiéger chaque jour par une troupe d'*amis* qui lui conseillaient le départ. Il a fait quelques résistances, puis il a capitulé sans les honneurs de la guerre.

Le jour même où le général André « était *démis-sionné* », M. Berteaux, rapporteur du budget de la guerre, le remplaçait au ministère de la guerre.

Le départ du général André était malgré tout une satisfaction légitime donnée au pays et en parti-culier à l'armée. Mais était-elle une sanction suffi-sante? Il semblait que l'on fût en droit d'en attendre d'autres et cette opinion était incontestablement celle de plusieurs des membres du Gouvernement.

En effet, parmi les délateurs, parmi les « correspondants » du Grand-Orient, on trouvait non seulement, comme nous l'avons déjà dit des officiers, mais aussi des fonctionnaires, magistrats, membres de l'enseignement, agents des travaux publics.

Disons tout de suite que le nouveau ministre de la guerre placé entre sa sympathie pour la franc-maçonnerie et son devoir, adopta une solution en quelque sorte transactionnelle; il ne déféra pas les officiers délateurs à des conseils d'enquête; mais il leur imposa des changements de corps.

M. Chaumié, de son côté, à l'occasion d'une question que lui posa M. Grosjean, le 15 novembre, fit savoir qu'il avait infligé la peine de la réprimande à un correspondant de M. Vadecard, M. Gaumand, professeur au lycée de Gap, et qu'il l'avait déplacé; il laissa entendre que les autres membres de l'Université, coupables des mêmes agissements, seraient également frappés.

Enfin, sur une mise en demeure de M. Vallé, M. Bourgueil, juge d'instruction du tribunal de la Seine, abandonna son cabinet d'instruction. De plus, M. Vallé avait demandé sa démission à M. Bernardin, juge de paix à Pont-à-Mousson.

L'attitude de MM. Vallé et Chaumié souleva une vive émotion au Grand-Orient. Une délégation, composée de ses principaux membres, se rendit auprès du président du Conseil pour protester contre les mesures déjà prises à l'égard de M. Bourgueil et de M. Gaumand et contre celles que l'on projetait de prendre à l'égard des autres fonction·naires délateurs; les groupes parlementaires d'extrême gauche protestèrent dans le même sens et, M. Combes promit aux uns et aux autres... qu'il

s'emploierait de son mieux à arranger les choses!
(16 novembre).

Le lendemain même, (17 novembre) deux interpellations étaient déposées par MM. Flayelle et
Charles Benoist visant toutes deux le cas de M. Bernardin et des autres magistrats délateurs.

M. Charles Benoist demanda la fixation de la
discussion de ces interpellations à une date rap-
prochée. Il voulait savoir si le Gouvernement,
cédant à l'injonction que lui avait adressée le Grand-
Orient, avait renoncé à frapper des juges qui
s'étaient faits les pourvoyeurs d'une sorte d'agence
Tricoche et Cacolet.

M. Combes répondit avec une certaine audace que
les fonctionnaires en cause ne seraient pas frappés.
A quoi bon ces discussions? Elles ne pouvaient que
« décourager les bonnes volontés » qui permettaient
au Gouvernement de « s'entourer de tous les renseignements » dont il avait besoin pour s'assurer de
l'attitude politique des fonctionnaires et des candidats aux fonctions publiques.

M. Ribot, dans une improvisation vengeresse, souligna les divergences de vues des membres du Cabinet en cette matière :

Vous avez dit, M. le président du Conseil, que ce qui
a été apporté à cette tribune ne méritait pas d'y être
apporté. Vous êtes le seul en France à tenir ce langage.
Si cela est vrai, pourquoi le ministre de la guerre est-il
parti? Il y a encore, dans ce pays, une conscience
publique, et cette conscience s'étonne que vous ayez
laissé partir, seul, le ministre de la guerre, alors que
vous aviez déclaré être solidaire avec lui. Vous n'auriez
pas dû rester une minute de plus sur ces bancs.
Certains de vos ministres n'ont pas attendu des injonctions pour blâmer les faits de délation.

M. Chaumié a frappé un fonctionnaire et, avant-hier, toute la Chambre l'a applaudi. Vous n'avez pas les mêmes sentiments, M. le président du Conseil, je vous plains. Des magistrats se sont abaissés à être délateurs. Vous croyez que cela ne vaut pas que nous perdions quelques minutes? Vous croyez qu'il ne serait pas utile de s'expliquer sur certaines visites, que vous avez reçues, hier; sur certaines démarches...? On a fait, hier, des démarches auprès de vous et auprès du garde des sceaux. Est-il vrai que le garde des sceaux était prêt à faire son devoir et qu'il y renoncerait, sur les injonctions d'une certaine association?

Si cela est vrai, si vous trouvez que cela n'intéresse pas le pays, je vous en laisse toute la responsabilité; mais je pourrai dire qu'il n'y a plus de Gouvernement.

Les interpellations de MM. Flayelle et Benoist n'en furent pas moins renvoyées à la suite des autres par 296 voix contre 267 et les fonctionnaires qui s'étaient abaissés au rôle de mouchards purent raisonnablement considérer qu'ils étaient désormais assurés de l'impunité la plus absolue.

L'attitude prise par le Gouvernement détermina de nombreux incidents dans presque toutes les garnisons. Les officiers victimes de dénonciations envoyèrent leurs témoins aux auteurs de leurs fiches. Mais avec une couardise qui n'était d'ailleurs pas faite pour surprendre de la part d'aussi tristes personnages, les délateurs, comme obéissant à un mot d'ordre, refusèrent presque tous de prendre la responsabilité de leurs actes, et se dérobèrent honteusement.

D'autre part, plusieurs députés qui faisaient partie de la franc-maçonnerie, notamment MM. de Lanessan et Klotz furent censurés par leurs loges à raison de ce qu'ils n'avaient pas approuvé la politique du ministère dans l'affaire de la délation.

LA DÉLATION OFFICIELLE ORGANISÉE

Malgré les votes successifs que le Gouvernement avait obtenus, la situation restait pleine de périls pour lui ; M. Combes imagina, pour donner le change à l'opinion publique et conjurer les dangers que courait sa vie ministérielle, d'envoyer aux préfets une circulaire traçant les limites que les fonctionnaires ne devraient plus jamais dépasser en matière de renseignements, blâmant les excès de zèle qui avaient pu être commis, mais amnistiant les fautes qui en avaient été la conséquence afin d'éviter que les « ennemis de la République » prissent avantage des mesures dont les fonctionnaires coupables auraient été l'objet.

La discussion du budget de l'intérieur (19 novembre) lui fournit l'occasion de préciser sa pensée sur l'un des points principaux visés par sa circulaire.

Le Gouvernement, dit-il, a le droit pour se renseigner de s'adresser non seulement aux préfets et aux sous-préfets, mais à tous ceux qui sont revêtus d'une fonction relevant à un degré quelconque du gouvernement. Je regarde les maires comme les intermédiaires nécessaires des préfets et des sous-préfets.

Après les maires viennent « les délégués ». Le délégué est, dans chaque commune, le notable, investi de la confiance des républicains qu'il représente, quand le maire est réactionnaire.

Deux préfets ont commis l'indiscrétion de communiquer au Grand-Orient des notes qu'ils avaient précédemment transmises au ministère de la guerre sur la demande du ministre. J'ai blâmé cette indiscrétion et j'en ai pris texte pour recommander de façon expresse aux fonctionnaires de tout ordre de ne détourner sous aucun prétexte les notes qui leur étaient demandées et de les réserver exclusivement pour leurs supérieurs hiérarchiques.

La circulaire aux préfets datée du 18 novembre fut rendue publique le 21. Elle était ainsi conçue :

Par mes circulaires des 20 juin et 26 novembre 1902, j'ai eu l'honneur de vous adresser mes instructions au sujet de la direction politique que vous devez imprimer aux fonctionnaires et agents du Gouvernement dans votre département.

Des incidents parlementaires récents me font un devoir de compléter ces instructions...

En présence des assauts incessants dirigés par les partis d'opposition contre la République, il importe, aujourd'hui plus que jamais, que tous ceux, sans exception, qui détiennent ou aspirent à détenir une parcelle de la puissance publique, présentent toutes les garanties désirables, non seulement au point de vue de l'honorabilité et de la compétence, mais encore au point de vue de la fidélité et du dévouement aux institutions républicaines.

Vous répondrez, Monsieur le préfet, à la confiance que le Gouvernement a placée en vous en l'éclairant en toute conscience à cet égard. Il ne m'appartient pas de limiter le champ de vos informations, mais il m'est permis de vous inviter à ne puiser vos renseignements qu'auprès des fonctionnaires de l'ordre politique, des personnalités politiques républicaines investies d'un mandat électif et de celles que vous avez choisies comme délégués ou correspondants administratifs en raison de leur autorité morale et de leur attachement à la République.

Je crois superflu d'ajouter que ces renseignements, à cause de leur nature et de leur importance, doivent être empreints de la plus absolue impartialité et contrôlés avec un soin méticuleux. Vous aurez à les fournir exclusivement, soit spontanément, soit sur leur demande, aux différents ministres, comme aussi, le cas échéant, aux chefs de services de votre départe-

ment qui, seuls, sont qualifiés pour en prendre connaissance...

La circulaire aux préfets fut complétée par une
circulaire du président du Conseil aux autres ministres ; il y était dit notamment :

...Pour que l'action politique des préfets puisse aboutir
à des résultats utiles, il est indispensable que ces hauts
fonctionnaires soient appelés à émettre, au point de
vue politique, leur avis sur toutes les propositions
intéressant le personnel des diverses administrations,
notamment en ce qui concerne les questions de nomination et d'avancement. Il importe, en outre, que les
chefs des différents services administratifs soient invités
à s'adresser directement aux préfets chaque fois qu'ils
ont des nominations à faire ou qu'ils sont saisis de
plaintes ou de réclamations formulées contre certains
fonctionnaires en raison de leur attitude politique.

Le préfet, représentant du pouvoir central, qui a seul
la responsabilité de la politique générale du département, dispose seul également des moyens d'investigation
nécessaires pour faire procéder à des enquêtes sérieuses
et obtenir des renseignements présentant un caractère
d'indiscutable authenticité. De même qu'il y aurait
les plus grands inconvénients à ce que le préfet s'im-
misçât dans l'examen des questions techniques pour
lesquelles vos agents ont une compétence particulière,
de même il serait fâcheux que les fonctionnaires des
différentes administrations fussent autorisés à se livrer
à des enquêtes politiques parallèles qui n'entrent pas
dans leurs attributions, et pour lesquelles ils ne dispo-
sent pas des mêmes moyens d'action.

...Je vous serais reconnaissant, monsieur le ministre
et cher collègue, de vouloir bien tenir la main désormais à ce que ces règles, dont l'observation est essentielle à la bonne marche des services publics et à
l'unité de l'action politique, soient fidèlement suivies
par le personnel placé sous vos ordres.

Enfin, par une troisième circulaire, M. Combes

décida que les fonctions de « délégué » seraient
incompatibles avec celles d'instituteur, « le rôle
social de l'instituteur lui interdisant toute participation aux luttes des partis ».

Ces circulaires innovaient un état de choses
auquel l'Empire lui-même n'avait pas songé ; la
création des « délégués », c'était la délation élevée
à la hauteur d'une institution officielle, le ministère de l'intérieur transformé en agence générale de
police secrète ; c'étaient tous les fonctionnaires, et
aussi tous les députés placés sous la surveillance de
policiers masqués, recrutés comme pouvaient l'être
des gens acceptant une pareille besogne, prêts à se
faire l'écho de toutes les calomnies et à servir les
rancunes les plus basses et les combinaisons les
moins avouables.

Elles allaient bientôt faire l'objet d'un débat
devant la Chambre.

Mais ce débat fut précédé de nouveaux incidents
parlementaires. Le premier visait les membres de
l'enseignement, auteurs de fiches ; le second, les
magistrats délateurs.

M. Grosjean estimant que, malgré tous les votes
de la Chambre, il était impossible que les membres
de l'enseignement qui avaient adressé des fiches au
Grand-Orient ne fussent pas désavoués par leur
ministre, pria M. Chaumié d'accepter une question
à ce sujet ; M. Chaumié refusa d'accepter la question.
M. Grosjean lui offrit alors communication de ses
dossiers pour se convaincre qu'il ne s'agissait pas
d'accusations sans fondement ; M. Chaumié refusa
de les recevoir.

Cette attitude était d'autant plus surprenante
que, le 11 novembre, M. Chaumié, après avoir

annoncé à la Chambre qu'il avait frappé M. Gaumand, avait annoncé que les autres fonctionnaires
sous ses ordres, coupables des mêmes faits, seraient
également frappés. Pourquoi tolérait-il ce qu'il
avait réprouvé? Avait-il cédé aux injonctions du
Comité exécutif radical socialiste qui venait de voter
un ordre du jour rempli de menaces à l'adresse des
ministres qui semblaient disposés « à faire état »
des attaques dirigées contre les fonctionnaires délateurs que le Comité appelaient « les meilleurs serviteurs du Gouvernement ». Il était intéressant d'être
fixé sur ce point.

M. Grosjean, pour contraindre le ministre à s'expliquer, déposa, le 1ᵉʳ décembre, non pas une interpellation dont la discussion eût été renvoyée *sine
die* comme celle de M. Ch. Benoist, mais un projet
de résolution invitant le Gouvernement à présenter
un projet de loi donnant aux parents le droit de
citer directement devant le Conseil supérieur tout
professeur coupable de fautes commises dans son
enseignement.

A la question de M. Grosjean : pourquoi après
avoir puni M. Gaumand, n'avez vous pas puni les
autres professeurs coupables des mêmes fautes (et
M. Grosjean les désigna nommément), M. Chaumié
ne fit aucune réponse précise; il affirma qu'il connaissait son devoir, qu'il ne céderait aux injonctions
de personne et ce fut tout.

M. Gérault-Richard fit l'aveu que M. Chaumié
avait eu la pudeur de ne pas formuler : « nous avons
faibli un instant » s'écria l'orateur socialiste faisant
allusion au premier vote d'indignation de la
Chambre ; les vrais « délateurs » ce sont ceux qui
dressent « des listes de suspects »; la majorité ne

peut leur sacrifier ses « meilleurs serviteurs ».

M. Aynard rappela à M. Chaumié qu'il lui avait promis de prendre des mesures contre un professeur du lycée de Lyon, M. Crescent, auteur de fiches diffamatoires. Que valait la parole du ministre?

M. Lafferre, grand maître de la franc-maçonnerie, fit l'apologie de Vadécard :

« Une douzaine de citoyens aussi énergiques que lui » auraient suffi pour débarrasser la Chambre de tous les députés de la minorité. Les loges n'ont fait qu'user de leur droit en renseignant le Gouvernement; ce qui est intolérable c'est la publicité donnée à ces renseignements par les journaux de l'opposition; les mesures prises contre le capitaine Mollin et M. Gaumand ont déconcerté et effrayé les républicains militants. 90 p. 100 des renseignements fournis sont exacts et ont été contrôlés par le ministre de la guerre précédent. Eh bien, nous retournant vers le ministre actuel, nous avons le droit de lui demander, puisque la publication de ces documents révèle que nous sommes gardés par une armée de coup d'État...

Ce mot déchaîna un tumulte indescriptible qui se prolongea jusqu'à ce que la Chambre eut compris que M. Lafferre le retirait.

Le ministre de la guerre protesta contre les sentiments qui venaient d'être prêtés aux officiers » ils avaient été l'objet à maintes reprises des pires « excitations »; il leur avait fallu une « singulière fermeté de caractère » pour ne se laisser aller qu'à des « mouvements passagers d'impatience » qu'il appartenait au ministre de la guerre seul de réprimer.

M. Charles Dumont, un universitaire, flétrit ces professeurs « nouveau jeu » qui se livraient à des enquêtes secrètes sur la vie privée des officiers; dans l'intérêt de la paix publique de nos lycées, il était préférable cependant d'oublier que de punir.

Le débat ayant donné satisfaction à M. Grosjean, il retira son projet de résolution.

Une autre bataille allait suivre immédiatement. M. Sembat demanda à interpeller au sujet des mesures prises contre un professeur du lycée Condorcet, M. Thalamas,

Le 14 novembre, un élève de seconde avait fait une conférence sur Jeanne d'Arc; le professeur faisant la critique de cette conférence s'était exprimé en ces termes : « Vous envisagez la question au point de vue surnaturel ; moi je l'envisage au point de vue humain... Je ne crois pas en votre Dieu ; je ne crois pas en ses ministres. »

Le fait étant venu à la connaissance de M. Chaumié, une enquête avait été ouverte; il y avait été procédé de la façon la plus scrupuleuse; elle avait établi la réalité du propos. M. Chaumié estimant que M. Thalamas avait manqué de tact et de mesure et qu'il avait froissé gravement les sentiments d'une partie de ses élèves, l'avait réprimandé et déplacé en l'envoyant à Charlemagne. Une certaine agitation s'était créée autour de cette affaire ; quelques manifestations d'étudiants et de collégiens, sans gravité, avaient eu lieu autour de la statue de Jeanne d'Arc, place des Pyramides; les journaux s'étaient emparés de l'incident; finalement celui-ci avait pris des proportions imprévues.

Les socialistes s'étaient indignés de la mesure disciplinaire qui avait frappé M. Thalamas; M. Sembat se fit, à la Chambre l'interprète de leurs sentiments :

M. Thalamas, dit-il, n'a pas outrepassé son droit; le

ministre l'a sacrifié aux délateurs nationalistes à qui il est en train de livrer l'Université.

Ce dernier reproche avait ému M. Chaumié : Lui, favorable aux nationalistes ! Oubliait-on son rôle à la Haute-Cour ? Puis il rappela les faits :

L'enquête avait été entourée de toutes les garanties d'impartialité désirables : elle avait établi l'existence d'une faute. En effet, comme le rappelait une circulaire de Jules Ferry, si l'on pouvait tout dire en Sorbonne, plus de réserve convenait avec les enfants ; il fallait surtout éviter de froisser chez eux le sentiment national et la conscience ; or, M. Thalamas avait pu froisser la conscience de certains enfants. Si cela n'est rien pour vous, ajouta le ministre, se retournant vers les socialistes, pour moi c'est très grave. Le déplacement du professeur s'imposait.

M. Jaurès blâma le ministre d'avoir agi avec tant de précipitation :

La méprise dont M. Thalamas est victime est vraiment singulière. S'il est frappé, c'est pour avoir tenté de faire comprendre comment il était possible que Jeanne d'Arc, dont la figure apparaît aujourd'hui si belle et si pure, ait été cependant méconnue par une grande partie de la société de son temps.

... Ce qui fait le génie de Jeanne d'Arc, c'est qu'à une merveilleuse élévation morale elle alliait une rare finesse et subtilité d'esprit, c'est qu'obligée de se débattre devant des juges contre des difficultés extraordinaires, catholique, voulant maintenir au-dessus de l'Église et du pape la valeur de ses voix surnaturelles, elle était forcée à tout moment de chercher une conciliation difficile entre l'orthodoxie, dont elle prétendait ne pas sortir, et son admirable foi individuelle. Alors éclate ce prodige incomparable ; non seulement elle s'élève à toutes les hauteurs de l'inspiration morale, mais elle y joint toute la finesse de notre vieille race gauloise et donne le spectacle d'une jeune fille étonnant les hom-

mes de bataille par son tranquille courage et les doc-
teurs les plus subtils de la théologie par un commencement de subtilité laïque.

C'est là ce que M. Thalamas, en bon français, avec un
sourire, faisait admirer à ses élèves comme une trou-
vaille de l'esprit normand, au service de l'héroïsme français. C'est pour cela que vous allez le frapper !

M. Chaumié répondit par un habile compliment :

L'honorable M. Jaurès a fait la classe de Condorcet à
la place de M. Thalamas et si le professeur s'était exprimé comme lui, si les élèves avaient eu l'admirable
bonne fortune de l'entendre, ils seraient sortis de classe
émus, mais d'une autre émotion que celle qu'ils ont
ressentie ; ils auraient gardé de la leçon un précieux
souvenir.

Deux ordres du jour étaient en présence : l'un de
M. Sembat affirmant la volonté de la Chambre de
« défendre les fonctionnaires républicains contre les
attaques réactionnaires » ; l'autre de M. Renault-
Morlière approuvant les déclarations du ministre
et « comptant sur sa fermeté pour maintenir la neutralité dans l'enseignement public ».

M. Renault-Morlière faisant partie de la minorité,
M. Chaumié refusa ses félicitations, et déclara ne
vouloir être ni approuvé ni blâmé ; il se contentait
de l'ordre du jour pur et simple. C'était trop de modestie et malgré l'intervention de M. Combes qui
allait de banc en banc suppliant les socialistes qui
votaient contre de changer leur vote, l'ordre
du jour pur et simple fut repoussé par 284 voix
contre 268.

L'ordre du jour de M. Renault-Morlière fut alors
repris par des députés de la majorité ; dans ces conditions, rien n'empêchait plus le ministre de l'ac-

cepter ; il fut adopté par 376 voix contre 34. (1er Décembre).

Le 6 Décembre, par une note de l'agence Havas, M. Chaumié faisait savoir qu'il avait reçu M. Grosjean et qu'il lui avait promis de poursuivre son enquête sur les membres de l'Université coupables de délation.

Le 8 Décembre, enfin, il envoyait aux recteurs la circulaire suivante dont le ton ferme contrastait de la façon la plus heureuse avec les déclarations embarrassées et contradictoires qu'il avait apportées à la tribune :

La Chambre des députés, par son vote du 28 octobre, a blâmé « les procédés inadmissibles » dont certains officiers de notre armée avaient été victimes et auxquels s'étaient associés quelques membres de l'Université : j'ajoute à ce blâme ma réprobation personnelle.

Ces procédés sont contraires à la tradition de l'Université républicaine qui n'a jamais admis que la meilleure des causes pût être servie par des moyens condamnables.

L'oubli momentané de cette tradition ne s'explique que par le trouble de conscience qu'a pu créer chez quelques-uns l'ardeur des passions politiques. A ceux-là, je rappelle qu'enseignant au nom de l'Etat et sous sa responsabilité, ils doivent être, plus que personne, à l'abri de telles défaillances : interprètes de la science, il faut qu'ils participent, en quelque manière, de son impartialité et de sa sérénité. Ainsi l'Université restera, pour la France, une grande réserve d'autorité morale : que si parfois, comme naguère, en des temps obscurs, le pays inquiet, cherchant le droit et la justice, a besoin de conseils généreux et désintéressés, il trouvera encore parmi les maitres de l'enseignement public, des hommes sans haine ni parti-pris, pour défendre la vérité. C'est de tels exemples et de tels services que l'Université doit à la démocratie.

Cette autorité morale, cette élévation d'esprit seraient

compromises si les professeurs croyant servir l'œuvre
du Gouvernement, descendaient au rôle d'agents politiques, s'oubliaient jusqu'à prendre figure d'inquisiteurs.

Le souci de leur devoir professionnel sera leur plus
sûre sauvegarde...

D'autre part l'incident Thalamas avait motivé
l'échange de correspondances injurieuses entre
M. Déroulède et M. Jaurès; une rencontre fut déci-
déé; le gouvernement espagnol s'étant opposé à ce
que le duel eût lieu sur son territoire (M. Déroulède
banni par arrêt de la Haute-Cour habitait Saint-
Sébastien), M. Jaurès obtint de M. Combes un sauf-
conduit pour son adversaire; le duel eut lieu à la
frontière française; deux balles furent échangées
sans résultat.

M. Chaumié devait être mis une autre fois en
cause, le 16 décembre, à propos de la fixation de
trois interpellations, l'une de M. Aynard, qui attendait toujours la réalisation de la promesse que lui
avait faite M. Chaumié de punir un professeur délateur, M. Crescent, du lycée de Lyon (voir page 293);
l'autre de M. Grosjean d'une portée plus générale;
enfin, la troisième de M. Augagneur qui se plaignait
que les professeurs délateurs ne fussent pas assez
défendus par le ministre. M. Chaumié demanda
l'ajournement; M. Aynard protesta: les faits repro-
chés à M. Crescent étaient connus depuis un mois;
le ministre avait eu tout le temps de se renseigner et
de délibérer; M. Chaumié qui avait signé une très
belle circulaire devait mettre ses actes en concordance avec ses paroles.

Après pointage, la Chambre, par 290 voix contre
280, refusa l'inscription de cette interpellation à la
suite des autres; mais par 285 voix contre 281, elle

refusa de la discuter après celle sur les grèves de Marseille inscrite à son ordre du jour ; de telle sorte qu'aucune date ne fut indiquée pour cet important débat.

Après M. Chaumié, ce fut M. Vallé qui fut appelé à expliquer son attitude à l'égard des magistrats délateurs. Le débat sur les professeurs délateurs avait été mauvais pour le Cabinet : celui sur les magistrats délateurs fut plus mauvais encore.

Le 17 novembre, 29 voix de majorité avaient accordé au Gouvernement le renvoi « à la suite » des interpellations de MM. Flayelle et Ch. Benoist sur les magistrats compromis. Depuis, M. Vallé, placé entre son devoir qui lui commandait de frapper les coupables et les injonctions de l'extrême gauche, s'était borné à prendre une demi-mesure : il avait adressé un « blâme » au juge de paix Bernardin de Pont-à-Mousson ; mais il ne paraissait nullement disposé à sévir contre les autres magistrats signalés.

Le Gouvernement se dérobant à toutes les interpellations, l'opposition mit à profit la discussion du budget de la Justice pour le contraindre à s'expliquer (8 décembre).

Ce fut d'abord M. Grosjean qui demanda quelle application serait faite aux magistrats de la circulaire de M. Combes sur la correction politique des fonctionnaires et sur les moyens de s'en assurer. Il n'obtint pas de réponse.

Mais, à propos du chapitre 5, M. Colin déposa la motion suivante :

La Chambre invite le Gouvernement à déférer au Conseil supérieur de la magistrature les magistrats qui se sont compromis dans les manœuvres de délation.

Il y a quelques jours, expliqua-t-il, M. Rouanet

disait que son programme, dans les élections dernières, avait été très simple : il était tout entier dans l'affaire Dreyfus. Beaucoup de députés ont été élus uniquement pour leur attitude dans cette affaire. Ce sont ces députés, surtout, qui ont le devoir de dire qu'ils ne veulent pas que cet élan vers la justice et la vérité dont l'impulsion fut due à l'admirable effort suscité par la voix de notre grand Zola, aboutisse à établir dans notre pays le règne de la délation et de la peur.

Qu'on ne dise pas qu'il s'agit de défendre la République. Si la République avait besoin de tels moyens pour se défendre, c'est qu'elle ne serait pas digne de vivre, et cela tuerait la foi que nous avons en elle.

Je demande au garde des sceaux non des paroles, mais des actes contre des magistrats qui se sont ravalés au rôle de policiers.

Voici quelques lettres adressées par M. Bourgueil quand il était procureur de la République à Orléans. Dans l'une il dénonce à M. Vadecard les officiers d'Orléans qui ont assisté à une procession. Dans une autre, il dit : « Je n'ai pas tous les renseignements que vous me demandez ; mais j'ai mis quelques limiers à la trace pour savoir si cet officier va à la messe. »

Un magistrat a-t-il donc le droit de mettre ses limiers à la trace d'autres personnes que des malfaiteurs ?

Si nous avons mené le bon combat avec vous contre les jésuites, ce n'est pas pour imiter leurs procédés. Il faut absolument que nous sortions de l'équivoque. Si c'est le Gouvernement qui a provoqué les délateurs, il commettrait une lâcheté indigne en les frappant et ne serait pas digne de rester une minute sur ces bancs. Mais s'il réprouve les manœuvres de délation, il ne devrait pas hésiter à frapper ces magistrats.

M. Vallé chercha à se dérober au débat en répondant brièvement que les chefs de cour ne lui avaient pas conseillé de déférer les magistrats en cause au Conseil supérieur. La motion de M. Colin n'était qu'une « manœuvre ».

M. Georges Leygues, en présence de cette attitude peu fière, insista vigoureusement :

Qui sont ces délateurs? s'écria-t-il, ce sont, pour la plupart, des intrigants subalternes, des gens obscurs pour lesquels l'envie ou le désir de nuire tiennent lieu de titres et de talent ; encouragés, quelquefois récompensés, ils n'ont reculé devant aucune basse besogne ; garantis contre tout risque par l'anonymat dont ils ont eu soin de se couvrir, ils ont utilisé des lambeaux de conversation surpris autour des tables, abusé des confidences, violé l'asile domestique, perquisitionné dans les consciences.

Quelle excuse peut-on donner à des actes pareils? S'agit-il d'actes accomplis aux heures d'effervescence et de passion qui accompagnent les grandes commotions sociales? Non : c'est froidement, méthodiquement, que la délation a été organisée, c'est longuement qu'elle a été mûrie. Ce ne sont pas des faits isolés, c'est toute une organisation que nous saisissons, organisation à laquelle une circulaire récente a donné l'existence légale.

La discorde est maintenant dans toutes les communes, le pouvoir semble ne plus être entre les mains de ceux auxquels la loi les confia, mais entre les mains de personnes sans mandat et irresponsables. De pareilles mœurs ne peuvent qu'engendrer la corruption, la révolte, le dégoût.

Le mal que nous constatons n'a pu être si étendu et si grave que parce qu'il a été entretenu par la négligence, je ne veux pas dire par la collaboration de ceux qui devaient le combattre. Ils ont commis un acte impardonnable en entraînant, dans une œuvre de basse police, des officiers, des magistrats, des fonctionnaires de tout ordre. De tous les actes dont la Chambre est juge, les plus graves sont ceux qui ont été commis par des magistrats.

Je pose donc au Gouvernement la question suivante : où le magistrat délateur trouvera-t-il la force et le droit de juger? Il prononcera demain sur un délit, sur un crime. Au moment de rendre son arrêt, ne se

posera-t-il pas cette question : ce délit, ce crime est-il
plus grave que le fait d'avoir dérobé à des citoyens
français le fruit de leur travail, brisé des carrières,
compromis des avenirs et apporté la désolation et le
désespoir au foyer des familles? Ces délateurs, sentant
peser sur eux la réprobation universelle, cherchent à
se faire illusion à eux-mêmes et disent : « Nous avons
défendu la République! » Que ne la défendaient-ils au
grand jour! Ignorent-ils, ces magistrats, que tout accusé
doit connaître ce dont on l'accuse? Ignorent-ils que
rien n'est plus odieux ni plus lâche que la délation à
voix basse, la note secrète sournoisement glissée dans
un dossier?

Une conclusion s'impose : il faut réduire au silence les délateurs et mettre fin au régime odieux
dont la France est depuis deux ans opprimée. Nous
n'avons de leçon à recevoir de personne, de conseil à
puiser nulle part; mais laissez-moi, proclamant ainsi
que tous les hommes loyaux, où qu'ils soient, se ren-
contrent dans la même pensée, vous rappeler les paroles
de Kautsky : « Pas un camarade allemand, a-t-il dit,
ne défendrait la délation, qui viole le principe socialiste, parce qu'elle constitue une atteinte à l'honneur ».

Les applaudissements des trois quarts de la
Chambre avaient soutenu M. Georges Leygues dans
sa courageuse intervention; la situation était
menaçante pour le Cabinet; M. Combes sentit la
nécessité de donner en personne. Sa défense fut une
suite de subtiles *distinguo*. Il parla d'*équivoque*!
L'opposition avait « équivoqué » sur les votes de la
Chambre auxquels le ministère s'était associé. Ce
qui avait été déclaré « blâmable » ce n'était pas le
fait par le ministre de la guerre d'avoir autorisé
un officier de son cabinet à se renseigner, mais le
fait par cet officier d'avoir tenu le Grand-Orient au
courant de ce qui se passait au ministère.

Mais de là ne s'ensuit pas que nous ayons considéré

les personnes très honorables auxquelles le Grand-Orient
a demandé ces renseignements comme des délateurs.

Il n'y a pas délation quand la personne qui donne
le renseignement croit le donner à des personnes léga-
lement autorisées à les recevoir et ne se le fait pas
payer. On ne peut traiter de délateurs ceux qui ont
fourni ou cru fournir ces renseignements au Gouvernement lui-même.

Il y a eu certainement des écarts de langage et des
excès de zèle. Il y a lieu peut-être de prendre certaines
mesures. Mais ce que le garde des sceaux s'est refusé
à faire, ce que je me refuse à faire...

M. CARNAUD. — Ce que M. Ribot ne ferait pas.

M. RIBOT. — Je rougirais de tenir un pareil langage
à la tribune et je m'en irais plutôt.

M. COMBES. — Mais, M. Ribot, la circulaire que vous
me reprochez vise des faits qui se passaient déjà quand
vous-même vous étiez au pouvoir et quand M. Legues
y était.

M. RIBOT. — Nous voulions, l'autre jour, vous interpeller à ce sujet, et vous avez refusé de répondre... De
telles choses ne peuvent se discuter par voie d'interruption ou par des insinuations indignes d'un chef de
Gouvernement. Mais nous sommes prêts à un pareil
débat. Voulez-vous le fixer à demain, à ce soir?

M. COMBES. — Je demande à la Chambre de le fixer
à ce soir.

Mais je tiens à dire auparavant, au sujet des magistrats que l'on a si facilement traités de délateurs, que
le garde des sceaux a bien fait de refuser de les déférer
au Conseil supérieur de la magistrature.

Et voici la décision que moi-même j'ai prise. Consulté
par le grand-chancelier de la Légion d'honneur sur les
suites à donner à une plainte déposée par un officier
en retraite contre M. Ligneul, maire du Mans, j'ai
répondu que je refusais de donner un avis favorable à
une poursuite, la délation ne me paraissant établie ni
en droit, ni en fait. J'ajoutais qu'il me paraissait qu'on
voulait engager le conseil de l'Ordre dans la campagne
engagée pour déshonorer des fonctionnaires et entretenir dans le pays une agitation néfaste.

Voilà ce que pense le Gouvernement. C'est à vous,
messieurs, de décider.

La motion de M. Colin fut repoussée par 276 voix
contre 274, c'est-à-dire à deux voix de majorité
seulement, dont il fallait déduire, en loyale arithmé-
tique, huit voix de ministres, ce qui la transformait
en minorité de six voix. Le ministère, peu soucieux
de sa dignité, s'accomoda de cette majorité de défaite.

M. Combes aurait voulu que les interpellations de
MM. Ribot, Renault-Morlière, Georges Leygues et
Millerand, sur « l'organisation officielle de la délation révélée par la circulaire du 18 novembre »
auxquelles M. Ribot avait fait allusion et qui étaient
déposées depuis plusieurs jours fussent discutées sur
l'heure; cet empressement qu'il n'avait pas montré
lors du dépôt des interpellations, puisqu'il en avait
demandé l'inscription « à la suite » des autres, s'expliquait suffisamment par l'absence de M. Millerand; mais la Chambre, qui paraissait être dans des
dispositions d'esprit fâcheuses pour le président du
Conseil, refusa de l'entendre et prononça l'ajournement de la discussion au lendemain. L'ajournement
imposé au Gouvernement, bien loin de lui être fatal,
n'était — l'événement le prouva — qu'une fausse
manœuvre de l'opposition. Ces vingt-quatre heures
de répit furent employées par M. Combes, à « travailler » suivant ses procédés habituels les hésitants
et à s'assurer une de ces faibles majorités dont il
se suffisait désormais.

La discussion commença le 9 décembre par un
discours de M. Ribot.

Nous avons demandé, dit-il, M. Renault-Morlière et
moi, à interpeller le président du conseil sur sa circu-

laire aux préfets qui, d'après ses propres déclarations,
était destinée à mettre fin aux incidents que l'on connaît. Nous ne pouvons qu'approuver cette circulaire,
en ce qui concerne les instructions données aux préfets
de ne pas rester isolés des autres administrations.
C'est la doctrine gouvernementale. Je n'hésite pas à
l'approuver.

Mais une pareille circulaire envoyée en ce moment
peut prendre un sens qu'elle n'a pas. Elle n'est que la
destitution morale des chefs de service des autres administrations. Nous ne pouvons admettre surtout cette
consécration officielle des « délégués », grâce auxquels
on institue, dans ce pays, la plus déplorable école de
démoralisation.

Il est parfaitement naturel qu'à toute époque les
préfets cherchent à se renseigner auprès des personnes
honorables de leur département; et il n'y a rien à dire
quand ils le font avec honnêteté et sous leur responsabilité. Mais ce qui m'inquiète, c'est qu'on fasse de
ces renseignements, dans une circulaire publique, une
sorte d'institution. Nous sentons tous qu'on dénature
ainsi le caractère de ces communications. Le délégué
apparaît, tout à coup, comme un conseiller imposé,
comme un surveillant du préfet.

Il y a une autre question d'une portée plus haute.
Nous demandons au président du Conseil s'il espérait
mettre fin par des circulaires à l'émotion qui s'est
manifestée dans le pays. Les paroles ne suffisent pas.
Les circulaires ne suffisent pas. Tout cela n'est rien,
sans des actes. Il n'est pas dans notre pensée de
demander des représailles contre qui que ce soit. Mais
nous vous demandons d'être du côté de la probité
contre la délation et de ne pas vous laisser entraîner
par je ne sais quel lien.

Le président du Conseil est venu nous faire ici la
théorie de la délation honorable; il a dit qu'il n'y avait
de délation que quand la délation était faite pour de
l'argent. Est-il plus honorable de recevoir pour prix de
la délation contre des camarades un avancement ou
des décorations?

Estimez-vous que des fonctionnaires peuvent légale-

ment, normalement, apporter au secrétaire général
d'une association secrète sur leurs camarades des
dénonciations qu'ils n'oseraient pas apporter au chef
du Gouvernement?

Vous trouvez honorable que des officiers apportent
des dénonciations non seulement contre leurs camarades du mess auxquels ils serrent la main tous les
jours, mais contre leurs supérieurs?

De tels agissements sont condamnables, non seulement au point de vue moral, mais encore au point de
vue militaire, au point de vue de la défense nationale.

Il est triste de constater que des officiers, des professeurs, des magistrats, ont pu croire qu'ils étaient autorisés par vous à commettre des actes abominables.
Vous avez ainsi rabaissé tout ce qu'il y avait de grand,
de généreux dans ce pays; voilà votre crime.

Vous ne mettrez pas fin à l'agitation par vos circulaires. Si vous le croyez, monsieur le président du
Conseil, c'est que vous ne connaissez pas le caractère
français.

Il s'élève un murmure d'infamie autour des hommes
que vous avez essayé de défendre.

Le Cabinet a été condamné hier par la majorité de
cette Chambre, il s'agissait d'un vote qui est une question de moralité. Jamais un ministère qui a obtenu un
vote d'absolution de deux voix n'a osé se maintenir. Ce
que nous avons là n'est pas un ministère, c'est quelque
chose qui n'a pas de nom.

M. Millerand succéda à M. Ribot. Son premier soin
fut d'expliquer qu'il n'y avait aucun accord entre
les progressistes, ses amis et lui.

Il nous a paru qu'il était de l'intérêt et de l'honneur
du parti républicain de ne pas laisser à M. Renault-
Morlière ou à M. Ribot le soin de flétrir des pratiques
déshonorantes. Je n'éprouve aucun embarras et je
m'honore de me joindre à M. Renault-Morlière, me
rappelant qu'il y a cinq ans je combattais avec lui la loi
de dessaisissement.

J'ai dit, un jour, que bientôt chaque commune aurait son dénonciateur public.

Quelques jours après, au sujet du rôle des maires et des instituteurs on apportait à cette tribune des déclarations stupéfiantes que des circulaires ont confirmées.

Il n'y a donc pas d'équivoque. Ce débat s'engage sur une thèse formulée et publiée sous sa signature, en toute connaissance de cause, par le chef du Gouvernement.

Le Gouvernement peut être renseigné sur les fonctionnaires et les aspirants aux fonctions publiques. Si nous devons reconnaître que c'est là son droit et son devoir, nous ne saurions blâmer, trop énergiquement, les procédés qu'il entend employer.

Les circulaires nous apprennent ce qu'il attend des volontaires de la délation, dont il ordonne à ses préfets d'opérer le recrutement.

Nous sommes loin du temps où Gambetta condamnait l'ingérence des influences parlementaires dans le choix des fonctionnaires. Nous voici tombés aux délégués, assimilés à des délateurs officiels et chargés de donner des renseignements sur les fonctionnaires et sur les candidats aux fonctions publiques, c'est-à-dire sur une notable partie de la population.

M. le président du Conseil a dit : « Les maires ne sont-ils pas des officiers de police judiciaire? » C'est vrai, mais combien de maires accepteraient ces fonctions, si elles comportaient la mission d'épier et de surprendre les secrets des familles, pour les livrer au Gouvernement?

En prévision du refus des maires qui croiraient se déshonorer en répondant aux questions du préfet, on a créé les délégués, les délateurs anonymes et masqués.

Quand il a organisé ce système, par la circulaire que vous savez, M. le président du Conseil a pris soin de dire qu'il innovait, qu'il rompait avec les traditions et les pratiques de ses prédécesseurs, qui s'étaient contentés des services des fonctionnaires.

C'est entre ces deux systèmes qu'il faut choisir. Jusqu'ici, tous les honnêtes gens de tous les partis ont toujours cru que la meilleure garantie des citoyens

était le respect des formes légales. M. le président du
Conseil substitue aux enquêtes des fonctionnaires responsables le système des délateurs anonymes et irresponsables.

Il a complété sa première circulaire par une seconde
aux instituteurs, où il leur défend d'accepter le rôle
de délégués. Mais si les instituteurs, les agents-voyers,
les autres modestes et honorables fonctionnaires qui
sont dans les communes ne peuvent remplir ce rôle de
délégués, qui donc le remplira? Il y aura, d'un côté,
dans les communes, les honnêtes gens qui ne devront
pas, qui ne voudront pas remplir ce rôle de « délégués ». Il restera les autres à M. le président du
Conseil.

Jamais un ministre de l'Empire, sous le sommeil
léthargique de nos libertés, n'aurait osé s'abaisser à
ces pratiques abjectes. Il a fallu arriver à un chef de
Gouvernement qui compromettrait la République si
elle pouvait être compromise. A vous, messieurs, de
procéder à l'œuvre d'assainissement qui s'impose. A
vous de libérer ce pays de la domination la plus
abjecte que jamais Gouvernement ait entrepris de
faire peser sur l'honneur et les intérêts des citoyens.

M. Combes soutint qu'il n'était jamais entré dans
sa pensée d'empiéter sur le droit des autres ministres,
de peser les mérites professionnels de leurs employés.
Quant à l'institution de « délégués » il n'avait rien
innové, prétendit-il.

Les réponses des préfets lui accusant réception de sa
circulaire en faisaient foi : elles attestaient que de tout
temps les préfets avait eu des « correspondants »
dans les communes où ils ne pouvaient se renseigner
près du maire. Qu'y avaient-il au fond de la pensée
des interpellateurs? Le désir d'atteindre derrière lui la
politique qu'il représentait et de semer la désunion
dans les groupes de la majorité; on ne pouvait exclure
un ou deux groupes de la majorité sans être obligé de
chercher un appoint à droite; c'était ce que ferait le

Gouvernement de demain si le Cabinet était renversé. Il ne fallait donc pas que le parti républicain fût coupé en deux : et pour éviter ce malheur il ne fallait pas toucher au Cabinet.

Un radical, ministériel jusque-là, M. Dauzon n'avait pas été convaincu par l'argumentation du président du Conseil.

La délation, dit-il, d'où qu'elle vienne est détestable. Je veux arracher la tunique de Nessus dans laquelle vous voulez vous enfermer, monsieur le président du Conseil. Vous avez adjuré le parti républicain de se débarrasser de l'obédience monacale. Je lui demande de se débarrasser de l'obédience bien plus grave, et bien plus dangereuse, par laquelle vous voulez compromettre la République.

Une déclaration devait être lue par M. Ruau au nom de la gauche radicale; cette déclaration, tout en reconnaissant au Gouvernement le droit de se renseigner sur les candidats aux fonctions administratives, réprouvait formellement l'immixtion dans la vie privée de ces candidats, et blâmait l'organisation officielle d'un service de cette nature. A la suite d'une démarche faite au cours de la séance par MM. Jaurès et Bienvenu-Martin, au nom des socialistes, un certain nombre de radicaux qui avaient signé la déclaration retirèrent leur signature, le blâme adressé au service de renseignements conçu et organisé par le président du Conseil pouvant entraîner la chute du Cabinet. Dans ces conditions, il fut entendu que chacun reprendrait sa liberté d'action et la déclaration ne fut pas lue.

M. Charles Bos proposa l'ordre du jour pur et simple avec un sens hostile au Gouvernement. Il fut repoussé par 291 voix dont 8 voix de ministres contre 280.

La priorité fut accordée à un ordre du jour de confiance de M. Bienvenu-Martin par 293 voix contre 274 ; il fut adopté au fond par 295 voix contre 265, après une déclaration de M. Combes qui prit l'engagement d'accepter un article additionnel à la loi des finances condamnant les fiches secrètes.

La majorité ministérielle avait ainsi sanctionné le système de délation officielle organisé par le gouvernement de M. Combes.

LES DÉLATEURS
MEMBRES DE LA LÉGION D'HONNEUR

Parmi les auteurs des fiches un certain nombre étaient membres de la Légion d'honneur.

Le grand chancelier, le général Florentin, fut saisi, le 18 novembre, d'une première plainte visant des officiers en activité de service, membres de la Légion d'honneur : le général André, le commandant Pasquier, etc... Elle émanait de M. Guyot de Villeneuve. Il fut répondu par le grand chancelier que l'action disciplinaire de la Légion d'honneur ne pouvait être que consécutive à l'action disciplinaire militaire, en ce qui concernait les officiers en activité de service ; aux termes de l'art. 9 du décret du 18 avril 1874, les officiers mis en réforme ou mis à la retraite d'office, à la suite de l'avis d'un Conseil d'enquête, pour inconduite habituelle ou faute contre l'honneur, pouvaient seuls être déférés au Conseil de l'Ordre. Ce n'était pas le cas puisque le

ministre de la guerre n'avait renvoyé aucun des
officiers délateurs devant un Conseil d'enquête.

Une seconde plainte fut formulée contre M. Ligneul,
maire du Mans. Elle se heurta également à une fin
de non recevoir, l'art. 4 du même décret n'autorisant
le grand chancelier à donner suite à une plainte concernant à un fonctionnaire qu'après avis conforme
du ministre compétent: or, en l'espèce, M Combes
avait émis un avis contraire ainsi motivé :

...J'ai dit à la Chambre ce que je pensais du système
dont il s'agit la délation et je ne saurais m'associer à
une poursuite ou à une enquête qui tendrait à incriminer la bonne foi de M. Ligneul.

On cherche à entraîner le Conseil de l'Ordre dans la
campagne entreprise par la réaction contre le gouvernement de la République. On veut à la fois déshonorer
des fonctionnaires républicains et entretenir l'agitation
dans le pays. Le Gouvernement a le double devoir de
défendre des fonctionnaires dévoués à l'État et d'éviter
de prolonger les effets pernicieux d'une excitation mal-
saine que des publications journalières ont pour but
d'entretenir.

Je suis d'avis qu'il n'y a pas lieu de donner suite à la
plainte.

Mais une troisième plainte visant le commandant
en retraite Begnicourt, auteur d'une fiche visant le
colonel de Rancougne, fut déposée par ce dernier:
Aucun ministre ne pouvant s'interposer entre un officier en retraite et le Conseil de l'Ordre, le grand
chancelier, conformément aux règlements, désigna
trois membres du Conseil pour procéder à une enquête sur le vu de laquelle le Conseil devait statuer.
Cette décision dont on ne pouvait faire grief au général Florentin, puis qu'elle était conforme à la loi,
inquiéta vivement le Gouvernement, toute mesure

disciplinaire prise par le Conseil de l'Ordre à l'encontre des délateurs ne pouvant manquer de l'atteindre indirectement mais sûrement.

En même temps, le général Février, ancien grand
chancelier de la Légion d'honneur, prenait l'initiative d'une pétition des légionnaires adressée aux
membres du Conseil, les suppliant d'exclure des
cadres de l'Ordre tous ceux qui, en prêtant leur
concours à l'œuvre de délation, avaient si gravement manqué à l'honneur. Cette pétition recueillit
rapidement un nombre considérable d'adhésions.
M. Casimir Périer, ancien président de la République, en fut l'un des premiers signataires.

LES FICHES
DU PRÉSIDENT DE LA RÉPUBLIQUE

L'un des principaux délateurs était le commandant Pasquier, directeur de la prison militaire du
Cherche-Midi, auteur de 228 fiches. L'une de ces
fiches était particulièrement grave et odieuse; elle
concernait deux officiers de la maison militaire du
Président de la République et contenait des appréciations sur Mᵐᵉ Loubet. Elle fut publiée par le
Figaro à la fin de décembre; elle était ainsi libellée :

De Bouillane de Lacoste, commandant, officier d'ordonnance du Président de la République. — Les cléricaux
sont tout puissants à Montélimar. Bourgeois, industriels,
fonctionnaires, magistrats, officiers sont cléricaux. Or,
ce monde clérical a toujours soutenu M. Loubet, en raison de sa tolérance.

· C'est donc dans ce monde, par relations, par les
relations de famille de Mᵐᵉ Loubet, très cléricale, que

le Président a pris deux officiers d'ordonnance : le commandant Chabaud, qui s'est brouillé avec sa famille pour prendre l'étiquette républicaine et le commandant Bouillane de Lacoste...

M. Lannes de Montebello interpella le ministre de la guerre sur le cas du commandant Pasquier (23 décembre). Après avoir rappelé en quels termes était rédigée la fiche dont nous venons de donner le texte, il continua :

Ainsi le commandant Pasquier, qu'on peut regarder comme le modèle des délateurs, ne s'est pas borné à dénoncer, à injurier 228 officiers, dont 9 généraux : il a pénétré au foyer du chef de l'État et a jeté son venin sur une femme respectée entre toutes, qui n'avait jamais vu son nom mêlé à nos luttes politiques.

Qu'a fait le Gouvernement? A-t-il frappé cet officier? Lui a-t-il appliqué la sanction que la Chambre a réclamée par son vote du 28 octobre dernier et que le Gouvernement a promise? Non. Il a pris le commandant Pasquier sous sa protection et lui a fait une situation de faveur en prolongeant de trois mois sa fonction, bien qu'il fût atteint par la limite d'âge le 6 décembre dernier. Bien plus, pour lui éviter d'être arraché à cette fonction, le Gouvernement a supprimé l'emploi, estimant sans doute qu'il lui serait impossible de trouver un successeur digne de l'officier remplacé. Pourquoi cette indulgence accordée au commandant Pasquier? Je vais vous le dire, ou plutôt, c'est le commandant Pasquier qui va vous le dire lui-même. Voici ce qu'il écrit :

« Je n'éprouve aucun embarras à reconnaître que, faisant partie d'une association à laquelle le ministre de la guerre s'était adressé pour se renseigner sur l'attitude politique et la conduite extérieure de certains officiers, j'ai déféré, dans la mesure du possible, au désir officiel qui m'avait été exprimé. »

Tout s'explique. C'était pour obéir au désir officiel du Gouvernement que le commandant Pasquier s'est livré à des dénonciations sur 228 officiers et a touché

27

même à la personne du président de la Répub'ique. Si
le Gouvernement ne l'a pas puni, c'est qu'il n'était pas
libre. M. le président du Conseil a tout su. M. Waldeck
Rousseau l'avait averti; mais il était solidaire de son
collègue de la guerre. Il a tout su, tout encouragé. On
s'explique dès lors qu'il ne puisse frapper un homme
qu'il considère comme l'instrument de sa politique.

Mais la Chambre est libre, elle. Elle ne voudra pas,
après avoir flétri la délation, être solidaire des délateurs. Elle saura traduire l'indignation publique. Elle
arrêtera tout au moins l'espionnage à la porte même
du premier magistrat de la République.

M. Berteaux, ministre de la guerre répon it :

M. de Montebello, s'est mépris sur le caractère de la
mesure prise à l'égard du commandant Pasquier. A
mon arrivée au ministère, j'ai trouvé une proposition
tendant à maintenir cet officier dans ses fonctions au
delà de la limite d'âge. Mais il m'avait été signalé
comme ayant établi des fiches; je n'ai pas donné suite
à la proposition et j'ai mis l'occasion à profit pour réaliser une économie en supprimant la fonction.

Depuis on avait publié des fiches, sous le nom du
commandant Pasquier, concernant notamment le général de Lestapis, le général Chalendar et le commandant Bouillane de Lacoste. Très habilement M. Berteaux déclara que sur ces fiches « il ne pouvait y avoir
qu'une opinion ». Mais le commandant Pasquier avait
déclaré « sur l'honneur » que ces fiches n'étaient pas
de lui ; on ne produisait pas les originaux et ceux qui
les lui avaient imputées, c'étaient les mêmes qui
avaient organisé contre le président de la République
la journée d'Auteuil.

Je ne laisserai à personne le soin de défendre le président de la République, continua M. Berteaux. Si on
m'apporte la preuve que le commandant Pasquier a
rédigé ou inspiré la fiche en question, il ne restera
pas vingt-quatre heures de plus au Cherche-Midi.

Je saisis l'occasion qui m'est offerte pour compléter
mes explications. Moi qui condamne absolument ce

système de fiches, je puis dire que je ne crois pas
qu'elles aient produit au ministère de la guerre l'effet
que l'on croit. La plupart des officiers visés ont reçu
de l'avancement; ils n'ont donc pas été victimes des
fiches.

Je ne cherche pas à couvrir le système : je l'ai déjà
dit à la tribune et je le répète aujourd'hui. Mais l'agitation qu'on fait est déplorable; elle suscite une réaction
cléricale que, tant que je resterai à la tête de l'armée,
je ne tolérerai sous aucun prétexte.

Ici c'est un colonel qui fait jurer à ses officiers qu'ils
n'ont pas contribué à la confection de fiches.

M. RENAULT-MORLIÈRE. — Très bien !

M. BERTEAUX. — Ce colonel n'avait pas de preuves :
il a reconnu devant moi n'avoir que des présomptions.

M. RENAULT MORLIÈRE. — Je connais un colonel qui,
en effet, a fait jurer sur le drapeau. (Interruptions à
l'extrême gauche.)

Je demande que l'Officiel enregistre ces protestations
d'une partie de la Chambre quand on parle du drapeau. (Applaudissements.)

Le colonel que je connais a fait jurer à ses officiers
sur le drapeau qu'ils n'avaient pas pris part à la confection des fiches. Il mérite les félicitations de tous les
honnêtes gens.

M. BERTEAUX. — Il s'agit d'un colonel de Romans.
C'est à la suite d'une dénonciation anonyme qu'il a
fait servir le drapeau à un usage auquel il n'est pas
destiné. Le lieutenant qu'il visait n'avait rien à se reprocher et c'est par un procédé indigne qu'on a essayé
de jeter sur lui le déshonneur et la suspicion.

M. DEVILLE. — Le colonel dont vous parlez est une
canaille. (Bruit prolongé. — Cris : A l'ordre!)

M. LE PRÉSIDENT. — M. le ministre désire parler lui-
même... (Bruit prolongé à droite. — Cris : A l'ordre!)

M. le ministre dit que, comme chef de l'armée, il
désire (Cris : non, non, à l'ordre!) relever lui-même l'expression coupable...

M. FABIEN-CESBRON. — Ce n'est pas le ministre qui
préside.

M. PRACHE. — La parole est au président.

Le bruit persistant, M. Berteaux quitta la tribune et la séance fut suspendue. A la reprise de la séance, M. Deville chapitré par ses amis reconnut « que l'expression dont il s'était servi n'aurait pas dû être employée », et M. Berteaux termina brièvement son discours, en disant que l'armée ne devait pas faire de politique et en demandant aux républicains leur confiance.

M. Sibille prit la défense du colonel Gruau, de Romans, enfant d'Alsace, bon français, bon républicain qui avait toujours fait son devoir. Un seul de ses officiers avait refusé de prêter le serment demandé; il avait été frappé de trente jours d'arrêt : le général de brigade avait été régulièrement saisi de l'incident.

Avec M. Deschanel, on revint au sujet même de l'interpellation :

Il s'agit, dit-il, d'officiers dénonçant, diffamant, outrageant dans des notes secrètes leurs camarades et leurs chefs. Il ne s'agit pas seulement de délation dans le sens donné à ce mot par M. le président du Conseil puisqu'ici les délateurs tirent un profit de la délation; il s'agit d'indiscipline et d'offense envers des supérieurs. Pour de tels faits, un simple soldat passerait en Conseil de guerre.

Y aura-t-il donc pour les officiers deux poids et deux mesures? Y aura-t-il une caste d'officiers privilégiés placés au-dessus des règlements militaires et des lois?

On prétend qu'il faut couvrir les officiers républicains. Que vient faire la République en cela? Je doute que les hommes qui se livrent à de telles pratiques aient dans les veines une goutte de sang républicain.

On dit « les réactionnaires en ont fait autant »; serait-ce pour qu'on en arrive à imiter leurs fautes et leur honte que nos pères ont lutté, ont subi l'exil, que beaucoup sont morts.

Pour conserver un pouvoir passager, vous risquez de

compromettre tout ce qui fait notre force et notre honneur.

La France a horreur de la délation et elle sera sévère pour ceux qui auront couvert la délation et les délateurs.

Ces officiers délateurs on les a sollicités; on leur a promis le prix de leur félonie. Il n'y a donc pas seulement là infamie et déshonneur; il y a aussi corruption. Croit-on que le déplacement de ces officiers suffit? En changeant de ville, auront-ils changé d'âme et retrouvé la confiance et l'estime de leurs camarades?

Quelle que soit la bonne volonté du ministre de la guerre il ne peut rien, car il est le collègue d'hommes dont la responsabilité est trop engagée.

Il est attristant de voir ce qui se passe ici. Il y a, dans la majorité, un grand nombre de républicains qui blâment tous ces actes et qui, cependant, continuent à voter pour le Gouvernement. C'est parce qu'ils craignent un Gouvernement de réaction. M. Combes dit, d'ailleurs, qu'après lui il en sera forcément ainsi.

Cette thèse pourrait être vraie en Angleterre où il n'y a que deux grands partis; mais, chez nous, il ne peut pas en être ainsi, car les partis de réaction ne concourent pas à la formation des Cabinets

On confond deux choses qui ne doivent pas être confondues : un programme de réformes et des pratiques gouvernementales. Pour réaliser l'un, il n'est pas nécessaire de subir les secondes. Le parti républicain peut répudier des actes condamnables et poursuivre ensuite, en restant fidèle à son idéal, son œuvre de justice sociale.

Deux politiques sont en présence, deux politiques non seulement différentes, mais opposées : l'une réprouve les actes de délation et exige des sanctions; l'autre approuve ces actes, entend les perpétuer et repousse les sanctions comme une trahison envers les républicains et comme une offense à la République. Entre ces deux politiques, il faut choisir. Les partisans de l'une et de l'autre ne peuvent évidemment confondre leurs bulletins sur un ordre du jour équivoque, louche, ni soutenir le même Cabinet.

27.

M. Deschanel avait essayé de séparer M. Berteaux de M. Combes. M. Berteaux répliqua qu'il entendait garder la responsabilité de tous ses actes. Il se refusait à convoquer des Conseils d'enquête; le déplacement des officiers en cause, celui par exemple du commandant Boqnéro, était la seule mesure qui eût été réclamée par les chefs de corps eux-mêmes.

M. de Montebello revint à la charge :

On était en présence d'inférieurs qui avaient dénoncé leurs supérieurs; s'ils n'étaient pas frappés, il n'y aurait plus de discipline possible. Le ministre avait parlé des officiers qui avaient reçu de l'avancement, malgré les fiches rédigées contre eux; il n'avait pas parlé de ceux dont la carrière avait été brisée par ces mêmes fiches. Il avait dit qu'il n'avait jamais été tenu compte de leurs fiches : pourquoi donc était-il au banc des ministres et n'était-ce pas le général André ?

M. Vazeille mit directement en cause M. Combes.

Il avait tout connu; mais par une singulière amnésie, il avait perdu le souvenir de son entrevue avec M. Waldeck Rousseau qui l'avait prévenu de ce qui se passait au ministère de la guerre. Le commandant Pasquier avait nié deux ou trois fiches; il n'avait pas nié les deux cents et quelques autres. La véritable solution c'était de frapper les grands coupables. L'un, le général André, s'était fait justice; mais l'autre était toujours président du Conseil; il était responsable parce qu'il avait toléré le système. Les honnêtes gens ne pouvaient ni donner un blanc-seing à lui qui n'avait pas pu ne pas tout connaître.

M. Georges Leygues, ancien ministre du Cabinet Waldeck Rousseau, affirma une fois de plus que l'organisation du système de délation en service public ne remontait pas au delà de l'arrivée de

M. Combes au pouvoir. Qu'avant lui, il y ait eu des dénonciations ; c'était possible.

Mais il ne s'était jamais trouvé un président du Conseil pour approuver et faire usage des délations mêmes isolées.

En octobre 1902, un membre du Gouvernement, mis indirectement au courant de ce qui se passait à la guerre, fit appeler à son ministère le chef de cabinet du ministre de la guerre, qui lui révéla ce qui se passait.

M. Trouillot. — J'ignorais ce fait pour ma part.

M. Mougeot. — Je l'ignore également.

M. Georges Leygues. — J'affirme que je ne serai pas démenti. Si les ministres veulent procéder par élimination, nous sommes prêts à écouter et à enregistrer leurs déclarations.

Un membre à droite. — Nous demandons l'appel nominal.

Le président du Conseil dit qu'il a tout ignoré. Cependant, il a fait l'intérim du ministère de la guerre, en avril 1904...

M. Berteaux intervint de nouveau pour se solidariser avec M. Combes.

Ceux qui veulent atteindre le président du Conseil ne doivent pas se dissimuler qu'ils atteindront en même temps le ministre qui est à cette tribune et qui, résolu à faire tout son devoir, n'aurait plus, pour le faire, l'autorité nécessaire si la Chambre ne lui donne pas sa confiance absolue.

M. Combes donna quelques explications assez embrouillées d'où il paraissait résulter qu'il reconnaissait que sous le ministère précédent on n'avait eu recours qu'à l'administration préfectorale pour se renseigner ; puis tournant court, il déclara qu'il n'en dirait pas plus, « un président du Conseil ne

pouvant pas tout dire ». L'organisation des fiches
lui était inconnue avant l'interpellation Guyot de
Villeneuve.

M. Barthou posa une question précise :

Le commandant Pasquier a écrit publiquement qu'il
a rédigé des fiches par ordre supérieur. Je demande au
président du Conseil si le commandant Pasquier, à
l'heure actuelle, est encore au Cherche-Midi ou s'il a
été relevé de ses fonctions.

M. Combes laissa prudemment à M. Berteaux le
soin de répondre :

J'ai déjà dit trois fois que j'ai pris à l'égard du commandant Pasquier la mesure la plus grave qui m'était
proposée par le gouvernement militaire de Paris, celle
qui consistait à refuser à cet officier le bénéfice de la
prolongation de sept années qui avait été accordée à
ses prédécesseurs. Si je me suis posé la question de savoir si une nouvelle sanction n'était pas nécessaire,
c'est que des faits nouveaux ont été révélés.

J'ai blâmé, préalablement d'ailleurs, ces pratiques
et je n'ai pas besoin de répéter que je réprouve ce
système.

L'ordre du jour pur et simple demandé par M. Noulens et repoussé par le Gouvernement fut rejeté par
290 voix contre 274.

Un ordre du jour de MM. Codet et Gouzy « approuvant les déclarations du Gouvernement » fut
adopté par 298 voix contre 259 avec une addition
de M. Klotz « confirmant l'ordre du jour du 28 octobre ».

M. Berteaux avait sauvé le ministère en flétris-
sant nettement la délation. Mais que faisait-il de
l'ordre du jour du 28 octobre ? Pourquoi négligeait-
il de rechercher et de frapper les coupables ? Pour-

quoi, lorsque sous la menace d'une interpellation, il
était obligé de sévir, se contentait-il de priver l'officier coupable d'une faveur, de le mettre à la retraite
par *suppression d'emploi*, c'est-à-dire sans oser
donner à cette mesure la forme d'un blâme ?

Et que penser de la Chambre qui, après avoir voté
l'ordre du jour du 28 octobre, approuvait les déclarations du Gouvernement, se donnant ainsi à elle-
même un honteux démenti ? Singulière méthode qui
consistait à flétrir la délation et à sauver les délateurs !

Le compte rendu de cette dernière séance parut
dans l'*Aurore* sous ce titre : *La majorité, renouvelant
sa réprobation contre le système des fiches secrètes,
maintient son approbation à ceux qui l'ont appliqué.* C'était en deux lignes le résumé fidèle de toute
la longue série de débats scandaleux dont nous
venons de nous occuper.

PROTESTATIONS RÉPUBLICAINES

La première de ces protestations contre le système
de délation organisé par le ministère Combes vint
d'un groupement politique très important, l'*Alliance
démocratique républicaine*, présidée par M. A.
Carnot.

L'emploi des fiches, disait l'*Alliance*, est contraire à la
plus élémentaire loyauté et aux principes de justice et
d'égalité des citoyens, que la République considère avec
raison comme lui étant essentiels... Il est nécessaire
que les responsabilités diverses dans l'organisation de
la délation soient bien établies et que le parti républicain repousse énergiquement toute solidarité avec ceux
qui l'ont mis en pratique.

D'un autre côté un certain nombre de membres de *la Ligue des droits de l'homme* donnèrent leur démission de cette association qui, oubliant ses origines, oubliant qu'elle était née d'un mouvement généreux de protestation contre les notes secrètes dont il avait été fait un usage scandaleux dans l'affaire Dreyfus, avait maintenu son adhésion à la politique de M. Combes.

Ces protestations ne trouvèrent aucun écho dans les sphères gouvernementales. Et le ministre de la guerre, par une circulaire, datée du 27 Décembre, enjoignit même aux chefs de corps de s'abstenir de toute espèce d'enquête pour découvrir ceux de leurs officiers qui auraient pu collaborer à la confection des fiches, ces enquêtes « allant à l'encontre du but d'apaisement » qu'il poursuivait.

X

INTERPELLATIONS ET QUESTIONS

La place nous faisant défaut pour passer en revue toutes les interpellations et questions adressées au Gouvernement, en 1904, nous avons dû nous borner à l'examen de celles présentant un réel intérêt politique.

Parmi ces dernières, certaines se rapportaient à des sujets faisant l'objet de chapitres spéciaux : elles devaient et elles ont trouvé logiquement leur place dans ces chapitres. — Voir, au surplus, la table alphabétique au mot : *Interpellations*.

CHAMBRE. **14 et 22** *janvier*. — Le 7 janvier, *l'abbé Delsor*, *député d'Alsace-Lorraine* au Reichstag, venu à Lunéville pour faire une conférence, était expulsé par arrêté du préfet de Meurthe-et-Moselle. L'arrêté le qualifiait de sujet *allemand*.

La mesure était grave ; elle était odieuse, ajoutait la presse nationaliste, l'abbé Delsor étant non seulement un Alsacien, mais de plus un député *protestataire*.

Quelles étaient donc les raisons impérieuses qui avaient pu déterminer le Gouvernement à le frapper de cette façon ? On en donnait bien une : la conférence de l'abbé Delsor avait pour but de protester contre la fermeture de la chapelle du château, à Lunéville, et de susciter parmi les ouvriers une agitation contre cet acte légal du Gouvernement.

Cette explication était peu sérieuse et ne justifiait ni l'expulsion, ni l'épithète d'*allemand* donnée à un député alsacien que l'on représentait comme un de ces protestataires chez qui le souvenir de la patrie perdue était demeuré aussi vivace qu'aux premiers jours de l'annexion.

Le Gouvernement avait le devoir de faire connaître au pays les motifs qui l'avaient décidé à agir avec tant de rigueur; et puisqu'il ne les avait pas fait connaître spontanément, il était du devoir du Parlement de les exiger.

Aussi la Chambre se trouva-t-elle saisie de plusieurs demandes d'interpellation sur la fixation desquelles elle eut à statuer aussitôt après l'installation du Bureau (14 janvier). La première émanait de M. Corrard des Essarts qui avait dû présider la conférence de l'abbé Delsor.

A la grande stupéfaction de l'immense majorité des députés, le président du Conseil, M. Combes, demanda l'ajournement de la discussion au 22 janvier, afin d'avoir le temps de recueillir des « renseignements ».

Plusieurs orateurs, notamment M. Ribot, exprimèrent l'étonnement que leur causait le peu d'empressement de M. Combes à se justifier d'un acte qui avait si profondément et si légitimement ému le pays. A ces observations, M. Combes répondit, suivant son habitude, par des attaques personnelles, brutales et injustes contre M. Ribot et se borna à dire qu'il y avait là une machination ourdie par les réactionnaires. La Chambre était franchement indisposée par le silence obstiné du président du Conseil. Toutefois, M. Ribot ayant ajouté qu'il était impossible de refuser des délais à un Gouvernement qui avait besoin de renseignements et de réflexion, le renvoi de la discussion au 22 janvier fut accepté.

Le délai obtenu par M. Combes fut mis à profit par lui pour se préparer un succès facile sur le terrain parlementaire. Après avoir laissé l'opposition s'engager à fond en faveur de l'abbé Delsor, il fournit aux journaux à sa dévotion une série de documents dont la production savamment dosée et agencée ne pouvait manquer de provoquer dans l'opinion publique un revirement nettement défavorable au député alsacien. A la « machination » ourdie contre le ministère, M. Combes en opposait une autre ; c'était peut-être fort habile : mais à un point de vue supérieur, au point de vue de l'intérêt général qui aurait dû l'emporter sur une misérable question de portefeuille, c'était profondément regrettable. En effet, pendant huit jours, on assista à ce spectacle : les journaux de tous les partis se livrant à des polémiques furibondes, à des révélations scandaleuses dont les éclaboussures blessaient le sentiment le plus délicat de l'âme française : le patriotisme.

Mieux inspiré, M. Combes n'eût pas attendu pour s'expliquer ; il n'eût pas eu recours à des indiscrétions de journalistes pour éclairer l'opinion publique sur la personnalité de l'abbé Delsor ; l'incident n'eût pas été démesurément grossi par la passion de parti ; et son succès, s'il eût été moins éclatant, eut été certainement de meilleur aloi.

Quoi qu'il en soit, nous allons nous efforcer de

résumer brièvement les documents dont la publication encombra les colonnes de tous les journaux pendant une semaine.

Les usines de Lunéville comptaient parmi leurs ouvriers originaires des provinces annexées, beaucoup plus d'Alsaciens-Lorrains ayant opté — malgré eux, mais ayant néanmoins opté — pour la nationalité allemande, que d'Alsaciens-Lorrains ayant opté pour la nationalité française. C'étaient les premiers qui fréquentaient la chapelle du Château ; on y prêchait *en allemand* devant des jeunes gens qui retournaient périodiquement en Allemagne pour satisfaire aux dispositions de la loi militaire allemande. L'abbé Vary, qui officiait dans cette chapelle, ne se bornait pas à des instructions religieuses ; fréquemment, il abordait devant cet auditoire, qui ne comptait pas un sujet français, des questions touchant à notre politique intérieure ; bien plus, il avait imaginé de se faire adresser et de distribuer, chaque dimanche, quatre cents exemplaires du journal allemand le *Volksfreund*, dans lequel on insultait de la pire façon le gouvernement de la République française. Des officiers français, indignés du langage du *Volksfreund*, s'étaient plaints de l'entrée en France de ce journal que l'abbé Vary avait distribué à certains de leurs domestiques.

Le Gouvernement avait alors décidé de fermer la chapelle *non autorisée* du Château et d'interdire l'entrée en France du *Volksfreund*.

L'abbé Vary, privé à la fois de sa chapelle et de son casuel, avait conçu le projet d'organiser une manifestation violente contre les autorités locales et, comme préface à cette manifestation, il avait invité l'abbé Delsor à venir faire une conférence à Lunéville.

Qu'était l'abbé Delsor? Un protestataire? Il eût été difficile de le soutenir après avoir lu le commentaire fait par lui, dans la *Revue catholique d'Alsace* du mois d'octobre 1883, des manifestations patriotiques qui avaient eu lieu à Paris, lors du passage du roi d'Espagne Alphonse XII, revenant de Berlin, où l'empereur allemand l'avait nommé colonel d'un régiment de uhlans.

M. Grévy, M. Wilson et la canaille ont osé braver un colonel honoraire de uhlans, ils trembleraient de tous leurs membres, ils courberaient l'échine jusqu'à terre si M. de Bismarck voulait se passer la fantaisie d'ordonner à un vrai uhlan, à un seul, d'aller traîner son sabre sur le trottoir du boulevard.

... Si Alphonse XII voulait témoigner ses sympathies à la France, il devait attendre que la France eût à sa tête un autre Gouvernement. Il y a des maisons où même un vulgaire uhlan ne peut pas pénétrer sans déshonorer son uniforme, à plus forte raison un colonel surtout lorsqu'il est roi d'Espagne.

Dans la même revue, parlant de Ferry, il le traitait de « patriote hypocrite » et appelait « sur lui les malédictions des mères alsaciennes », dont il avait fait « assassiner au Tonkin les fils, soldats de la légion étrangère, pour enrichir ses frères et beaux-frères »; quant à « son compère Gambetta », il était représenté affamant le peuple, pendant le siège de Paris, et chaussant les soldats avec des souliers de carton.

L'abbé Delsor ne bornait pas son zèle salisseur aux grands hommes de la République. Le duc d'Orléans était le « triste déchet d'une grande race, tombé trop bas pour que le mépris pût encore l'atteindre », « les Bonaparte n'avaient jamais été français ; Napoléon et Bismarck ce serait tout un dans l'histoire » ; Déroulède était « un idiot et un maniaque » ; « paix à cette boue » était la seule épitaphe que méritait la tombe de Boulanger.

Le spectacle de la réception du grand duc Constantin par le président Carnot, à Nancy, au lendemain des fêtes de Kiel, l'avait écœuré ; les Français s'était « applatis » devant le représentant de l'empereur de Russie comme les Orientaux, « cette race d'esclaves, se prosternent pour avoir l'honneur de recevoir un coup de pied du cheval du prophète à La Mecque ».

Qu'attendre d'ailleurs d'un peuple dont l'hymne national, la *Marseillaise*, était un « chant de cannibales ».

Le langage de l'abbé Delsor était tout différent, lorsqu'il parlait de l'empereur d'Allemagne. Témoin cet article paru dans le *Volksbote* du 27 janvier 1903, sous le titre de « Vive l'Empereur ! »

L'empire allemand célèbre aujourd'hui par de grandes fêtes l'anniversaire de la naissance de son empereur. L'Alsace-Lorraine prend cette année cordialement part à cette fête.

A maintes reprises il a déjà témoigné à notre pays sa sympathie et celui qui agit ainsi pour notre peuple, peut être assuré de la reconnaissance dévouée de ses sujets.

L'Alsace catholique pense comme l'Alsace politique... et nous adressons toutes nos prières au ciel pour que le bon Dieu nous conserve longtemps notre empereur et sa dynastie.

Sans doute l'abbé Delsor avait à plusieurs reprises repoussé les augmentations de crédits militaires, mais il avait toujours voté l'ensemble du budget, accordant en bloc ce qu'il avait refusé en détail.

Enfin il était l'un des fondateurs du Landespartei dont le programme comportait cet article :

Le Traité de Francfort a créé une situation politique *sur le terrain de laquelle nous nous plaçons* à l'effet d'obtenir pour notre pays la situation qui lui revient dans l'empire allemand.

L'impression qui se dégageait de ces faits, se trouve traduite avec une grande impartialité dans une lettre qu'adressait à M. Clemenceau, M. Siegfried, député de la Seine-Inférieure, et d'origine alsacienne.

Mon cher ancien collègue,

Je suis d'accord avec vous pour ne pas défendre la personnalité de l'abbé Delsor, mais il est Alsacien, et je considère qu'il est blessant pour les Alsaciens de lui voir appliquer le qualificatif « sujet allemand ».

Ce que je demande au Gouvernement, c'est de ne pas se solidariser avec un préfet qui a commis une pareille maladresse, et de donner satisfaction au sentiment alsacien, soit en retirant l'arrêté, soit de toute autre manière.

L'affaire ainsi réduite à ses véritables proportions revint devant la Chambre le 22 janvier : elle semblait ne devoir comporter qu'une discussion brève, calme et limitée à deux ou trois points précis. Il n'en fut rien par la volonté de M. Combes qui, bien inutilement prit plaisir à élargir le débat, à le transformer en un débat politique et irritant, afin de se donner le facile succès de triompher d'adversaires dont l'erreur était excusable dans une certaine mesure, puisque pendant si longtemps il s'était

obstinément refusé à les éclairer sur l'homme dont
ils avaient cru pouvoir prendre la défense, ce que,
mieux informés, ils n'auraient certainement pas fait.

M. Corrard des Essarts, progressiste, prit le premier la parole ; il fit un exposé très calme, très
mesuré et très émotionnant de l'incident.

La personnalité de M. Delsor, continua-t-il, est indifférente au débat. L'incident prouve de la part du préfet
qui a pris l'arrêté d'expulsion et de celle du Gouvernement qui l'a approuvé un manque absolu de tact et
de cœur. Il aurait suffi au président du Conseil de
faire appel au patriotisme des organisateurs de la conférence pour qu'elle n'ait pas lieu ; de cette façon
l'incident eût été écarté. Mais on a préféré prendre
sournoisement une mesure qui n'oubliait qu'une chose,
que les Alsaciens étaient des Français séparés de la
mère-patrie.

M. Grosjean, tenta d'expliquer que si l'abbé Delsor
n'était à proprement parler un protestataire, ce n'en
était pas moins un « anti-allemand ». Il avait renoncé
à l'espoir de voir l'Alsace réunie à la France ; mais
il rêvait de conquérir pour elle l'autonomie.

M. Ollivier opposa à la rigueur dont le Gouvernement avait fait étalage contre M. Delsor, sa complaisance pour un député socialiste belge, M. Van-
dervelde, qui, à Saint-Brieuc, avait fait une conférence antimilitariste.

M. Combes, dans sa réponse, commença par
affirmer son patriotisme que personne ne mettait en
doute ; puis il s'expliqua sur les conditions dans lesquelles s'était produit l'incident et plaida les circonstances atténuantes en faveur de son préfet, M. Humbert, dont il regrettait l'acte « malencontreux » et
qui eût pu se contenter d'une menace d'expulsion,
« menace qui aurait produit son effet sans éveiller

un douloureux contraste entre les plus nobles de nos sentiments et la triste réalité des faits ».

Si le président du Conseil se fût arrêté là, le débat se serait terminé par une affirmation patriotique à laquelle la presque unanimité de la Chambre eût pris part. Mais M. Combes prit l'offensive avec une brutale ardeur, mettant successivement en cause, avec un accent de provocation qui attristait visiblement ses meilleurs amis, M. Ribot, M. Leygues et M. Barthou. Il affirma que les ministres qui l'avaient précédé s'étaient servis, comme lui-même, de cette expression d'*allemand* appliquée à des Alsaciens frappés d'expulsion. Il entendait les rendre responsables de la campagne menée par les journaux qui lui faisaient grief d'avoir employé cette expression dans l'arrêté concernant M. Delsor; il les accusa d'avoir voulu hâter la discussion uniquement pour ne pas lui laisser le temps de retrouver dans les archives de la Sûreté générale ces arrêtés qui constituaient sa justification. Enfin par une tactique qui lui était familière, il renferma le débat sur le terrain exclusivement politique en dénonçant à la majorité la manœuvre ourdie par la coalition nationaliste pour renverser le ministère.

Après une intervention de M. Paul Constant, socialiste, qui était adversaire par principe de toutes les expulsions, M. Ribot monta à la tribune.

Un ministre de l'intérieur, dit-il, a passé huit jours à fouiller dans les cartons de son ministère.

Il a trouvé, paraît-il, deux arrêtés que j'avais signés, il y a plus de dix ans, contre un vagabond ou un repris de justice que la Sûreté générale expulsait de France.

Il croit pouvoir me déshonorer devant mon pays en disant que j'ai, dans cet arrêté, que j'ignore, intentionnellement mis, à la suite d'un nom de village alsa-

cien, le mot « Allemagne », afin de marquer que
l'Alsace était définitivement allemande et que moi,
ancien ministre des affaires étrangères, j'avais voulu
indiquer par là que nous renoncions à l'Alsace-Lorraine.

Cela est tellement au-dessous de ma dignité et de
mon caractère que je me borne à plaindre M. le président du Conseil de recourir à de pareils procédés et la
majorité qui le soutient d'en approuver l'emploi.

Comment! il dépendrait d'un scribe de la Sûreté
générale, qui aurait employé je ne sais quelle formule,
d'engager, non pas la responsabilité politique, mais
l'honneur du ministre!

... Il était facile à M. le président du Conseil, il y a
huit jours, de mettre fin à l'incident et de l'empêcher
de devenir une cause de trouble et de tristesse profonde
pour ce pays. Il le pouvait d'un mot, puisqu'il vient de
vous expliquer aujourd'hui que M. le préfet de Meurthe-
et-Moselle avait dépassé la mesure.

... On a commis la faute suprême d'attaquer, à
côté de l'abbé Delsor, le parti alsacien catholique tout
entier; on a reproché à ce parti de n'être pas protestataire, alors que tout le monde sait quelle résistance
héroïque il a montrée dans la défense de la conscience
alsacienne. J'entends encore l'abbé Winterer s'écrier :
« Ah! vous ne savez pas ce qu'ont été cette protestation et cette dictature à laquelle nous avons été
soumis; il a fallu sauver l'âme de l'Alsace. »

Qui d'entre nous aurait le courage de scruter la
conscience de ces hommes qui ont souffert pour la
France et qui représentent encore les sympathies françaises en Alsace? Vous vous écriez : « Ce sont des
prêtres, ils ne peuvent pas être patriotes! »

J'espère que l'Alsace, toujours fidèle, saura distinguer
entre les vrais sentiments de la France et les fautes
passagères qui peuvent avoir été commises. Je lui
envoie le salut de la France!

Et maintenant vous allez voter. Parmi ceux qui
voteront l'ordre du jour couvrant M. le président du
Conseil, beaucoup ne dissimulent pas leurs inquiétudes
sur la façon dont sont traitées les questions qui

touchent aux intérêts les plus intimes de ce pays. On
ne peut enfermer la politique d'un grand pays dans la
lutte contre les congrégations, lutte à laquelle M. le président du Conseil ramène toute sa politique.

M. LE PRÉSIDENT DU CONSEIL. — Je n'ai pris le pouvoir
que pour cela.

M. RIBOT. — Avec cette politique, on s'expose à
désorganiser ce pays, et le jour où des incidents plus
graves viendraient à se produire, je me demande ce
qui arriverait.

Un certain nombre de ceux qui suivent M. le président du Conseil manifestent leur inquiétude. Quel jour
mettront-ils leur langage et le cri de leur conscience
d'accord avec leur vote? Cela les regarde; mais, si aujourd'hui M. le président du Conseil emporte leur vote,
il y en a beaucoup qui demain ne lui pardonneront pas
de le leur avoir arraché.

Le discours de M. Ribot, violemment interrompu
par l'extrême gauche, couvert d'applaudissements
par le centre et une partie de la gauche, avait remis
les choses au point. La puissance de vérité et de
patriotisme qui s'en dégageait avait fini par en imposer même à certains amis du ministère. Mais
M. Combes avait placé le débat sur le terrain ministériel. Rien ne pouvait prévaloir contre cette décision.

Un ordre du jour avait été déposé par MM.
Hubbard, Henry Maret et Charles Bos, qui ne
pensaient pas que « la disparition du Cabinet fît
courir un péril à la République et à la libre pensée »
et exprimaient « le regret de l'expulsion préventive
des élus du peuple d'Alsace ». Mais MM. Sarrien,
Muteau, Bienvenu-Martin et Briand demandèrent
l'ordre du jour pur et simple accepté par le Gouvernement.

M. Chastenet traduisit la pensée d'une grande
partie de la majorité en disant qu'il se ralliait à

l'ordre du jour pur et simple mais qu'il refusait son approbation à l'acte qui était en cause.

Par 295 voix contre 243 l'ordre du jour pur et simple fut adopté après une déclaration de M. Chapuis, faite « au nom de ses amis républicains de l'Est » ; ils approuvaient l'expulsion de l'abbé Delsor « dont le rôle n'avait pas été celui d'un Alsacien qui tient à la France, mais celui d'un Alsacien qui tient à germaniser l'Alsace. »

Le silence ne tarda pas à se faire sur cette triste affaire, malgré les commentaires dont fut accompagnée, dans la presse nationaliste, la démission du général de Sancy, motivée, prétendit-on, par l'attitude du gouvernement dans cette circonstance.

CHAMBRE. 15 *janvier*. — Le 29 octobre 1903, la *Bourse du travail de Paris* était le théâtre de désordres d'une gravité exceptionnelle, provoqués par des manifestations contre les bureaux de placement. Dès le lendemain, le président du Conseil était interpellé sur l'attitude de M. Lépine, préfet de police que les socialistes entendaient rendre responsable des bagarres sanglantes survenues entre agents et manifestants et à qui ils reprochaient, comme un crime, l'envahissement par la police de la Bourse du travail. M. Combes n'avait pas osé sacrifier M. Lépine aux rancunes inavouables de ses alliés; il n'avait pas eu non plus le courage de le défendre, comme son devoir le lui commandait; il avait eu recours à une procédure dilatoire : il avait promis de soumettre les actes de ce haut fonctionnaire à une enquête (Voir année 1903, page 369).

Cette enquête avait été confiée à un ancien subordonné de M. Lépine, dont les sentiments d'hostilité

pour le préfet n'étaient un mystère pour personne :
M. Cavard, directeur de la Sûreté générale.

Quels en avaient été les résultats? Quelle était la
mesure qu'elle avait suggérée au Gouvernement?
Telles furent les deux questions qu'adressèrent au
président du Conseil, MM. Bagnol, Constant et Sembat. Suivant eux, l'enquête avait établi que M. Lépine avait eu recours à l'emploi d'agents provoca-
teurs et qu'il avait commis une illégalité flagrante,
en faisant envahir sans nécessité la Bourse du travail
par ses agents; ceux-ci, après avoir refoulé les manifestants dans l'intérieur des locaux comme au fond
d'un *entonnoir*, les avaient assommés à coup de
sabre. La conclusion qui s'imposait, c'était la révocation de M. Lépine.

On attendait avec une certaine curiosité la réponse
de M. Combes. Allait-il opter franchement entre
M. Sembat et M. Lépine? Allait-il couvrir son préfet
ou le lâcher? Bien habile aurait été celui qui eût pu
discerner, dans les explications contradictoires et
confuses du chef du Gouvernement la solution vers
laquelle il inclinait. Et pourtant le rapport de
M. Cavard reconnaissait catégoriquement que des
circonstances exceptionnellement graves avaient
exigé le déploiement des forces policières mises en
mouvement par M. Lépine; le préfet n'avait pas
ordonné l'envahissement de la Bourse du travail,
mais il n'avait pu retenir ses hommes surexcités par
les provocations qui leur venaient de toutes parts et
par les projectiles meurtriers qui leur étaient lancés
des fenêtres de ce bâtiment. Sur ces deux points, la
lumière la plus éclatante avait été faite par une
enquête qui n'était cependant pas inspirée par une
bienveillance excessive à l'égard du préfet de police.

Rien n'était donc plus facile pour le président du Conseil que de couvrir énergiquement de sa responsabilité le fonctionnaire dont l'enquête justifiait la conduite.

Mais le rapport de M. Cavard ajoutait à cette constatation un commentaire destiné à en atténuer le bon effet. L'envahissement ne se serait pas produit si les agents avaient été placés hors de la portée des projectiles lancés des fenêtres, et « si le préfet, fidèle à ses habitudes, n'avait pas voulu être présent sur les lieux »; les agents s'en seraient alors tenus à leur consigne qui était de déblayer les abords de la Bourse.

Ainsi ce que M. Cavard reprochait à M. Lépine, c'était de pousser jusqu'au scrupule l'accomplissement de son devoir, de partager lui-même les dangers des hommes qu'il envoyait au péril au lieu d'attendre tranquillement, les pieds sur les chenets, les dépêches lui annonçant l'exécution de ses ordres!

Ceci dépassait l'imagination. Et cependant, dans son ardent désir de ne pas soulever les colères des socialistes, M. Combes eut le triste courage de s'accrocher à ces appréciations secondaires et étranges de M. Cavard comme à une branche de salut. Au réquisitoire de M. Sembat il répondit en établissant une sorte de cote mal taillée entre le blâme et l'éloge; il ne condamnait pas, mais il n'approuvait pas; il n'accordait pas la tête de M. Lépine à ses accusateurs, mais il ne la refusait pas; il déclarait qu'il y avait des responsabilités en jeu, mais il s'abstenait de les préciser.

La Chambre tout entière demeura stupéfaite de cette dérobade dont aucun Gouvernement jusque-là n'avait donné l'exemple.

M. Sembat s'écria :

La loi et la Constitution vous déclarent responsable.
Nous ne pouvons nous contenter de vaines déclarations.
Nous voulons des actes.

Et il déposa un ordre du jour invitant le Gouvernement à révoquer le préfet de police.

Un nationaliste, M. Ferrette, déclara que la
Chambre ne pouvait voter que l'ordre du jour pur
et simple ; « le Gouvernement n'ayant pas voulu
assumer ou indiquer les responsabilités, ce n'était
pas à la Chambre de les prendre ».

Invité à faire connaître son avis, M. Combes resta
muet à son banc.

L'ordre du jour pur et simple fut voté par
369 voix contre 126. Le Gouvernement n'était ni
battu, ni vainqueur, puisqu'il n'avait ni repoussé,
ni accepté l'ordre du jour adopté ; mais il avait
mécontenté tout le monde, en particulier M. Sembat
qui, voulant avoir le dernier mot, déposa immédiatement une motion invitant le Gouvernement à
faire respecter la loi sur les attroupements.

M. Combes déclara que « désormais » la loi serait appliquée, ajoutant « qu'elle n'avait pas été
observée à l'occasion de l'envahissement de la
Bourse du travail ».

Mais alors ! Qui était responsable de cette violation ? Si c'était le préfet de police, pourquoi était-il
maintenu à son poste ? Si ce fonctionnaire avait
fait son devoir, pourquoi le Gouvernement ne
le défendait-il pas énergiquement ? Ce fut ce di-
lemme que développa M. Ribot avec sa précision
ordinaire, en sommant le président du Conseil de
dire « clairement, franchement et nettement s'il

acceptait oui ou non la résolution de M. Sembat,
qui réclamait la révocation du préfet de police ».

Tout à l'heure, conclut M. Ribot, vous avez eu cette
posture un peu humiliée pour un président du Conseil
de ne pas trouver un mot pour dire si vous acceptiez
ou non l'ordre du jour pur et simple, avec le sens
injurieux que lui donnait M. Ferrette. Vous l'avez
accepté, sans oser le dire, comme une échappatoire.
Quand un Gouvernement en est là, il n'a plus l'autorité
morale nécessaire pour représenter le pays à l'intérieur
et à l'extérieur.

M. Maujan proposa alors un ordre du jour de
confiance, ce qui était un procédé un peu bizarre
après le vote de l'ordre du jour pur et simple.

M. Combes ayant déclaré l'accepter, M. Georges
Leygues voulut préciser le sens et la portée du vote
qui était sollicité de la Chambre :

L'honorable président du Conseil a dit, il y a deux
minutes, qu'à certaines heures il est bon de laisser à la
Chambre le soin de dénouer certaines questions. Cette
parole m'inquiète.

M. le président du Conseil pouvait se présenter
devant la Chambre après avoir révoqué le préfet de
police ; il aurait été comptable de cet acte devant elle ;
ou bien il pouvait venir le couvrir. Ces deux attitudes
se comprenaient ; mais ce qui ne peut s'admettre, c'est
que le pouvoir exécutif substitue la responsabilité de
la Chambre à la sienne. Il ne faut pas que demain le
Gouvernement, s'emparant du vo   d'aujourd'hui,
frappe ou ne frappe pas un fonctionnaire, selon que
la Chambre se sera prononcée dans un sens ou dans
l'autre.

Voix à gauche. — Pourquoi ?

M. GEORGES LEYGUES. — Pourquoi ? parce que ce
n'est pas la Chambre qui nomme ou révoque les fonctionnaires.

M. le président du Conseil sait qu'il a dans le préfet

d. police actuel un des fonctionnaires qui ont servi avec le plus de dévouement et d'énergie la République et le parti républicain.

J'ai eu M. Lépine comme collaborateur et je considère comme un devoir d'honnêteté et de loyauté républicaines de lui rendre ici ce témoignage.

M. CHAUTEMPS. — Je m'associe à l'éloge que vous faites du républicanisme et du courage de M. Lépine.

M. GEORGES LEYGUES. — Tant pis pour ceux qui se sont félicités parfois de l'avoir à la tête de certains services et qui l'abandonnent aujourd'hui. Si l'ordre du jour signifie que M. Lépine restera à son poste, je le voterai, mais, en cas contraire, je ne m'associerai pas à un vote dont la conclusion serait la révocation de ce bon serviteur de la République.

M. Combes refusa catégoriquement de répondre aux objections qui lui étaient faites par MM. Ribot et Leygues. La question posée par l'ordre du jour de confiance n'était pas, prétendit-il, celle traitée par eux ; il s'agissait de savoir si la majorité républicaine avait conservé sa confiance au Cabinet qui se retirerait s'il ne l'avait pas.

Le président du Conseil évitait ainsi de désobliger les socialistes ; mais, sentant bien que la majorité ne le suivrait qu'autant qu'elle aurait l'assurance que M. Lépine ne serait pas sacrifié, il s'empressa, une fois descendu de la tribune, de promettre à quelques députés de la Gauche radicale et de l'Union démocratique qui se trouvaient dans l'hémicycle, qu'il était résolu à maintenir M. Lépine en fonction.

Ce n'est guère l'habitude que de semblables déclarations ne soient pas apportées à la tribune ; la majorité s'en contenta cependant et par 295 voix contre 234 elle sanctionna cette attitude extraordinaire qui fut qualifiée par M. Charles Bos de « mystification ».

CHAMBRE. 29 *janvier*. — La magistrature fit les frais de cette séance.

Une première interpellation de M. de la Rochetulon visait un *incident du tribunal des Sables-d'Olonne*. Le 11 janvier, ce tribunal avait à juger des personnes qui avaient manifesté lors de la fermeture d'un couvent de Rédemptoristes ; trois jugements venaient d'être prononcés, lorsqu'un des juges, M. Fougères, se leva et quitta l'audience ; pour quel motif ? M. de la Rochetulon prétendait que c'était parce que ce magistrat avait estimé les peines prononcées insuffisantes. M. Sembat, tenant pour exacte cette version, en profita pour reprocher au garde des sceaux, non seulement de ne pas frapper les magistrats qui appliquaient trop mollement la loi contre les congrégations, mais aussi de ne pas donner aux magistrats républicains l'avancement auxquels ils avaient droit.

Le garde des sceaux, M. Vallé, établit, pièces en mains, que M. Fougères n'avait nullement protesté contre les jugements dont il était question ; il y avait eu simplement, entre le président et lui, une altercation qui s'expliquait par le mauvais caractère de ces deux magistrats. Quant à la façon dont les tribunaux appliquaient la loi de 1901, il avait été frappé de ce fait que la Cour de cassation avait cassé 64 p. 100 des décisions acquittant des congréganistes, alors que la moyenne ordinaire des cassations n'était que de 10 p. 100. La Cour de cassation avait dit quel était le droit en cette matière ; les tribunaux avaient le devoir de se conformer à sa jurisprudence. S'il apparaissait que certains voulussent en entraver l'application, ce serait de leur part une atteinte aux droits du Parlement et à la loi elle-même.

MM. Millevoye et Lasies protestèrent contre ces dernières paroles qui leur semblaient contenir une menace contre l'indépendance des magistrats.

Un ordre du jour de confiance fut voté par 332 voix contre 212.

Une seconde interpellation de MM. Arnal et Denys Cochin visait un jugement du tribunal correctionnel de Chambéry du 7 Décembre 1903.

Un croupier du casino d'Aix avait été accusé d'avoir volé au cercle. Une instruction avait été ouverte : elle avait abouti à une ordonnance de non-lieu. Un journal de la Savoie, rendant compte de cette affaire, avait formellement accusé un député de la région, M. Chambon, d'être intervenu en faveur du croupier auprès du parquet et de s'être fait rémunérer ce service. Poursuivi par M. Chambon, l'auteur de cet article avait été acquitté et, dans les motifs du jugement du tribunal d'Aix, figurait un « attendu », posant le principe que les hommes politiques n'étaient nullement blâmables de recevoir une rémunération pour de semblables services. Le procureur de la République avait fait appel du jugement ; la Cour le réformant avait condamné le journaliste.

M. Denys Cochin estimait que le garde des sceaux, s'il avait été vraiment soucieux de la dignité de la représentation nationale, aurait dû déférer cette décision et les magistrats qui l'avaient rendue, à la Cour de cassation, en vertu de l'article 441 du code d'instruction criminelle, ainsi que l'avait fait M. Dufaure, en une circonstance analogue.

M. Vallé répondit que ce qui était essentiel, c'était de faire disparaître les motifs du jugement ; or, la Cour de Chambéry avait infirmé le jugement en

déclarant inacceptables les considérants du tribunal.
Le résultat était donc le même que si la Cour de
cassation avait cassé le jugement. Après cet arrêt, il
avait infligé un blâme au président du tribunal.
Quant à la question des jeux, soulevée par cette
affaire, il avait confié à une Commission spéciale le
soin de l'étudier et d'examiner notamment si l'article 410 du code pénal pouvait être appliqué en
cette matière.

Après les répliques de MM. Gauthier de Clagny et
Ferrette, les protestations des députés de la Savoie
qui n'avaient été mêlés en aucune sorte à cette
affaire et les observations de M. Chambon dont le
rôle s'était borné à celui d'avocat du croupier, la
Chambre vota l'ordre du jour pur et simple par
343 voix contre 204.

Une motion de M. Déribéré-Desgardes invitant le
Gouvernement à empêcher l'intrusion des influences
politiques dans l'administration de la justice fut
renvoyée par 295 voix contre 247 à la commission
des réformes judiciaires.

CHAMBRE. 12 *février*. — MM. de Grandmaison et
Roger-Ballu interpellèrent le président du Conseil
au sujet d'un décret en date du 10 novembre 1903,
qui attribuait d'une façon exclusive au Gouvernement la nomination des officiers de *sapeurs-pom-
piers* et privait du droit d'avoir un drapeau les
compagnies comptant moins de cent hommes. Les
interpellateurs estimaient qu'il était regrettable
qu'on eût enlevé aux compagnies le droit de choisir
leurs officiers.

Le président du Conseil répondit que le décret
s'imposait, le Conseil d'État ayant contesté le droit

pour le ministre de l'intérieur de nommer les officiers qui lui étaient présentés par les compagnies. En effet, certaines municipalités réactionnaires qui s'étaient efforcées déjà de faire des compagnies des foyers d'agitation politique, n'auraient pas manqué de mettre à profit cette situation pour tenir les officiers sous leur dépendance et s'en servir dans leur lutte contre nos institutions. Quant aux autres dispositions du décret drapeau, composition des commissions, administration). M. Combes reconnut qu'elles gagneraient à être modifiées et promit de les soumettre à l'examen d'une Commission dans la composition de laquelle entreraient des maires et des officiers.

Un ordre du jour présenté par M. Berteaux, approuvant ces déclarations, fut adopté par 357 voix contre 52.

CHAMBRE. 17 mars. — L'interpellation de M. Millerand « sur l'exécution des engagements pris par le président du Conseil, en ce qui touchait les *retraites ouvrières* » fut un débat politique d'une importance politique exceptionnelle. Elle faillit entraîner la chute du ministère qui ne triompha que grâce à la défection de M. Étienne et de quelques autres membres de l'Union démocratique ; elle permit à M. Millerand de démasquer la politique d' « anticléricalisme de façade » de M. Combes et de rappeler au pays et au Parlement que la lutte contre les congrégations n'était pas la seule question qui fût digne de leur attention, qu'il y avait des questions sociales qui réclamaient une solution et dont le Gouvernement se désintéressait un peu trop ; elle fournit aux anciens ministres du cabinet Waldeck

Rousseau l'occasion d'affirmer leur fidélité à la politique féconde et sérieusement réformatrice de leur
chef; elle marqua enfin le premier effort de ceux
qui, persuadés que le maintien au pouvoir du
cabinet Combes constituait un danger pour la République, avaient entrepris, malgré les menaces des
socialistes, une œuvre d'assainissement dont la nécessité ne devait pas tarder à apparaître d'une
façon éclatante.

L'interpellation de M. Millerand surgit tout à fait
à l'improviste.

La Commission d'assurance et de prévoyance
sociales s'était réunie, le 17 mars, un peu avant
l'ouverture de la séance publique. M. Millerand, qui
la présidait, avait rappelé, comme il devait le faire
un peu plus tard à la tribune, que, depuis bien des
semaines déjà, le Gouvernement négligeait de
répondre aux appels pressants et réitérés qu'il lui
avait adressés; or, la Commission se trouvait dans
l'impossibilité d'achever l'élaboration du projet de
loi sur les retraites ouvrières, faute d'une collaboration gouvernementale qui lui était indispensable
pour déterminer notamment les conséquences
financières de cette loi.

La dernière lettre adressée, dix jours auparavant,
au nom de la Commission, par M. Millerand au
président du Conseil était, comme les précédentes,
demeurée sans réponse. De cette dernière lettre,
M. Millerand donna communication à ses collègues :
il y était dit que si, passé un certain délai, le Gouvernement ne faisait pas connaître ses vues, la
Commission devrait dégager sa responsabilité des
retards que subirait la réforme.

Cette lettre lue, la Commission décida qu'elle

serait transcrite au procès-verbal de sa séance et l'incident fut déclaré clos.

A ce moment, arriva M. Jaurès qui faisait partie de la Commission. Il protesta bruyamment : la question avait été réglée avec une précipitation insolite et il avait été mis ainsi dans l'impossibilité de participer à la délibération.

Mais la véhémente sortie du leader socialiste ne changea rien à la décision que, dès ce moment, M. Millerand avait prise de saisir la Chambre de cette affaire par voie d'interpellation.

Deux heures plus tard, en effet, il déposait sa demande d'interpellation dont la Chambre ordonnait la discussion immédiate.

M. Millerand exposa les faits :

Le 22 janvier, au nom de la Commission, j'ai invité le président du Conseil et ses collègues des finances et du commerce, à faire connaître le sentiment du Gouvernement sur la proposition adoptée par la Commission relativement aux retraites ouvrières. Le ministre du commerce seul a répondu à cet appel: il n'était point autorisé à parler au nom du ministre des finances. L'avis de celui-ci touchant les conséquences financières de la réforme étant indispensable, une nouvelle invitation lui a été adressée le 26 février : sur l'ordre du président du Conseil, il n'y a pas répondu. Une lettre adressée, le 8 mars, au président du Conseil est également demeurée sans réponse.

Je suis à cette tribune pour demander compte à M. le président du Conseil d'une attitude en contradiction formelle avec les engagements pris par le Cabinet et qui met la Commission dans l'impossibilité d'aboutir. La déclaration ministérielle contenait la promesse de reprendre l'étude des retraites ouvrières commencée par la précédente législature. Les actes démentent les paroles. En effet, dès le 22 janvier, la Commission a soumis à l'examen des ministres intéressés le texte du projet arrêté par elle, sachant qu'elle ne pouvait apporter à la Chambre, avec la pensée sérieuse d'aboutir, des propositions qui ne seraient pas assurées notamment de l'approbation du ministre des finances. Nous n'avons même pas pu obtenir cette collaboration. D'où cette conséquence que la Chambre ne pourra être saisie de la question des retraites à sa rentrée de mai et que l'examen des quatre contributions avant et du budget après les grandes vacances, placera la Chambre dans l'impossibilité d'entreprendre l'étude de cette loi longue et difficile avant la dernière année utile de cette législature, avant 1905.

Depuis longtemps la Commission aurait eu le plaisir et le profit d'entrer en conversation avec M. le ministre des finances, si M. le président du Conseil s'était avisé de mettre au service de cette grande question sociale un peu de la volonté et de la ténacité qu'il apporte, et je l'en loue, à d'autres œuvres.

Depuis que ce Cabinet existe, j'ai donné à la lutte nécessaire qu'il a poursuivie contre les congrégations, un concours sans réserve.

Si je l'ai fait, ce n'est pas que je n'aie entendu des critiques dont la force et parfois la justesse m'avaient frappé ; mais il m'avait paru qu'à un ministère engagé courageusement dans la lutte, c'était pour nous un devoir de ne pas discuter les armes qu'il jugeait nécessaires.

Mais je n'aurais jamais cru qu'un Gouvernement, si pénétré qu'il fût de la nécessité de la bataille, pût borner son ambition et son action à la lutte contre les congrégations.

Ce qui assure dans l'histoire du parti républicain et dans la reconnaissance de la démocratie une place à part à l'auteur de la loi de 1884, c'est qu'à aucun moment le président du Conseil de 1899 n'a séparé l'action sociale de la défense républicaine.

Plus la lutte est âpre contre les forces du passé, plus étroite est l'obligation pour les républicains de poursuivre également, en même temps que les démolitions, les constructions impatiemment attendues. Je reconnais les difficultés redoutables d'une loi des retraites.

mais précisément parce que l'œuvre est malaisée, il importe que le parti républicain la poursuive sans se détourner du but, assuré d'ailleurs que ce combat pour la conquête d'un avenir meilleur lui procurera un crédit constant dans sa bataille quotidienne contre les ennemis de la République.

Ouvrez les yeux. Hier, vous votiez une loi sur les bureaux de placement dont la disposition principale est due au général Mercier. Un autre jour, c'est M. de Lamarzelle qui défendait l'extension de la juridiction prud'hommale aux employés.

N'apercevez-vous pas la tactique qui se dessine du côté de l'opposition? Ne voyez-vous pas qu'on dira partout que, préoccupés exclusivement de la lutte contre les congrégations, vous avez abandonné à d'autres le soin de résoudre les problèmes sociaux?

C'est un péril qui peut ne pas apparaître à tous les yeux, mais jamais il n'a été plus nécessaire pour la République d'appuyer sa politique laïque sur une politique sociale menée avec décision.

En signalant à mon parti le péril à la fois le plus menaçant et le plus grave qu'il ait connu depuis longtemps, j'ai conscience, et cela me suffit, d'avoir accompli un devoir impérieux. Vous êtes avertis. Décidez!

Le président du Conseil, dans sa réponse, chargea à fond contre M. Millerand, en faisant allusion à certaines intrigues de couloir menées contre le Cabinet, où il affecta d'impliquer son interpellateur.

Le Gouvernement ne se désintéressait pas du sort des travailleurs: il avait déjà fait voter la loi majorant les retraites des mineurs, celle sur les enfants assistés et celle sur l'assistance des vieillards. Il y avait à l'ordre du jour trois réformes assez importantes pour absorber à elles seules l'activité de toute une législature: la réforme religieuse, la réforme militaire et la réforme fiscale. La loi sur les retraites ouvrières ne pourrait venir qu'après la réforme fiscale, c'est-à-dire

après que seraient assurées les ressources nécessaires
pour faire face à la dépense.

M. Combes enfin insinua que M. Millerand faisait
le jeu des cléricaux en tentant une diversion à la
lutte décisive engagée contre les congrégations.

La réplique de M. Millerand fut cinglante :

Les personnalités sont dans ce débat absolument
négligeables, dit-il; il n'y a qu'une chose en jeu : l'intérêt du parti républicain. J'ai voulu rappeler à mes
amis que nous avions le devoir de travailler à l'œuvre
sociale.

On me dit : « Vous n'avez pas fait la loi des retraites
ouvrières avec M. Waldeck Rousseau ». Le ministère
Waldeck Rousseau, dans sa déclaration ministérielle,
n'avait fait aucune allusion aux retraites ouvrières.
Moins d'un an après sa prise du pouvoir, M. le ministre
des finances Caillaux se rendait après le président du
Conseil devant la Commission d'assurance et de prévoyance sociales et exprimait le désir d'être associé à
ses travaux, comme je l'étai moi-même.

Il y a vingt et un mois, vous apportiez une déclaration
ministérielle où vous signaliez expressément la question
des retraites comme une de celles que vous entendiez
résoudre, et, depuis vingt et un mois, nous en sommes
à attendre une parole de M. le ministre des finances.

Sans doute il n'y a pas de politique sans un plan
financier; mais qu'est-ce que je vous reproche ? C'est
précisément de n'avoir pas pris au sérieux votre programme, de n'avoir pas permis à la Commission, je ne
dis pas d'aboutir, mais de commencer une étude
sérieuse.

Vous en êtes là que la loi sur les retraites soit pour
vous une diversion à votre politique. Eh bien! voilà
le fossé qui sépare d'une façon irréductible votre politique de la nôtre! Je prétends que vous n'aurez ni le
moyen, ni la force de poursuivre l'œuvre laïque de la
Révolution si en même temps vous n'accomplissez pas
l'œuvre sociale. Vous avez été hynoptisés par une partie
de votre œuvre; si importante qu'elle soit, un Gouverne-

ment qui a la charge des intérêts permanents et supérieurs du pays, ne peut pas se laisser à ce point absorber par une partie de son œuvre ; notre politique poursuit elle aussi la réalisation de l'œuvre laïque ; mais elle place au même plan la réalisation de l'œuvre sociale.

Le précédent Cabinet avait apporté un projet de retraites ouvrières ; vous vous contentez d'annoncer que, plus tard, on parlera des ressources destinées à rendre possible la loi et en attendant vous mettez la Commission dans l'impuissance de la préparer.

Voilà pourquoi, dans mon ordre du jour, ne pouvant affirmer la confiance qui me manque dans la politique sociale de M. le président du Conseil, je me borne à affirmer la volonté de la Chambre de faire aboutir, par la collaboration nécessaire du Gouvernement et de la Commission, la loi des retraites.

Après cette vigoureuse attaque, le sort du Cabinet paraissait sérieusement compromis. Heureusement pour M. Combes, M. Jaurès intervint par le discours le plus habile et le plus modéré auquel il donna l'allure de l'avertissement d'un ami attristé.

Si je suis monté à la tribune, déclara-t-il, c'est pour dire, au nom des socialistes qui ont soutenu M. Waldeck Rousseau et qui soutiennent M. Combes, pourquoi nous ne manquerons pas au pacte qui lie tous les républicains.

M. Millerand nous a reproché de sacrifier le nécessaire souci de la politique sociale. Ces reproches, je les connais, nous avons eu à les subir depuis cinq ans et sous le ministère même dans lequel M. Millerand était entré.

Nous en avons d'autant plus souffert, que de tous les côtés du prolétariat s'élevaient des protestations contre l'entrée d'un socialiste dans le Gouvernement. Ces reproches nous les avons subis et nous les subirons encore, malgré la tristesse et le déchirement que nous cause votre attitude. Nous ne regrettons rien, parce que ce que nous avons fait, nous l'avons fait pour la République et pour la patrie.

... D'où vous vient donc ce pessimisme soudain ? Pourquoi donner au pays ce signal de l'universel découragement ?

Il fut un temps où M. Millerand était moins pessimiste : il a fait adopter un projet de loi sur les vieillards et les infirmes, qui entraînera de lourdes charges et quand M. Aynard a fait remarquer combien il était étrange qu'on n'ait pas consulté le ministre des finances, M. Millerand n'a rien dit.

Les prophéties de M. Millerand ne parviendront pas à troubler la démocratie ; s'il faut une politique laïque et une politique sociale, il faut à cette politique une majorité. Où la trouverez-vous, Millerand ?

Comment, quand, avec le concours de la droite, vous l'aurez dissoute, comment la referez-vous ?

Tenez Millerand, continua-t-il, faisant allusion à l'attitude silencieuse observée par la droite depuis le commencement de ce débat passionnant, regardez, voyez cette droite silencieuse dans cette assemblée, refoulant au fond d'elle-même sa pensée, attendant, guettant.

Vous vous imaginez peut-être qu'en amenant la majorité à renoncer à ce que vous appelez l'absorption dans un but unique, vous n'aurez pas, sinon brisé, du moins faussé l'instrument d'action de la politique laïque. Détrompez-vous. Quand l'opposition vous aura aidé à la briser, vous savez bien qu'elle ne vous accordera rien. Si vous voulez vous rendre compte de toute la portée de votre intervention, regardez et voyez comment se distribuent les douleurs que vous suscitez ici et les espérances que vous éveillez.

Très calme, très maître de lui, M. Millerand répondit à M. Jaurès :

Si je suis ici, c'est qu'il m'a paru qu'il était temps de crier à la majorité...

M. ALBERT POULAIN. — Prenez Millerand !

M. MILLERAND. — Non, mon cher Poulain, Millerand n'existe pas.

Je ne veux pas rabaisser ce débat. Ce dont il s'agit, c'est de savoir si la majorité républicaine voit clairement l'intérêt de la République et du pays, ou si elle ne se trompe pas.

Lorsque je suis allé à Carmaux apporter à Jaurès le témoignage de mon admiration et de mon affection, j'ai dit que je soutiendrais le cabinet à la condition qu'il mènerait de front l'œuvre sociale et l'œuvre laïque. On me dit qu'il n'y a pas manqué. Cela prouve que la démonstration que j'ai faite est nulle pour ceux que les passions aveuglent.

Entre vous et moi, l'avenir jugera. Je souhaite passionnément qu'il me donne tort. C'est plus tard, hélas! que nous verrons par les faits si vous ne vous êtes pas lourdement trompés. Un jour viendra, plus proche peut-être que vous ne le croyez, où vous voudrez réparer votre erreur. Prenez garde qu'on ne vous réponde ce jour-là par le mot de toutes les révolutions et de toutes les réactions : « Trop tard! »

La bataille était terminée. La Chambre avait à se prononcer entre deux ordres du jour. Le premier de M. Bienvenu-Martin était ainsi conçu :

La Chambre, approuvant les déclarations du Gouvernement et comptant sur son énergie pour poursuivre son œuvre de laïcité et de réformes sociales, et repoussant toute addition, passe à l'ordre du jour.

Le second, de M. Millerand, était ainsi conçu :

La Chambre, résolue à faire aboutir la loi des retraites, par la collaboration nécessaire de la Commission et du Gouvernement, passe à l'ordre du jour.

La priorité fut accordée à l'ordre du jour de MM. Bienvenu-Martin et Guieysse par 281 voix contre 271.

Il fut adopté, au fond, par 284 voix contre 265.

Les 271 voix de la minorité comprenaient tous les députés de la droite, les nationalistes, les républicains progressistes, plus trente-neuf députés appartenant aux groupes de la majorité, savoir :

Un socialiste : M. Millerand.

Seize radicaux : MM. Astier, Pierre Baudin, Charles Bos, Denècheau, Paul Doumer, Dussuel, Fernand Brun, Holtz, Hubbard, Klotz, de Lanessan, Lockroy, Loque, Lhopiteau, Henry Maret, Noulens.

Vingt-deux républicains : MM. Arago, Babaud-Lacroze, Caillaux, Cardon, Cauvin, Cazauviellh, Cazeaux-Cazalet, Chaigne, Chastenet, Chaumet, Colin, Constant (Gironde), Delelis, Dormoy, Pierre Dupuy, Georges Leygues, Maure, Germain Perier, Poullan, Roch, Siegfried et Videau.

Quelques jours plus tard, M. Waldeck Rousseau, écrivait à M. Millerand :

Cap-d'Ail, 20 mars 1904.

Mon cher ami, les nouvelles arrivent lentement au Cap-d'Ail, et ce matin seulement j'ai eu un aperçu de votre discours. Demain j'aurai l'*Officiel*. Je vous remercie d'avoir, une fois de plus, défendu la politique que nous avons faite ensemble, large, réformatrice et sociale, sans avoir rien de commun avec le monomanisme présent. L'anticléricalisme est une manière d'être constante, persévérante et nécessaire aux Etats ; il doit s'exprimer par une succession indéfinie d'actes et ne constitue pas plus un programme de gouvernement, que le fait d'être vertueux, ou honnète, ou intelligent. La preuve en est qu'on épuise toutes les ressources du parti pour faire une loi que la loi de 1901 rendait inutile. Vous avez eu votre courage habituel et votre coup d'œil aussi. La grosse affaire en politique est d'avoir raison ; alors il importe peu de n'avoir pas encore la majorité ; si on a raison, ce n'est plus qu'un question de date.

J'ai trouvé le beau temps ici et un peu d'appétit aussi ; mais c'est jusqu'à présent mon seul progrès. Le sommeil et le reste ne se sont pas modifiés depuis

Paris. Mais j'espère, en mangeant un peu plus, retrouver un peu de forces et mon ambition ne va pas présentement au delà.

Votre tout dévoué ami,

WALDECK ROUSSEAU.

Le 23 mars, M. Millerand profitait d'une réunion organisée par la Fédération des groupes socialistes du XIV⁰ arrondissement pour préciser la portée politique de son intervention (voir page 395 .

CHAMBRE. 18 *mars*. — Le Gouvernement et sa majorité avaient en fait suspendu le droit d'interpellation, le premier en demandant, la seconde en votant l'inscription des projets de loi contre les congrégations à l'ordre du jour du vendredi, réservé autrefois aux interpellations.

M. Gauthier (de Clagny) déposa un projet de résolution invitant le bureau de la Chambre à faire respecter l'article 40 du règlement qui disposait que les interpellations devaient être discutées dans le délai d'un mois et à sauvegarder ainsi les droits des députés. Il lui suffit pour avoir gain de cause de rappeler les protestations indignées de M. Jaurès lorsque, sous le ministère Méline, M. Flandin avait proposé de ne consacrer, chaque semaine, qu'une seule séance à la discussion des interpellations. Le président, M. Brisson prit au nom du bureau tous les engagements que M. Gauthier de Clagny lui demanda de prendre et la motion de celui-ci fut adoptée à l'unanimité.

CHAMBRE. 25 *mars*, — Le 30 décembre 1903, les « camarades » Bousquet, Beausoleil et autres qui, sans succès d'ailleurs, avaient tenté de fomenter une grève parmi les ouvriers boulangers de Paris, étaient arrêtés sous l'inculpation d'excitation au pillage : en effet, sur leurs conseils un certain nombre d'ouvriers sans travail avaient mis à sac quelques boulangeries. Nous avons dit dans notre précédent volume page 389 comment le Gouvernement, cédant aux menaces de certains journaux révolutionnaires, les avaient presque immédiatement fait remettre en liberté.

Cet acte de faiblesse n'avait donné que demi satisfaction à M. Sembat qui, en termes violents, reprocha au garde des sceaux d'avoir arrêté « d'excellents socialistes » sur des témoignages qui auraient dû lui être suspects puisqu'ils étaient défavorables à ces « excellents républicains ».

M. Vallé rappela les bris de glaces, les pillages de boutiques, les patrouilles sillonnant les rues qui avaient marqué la fin de l'année 1903. Comment ne pas intervenir? On avait arrêté Beausoleil et ses « camarades »; mais le procureur de la République les avait bientôt relâchés — malgré l'avis de la police — sur les ordres du Gouvernement. On avait fait des excuses à Beausoleil; le Gouvernement les renouvelait à la tribune.

M. Sembat en prit acte et exprima l'espoir qu'à l'avenir M. Vallé éviterait « le retour de pareils faits » et ferait bénéficier tous les auteurs de désordres futurs de la nouvelle théorie juridique exposée par le garde des sceaux et qu'un interrupteur qualifia de « théorie du pillage licite ».

CHAMBRE. 30 mai. — SÉNAT. 19 juin. — Le journal le Matin avait organisé sous le nom de « marche de l'Arm'e » une épreuve sportive pédestre réservée aux militaires de tous les régiments de France, et comportant un assez long parcours. Parmi les concurents extrêmement nombreux, plusieurs restèrent en route et durent être transportés dans les hôpitaux : on eut même à déplorer un décès.

A la Chambre, le colonel Rousset interpella le ministre de la guerre à ce sujet. Le général André exprima le regret d'avoir donné son autorisation et promit de se montrer plus circonspect à l'avenir. L'ordre du jour pur et simple fut voté d'une part à raison de la loyauté des explications du ministre, d'autre part parce qu'on savait que s'il avait accepté la responsabilité de l'événement, en réalité, il n'avait donné son autorisation que contraint et forcé par M. Combes dont le *Matin* était l'organe en quelque sorte officiel.

Au Sénat, ce fut M. Le Provost de Launay qui porta l'incident à la tribune. L'ordre du jour pur et simple fut voté par 181 voix contre 88.

SÉNAT, 31 *mai*. — Lors de la discussion du budget de 1903, la Chambre, par 254 voix contre 245, avait voté une motion de M. Dejeante invitant le ministre de la justice à faire enlever les *emblèmes religieux* des prétoires de justice. Se fondant sur ce vote que le Sénat, d'ailleurs, n'avait pas ratifié, M. Vallé, adressa, le 1er avril, aux procureurs généraux, une circulaire leur prescrivant de faire enlever les christs de toutes les salles d'audience. Par une coïncidence regrettable, cette mesure devait être exécutée le jour du Vendredi-Saint. Elle donna naissance à de nombreux incidents et provoqua de nombreuses protestations de la part de conseils généraux et de conseils municipaux.

MM. Halgan et de Lamarzelle reprochèrent au garde des sceaux cette mesure inutilement vexatoire pour les consciences catholiques et qui avait été prise à l'instigation des loges maçonniques.

M. Vallé, dans sa réponse, resta sur le terrain juridique. La mesure était légale; sans doute les communes et les départements étaient propriétaires des locaux et du matériel des justices de paix et des tribunaux; mais le droit de contrôle du Gouvernement sur ces intallations n'avait jamais été contesté.

Après une réplique de M. de Las Cases, le Sénat fut saisi d'un ordre du jour de M. Prevet, lui rappelant que, dans la séance du 20 décembre 1903, il avait refusé de s'associer à la proposition votée par la Chambre. Mais l'ordre du jour pur et simple, accepté par le Gouvernement, fut voté par 173 voix contre 105.

CHAMBRE. 3 *juin*. — M. Grosjean interpella le ministre de l'instruction publique au sujet de la distribution faite à ses élèves par un instituteur du *livre d'histoire de M. Hervé* dans lequel, à côté de l'exposé des doctrines collectivistes, on trouvait l'apologie de l'assassinat du président Carnot. C'était ce même esprit qui inspirait certaines « amicales » d'instituteurs et certaines revues pédagogiques où il était dit que l'alliance franco-russe devait être considérée comme nulle et non avenue et que tant qu'elle n'aurait pas été sanctionnée par le Parlement, les réservistes devraient s'abstenir de répondre aux convocations de l'autorité millitaire. « Allons-nous être obligés de défendre notre nationalité contre nos instituteurs? », s'écria M. Grosjean, en descendant de la tribune.

M. Buisson prétendit que M. Grosjean avait exagéré. Il demanda que le Conseil supérieur de l'instruction publique resta seul juge des livres à interdire. Il réclama pour les instituteurs le droit d'émettre des opinions politiques, en dehors de leurs fonctions, « la neutralité pour l'instituteur équivalant à la perte de ses droits de citoyens ».

A la théorie de la liberté absolue pour l'instituteur, M. Gauthier de Clagny, opposa celle de la liberté limitée. « Une nation ne peut pas vivre si ses éducateurs sont libres de mettre entre les mains des enfants des livres qui sont contraires à l'idée de patrie. »

M. Chaumié contesta que le livre de M. Hervé eût été distribué dans aucune école. Le cas échéant, il n'eût pas hésité à le déférer au Conseil supérieur à qui il appartenait de l'interdire ; ce n'était pas un livre d'histoire mais un livre de polémique ardente où l'assassinat du président Carnot était qualifié « d'acte d'impatience de justice sociale », et où dans un chapitre intitulé : « La civilisation européenne en Afrique », on trouvait un dessin portant cette légende : « Les troupes françaises enfument une tribu arabe ». La grande armée universitaire avait donné la mesure de la confiance que l'on pouvait avoir en elle en réélisant au Conseil supérieur M. Galouédec qui avait été appelé à juger M. Hervé et s'en était expliqué avec ses électeurs.

M. Jaurès dit qu'il ne pouvait voter l'ordre du jour de confiance déposé, approuvant les déclarations du ministre, qui donnaient satisfaction « aux anciens partis ».

Après une énergique réponse de M. Chaumié et une courte intervention de M. Astier qui estimait

que le parti républicain ne devait pas abandonner
la doctrine exposée par le ministre et qui était celle
de Gambetta et de Ferry, sous prétexte qu'un certain parti cherchait à exploiter l'idée de patrie, l'ordre
du jour de confiance fut voté par 448 voix contre 60.

Le lendemain, M. Jaurès parlant du livre de
M. Hervé, écrivait qu'il constituait « une tentative
très intéressante et *nécessaire* » !

CHAMBRE. 9 *juin*. — De nouveaux *massacres
d'Arméniens* venaient d'ensanglanter la région du
Sassoun. M. de Pressensé questionna le ministre
des Affaires étrangères : il aurait voulu que notre
flotte fît une démonstration navale devant Constantinople. M. Delcassé répondit que les faits étaient
mal connus, en tout cas très exagérés; en passant
il fit l'éloge de nos consuls dont l'intervention avait
évité bien des conflits sanglants; le sultan avait
donné des instructions pour que ces faits ne se
renouvelassent pas.

CHAMBRE. 17 et 24 *juin* et 1ᵉʳ *juillet*. — M. Prache
développa une interpellation sur *la franc-maçonnerie* déposée depuis dix-huit mois. Quelles raisons,
demanda-t-il, empêchent le Gouvernement d'exiger,
des loges et fédérations maçonniques, le dépôt
légal de leurs imprimés et écrits périodiques, le
payement de la taxe d'abonnement pour leurs biens
qui sont de main-morte, et le respect des dispositions de la loi du 1ᵉʳ juillet 1901 sur le contrat d'association? Il termina en insistant sur le rôle politique de la franc-maçonnerie, sur le contrôle qu'elle
exerçait vis-à-vis des fonctionnaires et sur le nombre
de ces derniers en faisant partie.

M. Lafferre, l'un des grands maîtres de la maçonnerie, répondit par un éloge de cette société
« respectueuse des lois, volontairement pauvre et
s'appliquant avant tout à se montrer charitable et
tolérante ».

Le garde des sceaux défendit le Gouvernement
du reproche d'avoir fait preuve de complaisance
vis-à-vis de la maçonnerie. On avait parlé de taxes
fiscales : toutes celles incombant au Grand-Orient
étaient payées par la société civile propriétaire de
l'immeuble occupé par cette société. La loi de 1901
ne soumettait à la déclaration que les associations
voulant bénéficier de certains droits. Pour les
autres, le régime était celui de la liberté absolue. Le
Grand-Orient rentrait dans cette dernière catégorie.

MM. de Rosambo et Gauthier de Clagny s'atta-
chèrent à mettre en relief l'influence prépondérante
de la franc-maçonnerie dans les nominations des
fonctionnaires.

L'ordre du jour pur et simple acccepté par le
Gouvernement fut voté par 339 voix contre 202.

XI

LES GRÈVES EN 1904

LES GRÈVES DE MARSEILLE

On peut dire, sans exagération aucune, que durant l'année 1904, la grève régna d'une façon presque permanente dans le port de Marseille. La place nous manque pour entreprendre l'historique complet de ces grèves successives : nous limiterons notre exposé au récit des plus importantes.

Le 23 avril, les officiers et mécaniciens de la marine marchande du port de Marseille se mettaient en grève et débarquaient; leur décision, acte réfléchi d'hommes graves, était motivée par l'impossibilité où ils se trouvaient placés d'accomplir leur mission avec l'indépendance et la dignité qu'elle comportait.

Encouragés, en effet, par les complaisances que leur prodiguait à tort et à travers le ministre de la marine, les inscrits maritimes ne connaissaient plus de bornes à la tyrannie syndicale qu'ils entendaient exercer. L'obéissance à l'égard des capitaines mar-

chands, qui leur était prescrite par le décret du
21 mars 1852, n'était pour eux qu'un vain mot ; les
actes d'insubordination se succédaient, de jour en
jour plus fréquents ; l'indiscipline était devenue la
règle ; tout devait plier devant l'autorité des syndicats. Sur la plainte d'un marin, le syndicat avait
exigé le débarquement du second de l'*Abd-el-Kader*,
et le capitaine avait dû s'incliner. Trois officiers de
la Compagnie Axel-Busch avaient subi plus tard le
même sort dans des conditions identiques. Partout,
sur les navires comme sur les quais, le régime de la
terreur était organisé, et l'anarchie installée en
maîtresse. Il suffisait de la moindre plainte émanant
du premier venu des syndiqués, inscrit ou docker,
pour qu'aussitôt tel capitaine ou tel entrepreneur
fût mis à l'index, sans aucun recours, sans aucune
défense possible. Dans ces conditions, les officiers
de la marine marchande, se sentant désarmés,
avaient préféré se retirer avec éclat plutôt que de
demeurer les spectateurs impuissants d'une anarchie dont ils couraient le risque de devenir les victimes.

Ils refusèrent d'embarquer s'il n'était pas fait
droit à leurs revendications qui portaient sur les
trois points suivants :

1° Réintégration dans leurs postes des officiers
déplacés ; 2° les litiges soumis à l'autorité du commissaire de l'inscription maritime ; 3° observation, d'une
manière générale, des lois régissant la marine marchande.

En présence d'un événement dont la gravité
n'échappait à personne, le Gouvernement n'hésita
pas. Il prit carrément parti pour le syndicat des

inscrits maritimes contre les états-majors de la
marine marchande. Alors qu'en 1902, lors de la
grève des inscrits maritimes, il s'était borné à
assurer le transport des dépêches, l'État mobilisa
des croiseurs, des torpilleurs, des transports, pour
le service des passagers, des colis postaux et des
marchandises. Cette mesure devait avoir pour effet
de prolonger le conflit, et aussi de nous entraîner
dans des dépenses considérables.

M. Famin, président de l'association des capitaines
au long cours, se rendit dès le début de la crise
à Paris pour conférer avec M. Combes qui faisait
l'intérim du ministère de la marine, en l'absence
de M. Pelletan, parti faire un voyage d'agrément.
M. Combes offrit à M. Famin un arbitrage ; M. Famin refusa, les réclamations des officiers tendant
uniquement à obtenir la faculté de droits *légaux* ;
au surplus dans l'affaire du second de l'*Abd-El-
Kader*, avant la déclaration de grève, M. Pénissat,
administrateur de la marine, avait été appelé à
intervenir comme arbitre ; sa sentence n'ayant pas
été du goût des inscrits avait été tenue par eux
comme non avenue ; le moyen proposé semblait
donc inacceptable.

Le 7 mai, les officiers du Havre et, le 10 mai,
ceux de Bordeaux et de Dunkerque décidaient de se
solidariser avec leurs collègues de Marseille.

Le Gouvernement, mesurant enfin l'étendue des
responsabilités qui pesaient sur lui, se décida à
agir : l'administrateur de la marine fut invité à
s'entremettre auprès du syndicat des inscrits et
ceux-ci finirent par comprendre qu'ils devaient
souscrire à toutes les conditions imposées par les
officiers ; le syndicat prit en outre l'engagement

formel de ne jamais laisser intervenir les dockers par des mises à l'index dans les différends qui pourraient surgir au sujet de la composition des équipages 14 mai . Cet engagement mit fin à la grève.

Mais, dès le 19 juin, les chantiers de la compagnie Axel-Busch et un peu plus tard ceux de la compagnie Caillol et de la compagnie Cyprien Fabre étaient mis à l'index par les dockers à la suite du débarquement de marins syndiqués : l'impossibilité de faire procéder à la manipulation de leurs marchandises obligèrent ces compagnies à désarmer leurs navires. L'association des capitaines au long cours fit alors savoir au préfet que si les mises à l'index n'étaient pas levées dans les quarante-huit heures, ils feraient grève. Cette menace produisit un salutaire effet : les dockers reprirent leur travail partout où ils l'avaient abandonné 9 juin .

M. Thierry déposa une demande d'interpellation sur ces faits ; à diverses reprises il invita la Chambre à en entamer la discussion : mais il se heurta à la volonté formelle du Gouvernement d'ajourner aussi longtemps que possible le débat, de telle sorte que la Chambre n'avait pas encore eu à se prononcer quand une nouvelle grève éclata, celle-là plus grave encore que les précédentes.

Le 20 août, les inscrits maritimes de la Compagnie transatlantique se mettaient en grève réclamant une nouvelle réglementation ; un accord était sur le point d'intervenir lorsque d'une part les marins des autres compagnies se joignirent à ceux de la Transatlantique et d'autre part les dockers mirent à l'index plus de vingt contremaîtres. Le syndicat des contremaîtres prit la défense de ceux de ses membres qui se trouvaient ainsi menacés, et, conformément à l'accord conclu avec l'Union des états-majors, appela les officiers, selon les termes usités, « en garantie. » Ceux-ci déclarèrent la grève, et les différentes compagnies, prenant parti pour eux, décidèrent le désarmement de tous leurs vaisseaux.

Les revendications des contremaîtres tendaient à s'affranchir de la tyrannie du syndicat des dockers qui prétendait s'immiscer à la fois dans le choix des ouvriers en excluant de l'embauchage tous les non syndiqués et dans l'organisation et la conduite des travaux par le moyen de délégués préposés à la surveillance des chantiers, dont l'autorité auprès des ouvriers était devenue prépondérante à l'exclusion de celle des contremaîtres.

Ce fut en vain que le président de la Chambre de commerce, M. Le Mée de la Salle, tenta de trouver un terrain de conciliation. Forts de leur bon droit, les contremaîtres se refusèrent à toute concession ; quant aux ouvriers, ils avaient obtenu sans peine les encouragements du ministre de la marine et ils comptaient sur le Gouvernement pour assurer leur triomphe.

Cet appui du Gouvernement se manifesta d'abord par un avis adressé aux compagnies de navigation, adjudicataires d'un service postal ; le ministre du commerce, M. Trouillot, leur fit savoir qu'il entendait leur appliquer les amendes prévues aux cahiers des charges en cas de retard dans le transport des correspondances. Puis ce fut une mise en demeure adressée à la Société des Docks, d'avoir, sous peine d'être déchue de son monopole de l'entrepôt réel, à assurer la manutention immédiate de toutes les marchandises déposées dans ses magasins.

Cependant le mouvement gréviste tendait à gagner les ports voisins. Les armateurs et les entrepreneurs de manutention, désireux de mettre fin au conflit dans des conditions qui garantiraient l'avenir, pensèrent les avoir trouvées dans la constitution d'un groupement nouveau qui aurait pris le titre d'*Union maritime* et aurait été calqué sur les organisations de même nature fonctionnant déjà dans plusieurs ports étrangers, notamment à Anvers. Les adhérents auraient été assurés d'un salaire minimum annuel et de la préférence à l'embauchage ; un Comité composé de patrons et d'ouvriers aurait été chargé de sanctionner tous les accords relatifs à la réglementation du travail ; enfin des caisses de prévoyance devaient compléter cette organisation.

Les grévistes, sous l'influence des meneurs des syndicats à l'influence desquels la constitution de l'Union maritime aurait porté un coup fatal, virent ce nouveau groupement d'un assez mauvais œil ; d'ailleurs des négociations étaient engagées et ils conservaient l'espoir d'obtenir quelques avantages en échange de leur promesse de reprendre le travail. En effet, d'une part, sur l'initiative de M. Charles Roux, président de la Compagnie transatlantique, un arrangement avec les inscrits maritimes semblait près d'aboutir et d'autre part les revendications des dockers avaient été soumises à l'arbitrage de M. Magnan, ancien président du tribunal de commerce. Celui-ci rendit sa sentence le 25 septembre ; il y affirmait la faculté pour les patrons d'embaucher qui bon leur semblait, syndiqués ou non, le contrat de 1903 ayant proclamé la liberté de l'embauchage.

Les grévistes qui avaient réclamé et accepté l'arbitrage refusèrent de se soumettre à la sentence.

En présence de cette attitude, les patrons décidèrent de rouvrir leurs chantiers aux conditions du contrat de 1903 telles que les avait précisées l'arbitre ; engagement écrit devait être pris par les ouvriers qui reprendraient le travail d'accepter ces conditions. Les chantiers furent rouverts le 3 octobre, et peu à peu se peuplèrent d'un nombre d'ouvriers suffisant pour répondre à tous les besoins de la manutention.

Le syndicat comprit que la lutte n'était plus possible et, le 16 octobre, il adhéra à la sentence arbitrale.

Le 3 octobre, les contremaîtres avaient relevé les états-majors de leur engagement de solidarité ; et le 7, les inscrits s'étaient mis à la disposition des armateurs, qui avaient consenti à leur céder sur des points de détail de peu d'importance.

La grève avait duré quarante jours environ. On estimait à 80 millions la perte subie par Marseille. L'armement avait perdu 230.000 francs par jour ; les minoteries, les huileries, les savonneries qui avaient été obligées de chômer, faute de matières premières, avaient eu des déficits de production montant à plus de 17 millions ; les entrepreneurs qui, en temps ordinaire, manipulaient 15.000 tonnes de marchandises, avaient cessé leurs opérations.

Les employés n'avaient pas moins souffert. Chaque jour de grève avait coûté aux inscrits maritimes près de 39.000 francs et aux dockers 25.000 francs. Les charretiers et les autres ouvriers d'industries arrêtées par la suspension des transports en ville avaient quotidiennement perdu 12.000 francs de salaires. On peut dire, sans exagération, que la grève

avait privé les travailleurs de 120.000 francs par
jour. Et tout cela, pour aboutir à un échec presque
total de leurs revendications.

Le Gouvernement finit par accepter de discuter
l'interpellation de M. Thierry, dans le courant du
mois de novembre. Les faits remontaient à plusieurs
mois ; c'était une vieille histoire qui n'intéressait
plus que quelques rares représentants du Midi ; le
débat n'était plus dangereux pour le Cabinet ; au
contraire, car pendant qu'il retenait l'attention de
la Chambre, celle-ci ne pouvait pas s'occuper des
autres questions sur lesquelles le Gouvernement
préférait n'avoir pas à s'expliquer. Tous les efforts
du ministère tendirent donc à prolonger indéfiniment la discussion. Commencée le 11 novembre,
elle continua les 18, 25 novembre, 2 et 16 décembre ; elle ne put être achevée ni avant la fin de
l'année 1904, ni avant la démission du Cabinet.

Sur cette interpellation s'en était greffée une
autre. Pendant que M. Pelletan répondait à l'exposé
impartial et documenté de M. Thierry, M. Binder,
dans une interruption, l'avait accusé d'être l'auteur
responsable du naufrage du transport *la Vienne*,
perdu corps et biens, l'hiver précédent. Appelé à
préciser son accusation, M. Binder expliqua que
des rapports officiels représentaient ce vaisseau
comme hors d'état de naviguer ; le ministre avait
quand même donné l'ordre de le faire partir, assailli par une tempête, il avait sombré.

M. Pelletan donna à M. Binder un démenti catégorique, sans toutefois l'étayer d'arguments irréfutables. Un doute planait encore après ses explications sur les responsabilités engagées dans cette
triste affaire. Un ordre du jour approuvant les

déclarations du ministre fut voté cependant par
342 voix contre 42; il y avait eu plus de 200 abstentions (16 décembre .

LES GRÈVES DE BREST ET DE LORIENT

Les élections municipales avaient amené à la
mairie de Brest une municipalité collectiviste
composée presqu'exclusivement d'ouvriers de l'arsenal et de professeurs du lycée ; cette municipalité
était sous la dépendance du premier adjoint, le
citoyen Goude, commis aux écritures à l'arsenal.

A peine cette municipalité était-elle entrée en
fonctions que la ville de Brest fut en proie à une
véritable épidémie de grèves.

Les plus sérieuses furent celle des boulangers et
celle des dockers qui éclatèrent presqu'en même
temps (fin mai) ; pendant plusieurs jours Brest fut
le théâtre de scènes de désordre extrêmement
graves, par la faute de la municipalité qui refusait
d'intervenir contre ceux qui l'avaient élue ; des
bandes d'énergumènes parcouraient les rues, chantant l'*Internationale*, molestant les passants, brisant
les vitres, terrorisant la ville. Le 28 mai, les boulangers grévistes mettaient le feu à quatre boulangeries ; le lendemain, les dockers faisaient le siège
du domicile particulier d'un armateur, M. Chevil-
lotte, et saccageaient les bureaux de l'entreprise
Bazin-Colière. En présence de ces faits et de l'attitude de la municipalité, le sous-préfet requit les
troupes de la garnison pour assurer l'ordre. Les
bagarres ne prirent fin que lorsque le maire, effrayé
des proportions que prenait l'émeute, se décida à

signer un arrêté interdisant les attroupements.
Cette mesure dont l'exécution fut assurée par
l'administration préfectorale mit un terme à l'agitation.

Pendant ce temps, à Lorient, les menuisiers et
les maçons se mettaient en grève; dans la nuit du
1er au 2 juin, la maison d'un entrepreneur, M. Moreau, était attaquée et incendiée. Les gendarmes
avaient grand'peine à soustraire M. Moreau et les
siens à la poursuite des grévistes qui voulaient leur
faire un mauvais parti.

Le Gouvernement fut interpellé au Sénat au sujet
de ces faits (9 juin).

M. de Goulaine signala que la grève de Lorient
avait suivi de près un voyage fait par M. Pelletan
dans cette ville où il avait été salué par le drapeau
rouge et le chant de l'*Internationale*. M. Delobeau
demanda compte au Gouvernement de ses hésita-
tions à prendre les mesures que la municipalité de
Brest s'était refusé d'assurer pour ramener l'ordre.

M. Combes répondit que sans doute des excès
avaient été commis; les plus coupables ce n'étaient
pas les grévistes de Brest et de Lorient mais
ceux qui, l'année précédente leur avaient donné
l'exemple, en organisant la résistance aux lois
contre les congrégations !

Le Sénat vota par 177 voix contre 102 un ordre
du jour approuvant les déclarations du Gouvernement, mais précisant également que celui-ci avait
pour devoir d'assurer l'ordre et la sécurité des personnes.

Les dockers de Brest se mettaient de nouveau en
grève au mois de juillet; le mouvement prenait tout
de suite une tournure grave. Le 3 juillet, en sortant

d'une réunion, les grévistes attaquaient les gendarmes préposés à la garde des marchandises déposées le long des quais; un gendarme était jeté à
l'eau; huit de ses camarades, un capitaine et un
sous-officier étaient grièvement blessés; le 8 juillet,
des faits de même nature se produisaient; des coups
de revolvers étaient tirés sur la troupe et un grand
nombre de soldats étaient blessés. La municipalité
se décida alors à lancer un appel à la population
et son intervention suffit, comme la première fois,
à rétablir l'ordre qui n'eût point été troublé si, dès
la première heure, elle avait fait ce que lui commandait son devoir.

AUTRES GRÈVES

Parmi les autres grèves survenues au cours de
l'année 1904, celle des tissages du Nord qui en-
traîna le chômage de plus de 36.000 ouvriers, doit
être signalée d'une façon toute particulière; elle
était motivée par une question de salaires et par les
modifications aux conditions du travail résultant
de l'application de la loi de dix heures; son caractère fut aggravé par le refus des syndicats patro-
naux d'entrer en pourparlers avec les délégués des
syndicats rouges ouvriers, et aussi par l'approche
des élections municipales qui rendaient plus vive
la lutte entre les collectivistes et les anticollecti-
vistes; les désordres furent évités grâce à l'habileté
et à l'énergie du préfet du Nord, M. Vincent; la
grève prit fin par la nomination de Commissions
mixtes de patrons et d'ouvriers chargées d'établir
des tarifs de salaires (mars à mai).

Presque tous les ports eurent leurs grèves de dockers : nous avons retracé plus haut l'historique de celles de Brest et de Marseille.

Dans plusieurs villes, les boulangers se mirent également en grève, notamment à Bordeaux et à Nantes.

A Neuvilly, les grévistes d'un tissage, incendièrent le château du propriétaire du tissage 31 janvier . A Cluses, les ouvriers en grève de la fabrique d'horlogerie Crettiez ayant manifesté l'intention de saccager les ateliers, les fils Crettiez firent feu sur les grévistes dont trois furent tués 18 juillet .

Au mois de novembre éclata la grève des ouvriers des arsenaux Voir le chapitre sur la *Marine* .

Enfin plusieurs grèves d'ouvriers agricoles se produisirent au cours de l'année dans les centres viticoles du Midi.

XII

AFFAIRE DREYFUS

ET INCIDENTS S'Y RATTACHANT

LA REVISION

Nous avons dit dans le précédent volume (page 397)
que la Cour de cassation avait été saisie par le garde
des sceaux d'une demande en revision du jugement
du conseil de guerre de Rennes qui, en 1899, avait
condamné le capitaine Dreyfus pour faits de trahison.

Le 3 mars, l'affaire vint devant la Chambre criminelle de la Cour de cassation. Le conseiller rapporteur, M. Boyer, indiqua « qu'il n'était pas téméraire de penser » que la production qui avait été
faite devant le conseil de guerre de deux lettres
de B... à A..., l'une altérée par un grattage, l'autre
faussement datée et toutes deux ainsi falsifiées pour
perdre Dreyfus, « avait pu entraîner la condamnation »; mais la Cour de cassation ne possédait pas
les originaux de ces pièces et les éléments pour statuer lui faisaient défaut; une enquête était donc
nécessaire.

Le procureur général, M. Baudouin, conclut dans le même sens.

La Cour rendit, le 5 mars, un arrêt ordonnant qu'il serait procédé par elle à une enquête supplémentaire.

Cette enquête, qui ne prit fin que dans le courant du mois de novembre et sur laquelle la Cour de cassation ne devait être appelée à statuer qu'en 1905, donna lieu à deux incidents que nous rapportons ci-dessous.

INCIDENT CUIGNET

L'un des témoins entendus par la Cour de cassation avait été le commandant Cuignet. Au cours de sa déposition il avait protesté contre un passage du réquisitoire du Procureur général, où il était représenté comme ayant dissimulé une pièce établissant l'innocence de Dreyfus et fait sciemment un rapport mensonger afin d'édifier contre l'accusé une charge nouvelle ; il s'était, en outre, élevé contre les tentations de subornation et d'intimidation dont il prétendait avoir été l'objet de la part du sous-chef du cabinet du ministre de la guerre.

Peu de temps après son audition, on apprit que sur l'ordre du ministre le commandant Cuignet avait été soumis à une expertise médicale au point de vue mental. Les amis du commandant exprimèrent aussitôt la crainte que le général André n'eût formé le dessein de se débarrasser d'un témoin gênant en le faisant passer pour fou et interner comme tel.

M. Lasies porta la question à la tribune ; en fin de

discussion de la loi militaire, il déposa un article
additionnel réglant les formalités à observer pour
arriver à l'internement des officiers reconnus en état
de démence.

Voici les faits, dit M. Lasies : O   voie le commandant Cuignet devant un conseil   dical ; et comme ce
conseil s'est prononcé pour lui ; on va le faire passer
demain devant un autre conseil médical et il en sera
ainsi, jusqu'à ce qu'on ait réussi à le faire passer pour
fou.

Pourquoi? Parce qu'il a écrit des lettres un peu vives
et parce que devant la Cour de cassation il a dit que,
si l'on se trouvait en présence d'un faux, c'est le ministre de la guerre qui avait commis ce faux, ajoutant
qu'on avait essayé de le gagner par des offres d'avancement.

Je m'adresse à vous tous. Même si ses lettres étaient
injurieuses, le ministre de la guerre avait-il le droit
d'employer vis-à-vis de lui le procédé que je condamne?
Quel est l'honnête homme qui oserait l'approuver? S'il
y en a un, qu'il se lève.

M. Lasies en terminant donna lecture d'une pétition
que le commandant Cuignet adressait au président de
la Chambre (Voir le texte de cette pétition et des lettres
du commandant dans *le Temps* du 7 juillet).

**Les explications du général André parurent insuf-
fisantes même aux plus faciles à satisfaire :**

Ayant reçu un jour chez moi, le commandant Cuignet
dit-il, je n'ai pas été complètement satisfait de sa manière de raisonner.

Les raisonnements doivent se faire d'une certaine
manière dont je vais vous donner l'exemple.

Le commandant Cuignet m'a dit, au cours de notre
entretien, que les problèmes sociaux devaient se résoudre comme des problèmes géométriques. Ce n'est
pas ma manière de voir. Pour moi, les problèmes sociaux sont infiniment plus complexes. M. Cuignet veut

les résoudre comme des problèmes de géométrie.

M. LASIES. — Et c'est sur cette différence de jugement, que vous voulez le faire passer pour fou?

LE GÉNÉRAL ANDRÉ. — Une deuxième fois, j'ai fait recevoir le commandant Cuignet par le colonel Bordeaux et je lui ai fait dire d'avoir à cesser ses communications à la presse.

Qui nous départagera tous deux? Nous étions, seul à seul, dans cet entretien. J'en ai, pour ma part, gardé cette impression, fréquente chez deux personnes qui ont causé et qui conservent de leur conversation une impression toute différente.

J'ai écrit au colonel du régiment où il sert de le soumettre à une visite médicale et à une contre-visite au point de vue mental, pour voir s'il était responsable de ses actes. Où est le mal?

M. GAUTHIER de Clagny . — La question est à la fois très simple et très grave.

Le 16 juin, le ministre a adressé au colonel du régiment où se trouve le commandant Cuignet une lettre prescrivant à l'autorité militaire une enquête médicale sur l'état mental de cet officier supérieur, afin de savoir s'il avait la pleine responsabilité de ses actes et de ses écrits, et de le punir s'il était responsable, de l'interner s'il était fou.

Le fait de laisser planer sur un officier un soupçon aussi grave exige des preuves matérielles, des faits irréfutables. Les aviez-vous?

Il y a d'abord une entrevue que cet officier a eue avec vous. Elle remonte à 1902. J'admire votre facilité à juger tout de suite, en causant avec un de vos officiers, qu'il est fou, parce qu'il n'est pas de votre avis.

Depuis cette époque, il y a eu d'autres faits : ceux qui vous ont paru motiver une enquête médicale.

A deux reprises, le 23 mai et le 7 juin, le commandant Cuignet vous a écrit deux lettres. Ce sont ces deux lettres qui vous font déclarer que le commandant Cuignet est fou.

Je rappelle d'abord les faits.

Au cours de la déposition du commandant Cuignet devant la Chambre criminelle, des incidents très vifs se

produisirent. Le surlendemain, avant que le commandant ait pris la parole pour achever sa déposition, le
procureur général donna connaissance à la Cour d'un
document trouvé dans le dossier et signé du colonel
Bourdeaux. Il en résultait qu'en 1902, le commandant
Cuignet avait demandé audience au ministre et avait
sollicité sa réintégration dans l'armée. On la lui avait
refusée. Le procureur général en concluait que cette
abdication de dignité permettait de rendre suspect le
témoignage du commandant Cuignet et de le soup-
çonner d'inexactitude et de parjure.

Le 23 mai, le commandant Cuignet écrivait au ministre de la guerre pour le saisir de ces faits ; il annonçait à la fin de sa lettre qu'il allait saisir la juridiction
compétente de poursuites contre M. Bourdeaux.

Est-ce là, je le demande, le fait d'un fou ? S'il est
coupable d'indiscipline, qu'on le frappe, mais qu'on
n'essaye pas de le flétrir.

Dans une autre lettre du 9 juin, M. Cuignet expose
dans quelles conditions on lui a payé la taxe à laquelle
il avait droit, comme témoin. Là encore, cette lettre ne
me paraît pas porter la moindre trace de folie.

En 1904, quand le ministre de la guerre invita le
commandant Cuignet à comparaître devant le colonel
Bourdeaux, il ne le considérait pas comme fou.

En effet, le 15 février, le ministre, par l'intermédiaire du général Robert, faisait dire au commandant
Cuignet de lui adresser directement ses lettres avec la
mention *personnelle* et *confidentielle*.

La Chambre connaît les faits. Il résulte de la déclaration du ministre qu'il a cru devoir soumettre le commandant Cuignet à un examen médical, en raison de
lettres injurieuses. Il a voulu, ainsi, infirmer à l'avance
la déposition de ce témoin devant la Cour de cassation.
Ce procédé n'est pas admissible.

M. Lasies déclara qu'il s'était proposé de signaler
au pays l'abus du pouvoir dont le commandant
Cuignet avait été victime ; son but était atteint ; il
reconnaissait que son amendement n'était pas à sa

place dans la loi militaire et en demanda le renvoi à la Commission des aliénés.

Quand le colonel Picquart affirma que le faux Henry était un faux et qu'il le prouverait, M. Cavaignac, ministre de la guerre, fit arrêter le colonel pour l'affaire des « pigeons voyageurs ». Le général André avait sans doute oublié ce précédent : s'il s'en fût souvenu, il n'aurait pas, en pleine enquête, fait passer pour fou le commandant Cuignet avec ce « motif » : « Ayant discuté avec le ministre de la guerre, n'a pas partagé la manière de voir de cet officier général ». Quand on a dénoncé l'illégalité et l'arbitraire, on s'interdit de les employer. Il était heureusement à la Chambre des hommes qui s'en rendaient compte. Et M. Vazeille fut leur interprète applaudi. Avec beaucoup de mesure, il marqua que le général André lui paraissait surtout coupable de maladresse. Mais, avec une égale énergie, il affirma l'obligation de ne pas défendre la vérité et la justice « par des moyens indignes et par la calomnie ». On ne pouvait mieux dire.

Le sentiment de protestation indignée de la Chambre paraissait si formel qu'on jugea inutile de le consigner dans un ordre du jour spécial.

Le renvoi de la proposition Lasies à la Commission chargée d'étudier une réforme de la loi de 1838 sur le régime des aliénés constituait une indication suffisante pour le général André, et l'on put croire le commandant Cuignet délivré du cauchemar que son chef faisait peser sur lui (5 juillet.)

Or, le lendemain même de cette discussion, le commandant Cuignet était soumis, à Limoges, à un second examen médical. Qu'est-ce que cela signifiait? Le général André n'avait-il pas compris, ne

voulait-il pas comprendre, et se croyait-il assez au-
dessus des lois pour braver les sentiments mani-
festés des représentants du pays? Des explications
catégoriques étaient nécessaires ; la dignité même
de la Chambre les imposait. Le 8 juillet, au début
de la séance, M. de Montebello déposa une demande
d'interpellation sur le nouvel examen médical
ordonné par le général André. La personnalité de
l'orateur donnait à cette interpellation son véritable
caractère, en lui enlevant toute connexité avec
l'affaire Dreyfus. M. de Montebello, en effet, était
de ceux qui, sans passion, mais avec la sincérité
d'une conviction réfléchie, s'étaient associés à tous
les efforts de ceux qui recherchaient sans parti-pris
la lumière de la vérité et le triomphe de la justice.
Se séparant d'un certain nombre de ses amis politiques, il avait voté, comme il put le rappeler, en
réponse à une interruption de M. Gérault-Richard,
contre la loi de dessaisissement.

Son intervention ne contenait donc aucune arrière-
pensée. Elle visait simplement et nettement la défense de la liberté individuelle, qu'une Chambre
républicaine ne pouvait laisser violer sans se déshonorer. Mais plus cette intervention était légitime
et justifiée, plus elle était gênante pour le Gouvernement. M. Combes lui opposa l'arme irrésistible au
moyen de laquelle il était arrivé à annihiler pour
ainsi dire le contrôle parlementaire. Il demanda le
renvoi de l'interpellation à la suite, c'est-à-dire à
une époque où elle n'aurait plus de raison d'être :
le ministre de la guerre était absent, et d'ailleurs
l' « incident était clos ». Un instant, on put penser
que la Chambre allait secouer une tyrannie qui se
manifestait avec une pareille désinvolture. Ce ne fut

en effet qu'au bénéfice de l'égalité des suffrages que se trouva écartée une proposition de M. Ch. Bos, acceptée par M. de Montebello, et concluant à ce que la Chambre attendît que le ministre de la guerre fût présent pour fixer la date de la discussion. L'ange de la mort avait frôlé le ministère de son aile; l'alarme avait été chaude; mais elle ne fut que passagère, car l'interpellation de M. de Montebello fut renvoyée « à la suite » des autres par une majorité de 13 voix dont 7 voix de ministres (8 juillet).

La Commission des pétitions avait été saisie de celle du commandant Cuignet déposée par M. Lasies (voir page 374); elle conclut à la communication au commandant des rapports médicaux. Mais le ministre de la guerre ne tint aucun compte de ces conclusions; il fit plus: le commandant lui ayant écrit pour obtenir cette communication, il lui infligea quinze jours d'arrêts de rigueur.

La discussion d'une interpellation de M. de Montebello motivée par le nouvel acte du ministre fut ajournée par 305 voix contre 270 à la demande de M. Combes qui se borna à déclarer que toutes les occasions d'attaquer le ministère étaient bonnes pour ses adversaires (25 octobre).

M. Lasies réclama alors la discussion immédiate du rapport de la Commission des pétitions; mais il ne fut pas plus heureux que M. de Montebello.

Deux jours après son arrivée au ministère de la guerre, M. Berteaux faisait communiquer au commandant Cuignet les rapports médicaux dont la conclusion était qu'il avait la pleine jouissance de ses facultés intellectuelles.

AFFAIRE DAUTRICHE

L'un des points sur lesquels porta l'enquête de la
Cour de cassation avait trait à la déposition du té-
moin Czernuski devant le conseil de guerre de
Rennes ; ce témoignage, entièrement défavorable à
Dreyfus, n'avait-il pas été rémunéré ?

M. le conseiller Laurent-Atthalin, chargé par la
Chambre criminelle de procéder à une instruction
sur ce point spécial, se livra à un examen minutieux
des registres de la comptabilité du bureau des
renseignements ; il fut frappé de l'importance d'un
versement de 25.000 francs fait à une personnalité
désignée par le pseudonyme d'« Austerlitz » ; il
remarqua de plus que ce nom avait été écrit en
surcharge sur une rature ; enfin cette dépense qui
avait été faite en août 1899 avait été inscrite sur un
registre ouvert seulement en 1900. L'officier d'administration Dautriche, qui tenait ce registre, fournit des explications extrêmement embarrassées et
contradictoires. Mis au courant de l'incident, le ministre de la guerre en saisit le parquet du conseil de
guerre de Paris et l'officier d'administration Dautriche fut incarcéré ainsi que le lieutenant-colonel
Rollin et les capitaines François et Maréchal, tous
trois anciens officiers du service des renseignements,
sous l'inculpation de détournements de fonds, la
dépense de 25.000 francs semblant avoir été affectée
non pas, comme le prétendaient les inculpés, au
paiement de documents fournis à l'état-major par
un des correspondants habituels du service d'es-

pionnage, mais à l'achat du témoignage de Czernuski.

L'instruction fut longue. Lorsqu'elle fut enfin terminée, le capitaine rapporteur Cassel conclut au non lieu, motivé non par l'absence de charges, mais par cette considération que les faits établis à l'instruction étaient couverts par l'amnistie en raison de leur connexité avec l'affaire Dreyfus. Le gouverneur militaire de Paris, le général Dessirier, n'accepta pas cette façon de voir et renvoya les quatre inculpés devant le conseil de guerre.

Les débats furent extrêmement confus. Les accusés se défendirent avec une grande habileté; ils protestèrent de leur innocence et ne firent des aveux que sur un point, étranger d'ailleurs à l'inculpation : ils reconnurent qu'il avait été de pratique constante au bureau des renseignements d'employer partie des fonds affectés au service de l'espionnage à l'établissement de dossiers sur des hommes politiques, plus particulièrement sur des parlementaires, fussent-ils ministres de la guerre, comme par exemple M. de Freycinet. Ces dossiers furent produits au conseil de guerre; ils ne contenaient guère que des renseignements où la calomnie le disputait à la stupidité; si malveillante que fût l'intention des officiers qui avaient pris la peine de les classer, elle surprenait moins que l'imbécillité dont ils avaient fait preuve en s'imaginant que des insinuations aussi manifestement mensongères et grotesques pourraient jamais trouver crédit auprès de qui que ce fût. L'incident fit l'objet d'une interpellation à la Chambre (voir p. 274).

Après plusieurs audiences, et à la suite de la dernière qui eut lieu à huis-clos, le commissaire du Gouvernement déclara à la stupéfaction générale qu'il était « autorisé par l'autorité supérieure » à abandonner l'accusation.

Dans ces conditions l'acquittement s'imposait ; il fut en effet prononcé (7 novembre).

XIII

MANIFESTATIONS POLITIQUES

ET

ÉVÉNEMENTS DIVERS

Elections municipales. — Le premier tour de scrutin pour le renouvellement des conseils municipaux eut lieu le 1er mai et le scrutin de ballotage, le 8 mai. Le succès des républicains fut considérable; le ministre de l'intérieur, dans ses statistiques, entreprit de distinguer les républicains ministériels des républicains antiministériels; mais les calculs de l'administration provoquèrent des protestations si nombreuses et dont certaines paraissaient si fondées, qu'il est impossible d'en faire état; au surplus dans les élections municipales les questions de personnes, sauf dans les grands centres, l'emportent souvent sur toutes les autres considérations et enlèvent toute signification politique au scrutin.

Notons seulement la défaite du bloc radical socialiste à Marseille, à Bordeaux, à Lille et au Havre ;

à Paris la majorité passa des nationalistes aux républicains.

Parmi les appels qui furent adressés aux électeurs il convient de signaler celui de l'*Alliance républicaine démocratique*, présidée par M. Adolphe Carnot.

ÉLECTEURS,

Vous savez que la mission des conseils municipaux n'est pas limitée au seul souci des questions locales; la Constitution l'a rendue politique en conférant à ces Assemblées le droit d'élire, par voie indirecte, mais décisive, les membres du Sénat.

Ce droit vous impose le devoir strict, à vous républicains, de ne choisir, le 1ᵉʳ mai prochain, pour vos mandataires, que des républicains, et parmi les républicains, les meilleurs et les plus dignes, c'est-à-dire :

Des républicains éprouvés, des républicains sans réticences repoussant toute alliance avec les partis de droite, car les réactionnaires, qu'ils soient monarchistes, plébiscitaires, cléricaux, nationalistes, constitueraient, dans les conseils de vos communes un élément de discorde et d'agitation stérile;

Des républicains convaincus de la nécessité d'assurer l'absolue indépendance de la société civile et la laïcité des services d'enseignement, dans l'intérêt de l'émancipation intellectuelle et de la liberté de conscience;

Des républicains de Gouvernement, c'est-à-dire des hommes de bon sens décidés à réaliser avec méthode tous les progrès, toutes les réformes possibles, mais adversaires résolus de la surenchère électorale; des républicains, enfin, connus de vous, que vous aurez vus à l'œuvre, indépendants, ayant l'expérience des affaires, d'une honorabilité indiscutable, capables, par conséquent, de gérer avec prudence les finances de la commune et d'y développer les œuvres laïques d'instruction, d'éducation sociale, d'assistance et de solidarité.

Ce document était précédé d'un autre bien significatif, ainsi libellé :

Depuis quelque temps, les excommunications semblent être en honneur dans certaines fractions du parti républicain. Les meilleurs serviteurs de la République, ceux qui lui ont rendu le plus de services et lui ont donné le plus de gages, se voient cloués au pilori par ceux-là mêmes qui leur doivent le plus, parce que sur certains points sur des questions de tactique ou de procédure, ils se permettent d'avoir des idées personnelles et de les exprimer. Les réactionnaires, à l'affût de tout ce qui est de nature à nous diviser, cherchent tout naturellement à exploiter cet ostracisme aussi ridicule qu'injuste et maladroit.

Il ne faut pas laisser se continuer cette mauvaise besogne, il faut protester contre cette manie dangereuse de traiter en suspects des républicains éprouvés et sans reproche ; il ne faut pas permettre à la réaction de l'utiliser perfidement à son profit et de tenter plus longtemps de tromper les électeurs ; il faut affirmer bien haut la persistance et l'indissolubilité de l'union qui lie tous les républicains sincèrement anticléricaux et sincèrement réformateurs, sans exception, sans exclusion. Or, est-il un nom qui représente mieux cette union que celui de M. Waldeck Rousseau, de l'homme d'État éminent qui, dans des circonstances critiques, a rallié les forces démocratiques, réalisé et maintenu l'unité du parti républicain ? La Commission centrale exécutive de l'*Alliance*, qui est une œuvre d'union et de concorde, a estimé qu'elle accomplirait un acte de bonne politique, qu'elle servirait efficacement les intérêts de la République, en demandant à M. Waldeck Rousseau de lui permettre de se servir de son nom, universellement respecté et honoré, comme d'un symbole de sagesse pratique et féconde, comme d'un instrument de victoire, et elle l'a invité, lui le premier, on peut le dire, de ses adhérents, à prendre place comme président d'honneur, aux côtés de M. Carnot et de M. Magnin.

Nous avons la grande satisfaction d'annoncer à nos amis que M. Waldeck Rousseau a bien voulu accepter l'offre que notre Commission lui avait adressée, à l'unanimité de ses vingt-sept membres. Tous les républicains partisans d'une politique de progrès, de réformes et de paix sociale, se réjouiront avec nous de cette acceptation.

Désormais, le nom de M. Waldeck Rousseau figurera dans tous les documents politiques émanant de l'*Alliance républicaine démocratique*.

Elections cantonales (31 juillet et 7 août). — Voici d'après le ministère de l'intérieur quels furent les résultats de ces élections :

Conseils généraux

Avant le renouvellement :

Sièges occupés par les ministériels	774
Sièges occupés par les antiministériels.	599
Sièges douteux	37
	1.410

Après le renouvellement :

Sièges occupés par les ministériels	883
Sièges occupés par les antiministériels.	486
Douteux	41
	1.410
Gains au profit des ministériels.	109

Conseils d'arrondissement.

Avant le renouvellement :

Sièges occupés par les ministériels	1.071
Sièges occupés par les antiministériels	618
Sièges douteux	31
	1.720

Après le renouvellement :

Sièges occupés par les ministériels	1.153
Sièges occupés par les antiministériels.	544
Sièges douteux	24
	1.721

(Un siège créé à Nice.)

Gains au profit des ministériels.	82

A noter l'échec de M. Cavaignac qui ne fut pas réélu dans la Sarthe.

Mort de M. Waldeck Rousseau. — Le 10 août, M. Waldeck Rousseau décédait à Corbeil après une longue et cruelle maladie.

Suivant sa volonté et celle de sa famille, ses obsèques furent d'une grande simplicité. Aucun discours ne fut prononcé sur sa tombe.

A la séance de rentrée du Sénat (18 octobre), M. Fallières fit son éloge funèbre dans les termes suivants :

Waldeck Rousseau a emporté dans la tombe les regrets de la démocratie tout entière. Personne, il faut le dire, ne l'a servie avec plus d'éclat, plus de passion et plus de fidélité que lui.

A ses débuts dans la vie parlementaire, l'opinion publique n'avait pas hésité, dans sa juste clairvoyance, à se prononcer sur l'avenir qui lui était réservé. Il venait d'entrer à la Chambre des députés, jeune, inconnu de la plupart de ses collègues. On y discutait une loi sur la réforme de la magistrature. Waldeck Rousseau monte à la tribune. Rien ne trahit, dans la gravité bienséante du nouveau venu, l'impatience de se produire. Aux apparences froidement accusées d'une volonté réfléchie, comme à la réserve naturelle de son maintien, on sent vite que s'il n'est pas de ceux qui se déroberont au devoir, il ne recherchera jamais, ni par goût, ni par intérêt personnel, l'occasion de prendre la parole. Le discours se déroule merveilleux de simplicité, de distinction soutenue et de lumineuse clarté. Les mots à effet en sont discrètement bannis. L'impeccable propriété des termes en ferait, à elle seule, l'entraînante séduction, si l'élévation de la pensée et la savante ordonnance de la composition ne concouraient également à l'harmonie d'un ensemble, qu'on se prend à admirer, même quand on ne se laisse pas convaincre. On peut affirmer, sans rien exagérer, que, du premier coup, Waldeck Rousseau atteignit au sommet de l'art de bien dire.

A la fin de sa carrière, après bien des succès retentissants, sa pensée aura, sans doute, plus de maturité. Les considérations qui seront tirées, à propos, des leçons de l'expérience, de l'histoire ou de la philosophie, gagneront en profondeur et en autorité. Il serait téméraire de prétendre que la forme fût plus pure, la phrase plus finement ciselée, le tour d'une élégance plus conquérante.

Personne ne se trompa à cette entrée à sensation sur la scène politique, ni Gambetta, qui, lorsqu'il prit le pouvoir, s'empressa de confier à Waldeck Rousseau le ministère de l'intérieur, ni Jules Ferry qui trouva, plus tard, dans sa loyale collaboration, une aide aussi précieuse que désintéressée. Pendant qu'avec l'intrépidité de son tempérament et la mâle fermeté de ses convictions, Jules Ferry défendait dans une lutte, qu'il y a lieu de rappeler aujourd'hui, la prédominance de la puissance civile contre les entreprises de l'esprit confessionnel, pendant qu'il travaillait à consolider les fondements de notre enseignement laïque, véritable libérateur de la pensée humaine, et d'où dépendent les destinées d'une démocratie issue de la Révolution, Waldeck Rousseau, à ses côtés, vaillant et résolu, les yeux fixés sur l'avenir, faisait voter la loi sur les syndicats professionnels.

Que cette loi n'ait pas prévenu ou apaisé tous les conflits, qui ne remuent que trop le monde du travail, qui pourrait en être surpris ? Quelle est la liberté conquise de haute lutte, qui, pour asseoir définitivement son empire, n'est contrainte de subir les incertitudes d'un difficile apprentissage ? Il faut avoir la patience de laisser le temps collaborer à son œuvre, et ce ne sera pas, dans tous les cas, un des moindres honneurs de la carrière de Waldeck Rousseau que d'avoir attaché son nom à une loi qui restera comme un indéniable instrument de pacification sociale.

Waldeck Rousseau a passé plusieurs années sans se mêler aux agitations de la politique militante. Il les a consacrées laborieusement à l'exercice d'une profes-

sion qu'il a illustrée, et il y devint un des maîtres de
la barre, comme il était déjà une des gloires de la tribune. Il ne resta pas cependant indifférent aux manifestations de la vie publique. Il en suivit les péripéties
diverses avec une patriotique attention, toujours prêt
à mettre au service de son parti, si les circontances
l'exigeaient, son dévouement sans réserves et ses incomparables facultés.

On le vit bien, lorsque, dans une situation troublée,
il accepta, sans discuter, la présidence du Conseil.
Dans ce poste d'honneur qu'il dominait de la hauteur
de son caractère et de son talent, il montra ce qu'un
homme d'Etat vraiment digne de ce nom peut inspirer de confiance, lorsque, à la vue nette des choses,
s'ajoute le sentiment du devoir, et le parti pris de ne
rien entreprendre sans la résolution d'aboutir. Tant que
dura son ministère, on ne cessa de sentir l'impression
d'une force gouvernementale dirigeante, et, pendant
qu'au delà de la frontière on nous marquait des égards
auxquels nous sommes encore habitués aujourd'hui, à
l'intérieur la politique de concentration républicaine à
gauche nous ramenait à une période de calme et de
stabilité, à laquelle ne devait pas mettre fin son abandon volontaire du pouvoir.

C'est grâce à cette politique, c'est grâce aux efforts
persévérants d'une éloquence qui grandissait avec les
obstacles, qu'a été votée cette loi sur les Associations
depuis si longtemps attendue, et dont l'application partielle, qui a subi tant de résistances et soulevé tant de
controverses, a ouvert la voie à une politique de sécularisation, qu'a fortifiée l'adhésion de la majorité dans
les deux Chambres.

Cette loi, par ailleurs, et ce sera là sa grande portée
dans l'avenir, a consacré une de nos libertés fondamentales, et mis aux mains de la démocratie l'instrument de progrès le plus puissant et le plus fécond
qu'il soit possible de lui donner.

Waldeck Rousseau est tombé avant l'heure.

A ses funérailles, qui répondaient si bien à la simplicité de sa vie, une foule considérable s'était portée
sur tout le parcours du cortège. Son recueillement

ému montrait que Paris avait le sentiment que celui qu'on accompagnait à sa dernière demeure avait été un des grands serviteurs du pays.

Voyage du président de la République à Arras. — Le 22 mai, M. Loubet se rendit à Arras visiter l'Exposition du Nord de la France, et présider la fête fédérale des sociétés de gymnastique.

Répondant au maire qui lui offrait trois tableaux rappelant son départ de Dunkerque pour aller au devant de l'empereur de Russie, son départ de Boulogne pour l'Angleterre et son retour à Calais, il dit :

J'ai été frappé tout à l'heure, en arrivant à l'Hôtel de Ville, de lire sur la façade d'une maison cette inscription : « Au président de la République, le père de la paix! » et qui figurait à côté des portraits des souverains de Russie, d'Angleterre et d'Italie; c'était synthétiser la politique de la République et de la France.

Notre politique extérieure s'est poursuivie immuable quant à sa fixité dans le but à atteindre, et avec la plus grande volonté, la plus grande énergie dans les moyens à employer pour la faire triompher. Les ennemis les plus irréductibles de nos institutions, les plus aveugles, sont obligés de le reconnaître. Quelles qu'aient été les vicissitudes de notre politique intérieure, les hommes d'État qui ont été appelés à constituer des ministères ont tous été animés d'un même sentiment, l'amour du pays, et ce qu'on oublie parfois dans l'acrimonie et les injustices des polémiques, tous ont eu pour but la grandeur de la République et de la France, le maintien de la paix, l'affermissement de nos alliances, de nos amitiés, de nos relations, avec la Russie d'abord, avec l'Angleterre, avec l'Italie, avec d'autres demain.

Le ministère d'aujourd'hui, comme celui d'hier ou de demain, comme tous ceux qui se sont succédé depuis nos désastres n'ont cessé de travailler à la grandeur de cette œuvre, qui est l'honneur de la République et sa raison d'être. C'est pour le président de la République qui exerce des fonctions qu'il n'a pas sollicitées, mais auxquelles il se donne de tout cœur, auxquelles il consacre toute son ardeur, la cause de l'énergie qu'il déploie dans la poursuite de la réalisation de cet idéal politique.

Si j'ai pu, avec l'appui du Gouvernement, y contribuer, j'estimerai que les sept années passées à l'Élysée n'auront pas été perdues pour le pays. Cette constatation sera la meilleure, la plus durable, la plus douce de mes récompenses.

M. Combes au banquet du Commerce et de l'Industrie. — Ce banquet fournit à M. Combes l'occasion, à la veille de l'ouverture de la session ordinaire, d'indiquer le programme du travail qu'il entendait soumettre aux Chambres (11 janvier).

Après s'être félicité de la solidité du crédit de la France, si bien établi que toutes les campagnes menées pour l'ébranler, étaient demeurées vaines, il exprima cette opinion, contestable à certains égards, qu'en écrasant par les moyens que l'on sait la « réaction cléricale » et « la congrégation », le Gouvernement avait assuré la tranquillité intérieure tant souhaitée par la France. Un dernier effort : la réforme de la législation sur l'enseignement, et « la congrégation » serait définitivement abattue.

M. Combes à Laon. — Le 10 avril, le président du Conseil, accompagné du garde des sceaux se rendait à Laon pour y présider un banquet. Sur les huit députés du département de l'Aisne deux seulement, MM. Morlot et Magniaudé avaient consenti à prendre part au banquet. Aucun des quatre sénateurs n'y figurait et sur les vingt-sept conseillers municipaux républicains que comptait la ville de Laon cinq seulement étaient présents.

Ce ne fut pas un discours de chef de Gouvernement que prononça M. Combes ; ce fut un article de polémique dont il avait froidement médité les violences dans le silence du cabinet. Jamais, croyons-nous, ministre dirigeant ne parla avec de tels accents de colère et n'exprima avec une pareille amertume le ressentiment des contradictions qui le gênaient. M. Combes ne discuta pas avec ceux qui se permettaient de contrecarrer sa politique. Il les écrasa des qualificatifs les plus injustifiés et les dénonça à la vindicte publique comme coupables de méditer les plus noirs forfaits. Entre ses adversaires il n'établit aucune différence, ou plutôt il sembla accentuer son agression en raison inverse de la distance qui les séparait de lui. Les progressistes qui avaient combattu sa procédure à l'égard des congrégations étaient les complices des cléricaux les plus ardents et ne rêvaient que de livrer la France à la domination de l'ultramontanisme. M. Millerand, — pris à partie avec une âpreté singulière, — MM. Lockroy, Doumer, Georges Leygues, Caillaux, Chaumet, Henry Maret, tous ceux qui, en approuvant les lignes générales de sa politique, ne se pliaient pas en esclaves à tous ses caprices, étaient des « traîtres » et des « perfides », des « transfuges » des « intrigants » et des « arrivistes ». M. Combes ne les nomma pas individuellement, mais la transparence de ses allusions ne laissa aucun doute sur sa pensée.

Pour obtenir sur eux de faciles succès le président du Conseil ne se mit pas en frais d'imagination. Il établit lui-même et avec complaisance le bilan des idées qu'il prêtait à ses adversaires, il les poussa jusqu'au delà des limites du vraisemblable, puis il renversa bruyamment l'échafaudage qu'il avait dressé de ses propres mains. C'est ainsi par exemple, qu'il attaqua et terrassa sans effort des républicains qu'il confondait avec les hommes de l'ancien régime bien que, s'ils différaient avec lui quant aux moyens, ils n'eussent jamais cessé de proclamer leur hostilité au cléricalisme, et leur ferme volonté de maintenir envers et contre tous la suprématie du pouvoir civil. Il se présenta comme le continuateur de Gambetta, de Jules Ferry, de Paul Bert et de Waldeck Rousseau, sans paraître se douter que le grief relevé contre lui par un grand nombre de républicains était précisément de dénaturer cette œuvre, de la compromettre, de galvaniser le cléricalisme par la maladresse de son action. En indiquant le nom de M. Waldeck Rousseau, il oublia que les éclatantes réserves de celui-ci apportaient à sa thèse un formidable démenti. Désireux de répondre au reproche qui lui était adressé de s'hypnotiser par trop exclusivement sur un point de son programme, le président du Conseil triompha par avance de réformes sociales qui n'étaient encore qu'à l'état de projet. Il feignit ne pas s'apercevoir que ces réformes étaient précisément la pierre d'achoppement de la majorité dont il proclama la pérennité sur un ton de défi qui était presque une injure pour l'indépendance des députés dont il escomptait la docilité passive.

Le discours de M. Combes, pour le résumer dans sa partie générale, fut une page de cette politique d'excommunication contre laquelle s'élevait si justement « l'Alliance républicaine démocratique ». (Voir page 385).

Discours de M. Combes à Carcassonne (24 *juillet*).
— Une apologie dithyrambique de ses actes, un réquisitoire violent contre les adversaires de sa politique, telle était la trame ordinaire des discours de M. Combes; mais jamais le président du Conseil n'avait poussé aussi loin ce procédé oratoire que dans le discours qu'il prononça à Carcassonne; jamais il n'avait développé avec plus d'emphase, plus d'amertume et plus d'injustice la thèse qui résumait toute sa doctrine politique : « Quiconque n'est pas avec moi est contre la République! »

Se hissant lui-même au Capitole avec une modestie dont l'histoire ne nous offre pas d'exemple, M. Combes inscrivit à son actif la loi militaire comme si elle n'était pas due à l'initiative parlementaire, comme si, dans la discussion le ministre de la guerre n'avait pas accepté l'échec de ses opinions personnelles avec une si complète résignation qu'il aurait été impossible de trouver la part du Gouvernement dans cette œuvre. La solution de la question de l'impôt sur le revenu n'était pas si prochaine que M. Combes voulait bien le dire et enfin l'interpellation de M. Millerand était encore trop récente pour qu'il fût permis de prendre au sérieux le soi-disant souci du Gouvernement de faire aboutir le problème des retraites ouvrières.

Ramenant assez mesquinement la politique parlementaire à un dosage proportionnel des divers groupes, M. Combes se défendit d'être plus particulièrement sous la coupe des socialistes.

L'insistance que mit M. Combes à invoquer les élections municipales comme la caractéristique du triomphe de sa politique démentait d'ailleurs cette affirmation audacieuse ; les statistiques du ministère de l'intérieur n'avaient-elles pas enregistré comme un désastre l'échec de la liste collectiviste à Marseille, et comme des victoires les élections collectivistes de Dijon, de Brest, de Lyon et de Toulon?

M. Millerand à Montrouge. — On a vu plus haut
(page 343) dans quelles conditions, M. Millerand
avait engagé la lutte contre le ministère Combes ; sa
première attaque avait été vivement critiquée dans
les milieux socialistes. M. Millerand tint à se justifier des reproches qui lui avaient été adressés
devant un auditoire populaire : le 23 mars, il se
rendait à une réunion organisée à Montrouge par la
Fédération des groupes socialistes du XIV⁰ arrondissement et il y prononçait un important discours
dont voici les principaux passages :

On a essayé, dit-il, d'étouffer sous les injures et
les calomnies la protestation, ou plutôt le cri d'éveil
que j'ai cru devoir pousser à la Chambre. Sur cette
protestation, je tiens à m'expliquer. Je m'expliquerai,
non pour dégager ma responsabilité devant des amis.
mais pour répondre à des interprétations erronées et
affirmer ici, comme à la Chambre, cette politique qui
n'a jamais cessé d'être la nôtre, à vous et à moi. et que
je revendique comme la seule qu'attend de nous le
prolétariat républicain et socialiste.

Et d'abord, ai-je besoin de dire que nous sommes,
comme républicains et comme socialistes, ennemis de
toutes les oppressions, confessionnelles et économiques.
Fermement attachés à la méthode rationnelle, nous
repoussons loin de nous tous les dogmes et nous con-
formons notre vie à nos principes : républicains et
socialistes, nous sommes, par définition. des libres-
penseurs.

Par conséquent, nous estimons qu'une partie essentielle du devoir d'un Gouvernement républicain est de
poursuivre l'œuvre laïque de la Révolution française,
qui ne se sépare pas, et que nous refusons de séparer,
d'une autre œuvre, non moins urgente et aussi nécessaire : l'œuvre de l'émancipation économique des travailleurs. Ce serait une faute criminelle que de permettre à l'Église de se servir des armes qu'on
abandonne ; oui, ce serait une faute criminelle si nous

laissions dire que le parti républicain, absorbé par la lutte exclusive contre le cléricalisme, a perdu de vue ses devoirs envers le prolétariat.

Comme président de la Commission d'assurance et de prévoyance sociales, je me suis attaché à cette grande réforme des retraites ouvrières que la République française n'a pas encore réalisée et qui existe en Allemagne.

Voilà pourquoi, n'ayant pu obtenir, malgré mes efforts, le concours nécessaire du Gouvernement, je suis monté à la tribune.

Quelques-uns ont prétendu que mon intervention eût pu être nuisible au vote de la loi sur l'enseignement congréganiste. Expliquons-nous. J'ai soutenu de mon vote toutes les mesures anticléricales; mais cette loi sur l'enseignement congréganiste était, à mon avis, complètement inutile. Le Gouvernement a, en vertu de l'article 13 de la loi de 1901, le droit de dissoudre, par décret, toutes les congrégations autorisées, frères des Écoles chrétiennes et autres.

D'ailleurs, la majorité a prouvé que, sortie des élections générales de 1902, après un combat acharné contre les partis clérical et nationaliste coalisés, elle est animée du plus pur esprit laïque. Comment admettre alors que, le ministère actuel disparu, cet esprit eût disparu avec lui. Il n'y a donc aucune inquiétude à concevoir sur le sort de l'œuvre laïque. Par contre, le danger résiderait pour le parti républicain dans l'oubli des promesses faites au prolétariat.

J'aurais commis une véritable forfaiture si, à l'heure où, estimant que ces promesses étaient abandonnées par le Gouvernement, je n'avais pas averti le parti républicain. Vous ne pourrez, ai-je dit, gagner la bataille engagée contre le cléricalisme, qu'à la condition de retenir près de vous cette masse flottante qu'attachent les résultats.

Je ne m'étonne pas de voir mon acte dénaturé, mais devant un auditoire comme celui-ci, je tiens à dissiper toute équivoque, et s'il en est parmi vous qui ne soient pas satisfaits de mes explications, je fais appel à la contradiction.

Répondant à un contradicteur, il s'exprima en ces termes :

... Je constate que, jusqu'ici, personne n'a réfuté ma thèse, à savoir que l'œuvre des réformes sociales était aussi utile que l'œuvre anticléricale. Je regrette que le Gouvernement abandonne une partie de la tâche qu'il s'était assignée. Je l'approuve quand il fait son devoir, je l'interpelle quand il abandonne les réformes que nous voulons faire aboutir. Toute mon habileté, qu'on m'a reprochée quelquefois, consiste à dire ce que je pense et à faire ce que je dis.

Un ordre du jour récemment voté par le Comité exécutif du parti radical-socialiste assurait au Gouvernement le concours du parti radical-socialiste pour mener à bien « la lutte contre la congrégation, préface indispensable aux réformes sociales ».

Ainsi, fit observer M. Millerand, on ne pourra s'occuper de réformes sociales que lorsque le cléricalisme sera terrassé. Eh bien, dans un pays aussi fort imprégné de catholicisme que le nôtre, dire cela c'est ajourner aux calendes grecques les réformes sociales. Si les républicains et les socialistes sont de cet avis, il faut jeter à la porte du parti républicain le citoyen Millerand !

— Non ! Non ! cria l'assistance.

— Je vous remercie de vos protestations, continua M. Millerand, mais s'il me fallait faire une politique que je juge périlleuse pour mon pays et pour la République, je sortirais plutôt de la politique.

.... Ces explications, je suis heureux qu'il m'ait été donné de les produire devant un auditoire populaire et surtout devant un auditoire comme celui-ci, où je retrouve tant d'agents, de sous-agents et d'ouvriers des postes, avec lesquels j'ai travaillé pendant trois ans.

Ceux-là savent bien que pendant ces trois années, sans vouloir faire le dithyrambe d'un ministère qui, comme les autres a commis des erreurs, on a pris le décret du 10 août sur les conditions du travail, réalisé la loi de dix heures et toute une série de réformes sociales, et cependant, d'un même effort, on a fait voter la loi de 1901.

M. Millerand et les Syndicats ouvriers. — M. Millerand, invité à assister à l'inauguration de la Bourse du travail de Castres, envoya à M. Roché, secrétaire de la Fédération socialiste du Tarn, à Carmaux, une lettre dont nous extrayons les passages suivants (16 avril) :

... Le jour est proche — tout le fait prévoir — où le Parlement, en sanctionnant les dispositions présentées par M. Waldeck Rousseau et par moi pour l'amélioration de la loi de 1884, dotera les fédérations de syndicats et ainsi les Bourses du travail des droits élémentaires dont la privation se fait si cruellement sentir.

Cette capacité légale constituera pour la Bourse du travail de Castres, comme pour ses aînées, une acquisition précieuse. Elle ne sera pas cependant un talisman qui dispense ses membres de l'effort individuel, seul capable de maintenir et de développer les œuvres sorties de la main de l'homme...

... C'est un penchant commun et naturel de juger une cause sur ses défenseurs. Confiée à nos amis de Castres, la vôtre est en bonnes mains.

Passionnés pour les idées, irréductibles sur les principes, ils se montreront conciliants et tolérants pour les personnes. La fraternité ne se prêche pas avec, aux lèvres, des paroles de violence et de haine. Le parti de la raison ne connaît ni la diatribe, ni l'outrage. On ne remplace le passé qu'à la condition de savoir s'affranchir de ses servitudes morales comme matérielles. La démocratie ouvrière du Tarn a fourni trop de preuves de sa fermeté et de sa sagesse pour que ses amis conçoivent la moindre inquiétude sur son avenir. Aussi est-ce avec une entière confiance, et de tout cœur, que je souhaite à la Bourse du travail de Castres une longue et prospère existence.

M. Millerand au Congrès de l'Association internationale pour la protection légale des travailleurs. — Ce congrès, tenu à Bâle, se termina, le 28 octobre,

par un banquet où M. Millerand prit la parole au
nom des délégués pour remercier la Suisse de l'hos-
pitalité qu'ils avaient trouvée dans « cette ville char-
mante et vénérable, si variée d'aspects et si vivante,
où le lointain passé et le modernisme le plus aigu
se coudoient en harmonie et en beauté, pour le plus
grand bien de son heureux peuple, ces deux forces
qui se disputent l'empire du monde : l'esprit de tradition et l'esprit de progrès. »

Aussi bien, n'est ce pas la caratéristique de la Confédération suisse elle-même que cette nécessaire et difficile conciliation, entre le respect intelligent du passé et
l'ardent appel à l'avenir ? Peut-être cet accord ne
peut-il se réaliser complètement que chez les peuples
qui, par un long apprentissage de la liberté, ont appris à comprendre et, par suite, à respecter toutes les
opinions.

C'est cette pensée qu'un homme d'État dont le souvenir n'est pas déplacé au milieu d'une association pour
la protection légale des travailleurs, car il a mis à leur
service autant de hardiesse dans la conception que de
prudence dans l'exécution, notre grand et regretté
Waldeck Rousseau, exprimait en cette formule : « Avant
d'être sages, il faut avoir été longtemps libres. »

Ce sont des leçons de liberté et de sagesse que beaucoup d'entre nous viennent chercher au foyer du peuple suisse. Et sans doute il n'est pas téméraire d'avan-
cer, si l'on en juge par les vagues résultats obtenus,
que notre Association n'est pas demeurée rebelle à cette
salutaire influence.

La meilleure preuve n'en est-elle pas dans cet événement considérable, appelé à produire des conséquences si importantes, que le Conseil fédéral de la
Confédération suisse a répondu favorablement à l'appel
de notre bureau et a donné à nos travaux la plus haute
et la plus flatteuse des consécrations en nous faisant
le grand honneur de devenir en quelque manière notre
collaborateur et en prenant, à notre suggestion, l'ini-

liative d'une conférence internationale du travail?

Ce premier succès est pour nous le plus précieux des encouragements. Il ne peut que fortifier l'Association dans sa résolution de ne demander à ses adhérents, sans distinction d'opinions philosophiques, religieuses ou politiques, que l'engagement ferme de poursuivre le progrès de la législation sociale et l'amélioration de la condition des ouvriers dans tous les pays par le concours des gouvernements et de l'initiative privée.

M. Millerand et la politique de M. Combes. — Le 17 Décembre, M. Millerand prononça au banquet du cercle républicain du XIIe arrondissement un remarquable discours.

Après s'être félicité de se trouver parmi des gens qui n'étaient pas atteints de la manie d'excommunier, il s'expliqua sur sa rupture avec le cabinet Combes. Les lois sociales le préoccupaient avant tout ; or, la preuve était faite que, pour la préparation et le vote des grands projets d'intérêt social, il ne fallait pas compter sur M. Combes, « qui s'y montrait sinon hostile, du moins absolument indifférent. » Le président du Conseil n'avait point collaboré avec la Commission d'assurance et de prévoyance sociales. Et, quand enfin la nécessité s'était imposée de chercher les ressources que réclamaient les retraites ouvrières, il avait annoncé qu'il recourrait à une augmentation d'impôts.

« Ces explications, ajouta M. Millerand, ont suffi, je n'en doute pas, à vous faire comprendre pourquoi un républicain, persuadé comme je le suis que les réformes sociales doivent être au premier plan des préoccupations d'un Gouvernement digne de ce nom, n'a pas cru pouvoir, sans manquer à ses engagements et aux promesses qu'il vous avait faites, conserver plus longtemps sa confiance et son concours à un ministère si complètement étranger à ces questions primordiales ».

Ce ministère manquait de méthode. On le constatait, par exemple, à la manière dont il traitait la séparation des Églises et de l'État :

« La République a, depuis cinq ans, poursuivi la séparation du spirituel et du temporel par les grandes lois
sur l'enseignement laïque, gratuit et obligatoire, par
la loi sur les associations et par l'élaboration même des
lois d'assistance. Il lui reste à compléter son œuvre au
point de vue cultuel.

Ce n'est pas le moins difficile des problèmes que soulève l'achèvement de cette vaste entreprise. Il se heurte
à deux difficultés contradictoires : ou la solution en
sera brutale et tyrannique, et le Gouvernement assez
téméraire ou assez léger pour s'y aventurer risque de
soulever contre lui et contre la République responsable
de son œuvre la plus légitime et la plus redoutable
protestation des consciences ; ou elle assurera, au point
de vue des associations cultuelles, une liberté complète
à tous les citoyens ; et, si cette solution n'est pas préparée par des mesures de transition mûrement réflé-
chies, craignons de mettre aux mains des partis d'opposition antirépublicains le plus formidable instrument de
guerre qu'ils aient encore manié.

Pour complexe et pour malaisée qu'elle soit, l'œuvre
n'est certes pas au-dessus des forces d'un Gouvernement prudent autant que résolu, ferme dans ses desseins,
uni pour les faire prévaloir. Je laisse à tous les hommes
de bonne foi et de sang-froid le soin de répondre si le
cabinet Combes est ce Gouvernement-là ».

Pour démontrer encore mieux la « légèreté » du ministère, M. Millerand rappela l'incertitude où l'on demeu-
rait, quant au problème de l'impôt sur le revenu. Et il
termina son discours par une très belle et véhémente
péroraison qui traitait comme il le méritait ce ministère
de délation :

« Je ne veux pas refaire ici un procès déjà jugé. Nous
n'avons pas dénoncé ni flétri les procédés des Jésuites
pour nous les approprier. La révolte de l'opinion a fait
justice de ces pratiques : des scrutins significatifs ont
appris au ministère que la majorité elle-même, en dépit de sa fidélité, ne survivrait pas à l'obligation qu'on
voudrait lui imposer de couvrir de son approbation de
telles mœurs.

Aussi bien, mon seul mérite a été de dire tout haut

ce que nombre de mes collègues, et des plus qualifiés, qui donnent chaque jour leur voix au ministère, ne se gênent pas pour répéter dans les couloirs, avant et après les scrutins. J'ai fait mon devoir. Je souhaite seulement qu'un avenir prochain ne me donne pas trop complètement raison et ne fasse pas trop chèrement expier à la République et au pays l'aveuglement des uns et la faiblesse des autres ».

M. Deschanel à Saint-Mandé. — Le 17 avril, M. Deschanel prononça à Saint-Mandé un discours dans lequel il fit un lumineux exposé de la situation politique.

La majorité ministérielle, telle qu'elle est actuellement constituée, est formée, dit-il, d'éléments tout à fait hétérogènes. Il y a un abîme entre les membres de l'Union démocratique, par exemple, et les collectivistes. Ils n'ont pas une idée commune, ni sur la politique extérieure, ni sur la politique coloniale, ni sur les institutions militaires, ni sur les rapports de l'Eglise et de l'Etat, ni sur la constitution du droit de propriété. Des amis de Gambetta et de Jules Ferry marchent la main dans la main avec les hommes qui ont tué Gambetta et Jules Ferry; des coloniaux ardents, avec ceux qui ont perdu l'Egypte et failli perdre Tunis; des partisans de l'Alliance russe, avec les insulteurs du tsar; des patriotes qui veulent une armée forte, avec ceux qui veulent la détruire; des partisans avec les adversaires du Concordat; des partisans avec les adversaires de la propriété individuelle.

Ces éléments si divers s'étaient unis en vue d'un objet commun — la lutte contre les congrégations; il s'agissait de mettre un frein à l'accroissement excessif de la main-morte, il s'agissait de mettre un terme aux entreprises politiques de certaines congrégations, qui paraissaient animées plutôt de l'esprit de la Ligue et de la Révocation de l'Edit de Nantes, que de l'esprit de l'Evangile. Mais, sur cette question même, depuis que les membres du Cabinet ont pris position, l'un après l'autre, contre leurs prédécesseurs, la majorité a changé de caractère à mesure que les éléments les plus modérés la quittaient, et que par cela même les éléments les moins modérés y prenaient plus de force.

D'ailleurs, ce qu'on appelle « le Bloc » et par parenthèse n'est-il pas étrange d'appliquer à des êtres pensants, libres et responsables, un mot qui ne saurait s'appliquer vraiment qu'à une matière inerte et aveugle ? « le Bloc » n'a jamais eu la cohésion ni la stabilité que semblerait indiquer ce terme inintelligent par définition.

En réalité, la majorité et l'opposition se sont toujours plus ou moins pénétrées l'une dans l'autre. Dans toutes les questions essentielles, dans toutes celles qui touchent au fond permanent de la politique et à l'existence même de la nation, une fraction de la majorité ministérielle a voté ou agi contre le ministère, tandis que l'opposition votait avec lui. Il en a été ainsi pour le désarmement, les menées anarchistes dans l'armée, la sûreté générale, l'alliance russe, le Concordat, etc.

Sur tous ces points et d'autres encore, le ministère a contre lui une partie de sa majorité, et ce sont alors les républicains progressistes, ces républicains pour lesquels il n'a pas assez de sarcasmes, qui, par fidélité à leurs principes, le sauvent. Si, une fois, ils avaient suivi la tactique des collectivistes qui, pour garder le ministère Waldeck Rousseau, allèrent jusqu'à voter un ordre du jour (j'en cite le texte) : « réprouvant les doctrines collectivistes par lesquelles on abuse des travailleurs », le ministère actuel aurait depuis longtemps vécu ; et il faut être en France pour voir ce phénomène qui, dans un régime parlementaire véritable, serait inintelligible : un Gouvernement tournant toutes les forces politiques et administratives contre les hommes qui, dans ces questions vitales, votent avec lui, au service de ceux qui, dans ces mêmes questions, votent contre lui.

Et maintenant, comment imprimer à une majorité aussi bigarrée et aussi mouvante une direction unique ? C'est là une gageure impossible. M. Combes l'a reconnu et, ainsi qu'il l'a déclaré à Clermont-Ferrand, il s'en est remis aux groupes du soin de trouver les solutions. Dans tous les cas importants, c'est la délégation des groupes qui délibère et qui décide. Dès lors, le Gouvernement, en fait, n'est plus dans le ministère responsable, il est dans un comité irresponsable, issu d'organismes artificiels. Je n'accuse pas les hommes, je dénonce un système qui est le résultat d'une situation fausse. Un tel système n'a rien de commun avec le gouvernement parlementaire; je dirai plus, il n'a rien de commum avec la notion même du gouvernement.

On prétend identifier la majorité ministérielle avec la majorité républicaine, on dit que la République et le « Bloc » ne font qu'un — assertion heureusement fort inexacte — car si cela était vrai, la République, en trois ans, aurait fait bien peu de chemin ! Puis, par un procédé factice, on assure la prépondérance de certains groupes au détriment de certains autres, de sorte que, non seulement on ne gouverne pas avec la moyenne de la France, mais on ne gouverne même pas avec la moyenne du parti républicain. Est-ce là un Gouvernement à l'image de la nation ? Est-ce là le gouvernement du pays par lui-même ?

Dimanche dernier, à Laon, M. le président du Conseil demandait où sont les lois, les actes par où s'est manifestée l'action des groupes extrêmes sur le Gouvernement. Or, depuis deux ans, depuis la constitution du Cabinet actuel, en cette affaire des congrégations qui a été à peu près son unique affaire, prenez l'un après l'autre, chacun des débats qui ont eu lieu, soit au Palais-Bourbon, soit au Luxembourg, il est un fait que personne ne pourrait contester, c'est que les mesures qui ont été prises sont toutes différentes de celles que le ministère avait proposées : loi de procédure, sécularisations, enseignement primaire, enseignement secondaire, sur chacun de ces points, ce ne sont pas les projets du Gouvernement que le Gouvernement a dû soutenir, ce sont d'autres projets, imposés par une fraction de sa majorité, nous avons assisté à une perpétuelle rupture d'équilibre au profit de l'extrême gauche. Je n'examine pas, en ce moment, la valeur comparative des solutions adoptées ; les récriminations, en politique, sont vaines, et les lois votées doivent être obéies, je constate seulement la profonde différence entre les unes et les autres, et j'en tire cette conclusion indéniable, que ce n'est pas le ministère qui gouverne.

Je n'en retiens qu'un exemple, parce qu'il s'agit d'un projet qui n'a pas encore été discuté par la Chambre : c'est le projet relatif à l'enseignement secondaire privé. L'honorable M. Chaumié, ministre de l'instruction publique, avait déposé un projet conforme à la doctrine invariable du parti républicain : abrogation de la loi Falloux, liberté réglée, avec égalité des grades, garanties et contrôle sévères. A ce projet, les groupes en ont substitué un autre, qui donne au ministère le droit de fermer, suivant son bon plaisir, tout établissement d'enseignement secondaire privé, même laïque, même contre l'avis du conseil académique et du conseil supérieur de l'instruction publique.

Et voyez, messieurs, où nous en arrivons. On cesse d'être républicain, non seulement parce qu'on entend la liberté d'enseignement à la manière des républicains de 48, à la manière de Jules Ferry et de Paul Bert, non seulement parce qu'on entend la loi de 1901 à la manière de M. Waldeck Rousseau, mais parce qu'on défend contre M. Chaumié le projet de M. Chaumié, et contre M. Combes les projets de M. Combes!

Aussi, de la majorité même, à la fin, des réclamations s'élèvent. Il n'est pas jusqu'à des radicaux socialistes qui ne se plaignent qu'on les entraîne au delà de leur programme.

Mais on ne les écoute pas, on les pousse, et ils entendent retentir à leurs oreilles le cri de l'oraison funèbre : « Marche! marche! »

Jusqu'où iront-ils? jusqu'où se laisseront-ils mener par l'extrême-gauche, qui entraîne la majorité ?

Ce que nous reprochons à la politique de l'extrême gauche, ce n'est pas la hardiesse des conceptions sociales, on ne saurait être assez hardi pour soulager la misère humaine et pour mettre plus d'équité dans les lois; ce n'est pas une hâte excessive vers les réformes : quand une réforme est bonne, on ne saurait être assez prompt à l'accomplir; — ce que nous reprochons à cette politique, c'est de forcer et de fausser les idées les plus justes.

On déteste la guerre; on veut la paix. Cette grande cause est aussi la nôtre. On réclame le désarmement simultané. Quel bienfait suprême, le jour où les autres peuples consentiraient à entrer dans cette voie ! Mais quel rapport y a-t-il entre cette politique pacifique et le vote de cinquante-cinq députés contre le ministre de la guerre, quand il a flétri les libelles excitant les troupes à la désertion et au meurtre des officiers ?

On s'efforce de développer les institutions internationales, conférences, bureaux, congrès, tribunaux de conciliation, cours d'arbitrage, et l'on y voit, avec raison, les germes de la grande organisation internationale de l'avenir. Mais quel rapport y a-t-il entre le progrès de la fraternité humaine et ce désordre, qu'aucun gouvernement au monde ne tolérerait : un ministre laissant le personnel placé sous ses ordres proférer un chant de menace et de mort contre les officiers qui l'entourent ? Vous faites taire les chefs de l'armée, et vous avez raison. Faites-les respecter !

Ainsi l'entraînement de la logique pure, le vertige de l'éloquence — et aussi le besoin de surenchère — emportent les intelligences les plus puissantes hors de la ligne droite. Et lorsque des esprits cultivés mêlent, dans un rayonnement d'éloquence et de poésie, de mortelles erreurs aux plus séduisantes vérités, comment les simples pourraient-ils s'y reconnaître ?

La dictature du sophisme n'est pas moins dangereuse, en un autre sens, que la dictature de l'épée, — elle trouble dans les âmes la notion du devoir.

Et comment ne pas voir que, si quelque chose peut donner de la force au mouvement nationaliste, c'est la protection accordée à de tels excès et à de pareils sophismes par le pouvoir même ? Oui, c'est le drapeau outragé par des maîtres de la jeunesse : c'est cette propagande impie, reprise par certains instituteurs égarés; ce sont les discours des chefs socialistes sur la Triple-Alliance, sur l'Alsace-Lorraine, c'est l'influence disproportionnée qu'ils exercent sur la direction des affaires, ce sont les intérêts vitaux de la patrie livrés à

tous les hasards et le dédain systématique où sont
tenus les corps compétents et responsables; ce sont
des ministres choisis, non pour leur expérience des
affaires de leur département, mais pour la part qu'ils
ont prise à un débat qui n'avait aucun rapport avec ces
affaires, c'est la faiblesse de certains républicains qui
n'osent plus défendre leurs propres idées lorsqu'ils les
voient soutenues par la droite et attaquées par l'extrême gauche, au risque d'abandonner à leurs adversaires, le monopole des plus nobles causes; c'est tout
cela qui exaspère le sentiment national et qui soulève
une protestation violente. Alors, en haine de ces
désordres, parmi les générations nouvelles, de jeunes
hommes, qui n'ont pas vu, comme nous, les désastreux
effets du pouvoir personnel, se jettent à l'autre pôle, et
le spectacle de l'anarchie éveille en leurs âmes le mala-
dif instinct du césarisme. On s'en prend à l'effet, ne
voit-on pas la cause ?

Comment d'éminents républicains, qui sont les dupes
de cette situation en attendant qu'ils en deviennent les
victimes s'y résignent-ils encore? On attribue leur
attitude à ce que j'appelais un jour « le mal honteux
des démocraties » — la peur de ne pas paraître assez
avancés. Non : c'est s'exposer à se duper soi-même, que
de prêter des mobiles vulgaires à ceux qui se conduisent
autrement que vous.

Un souci plus haut les retient, j'en suis convaincu :
ils veulent être assurés du lendemain, ils ne veulent
pas provoquer l'avènement d'un ministère qui ne puisse
vivre que par l'appui de la droite. Mais ceci ne dépend
que d'eux. Il leur suffit d'un instant, je ne dirai pas
de courage, car il n'est pas besoin de courage pour
demeurer soi-même et pour ne pas se laisser absorber
par une politique différente de la sienne, — il leur
suffit d'un instant de volonté, pour remettre chacun et
chaque chose en sa place, — ce seront leurs bulletins
de vote qui feront la majorité nouvelle. Même dans cette
Chambre il n'est point nécessaire de se traîner à la
remorque de l'extrême gauche pour ne pas tomber à la
merci de la droite; il n'est point nécessaire, pour
échapper à la tutelle d'une minorité de faire appel à

d'autres qu'à des républicains éprouvés. Que chaque
fraction du parti républicain reprenne la part d'influence à laquelle elle a droit ; que l'équilibre des forces
parlementaires soit rétabli suivant les indications
mêmes du suffrage universel ; qu'enfin les républicains,
au lieu de se reprocher leurs compromissions, les uns
avec la droite, les autres avec l'extrême gauche, se
groupent suivant leurs affinités logiques.

Sur quel point l'accord ne serait-il pas possible ?

Est-ce sur les questions sociales ? Mais ici, un grand
fait s'est produit, en ces dernières années, dont les
esprits les plus modérés ne peuvent pas ne pas tenir
compte : je veux dire la scission du parti socialiste en
Allemagne, en France, en Italie.

En France, lorsque je lis les discours et les écrits de
tel de nos plus remarquables *socialistes réformistes*, je
me demande, en vérité, ce qui, sur le fond des choses,
sur les principes constitutifs de la société française, les
sépare encore de nous ?

Sans doute, nous pouvons discuter sur des questions
de mesure, de méthode, sur les limites de l'intervention de l'État ; mais, par la logique des choses, à travers
les classifications souvent factices des partis, à travers
ces cloisons étanches où l'on voudrait tenir nos esprits
captifs, il se fait chaque jour un rapprochement fécond,
heureux pour la République, entre les socialistes
éclairés par l'expérience, revenus de l'intransigeance
dogmatique, pénétrés des nécessités nationales, et ceux
qui, comme nous, veulent une organisation scienti-
fique du travail et une législation ouvrière toujours
plus juste et plus humaine.

La première œuvre que nous aurons à accomplir ensemble est celle des retraites ouvrières...

Est-ce sur les questions fiscales, que l'entente ne
serait pas possible ? Mais ce sont les plus modérés
d'entre les républicains qui ont proposé l'impôt progressif sur les successions. Et, s'ils repoussent des
modes de perception inquisitoriaux qui ont toujours fait
horreur à la France, ils sont les premiers à dire que la
proportionnalité stricte n'est pas toujours la justice et
que, les impôts indirects étant progressifs à rebours,

une certaine progression dans l'impôt direct est le moyen de rétablir la proportionnalité.

Est-ce sur les questions militaires ? Tous les républicains veulent le service réduit; nous demandons seulement des cadres solides, sans lesquels la France, au lieu d'armée, n'aurait qu'un troupeau.

Est-ce sur les réformes administratives et judiciaires ? Ah ! je crois bien que, s'il fallait donner à nos départements et à nos communes un peu plus d'indépendance et soustraire la magistrature à l'arbitraire du pouvoir, les résistances viendraient plutôt de ceux qui, sous la République, ressuscitent les procédés de l'empire et prétendent faire mener les députés par les préfets !

Enfin, quant à la séparation de l'Eglise et de l'État, soyez sûrs que, si l'on aborde cette grande réforme avec l'esprit qu'y apportèrent les hommes de la Convention et du Directoire, avec le dessein d'anéantir une religion, on retombera inévitablement dans les mêmes aventures et dans les même réactions. Ceux-là seuls pourraient faire accepter définitivement chez nous un régime nouveau qui, au lieu de prendre parti dans la lutte des croyances, de défendre telle ou telle vue philosophique et d'attaquer tel ou tel dogme, entendraient assurer, avec la suprématie de la société civile, le respect de toutes les manières de penser, de croire ou de ne pas croire. En Angleterre, ce sont les conservateurs qui souvent réalisent les plus grands changements. Ils savent qu'ils n'est point de politique conservatrice véritable sans réformes profondes et hardies. Le jour où cet état d'esprit aura pénétré en France, que de crises pourront être évitées !

N'est-ce pas là un programme assez large pour tenter l'ambition d'un grand parti, — d'un parti, non pas nationaliste, ni socialiste, car il n'est pas besoin de mots nouveaux pour exprimer ce qui dure, mais national et social ?...

M. Barthou à Rouen. — Le 27 mars, eut lieu à Rouen, sous la présidence de M. Adolphe Carnot, une conférence faite par M. Barthou.

35

Le conférencier développa cette thèse que « l'union de toutes les forces républicaines restait nécessaire pour poursuivre l'œuvre entreprise d'émancipation laïque et de progrès social ».

« Entre les partisans avoués, dissimulés ou résignés du cléricalisme et les apôtres incorrigibles de la révolution sociale, il y a place, dit-il, dans l'avenir comme dans le passé, pour une majorité unie, militante et résolue, largement ouverte au concours loyal de toutes les bonnes volontés. La discipline est la condition essentielle de sa durée et de son succès. Mais cette majorité doit prendre garde de ne pas affecter les allures d'une Église infaillible, investie, avec les pouvoirs d'excommunication, d'une sorte de dogme intangible. Rien ne serait plus contraire à l'esprit laïque, à la pensée libre et à l'intérêt républicain ».

M. Barthou fit l'éloge de M. Waldeck Rousseau, dont il vanta le courage civique, le désintéressement et la volonté réformatrice.

La majorité actuelle, continua-t-il, s'est formée de la façon suivante : « Elle est née des révélations de l'affaire Dreyfus et des incidents qui ont marqué, durant ses développements, l'existence d'un véritable parti de guerre civile. Les incidents et le péril dont ils étaient l'expression ont imposé aux républicains le commun devoir de se rapprocher et de s'unir pour une action commune. Tandis que les plus modérés reconnaissaient la duperie d'un prétendu apaisement rendu impossible par la perfidie militante de ceux-là mêmes qui le réclamaient, les plus avancés renonçaient à la lutte des classes et aux moyens violents pour prendre leur part des efforts et des responsabilités du parti républicain. Cette entente domine et inspire la politique depuis cinq ans. Elle sera durable à la condition d'être faite de concessions réciproquement loyales sur un programme nettement déterminé. La collaboration dévouée des groupes qui la constituent ne doit prendre, sous peine de la détruire, ni le caractère, ni même les apparences d'une tutelle oppressive.

Malgré mon adhésion aux projets supprimant l'enseignement congréganiste de toute nature, je reste l'adversaire du monopole universitaire, déclaré ou déguisé. Je refuse de suivre ceux qui en font un dogme nouveau et imprévu de la doctrine républicaine.

Au surplus, l'erreur serait grande et l'illusion dangereuse de croire qu'il est possible de détruire du jour au lendemain les effets de la loi de 1850 dont l'action s'est exercée pendant plus d'un demi-siècle. Si l'on ne veut pas s'exposer à des déceptions et à des surprises, il faut tenir compte des mœurs acquises, compter même avec les préjugés, procéder avec sagesse et méthode, et, sans rien abdiquer des principes, accepter dans l'application les délais inévitables et les transactions nécessaires.

Il faut aussi ne pas se laisser détourner des réformes promises par l'obsession de la défense contre le cléricalisme, si légitime et si justifiée qu'elle soit. Le progrès social naît de l'émancipation laïque, mais il a ses droits et ses lois propres qu'une majorité prévoyante ne doit pas négliger. La République a contracté envers la démocratie agricole et le prolétariat ouvrier une dette dont il y aurait péril à ajourner indéfiniment l'échéance. Est-ce à dire qu'il faille se laisser prendre au piège de certains réformateurs improvisés qui, après avoir abusé, par tous les moyens, d'une obstruction violente et systématique, se sont animés d'une belle ardeur pour des lois sociales auxquelles ils avaient plutôt témoigné jusqu'ici quelque indifférence? Cet excès de zèle dissimulait mal une tactique qui, de leur part, n'avait d'autre objet que de sauver l'enseignement congréganiste.

C'est au parti républicain, c'est à la majorité, qui en a reçu le mandat, qu'incombent le devoir et la mission de poursuivre l'œuvre entreprise. La situation financière permettra-t-elle d'ajouter au budget, surtout avec tant de dépenses prochainement inévitables, la charge de la constitution d'une caisse de retraites? Il faut l'espérer et même le vouloir; mais il est téméraire de rien affirmer avant le dépôt annoncé du budget de 1905. La loi militaire et la réforme syndicale peuvent, au contraire, être discutées dès la rentrée... »

M. Doumer au banquet des Associations coopéra-

tives (15 *mai*). — Le discours que M. Doumer prononça en cette circonstance, contenait deux parties
distinctes : une partie positive, c'est-à-dire un programme de gouvernement, et une partie critique,
qui était l'explication et la justification du programme.

M. Doumer réclama « des réformes pratiques et po-
sitives », en tête desquelles il plaça, comme cela était
naturellement de circonstance, les lois en faveur des
associations ouvrières de production, qui appelaient à
la fois un complément et une revision capable de les
débarrasser des entraves qui décourageaient la coopé-
ration et paralysaient l'initiative des citoyens. Il préco-
nisa la participation aux bénéfices; la réduction de la
durée du service militaire; l'impôt sur le revenu, « sans
arbitraire ni vexations »; les retraites ouvrières, et
bien d'autres réformes sur le détail desquelles pouvaient se faire jour des conceptions différentes, mais
qui, dans leur ensemble et dans leurs grandes lignes,
constituaient le programme commun du parti républicain. Sur ce point, et pour ne citer que ceux-ci,
M. Doumer était d'accord à la fois avec M. Millerand et
avec M. Paul Deschanel.
Mais pour que ce programme fût mis en application
ou que sa réalisation fût utilement tentée, il fallait un
changement radical dans l'orientation de la politique.
A Laon, M. Combes, se trouvant dans la propre cir-
conscription de M. Doumer, l'avait violemment pris à
parti. M. Doumer se contenta de faire remarquer qu'il
n'avait pas besoin pour se défendre « de prendre le ton
de ces hommes qui excommunient les autres, de ces
hommes que nous voyons passer d'une conviction à
l'autre avec une facilité que notre conscience nous interdit ». Mais s'il glissa avec discrétion sur ses griefs
personnels vis-à-vis de M. Combes, il fut inflexible pour
la politique du président du Conseil. La politique anti-
cléricale était une tradition républicaine, une tradition
française; mais, « il y avait la manière, et l'on pouvait
mettre au service de la meilleure cause des procédés

si maladroits, quelquefois même si arbitraires, qu'ils se retournaient contre ceux qui les employaient ». M. Doumer était loin de blâmer l'anticléricalisme, mais il contestait qu'il pût à lui seul constituer une politique qui ne fût pas une « politique de manifestations démesurées, hâtives, improvisées, et par suite bien souvent stériles ». M. Doumer estimait « que dans un grand pays comme la France, toutes les forces du Gouvernement ne devaient pas être tendues vers un seul but, tous les regards hypnotisés par une seule question, et qu'un Gouvernement fait faillite à son devoir le plus essentiel quand il ne trouve ni le temps, ni l'argent, ni les conseils pour les intérêts essentiels de la démocratie. On ne doit pas gouverner uniquement pour donner des satisfactions à son parti. On gouverne avec son parti, soit; mais dans l'intérêt du pays tout entier. »

M. Ribot à la Fédération Républicaine 7 décembre). La politique radicale. — Comparant la polique radicale suivie par le ministère à celle des anciens radicaux, il constata que si celle-ci, dans le passé, avait eu le mérite d'allier à des vues hardies, parfois téméraires, l'horreur de toutes les bassesses, il n'en était plus de même.

« Les anciens radicaux, dit-il, ne se reconnaissent plus dans ce radicalisme étroit, borné, incapable de s'élever à la véritable conception de la liberté, avide des profits que donne l'autorité, aimant à dogmatiser, à excommunier ses adversaires et rêvant de faire par la violence ce qu'il appelle l'unité morale du pays.

Nous devions nous attendre, dès l'avènement de ce nouveau radicalisme, à toute cette série de violences légales qui ont été commises contre la liberté d'enseignement. Nous n'avons pu malheureusement les empêcher. Nous les avons combattues, sans nous faire d'illusions sur le succès prochain de nos efforts, pour rester fidèles à nos idées et pour l'honneur de notre parti ».

M. Ribot, examinant la politique du ministère, remarqua que, par une conception nouvelle et spéciale de ses obligations, il préférait renoncer au rôle de Gouvernement plutôt que de risquer son existence.

Faisant allusion aux pratiques en honneur aux ministères de la marine et de la guerre, il s'écria :

« Je ne crois pas qu'on ait vu, à aucune époque, un ministre de la marine se soumettre à l'humiliation d'instituer lui-même une Commission d'enquête pour juger sa propre administration, y appeler ses accusateurs, dont l'un avait traité cette administration de péril national, passer du rôle de président à celui d'accusé, entendre les reproches de ses chefs de service et n'y répondre que par des insinuations injurieuses pour leur caractère, essayer de gagner du temps, non pour cacher un désordre qui éclate à tous les yeux, mais pour reculer de quelques semaines, de quelques jours, l'heure des responsabilités. Dans quel pays, à quelle époque, a-t-on vu un pareil spectacle ?

Dans quel pays a-t-on vu un ministre de la guerre mis en cause pour avoir toléré, encouragé dans l'armée des pratiques abominables de délation, demander un délai pour frapper les coupables, puis essayer de couvrir toutes ses turpitudes, refuser de s'en aller devant un vote qui ne l'absolvait qu'à deux voix de majorité et attendre, pour donner sa démission, qu'il eût été l'objet de violences personnelles ?

Dans quel pays aurait-on toléré qu'un président du Conseil, dont la complicité était évidente, restât une minute à son banc, après ce départ précipité du ministre de la guerre ? »

Le Congrès socialiste international d'Amsterdam (18 *août*). — Deux résolutions d'une importance capitale furent votées par le congrès où se trouvaient représentés les partis socialistes de tous les pays de l'ancien et du nouveau continent.

La première condamnait formellement tout appui donné par les socialistes à un Gouvernement et à une politique si avancés fussent-ils, si ce Gouvernement et cette politique n'étaient pas nettement socialistes; en d'autres termes c'était la condamnation de la tactique de M. Jaurès et du groupe socialiste parlementaire. Malgré une vive opposition de M. Jaurès, la résolution fut votée à l'unanimité moins trois voix (la sienne et celles des deux délégués argentins). Elle était ainsi conçue :

Le congrès, persuadé, contrairement aux tendances révisionnistes existantes, que les antagonismes de classes, loin de diminuer, vont s'accentuant, déclare :

1º Que le parti décline toute responsabilité, quelle qu'elle soit, dans des conditions économiques et politiques basées sur la production capitaliste, et ne saurait, par suite, approuver aucun des moyens de nature à maintenir au pouvoir la classe dominante;

2º Que la démocratie socialiste ne saurait accepter aucune participation dans le Gouvernement de la société bourgeoise, et ce, conformément à l'ordre du jour Kautsky, voté au congrès international de Paris en 1900.

Le congrès condamne, en outre, toute tentative faite pour masquer les antagonismes de classes toujours croissants, à l'effet de faciliter un rapprochement avec les partis bourgeois.

La seconde résolution déclarait la grève générale « inexécutable ».

Le congrès socialiste international, considérant :

Que les conditions nécessaires pour la réussite d'une grève de grande étendue sont une forte organisation et une discipline volontaire du prolétariat;

Déclare la « grève générale » (si l'on entend par là la cessation complète de tout travail à un moment donné inexécutable parce qu'une telle grève rendrait chaque existence, celle du prolétariat comme toute autre, impossible;

Considérant que l'émancipation de la classe ouvrière ne saurait être le résultat d'un effort subit;

Qu'il est, au contraire, possible qu'une grève qui s'é-
tendrait soit sur un grand nombre de métiers, soit sur
les plus importants d'entre eux au fonctionnement de
la vie économique, se trouverait être un moyen suprême d'effectuer des changements sociaux de grande
importance ou de se défendre contre des attentats réactionnaires sur les droits des ouvriers;

Avertit ceux-ci de ne point se laisser influencer par
la propagande pour la « grève générale » dont se servent
les anarchistes pour détourner les ouvriers de la lutte
véritable et incessante, c'est-à-dire de l'action politique,
syndicale et coopérative;

Et invite les ouvriers à augmenter leur puissance et
à raffermir leur unité en développant leurs organisations de classe, puisque de ces conditions dépendra le
succès de la grève politique si celle-ci, un jour, se trouvait être nécessaire et utile.

M. Jaurès, mis en demeure par le parti guédiste
d'avoir à se conformer à la première résolution du
congrès d'Amsterdam, finit, après bien des tergi-
versations, par consentir à la réunion d'une « commission d'unification » devant laquelle il fit amende
honorable; le parti socialiste français dont il était le
chef, prenait par sa bouche l'engagement de ne plus
se faire représenter à la délégation des gauches à
la Chambre, de rompre avec l'habitude de voter
l'ensemble du budget, les budgets de la guerre et de
la marine et les fonds secrets; enfin si, « dans une
crise politique qui menacerait les intérêts du prolétariat », le parti socialiste ne s'interdisait pas l'entrée dans une coalition momentanée contre la réaction « il était reconnu qu'aucune alliance » durable
n'était possible avec « une fraction quelconque de
la classe capitaliste » (fin décembre).

Précédemment (15 février), le congrès national
de Saint-Étienne avait confié à un Conseil national,

formé du groupe socialiste parlementaire et des représentants des fédérations, le soin de surveiller, de contrôler et de dicter aux députés socialistes leurs votes et leur attitude.

Le Congrès radical. — Un congrès du parti radical et radical socialiste s'ouvrit à Toulouse le 6 octobre. Il y fut donné lecture d'une lettre de M. Bourgeois préconisant l'étroite union de toutes les forces démocratiques pour assurer le triomphe du programme radical. « Si la Chambre se divisait, la législature finirait dans la plus dangereuse impuissance ».

Le premier acte du congrès fut un acte de foi combiste. Il prononça l'exclusion du parti de MM. Baudin et Lockroy coupables de s'être, dans certains votes, séparés du « Bloc »; puis il refusa de ratifier les pouvoirs d'un délégué qui, faute impardonnable, était le secrétaire de M. Doumer.

Il adopta des vœux en faveur de l'impôt sur le revenu et de la séparation des Églises et de l'État et adressa un télégramme de félicitations à M. Combes qui répondit en dénonçant les « dissidents » comme des traîtres pactisant avec la réaction.

Les incidents de Ploërmel. — Le 12 février, plusieurs officiers du 116° d'infanterie, à Vannes, refusèrent d'obéir à la réquisition du préfet, leur prescrivant de se rendre à la tête de leurs hommes à Ploërmel pour procéder à l'expulsion des Frères. Le Conseil de guerre de Nantes ne retint contre eux que l'inculpation d'abandon de poste et les condamna à quatre mois de prison chacun (22 avril). Cette décision ayant été cassée par le Conseil de revision, pour fausse application de la loi, l'affaire fut renvoyée devant le Conseil de guerre de Tours qui prononça l'acquittement de tous les prévenus (27 mai).

Retour de Marcel Habert. — La peine de cinq années de bannissement prononcée contre Marcel Habert par la Haute Cour en 1899 prit fin le 18 décembre ; la rentrée du condamné en France ne donna lieu à aucun incident.

XIV

NOTRE POLITIQUE EXTÉRIEURE

EN 1904 (1)

VOYAGE DU PRÉSIDENT DE LA RÉPUBLIQUE EN ITALIE

Le 25 mars, M. Delcassé, ministre des affaires étrangères, déposait un projet de loi portant ouverture d'un crédit de 450.000 francs pour les frais du voyage du président de la République en Italie ; l'exposé des motifs était ainsi conçu :

C'est dans la satisfaction d'une amitié heureusement renouée et de l'accord réalisé entre les grands intérêts des deux nations que la France faisait naguère à ses hôtes royaux un accueil auquel ils ont bien voulu marquer qu'ils étaient loin d'être différents.

C'est dans la joie du développement pacifique assuré aux deux pays par le resserrement des liens qui les unissent que l'Italie s'apprête à saluer le premier magistrat de la République.

Nous ne doutons pas que la représentation natio-

(1) Voir aussi le chapitre *Politique Religieuse* et la discussion du budget des affaires étrangères.

nale, dont l'appui éclairé et constant a permis l'exécution d'une politique qui, sur la base immuable de l'alliance avec la Russie et de la pratique fidèle et incessante de cette alliance, a poursuivi le rétablissement
des amitiés naturelles et le rapprochement des intérêts concordants, n'ait à cœur de s'associer, elle aussi,
à la manifestation qui se prépare.

M. Boni de Castellane combattit le projet en ces termes :

On a laissé entendre dans la presse que M. le Président de la République serait volontiers allé voir le
Pape à Rome (*Bruits et interruptions à gauche et à l'extrême gauche.*), et l'on essaye de faire retomber ainsi
sur le Saint-Siège la responsabilité des conséquences
que peut entraîner l'événement dont je parle.

Ce n'est pas au ministère des affaires étrangères
qu'on ignore qu'un protocole inflexible a réglé les
questions de cette sorte et a fermé les portes du Vatican
à tout chef d'Etat catholique qui vient saluer la dynastie spoliatrice de la papauté. (*Vives protestations et
exclamations à gauche et à l'extrême gauche. — A l'ordre!
A l'ordre!*)

M. LE PRÉSIDENT. — — Vous venez d'adresser ici une
injure à une nation amie. (*Vifs applaudissements à
gauche, à l'extrême gauche et sur plusieurs bancs au
centre.*) La France tout entière protestera contre ces
paroles. (*Nouveaux applaudissements sur les mêmes bancs.*)
Elle y verra la certitude du péril intérieur et extérieur
(*Nouveaux applaudissements.*) contre lequel le parti républicain s'arme tout entier. (*Vifs applaudissements et acclamations.*)

M. LE COMTE BONI DE CASTELLANE. — C'est tant pis pour
la nation française. (*Bruit à gauche.*)

M. LE PRÉSIDENT. — Vous dites : c'est tant pis pour la
nation française. De telles paroles sont au-dessous de
tout châtiment réglementaire. (*Applaudissements.*) Autrefois, on les aurait traitées par le silence absolu.
J'invite la Chambre à faire de même. (*Nouvelles acclamations et applaudissements répétés.*)

M. Boni de Castellane descendit de la tribune, au milieu d'un silence glacial ; pas un applaudissement, pas un serrement de main.

M. Lasies se fit l'écho de la pensée de ses amis, en disant qu'il ne pouvait suivre l'orateur dans la thèse qu'il venait de développer.

M. Sembat, au nom de ses collègues socialistes révolutionnaires, déclara qu'ils voteraient les crédits pour un voyage dont « tous attendaient les effets les plus heureux tant au point de vue intérieur qu'extérieur ».

M. Denys Cochin avait espéré qu'une solution serait intervenue qui aurait permis à M. Loubet de se rendre au Vatican ; il exprima, en des termes assez vifs, le regret qu'on eût imposé au président de la République « la clause injurieuse de ne pas rendre visite, à Rome, au chef de la religion catholique ».

M. le ministre des affaires étrangères, dit-il, avait déclaré à la Commission du budget qu'au nom du président de la République il refusait toute espèce de condition. C'était cette déclaration qui avait déterminé l'unanimité de la Commission à voter le crédit.

M. DOUMER, *président de la Commission du budget.* — Aucun des membres de la Commission n'a cherché à imposer des conditions à M. le ministre des Affaires étrangères relativement au voyage de M. le président de la République à Rome. Chaque membre, usant de son droit, l'a interrogé, sur les conditions dans lesquelles s'effectuerait ce voyage, rien de plus.

Après ses explications, la Commission, dans laquelle tous les partis sont représentés, a été unanime dans son vote. J'espère que la même unanimité se rencontrera à la Chambre.

L'intervention de M. Denys Cochin provoqua

36

une réplique du rapporteur, M. de Pressensé. Faisant allusion au discours de M. Boni de Castellane, le rapporteur s'éleva contre les paroles « du représentant d'une faction qui avait montré une fois de plus qu'elle sacrifiait au besoin son patriotisme aux intérêts confessionnels ».

La discussion se termina sur quelques mots de M. de Baudry d'Asson, qui, avec un grand sérieux, exprima l'avis que, si le président de la République tenait à faire une visite au roi d'Italie, il n'avait qu'à en payer lui-même les frais, et l'espoir que, si M. Loubet se présentait au Vatican, il trouverait les portes fermées.

Les crédits furent votés, à la majorité de 499 voix contre 10.

Voici les noms des dix opposants :
MM. de Baudry d'Asson, Paul Bourgeois (Vendée). comte Boni de Castellane, marquis de Chambrun, comte le Gonidec de Traissan, Groussau, de Largentaye, Massabuau, de Mun, Xavier Reille.
51 membres s'étaient abstenus, dont 16 socialistes et 35 membres de la droite.

Le même jour, le Sénat examina le projet de crédits.

M. Halgan déclara que plusieurs de ses amis de la droite et lui s'abstiendraient dans le vote « pour des motifs qu'il était inutile de définir ». Et comme quelques voix à gauche insistaient pour connaître ces motifs, M. Dominique Delahaye se chargea de les fournir. Aux yeux des catholiques, dit-il, une visite au roi d'Italie, dans la ville de Rome, était une offense au Pape, parce qu'elle équivalait à une reconnaissance à peu près complète de l'abolition de son pouvoir temporel.

Ces paroles amenèrent à la tribune M. Delcassé.

Il eût certainement mieux valu, dit-il, qu'aucune discussion ne se fût engagée sur le projet de loi, mais après les paroles qui viennent d'être prononcées le ministre des affaires étrangères ne peut pas laisser dire que la visite projetée est une offense pour qui que ce soit.

Il n'y a pas plus d'offense dans nos actes que dans nos intentions. Remplir un devoir évident, rendre une visite reçue, porter à l'Italie en la personne de ses souverains le salut de la France, resserrer ainsi pour le bien commun des deux pays des liens formés à la fois par les sentiments et par les intérêts, qui donc pourrait équitablement prendre ombrage d'une démarche aussi naturelle ? Et, comment M. Delahaye n'a-t-il pas vu, étant donné l'objet de sa préoccupation, tout le danger qu'il y aurait à laisser croire à la France qu'elle ne peut vivre en bons rapports avec le chef suprême de l'Église catholique qu'à la condition de négliger, sinon même de sacrifier les intérêts français ?

Je lis l'histoire avec une entière liberté d'esprit. Je tiens compte des graves transformations qu'elle enregistre. Or, elle constate que l'Italie est devenue une grande nation, dont les intérêts essentiels ne sont nulle part en opposition avec les intérêts essentiels de la France.

C'est au tact vigilant des autorités responsables qu'il appartient de veiller à ce que des malentendus ne surgissent pas entre elles, malentendus dont ailleurs on pourrait profiter.

La Méditerranée, qui les avait séparées, les a réunies. Le résultat de cet accord, heureusement rétabli entre les deux pays est que, puisqu'ils n'ont plus à craindre de se rencontrer face à face, ils doivent travailler côte à côte au développement de leurs intérêts et de leur prospérité, dont ils doivent l'un et l'autre également bénéficier.

La visite prochaine ne peut que fortifier ces relations sans que nos autres relations aient à s'en ressen-

tir. Dans ces conditions, il n'y a aucune raison pour
que la France refuse de s'associer à cette manifestation.

Les crédits furent adoptés par 258 voix contre 2.

M. Loubet, accompagné de M. Delcassé, ministre
des affaires étrangères, arriva à Rome, le 24 avril ;
il fut reçu à la descente de son wagon par le roi
Victor Emmanuel III.

Le maire de Rome, prince Colonna, lui souhaita
la bienvenue en ces termes, dont la chaleur répondait très exactement à l'état d'esprit de la population :

« Déjà, à Paris, les deux grandes sœurs latines
s'étaient retrouvées ; aujourd'hui, c'est avec nos sentiments d'autrefois, c'est avec tous les souvenirs de nos
gloires communes que nous saluons la France en vous,
et qu'à jamais nous scellons le pacte d'amitié, ici, à
Rome, qui porte avec son nom le souhait d'éternité ».

Jamais encore, et pour qui que ce fut, Rome
n'avait montré un enthousiasme semblable à celui
qui allait l'enflammer durant tout le séjour du président de la République.

Le lendemain matin, M. Loubet se rendit au
Panthéon où il déposa un rameau d'or au pied de la
tombe du roi Victor Emmanuel et au pied de celle
du roi Humbert Iᵉʳ.

Dans la journée, le président reçut au palais Far-
nèse, résidence de notre ambassadeur, de nombreuses délégations, notamment celle des anciens
combattants de Crimée et de 1857.

Répondant au général Pozzalini qui, en les lui présentant avait rappelé « les privations et les dangers
communs essuyés » durant les guerres où Français

et Italiens avaient combattu ensemble et l'avait prié
de porter « un salut amical aux compagnons d'armes
de France », M. Loubet dit :

Vous venez de rappeler une époque où les couleurs
italiennes flottaient mêlées aux couleurs françaises et
où le bras des uns et des autres défendaient une belle,
une noble et même cause. Les survivants de cette
époque deviennent rares ; ils sont peu nombreux en
Italie et déjà rares en France. A ceux qui restent j'ap-
porterai votre salut, je transmettrai vos paroles, mais
aucun d'eux n'a oublié les événements auxquels vous
avez fait allusion ; tous se rappellent avec émotion les
jours où leur cœur battait à côté de votre cœur et où
les couleurs françaises flottaient à côté des couleurs
italiennes.

Le soir, eut lieu au Quirinal un diner de gala
offert par le roi en l'honneur du président de la
République. Le roi porta le toast suivant :

Monsieur le président,

Le cœur de toute l'Italie palpite avec le mien, en sa-
luant en vous, notre hôte agréé, la magnanime nation
française.

Nos gouvernements se sont trouvés facilement d'accord. En coopérant au maintien de la paix, ce bien
suprême, que tous les Etats visent toujours à consolider
davantage, et en signant le traité d'arbitrage et le traité
du travail, ils ont garanti la paix politique et renforcé
la paix sociale. L'Italie et la France, issues toutes deux
du vieux tronc latin, conserveront à travers les siècles
les traditions d'affinité ineffaçables, et aujourd'hui
elles affirment de nouveau leur amitié dans cette Rome
éternelle, de laquelle le génie national des deux
peuples a tiré tant d'inspirations.

Monsieur le président en vous serrant la main, les
souvenirs glorieux viennent remplir mon âme des plus
chères émotions, et c'est avec ces pensées et avec ces

sentiments que je lève mon verre à la prospérité de la France et de son digne et noble chef.

Répondant au toast du roi, le président prononça les paroles suivantes :

Sire,

J'ai peine à exprimer l'émotion et la gratitude que je dois au langage si affectueux et si noble de Votre Majesté et à cette magnifique et inoubliable réception, où l'Italie entière s'est jointe à ses augustes souverains pour faire honneur à la France. Vos paroles, sire, retentiront demain profondément dans tous les cœurs français.

Certes, la France et l'Italie n'ont pas attendu ce jour pour proclamer les affinités qui les rapprochent et qui, pour leur bonheur, les veulent toujours amies, mais, comme à Votre Majesté, ce m'est une grande joie d'entendre confirmer leur amitié dans cette Rome glorieuse, en qui les Français et les Italiens vénèrent une mère commune et l'inspiratrice de leur génie et de leurs hauts faits. Nos gouvernements ont compris combien il importait de mettre les intérêts de leur pays d'accord avec les sympathies qui les portaient l'un vers l'autre ; de leur heureuse collaboration sont sortis plus récemment la convention d'arbitrage et le traité du travail, où il me plaît de voir, avec vous, un gage nouveau de paix politique et un instrument fécond de progrès social.

Sire, c'est l'âme pleine des grands souvenirs communs, que j'unis dans un même toast la grandeur et la prospérité de l'Italie aux vœux que je forme pour le bonheur de ses nobles souverains.

Le 26, une grande revue des troupes de la garnison de Rome fut passée en présence du président de la République. Au dîner qui eut lieu le soir au Quirinal, M. Loubet leva son verre en l'honneur de l'armée italienne « hier instrument glorieux de la

constitution de la grande Italie, aujourd'hui protectrice puissante de la paix laborieuse et féconde de
son peuple ». Le roi répliqua en adressant « un salut cordial à la glorieuse armée française » et en exprimant le souhait que la sienne et la nôtre conti-
nuassent à être « une garantie de paix et prospérité
pour les deux nations. »

Le 27, M. Loubet visita la villa Médicis, où se trouvait exposée une statue de Victor Hugo offerte par
la Ligue franco-italienne à la ville de Rome. Répondant à M. Lockroy qui avait pris la parole au nom
de la Ligue, le président s'exprima ainsi :

Vous rappelez, monsieur Lockroy, qu'aux heures les
plus tristes et les plus douloureuses de notre histoire,
quelques âmes généreuses, en petit nombre malheureusement, avaient comme Victor Hugo, élevé la voix,
parlant au nom de la paix, de l'humanité et de la fraternité. Ces voix ont eu un écho de ce côté des Alpes.
Des mains ont été tendues et les cœurs ont battu à
l'unisson. Vous avez rappelé aussi que quelques-uns de
nos frères italiens ont pris les armes pour venir au secours de la France, et n'ont jamais désespéré lorsque
nous étions abattus par nos malheurs.

La manifestation d'aujourd'hui sera la preuve de la
marche à travers le monde des idées de fraternité générale et de pacification universelle. C'est pour nous, qui
avons les cheveux blancs, une joie profonde, au déclin
de la vie, de voir nos aspirations d'autrefois, nos folies
de jeunesse, nos utopies, arriver à leur réalisation.

Les voyages qu'on faisait autrefois étaient considérés
comme des événements purement politiques. Ils indi-
quent aujourd'hui un but plus élevé. Ils ont un résultat
plus profond, car ils permettent à tous les peuples
civilisés de développer les sentiments les plus généreux de l'humanité et empêcheront les générations
futures de voir les tristesses dont nous avons été abreu-
vés pendant une partie de notre existence.

Je souhaite que les manifestations auxquelles nous

assistons et qui se reproduisent avec tant d'éclat et d'éloquence aient pour résultat une union plus durable et plus féconde.

Le 29, le roi et le président de la République se rendirent à Naples. Là de nouveaux toasts furent échangés. Celui de M. Loubet était conçu en ces termes :

> Sire,
>
> Sur cette rive de la Méditerranée, berceau de la race latine, où se trouve assuré le développement pacifique des intérêts de l'Italie et de la France sous la protection de leurs flottes qui fraternisent aujourd'hui dans le merveilleux golfe de Naples, il m'est particulièrement agréable de lever mon verre en l'honneur de la vaillante marine italienne et de boire au plein succès de sa noble mission.
>
> Avant de quitter le sol de l'Italie où tous les cœurs ont fait au représentant de la France un accueil dont le temps ne saurait effacer le souvenir, je prie Votre Majesté, je prie la famille royale, le Gouvernement et le peuple italiens d'agréer l'expression de ma profonde et très vive reconnaissance.

Le Roi répondit :

> Monsieur le Président,
>
> Au moment où vous êtes sur le point de quitter l'Italie, il m'est agréable de vous dire encore une fois combien votre visite, pendant laquelle les vœux de la France vous ont accompagné, a réjoui mon peuple ainsi que moi.
>
> L'Italie et la France, en réglant leurs intérêts dans la Méditerranée, ont apporté une nouvelle contribution à la paix de l'Europe.
>
> Le salut de la marine française, qui a inscrit dans l'histoire des pages glorieuses, trouvera un écho sincère et profond dans l'âme des marins italiens.

Au nom de l'armée, de la marine et de toute l'Italie, je lève mon verre en l'honneur de la brave armée française.

Les fêtes se terminèrent le 29 par une revue navale passée en rade de Naples; à l'issue de cette revue, M. Loubet s'embarqua à bord de la *Marseillaise* qui le ramena à Marseille où il fut salué à son arrivée par le cuirassé espagnol *le Pelayo* envoyé tout exprès par le Gouvernement espagnol.

. Les démonstrations de sympathie, provoquées non seulement en France mais encore dans l'Italie tout entière par la visite de M. Loubet, avaient dépassé en enthousiasme toutes les prévisions. Aucun chef d'État n'avait été fêté dans la Ville Éternelle avec autant de cordialité et de splendeur. Cette consécration populaire du rétablissement d'une amitié naturelle semblait devoir lier désormais indissolublement l'une à l'autre les deux nations latines.

Pendant ce voyage, l'empereur d'Allemagne se trouvait en Italie; froissé, sans doute, des acclamations populaires qui accueillaient le président de la République, il quitta brusquement le sol italien, en faisant claquer les portes. Pour marquer son sentiment, il prit congé en adressant un salut au ministre des affaires étrangères; mais ce même salut, il ne l'envoya pas au souverain d'Italie.

De retour en Allemagne, il prononça à Carlsruhe un discours qui était une véritable provocation à l'adresse de la France.

Le Souverain Pontife devait protester par une lettre adressée à tous les gouvernements contre la « venue, en forme officielle, de M. Loubet à Rome »,

Nous en donnons le texte dans un précédent chapitre (Voir p. 152).

VOYAGE DU BEY DE TUNIS EN FRANCE

Le 11 juillet, le bey de Tunis, débarquait a Marseille ; il venait en France pour rendre au président
de la République la visite que celui-ci lui avait
faite l'année précédente.

Nous nous bornerons ici à relater les toasts qui
furent échangés au dîner de gala offert au bey par
le président, au palais de l'Elysée, le 12 juillet ; celui
de M. Loubet était conçu en ces termes :

Je suis heureux de recevoir à Paris la visite de Votre
Altesse. Je vois dans la démarche du souverain pro-
tégé par le Gouvernement de la République une preuve
nouvelle du loyalisme avec lequel vous répondez à
l'appui de la France.

Vous pourrez vous rendre compte pendant votre
voyage et par la réception qui vous est faite, de la satisfaction avec laquelle votre visite est accueillie et de la
force que donnent à votre pays les sympathies du Gouvernement protecteur.

Je saisis avec plaisir cette occasion d'affirmer les
sentiments de la France pour les populations musulmanes qui lui demandent en toute confiance le respect
de leurs traditions, qu'elle traite avec justice et dont
elle assure le bien-être.

En présence des présidents des Chambres, des
membres du Gouvernement de la République et des
principaux représentants de l'armée et de la marine
françaises, je lève mon verre et je bois à la santé de
Son Altesse le bey Sidi Mohamed el Hadj et à la prospérité de la Tunisie.

Le bey répondit :

Monsieur le président,

La réception qui m'est faite, les paroles que vous avez prononcées et les sentiments que vous venez d'exprimer au nom de la France m'ont très vivement touché.

Je sais combien la protection du Gouvernement de la République était indispensable à mon pays, quels progrès elle lui a permis d'accomplir, avec quelle bienveillance elle s'est étendue sur les populations musulmanes de la Tunisie.

Aussi suis-je heureux de vous renouveler l'assurance de leur fidélité à la France et de boire à la prospérité de la nation protectrice, à votre santé, monsieur le président, et à votre Gouvernement.

LA CONVENTION FRANCO-ANGLAISE

Le 8 avril 1904, lord Lansdowne, secrétaire d'État au département des affaires étrangères, au nom du Gouvernement britannique et M. Cambon, ambassadeur de France à Londres, au nom du Gouvernement français, signaient une convention réglant d'importantes questions intéressant les deux États contractants. Cette convention était rédigée dans les termes suivants :

ARTICLE PREMIER. — La France renonce aux privilèges établis à son profit par l'article 13 du traité d'Utrecht, et confirmés ou modifiés par des dispositions postérieures.

ART. 2. — La France conserve pour ses ressortissants, sur le pied d'égalité avec les sujets britanniques, le droit de pêche dans les eaux territoriales sur la partie de la côte de Terre-Neuve comprise entre le cap Saint-Jean et le cap Raye en passant par le Nord; ce droit s'exercera pendant la saison habituelle de pêche finissant pour tout le monde le 20 octobre de chaque année.

Les Français pourront donc y pêcher toute espèce de poissons, y compris la boëtte, ainsi que les crustacés. Ils pourront entrer dans tout port ou havre de cette côte et s'y procurer des approvisionnements ou de la boëtte et s'y abriter dans les mêmes conditions que les habitants de Terre-Neuve, en restant soumis aux règlements locaux en vigueur; ils pourront aussi pêcher à l'embouchure des rivières, sans toutefois pouvoir dépasser une ligne droite qui serait tirée de l'un à l'autre des points exrêmes du rivage entre lesquels la rivière se jette dans le mer.

Ils devront s'abstenir de faire usage d'engins de pêches fixes (*stake-nets and fixed engines*) sans la permission des autorités locales.

Sur la partie de la côte mentionnée ci-dessus, les Anglais et les Français seront soumis sur le pied d'égalité aux lois et règlements actuellement en vigueur ou qui seraient édictés dans la suite pour la prohibition, pendant un temps déterminé, de la pêche de certains poissons ou pour l'amélioration des pêcheries. Il sera donné connaissance au Gouvernement de la République française des lois et règlements nouveaux, trois mois avant l'époque où ceux-ci devront être appliqués.

La police de la pêche sur la partie de la côte sus-mentionnée, ainsi que celle du trafic illicite des liqueurs et de la contrebande des alcools, feront l'objet d'un règlement établi d'accord entre les deux gouvernements.

L'article 3 concernait l'indemnité pécuniaire qui serait allouée par le gouvernement anglais aux citoyens français se livrant à la pêche ou à la préparation du poisson sur le « Treaty Shore », qui seraient obligés d'abandonner leurs établissements et de renoncer à leur industrie.

Les articles suivants avaient trait à la compensation territoriale que l'Angleterre reconnaissait devoir à la France pour l'abandon de son privilège sur l'île de Terre-Neuve, compensation qui lui était donnée par une rectification de frontière entre la Sénégambie et

la colonie anglaise de la Gambie, et, à l'est du Niger,
vers le lac Tchad.

Il était entendu que, sur le Tchad, la limite serait, s'il
était besoin, modifiée de façon à assurer à la France
une communication en eau libre en toute saison entre
ses possessions du Nord-Ouest et du Sud-Est du lac, et
une partie de la superficie des eaux libres du lac au
moins proportionnelle à celle qui lui était attribuée par
la carte formant l'annexe n° 2 de la convention du
14 juin 1898.

A cette convention étaient annexées deux déclarations.

Déclaration concernant
l'Egypte et le Maroc.

ARTICLE PREMIER. — Le Gouvernement de Sa Majesté
Britannique déclare qu'il n'a pas l'intention de changer
l'état politique de l'Égypte.

De son côté, le Gouvernement de la République française déclare qu'il n'entravera pas l'action de l'Angleterre dans ce pays, en demandant qu'un terme soit fixé
à l'occupation britannique ou de toute autre manière,
et qu'il donne son adhésion au projet de décret khédivial
qui est annexé au présent arrangement, et qui contient
les garanties jugées nécessaires pour la sauvegarde des
intérêts des porteurs de la Dette égyptienne, mais à la
condition qu'après sa mise en vigueur, aucune modification n'y pourra être introduite sans l'assentiment des
puissances signataires de la convention de Londres
de 1885.

Il est convenu que la direction générale des anti-
quités en Égypte continuera d'être, comme par le passé,
confiée à un savant français.

Les écoles françaises en Égypte continueront à jouir
de la même liberté que par le passé.

ART. 2. — Le Gouvernement de la République française déclare qu'il n'a pas l'intention de changer l'état
politique du Maroc.

De son côté, le Gouvernement de Sa Majesté Britannique reconnaît qu'il appartient à la France, notamment comme puissance limitrophe du Maroc sur une vaste étendue, de veiller à la tranquillité dans ce pays et de lui prêter son assistance pour toutes les réformes administratives, économiques, financières et militaires dont il a besoin.

Il déclare qu'il n'entravera pas l'action de la France à cet effet, sous réserve que cette action laissera intacts les droits dont, en vertu des traités, conventions et usages, la Grande-Bretagne jouit au Maroc, y compris le droit de cabotage entre les ports marocains, dont bénéficient les navires anglais depuis 1901.

. . . .

ART. 6. — Afin d'assurer le libre passage du canal de Suez, le Gouvernement de Sa Majesté Britannique déclare adhérer aux stipulations du traité conclu le 29 octobre 1888, et à leur mise en vigueur. Le libre passage du canal étant ainsi garanti, l'exécution de la dernière phrase du paragraphe 1ᵉʳ et celle du paragraphe 2 de l'article 8 de ce traité resteront suspendues.

ART. 7. — Afin d'assurer le libre passage du détroit de Gibraltar, les deux gouvernements conviennent de ne pas laisser élever de fortifications ou des ouvrages stratégiques quelconques sur la partie de la côte marocaine comprise entre Melilla et les hauteurs qui dominent la rive droite du Sébou exclusivement. Toutefois, cette disposition ne s'applique pas aux points actuellement occupés par l'Espagne sur la rive marocaine de la Méditerranée.

ART. 8. — Les deux gouvernements, s'inspirant de leurs sentiments sincèrement amicaux pour l'Espagne, prennent en particulière considération les intérêts qu'elle tient de sa position géographique et de ses possessions territoriales sur la côte marocaine de la Méditerranée, et au sujet desquels le Gouvernement français se concertera avec le Gouvernement espagnol.

Communication sera faite au Gouvernement de Sa Majesté Britannique de l'accord qui pourra intervenir à ce sujet entre la France et l'Espagne.

. . . .

Déclaration concernant le Siam, Madagascar et les Nouvelles-Hébrides.

I. *Siam*. — Le Gouvernement de Sa Majesté Britannique et le Gouvernement de la République française maintiennent les articles 1 et 2 de la déclaration signée à Londres, le 15 janvier 1896, par le marquis de Salisbury, principal secrétaire d'Etat pour les affaires étrangères de Sa Majesté Britannique à cette époque, et le baron de Courcel, ambassadeur de la République française près Sa Majesté Britannique à cette époque.

Toutefois, en vue de compléter ces dispositions, ils déclarent d'un commun accord que sont reconnues l'influence de la Grande-Bretagne sur les territoires situés à l'Ouest du bassin de la Meïnam, et celle de la France sur les territoires situés à l'Est de la même région, toutes les possessions siamoises à l'Est et au Sud-Ouest de la zone susvisée et les îles adjacentes relevant ainsi désormais de l'influence française et, d'autre part, toutes les possessions siamoises à l'Ouest de cette zone et du golfe de Siam, y compris la Péninsule malaise et les îles adjacentes, relevant de l'influence anglaise.

Les deux parties contractantes, écartant d'ailleurs toute idée d'annexion d'aucun territoire siamois, et résolues à s'abstenir de tout acte qui irait à l'encontre des dispositions des traités existants, conviennent que, sous cette réserve et en regard de l'un et de l'autre, l'action respective des deux 'gouvernements s'exercera librement sur chacune des deux sphères d'influence ainsi définies.

II. *Madagascar*. — En vue de l'accord en préparation sur les questions de juridiction et du service postal à Zanzibar, et sur la côte adjacente, le Gouvernement de Sa Majesté Britannique renonce à la réclamation qu'il avait formulée contre l'introduction du tarif douanier établi à Madagascar, après l'annexion de cette île à la France. Le Gouvernement de la République française prend acte de cette déclaration.

III. *Nouvelles-Hébrides*. — Les deux gouvernements

conviennent de préparer de concert un arrangement qui, sans impliquer aucune modification dans le *statu quo* politique, mette fin aux difficultés résultant de l'absence de juridiction sur les indigènes des Nouvelles-Hébrides.

Ils conviennent de nommer une Commission pour le règlement des différents fonciers de leurs ressortissants respectifs dans lesdites îles. La compétence de cette Commission et les règles de sa procédure feront l'objet d'un accord préliminaire entre les deux gouvernements.

Cette convention fit l'objet de plusieurs interpellations qui furent discutées en même temps que le projet de loi la ratifiant (3, 7, 8, 9 et 10 novembre).

M. Deloncle fit la critique de ce qu'il considérait comme les inconvénients politiques du traité, dont le plus sérieux était l'abandon complet de nos droits sur l'Egypte. Il existait, toutefois, un intérêt supérieur qui dictait à la Chambre le vote de la convention.

Pour M. Archdeacon, elle était la consécration de notre politique d'effacement devant l'Angleterre.

En un discours très étudié et qui fut écouté avec l'attention la plus soutenue, M. Deschanel défendit les droits dont nos pêcheurs jouissaient à Terre-Neuve et que le traité sacrifiait d'une façon trop complète.

Toutes les Chambres de commerce, tous les syndicats de pêcheurs vous supplient, dit-il, de garantir nos industries côtières, de sauver Saint-Pierre et Miquelon qui ne vivent que de la pêche, de protéger nos marins, tous ces braves gens, au cœur intrépide, portant là-bas cette vaillance française qui a été, il y a trente-quatre ans, l'orgueil de nos revers...

Nous tenons à l'amitié de l'Angleterre, mais l'amitié de la France est quelque chose ;... il ne faut pas laisser

au cœur de ces braves gens un levain d'amertume et
amoindrir la valeur morale de l'accord.

L'Angleterre, en échange de nos droits à Terre-
Neuve, nous faisait des concessions dans l'Afrique
occidentale ; M. Paul Deschanel les considérait
comme insuffisantes.

Mais où sa critique devint véhémente, c'est quand
il parla de l'Egypte.

D'après la convention, nous établissons en fait le
protectorat de l'Angleterre en Egypte. Que restera-t-il
demain de la caisse de la dette, qui a défendu si
longtemps le patrimoine égyptien et facilité les grands
travaux publics ? On lui retire les 215 millions des
fonds de réserve ; elle ne pourra plus exercer son droit
de contrôle sur les finances égyptiennes.

On oppose, comme compensation, les délais obtenus
pour la conversion des dettes. La dette privilégiée pouvait être remboursée en 1905 et la dette garantie dès
aujourd'hui ; or, la majeure partie de ces deux dettes
est placée en Angleterre. L'unifiée nous intéresse
davantage puisque plus des deux tiers, 700 millions,
sont placés en France. Cette dette, portant intérêt à
4 p. 100, courait jusqu'en 1941 : on peut la rem-
bourser, d'après l'accord, dès 1912 : « Le moment
arrivait, dit le Livre Jaune, où l'Egypte pourrait rem-
bouser ses dettes. » Non, l'Egypte ne pouvait rem-
bourser à sa convenance ; en faisant la conversion dès
1912, l'Angleterre peut faire une économie de 15 millions par an ; c'est donc une concession de la France à
l'Angleterre.

La convention laisse encore, et surtout, la facilité à
l'Angleterre de se rendre maîtresse de l'Afrique, du
Cap au Caire.

Tout a été subordonné à une pensée directrice : le
Maroc. Il faut espérer qu'il ne sera question ni de par-
tage, ni de condominium, ni pour demain, ni pour
plus tard.

Je me rappelle la parole de Gambetta en faveur de

37.

l'entente franco-anglaise en Egypte : « J'ai vu assez de choses pour vous dire ceci : au prix des plus grands sacrifices, ne rompez jamais l'alliance anglaise. » Nous sommes les amis des Anglais, mais pas jusqu'à sacrifier les intérêts français. Sachez que les Anglais, en bons politiques qu'ils sont, n'estiment que les alliés qui savent se faire respecter et compter avec leurs intérêts. Il faut qu'ils se rendent compte que nous ne nous faisons aucune illusion sur la valeur de l'accord et que nous savons exactement le prix de ce que nous leur donnons.

M. Vigouroux trouvait la convention excellente. M. Suchetet la trouvait moins bonne : en faisant le sacrifice de nos droits à Terre-Neuve, notamment en mettant nos pêcheurs dans l'impossibilité de se procurer des amorces, nous les ruinions et, par voie de conséquence, nous privions notre marine de guerre de son principal élément de recrutement.

M. Hubert s'expliqua sur la question marocaine; notre action devait être absolument pacifique; nous devions y instaurer « une œuvre de justice croissante. »

M. Delafosse était l'adversaire déterminé d'une grande expansion coloniale; il admettait, toutefois, une exception en ce qui concernait l'Afrique où nous étions appelés à jouer un rôle prépondérant; la convention avait donc sainement apprécié nos intérêts en assurant le développement de notre influence au Maroc. L'accord contribuerait à faire disparaître un antagonisme héréditaire qui remontait à la guerre de cent ans. Il était à souhaiter que cet accord fût suivi d'un accord franco-anglo-russe qui nous assurerait la conservation de nos colonies d'Extrême-Orient convoitées par le Japon.

MM. Lachambre et Thierry plaidèrent la cause des pêcheurs de Terre-Neuve.

M. Etienne se félicita de l'arrangement qui pourrait être modifié plus tard s'il y avait lieu, mais qui lui apparaissait dès à présent comme une œuvre d'avenir qui « porterait ses fruits ». La grosse question c'était la question d'Egypte.

Laisser plus longtemps, dans notre pays, cette pensée qu'un jour il pourrait reprendre, en Egypte, sa situation perdue depuis vingt-deux ans, ce serait par trop se moquer de sa crédulité.

Quoi? Depuis vingt-deux ans, l'Angleterre aurait semé son or et prodigué ses efforts en Egypte, elle aurait eu, en 1898, cet orgueil de rendre à l'Egypte ses anciennes provinces, elle aurait été de Ouadi-Halfa à Khartoum, elle aurait rétabli l'ordre dans les provinces troublées, et c'eût été pour renoncer à l'Egypte? Elle voyait notre pénétration du côté du Congo, du Bahr-el-Gazal et du Nil et, à force de temps et de sacrifices, elle aurait assuré sa prépondérance de l'Egypte au Cap pour céder devant une demande que nous aurions formulée, parce qu'elle avait un jour promis à l'Europe d'évacuer l'Egypte? Qui donc peut se flatter qu'ainsi posée, la question pourrait se résoudre par le sacrifice des intérêts de l'Angleterre?

Qu'est-ce que l'Angleterre nous a donné en échange? Vous le savez, c'est nous qui devons assister exclusivement le Maroc aux points de vue financier, politique et militaire.

Qu'on ne redoute pas une pénétration par la violence. C'est par une pénétration pacifique que nous arriverons le plus rapidement à répandre notre influence au Maroc. J'en ai la conviction absolue. Nous n'y parviendrons qu'avec l'aide du sultan et ce serait une faute irréparable si nous manifestions la volonté de ne pas nous servir de cette force considérable.

La question marocaine soulève encore de graves problèmes, surtout sur les 800 kilomètres de frontière du Maroc et de l'Algérie; mais j'ai confiance dans la fermeté du général Lyautey, commandant la subdivision d'Oran, et dans la prudence de nos officiers coloniaux.

La péroraison de M. Etienne, qui fut comme la vision anticipée des résultats de notre politique de pénétration pacifique du Maroc, recueillit les applaudissements d'une très grande partie de l'assemblée.

M. de Pressensé aurait condamné le traité s'il avait dû nous conduire à de nouvelles conquêtes : mais il n'était qu'une « œuvre de consolidation ». Au point de vue international, le traité avait une grande importance : la France et l'Angleterre, unies dans une même pensée de conciliation et de paix, pourraient dans l'avenir travailler efficacement au désarmement simultané de l'Europe.

M. Denys Cochin déclara qu'il voterait le traité, malgré qu'il fît trop bon marché des droits que nous avions en Egypte et à Terre-Neuve; il était utile pour la paix du monde et constituait un renoncement à la politique de coups d'épingles.

M. Jaurès acceptait le traité comme un puissant moyen de consolider la paix du monde.

On avait parlé d'une coalition possible de la France, de la Russie et de l'Angleterre contre l'Allemagne; il estimait que le jour où l'Allemagne voudrait contribuer à l'œuvre de paix, nous ne devions pas lui opposer « une fin de non recevoir ». Il ne voulait pas dire par là que nous devions consentir jamais à l'abandon définitif de l'Alsace-Lorraine; mais ses amis et lui n'entendaient pas demander à la force la réparation d'un crime de la force. Cette politique, prétendit-il, avait été celle de Gambetta, qui, s'il avait parlé de revendication et de réparation, n'avait jamais parlé de revanche. A l'appui pe cette opinion passablement risquée et paradoxale, M. Jaurès fit le récit de négociations qui avaient existé dour amener une entrevue entre Bismarck et Gambetta,

en 1878. Ce qu'il omit d'ajouter, c'est que Gambetta
n'avait pas donné suite à ce projet et qu'il n'était
nullement prouvé que dans sa pensée, à supposer
que l'entrevue se fût réalisée, elle dût marquer le point
de départ d'une politique de rapprochement avec
l'Allemagne telle que la concevait M. Jaurès. Il termina
en souhaitant l'union matérielle et morale de l'Europe,
pour faire face au péril jaune qu'il voyait naître et
grandir avec la guerre russo-japonaise, et en insistant
sur la nécessité de nous en tenir, dans le Sud-Oranais,
à une politique strictement défensive et de ne pas
nous mettre dans le cas d'être acculés à une intervention armée, au Maroc, où notre rôle devait être
purement économique.

M. Thomson fit l'éloge de l'œuvre du général
Lyautey dans le Sud-Oranais : pas un homme n'avait
été tué; des marchés et des centres importants
avaient été créés.

M. Delcassé, ministre des affaires étrangères,
répondit aux critiques qui avaient été formulées
contre la convention.

Sur la question de Terre-Neuve il s'expliqua en
ces termes :

> Cette convention n'est pas applicable à la partie de
> la côte de Terre-Neuve, où nos droits restent garantis
> par l'article 17 du traité d'Utrecht. Elle consacre nos
> droits dans les autres régions de Terre-Neuve.
> La population de Terre-Neuve a toujours protesté
> contre la servitude que fait peser sur elle le traité
> d'Utrecht. Par des conventions nombreuses, on a essayé
> de concilier les intérêts en présence, mais, sans cesse,
> les Terre-Neuviens sont revenus à la charge, pour obte-
> nir l'abrogation du traité, qui leur enlevait la libre
> disposition de la moitié des côtes de leur île.
> Nous avons cherché de nouveau un terrain de conci-
> liation. La convention qui vous est soumise nous con-
> serve le droit de pêche de la morue et du homard.

Le principal de nos droits est donc sauvegardé. Nous abandonnons seulement un rivage, que nous n'utilisons plus ou presque plus.

La convention nous maintient le droit de pêcher la boette et elle nous donne le droit de l'acheter, sur tout le rivage de l'île, sans la licence du gouverneur et le droit de 7 francs qu'imposaient les anciens traités. N'est-ce pas là un avantage certain ?

Il me reste à faire connaître les concessions qui nous sont faites en compensation sur le Niger et dans le centre africain.

La convention de Londres du 5 août 1890 avait assigné comme limite, dans le sud de nos possessions algériennes, une ligne allant du Niger au Tchad. La convention du 14 juin 1898 avait déterminé cette ligne. Quand on voulut occuper et ravitailler Zinder, on s'aperçut du manque d'eau ; le même désert existait entre Zinder et le lac Tchad ; la jonction entre le Niger et le Tchad restait théorique. La convention met fin à cette situation intolérable.

Nous recueillons un avantage de même sorte sur la Gambie, et nous obtenons les îles de Los, qui ont une valeur stratégique de premier ordre pour notre colonie de la Guinée, et son port : Konakry.

Je ne chercherai pas à diminuer la valeur de la concession que nous avons faite à l'Angleterre, en lui laissant sa complète liberté en Égypte.

Un argument commode consiste à dire que nous aurions pu continuer à réserver l'avenir. Pour réserver l'avenir, nous aurions alors laissé envenimer nos relations. C'est dans l'intérêt de mon pays que j'ai pris la responsabilité de signer avec l'Angleterre la convention relative à l'Égypte.

Quels sont nos intérêts en Égypte ? Nos écoles et nos titres au porteur. Dans cet ordre d'idées, toutes les garanties désirables ont été prises. J'ai donc le droit de dire que tous nos intérêts moraux et matériels en Égypte sont sauvegardés.

Qui oserait regretter aujourd'hui l'effort fait par la France depuis quelques années pour reconstituer son empire colonial ? Il ne suffit plus d'être une grande

puissance, il faut être une puissance mondiale.; c'est
par ses colonies que la France arrivera à être cette
puissance mondiale.

La base de notre empire colonial se trouve sur la
Méditerranée. Le Maroc placé sous notre influence,
c'est l'Algérie fortifiée ; le Maroc sous une influence
étrangère, c'était l'Algérie continuellement menacée.

Le moment était donc venu d'entreprendre la pénétration du Maroc ; c'est à nous qu'incombait cette tâche.
Le problème était celui-ci : établir la prépondérance de
la France au Maroc, c'est-à-dire augmenter sa puissance
dans la Méditerranée, sans mécontenter les puissances.

Nous en avons poursuivi silencieusement la réalisation, et nous n'avons perdu ni notre temps ni nos efforts.
Nous sommes maintenant unis à l'Italie, par une solide
amitié. Nous avons fait avec l'Espagne un arrangement que tout commandait et, particulièrement, le
souci de l'équité internationale et de la pénétration pacifique du Maroc.

Cet arrangement a pour base l'intégrité du Maroc et
la suzeraineté du sultan. Le Maroc continuera à vivre
sous ses lois, avec ses chefs, sous l'autorité fortifiée du
sultan auquel, depuis deux ans, nous avons donné notre concours, toutes les fois qu'il nous l'a demandé.
Notre programme au Maroc peut se résumer ainsi :
Loyauté, esprit de suite, d'un côté, ménagement, de
l'autre.

Le Gouvernement a l'intention très ferme de garder
dans ses mains toute la direction de la politique marocaine et d'apprécier seul l'opportunité des initiatives
particulières qui pourraient affaiblir l'œuvre qui se
poursuit avec succès depuis cinq mois.

Ce que nous concédons n'a d'importance que pour
l'Angleterre ; ce que l'Angleterre nous concède n'a de
valeur que pour nous.

Le monde est aujourd'hui convaincu que la politique
française ne cherche les avantages de la France que
dans une harmonie qui se réalise au bénéfice de tous.

Ce sera l'honneur de la démocratie française et du
Parlement d'avoir contribué à cette harmonie par la
continuelle affirmation de leurs sentiments pacifiques.

M. Robert Surcouf, pour les Malouins, M. Riot-
teau, pour les Granvillais, M. Baudel, pour les moru-
tiers de Dinan, protestèrent encore contre l'abandon
de nos droits à Terre-Neuve.

Après une dernière intervention de MM Paul Deschanel, Archdeacon, de Rosambo et Denys Cochin,
la Chambre adopta, par 436 voix contre 94, l'ordre
du jour de MM. Lucien Hubert et Vigouroux, accepté
par M. Delcassé, ministre des affaires étrangères
qui mettait fin au débat sur les interpellations :

La Chambre, approuvant les déclarations du Gouvernement en ce qui concerne l'arrangement franco-anglais
du 8 avril 1904, et repoussant toute addition, passe à
l'ordre du jour.

Avant de passer au vote sur le fond même du projet, la Chambre fut saisie d'une motion préjudicielle
de MM. Deschanel, Etienne et Denys Cochin, qui
demandaient au Gouvernement des négociations
complémentaires pour améliorer les clauses du traité
qu'ils considéraient comme insuffisantes, notamment
en vue d'obtenir pour les pêcheurs français le sort
de la nation la plus favorisée et le droit d'acheter
des amorces sur tout le littoral de Terre-Neuve. La
motion fut adoptée par 457 voix contre 5.

La convention elle-même fut ratifiée par 443 voix
contre 105.

Au Parlement anglais elle avait été ratifiée à
l'unanimité.

Au Sénat comme à la Chambre les critiques por-
tèrent surtout sur la partie de la convention concernant Terre-Neuve. (5, 6 et 7 décembre).

MM. Delahaye, Cabart-Danneville, Waddington,
de la Ville Moizan, Garreau, de Cuverville, de la

Jaille affirmèrent que la pêche à la morue allait devenir à peu près impossible pour nos nationaux ; que la conséquence de ce nouvel état de choses serait pour la population et pour l'armement un dommage considérable et que par contre coup le recrutement de notre marine marchande et de notre marine de guerre se trouverait compromis.

M. D'Aunay approuvait la convention en ce qu'elle était la manifestation d'une politique d'entente cordiale avec l'Angleterre. Il regrettait cependant l'abandon par la France de sa main mise sur les finances égyptiennes et trouvait insuffisantes les garanties qui nous étaient données du côté du Maroc.

M. Delcassé, ministre des affaires étrangères, s'attacha particulièrement à prouver que nous conservions à Terre-Neuve le droit de pêche avec toutes garanties pour son exercice et que nous allions seulement abandonner le droit de séchage à terre, droit que nous n'exercions plus guère en fait.

D'ailleurs, fit-il observer, si le nombre des marins qui s'en vont, chaque printemps, dans les parages de Terre-Neuve est encore d'environ 10,000, il y en a eu, l'an dernier, 230 seulement qui sont allés jusqu'au French Shore. Fallait-il, dès lors, faire preuve d'intransigeance sur cette affaire de pêche et renoncer aux compensations que l'Angleterre entend nous accorder d'autre part?

... De même que, tout en gardant leur autonomie, l'Algérie et la Tunisie, pour leur bien commun, se pénètrent et s'entr'aident, de même le Maroc et l'Algérie se pénétreront, s'entr'aideront, pour leur plus grand profit.

L'Angleterre s'effaçant devant nous au Maroc, comment aurions-nous pu refuser d'accepter le fait accompli en Égypte? Il ne s'agissait pas d'un parti à prendre devant une situation intacte comme celle du Maroc.

38

Nous nous trouvions, sur les bords du Nil, en vue d'une
situation établie depuis vingt-deux ans et que chaque
année qui s'écoulait contribuait à fortifier davantage.
Pour la modifier, il aurait fallu accepter les risques
devant lesquels nous avions autrefois reculé. D'autre
part, si nous avions pu demander que l'Égypte redevînt
libre, il est certain que l'Europe ne nous aurait pas
permis de l'occuper seuls.

... L'Espagne s'est installée depuis longtemps sur la
côte marocaine. Cette situation ne comporte-t-elle pas
de sérieux intérêts pour cette puissance, et ne jouit-elle
pas de droits précis que lui confèrent des traités avec
le Sultan ?

Comment songer à offenser ces intérêts, à contester
les droits acquis en vertu de traités? De là, l'accord du
3 octobre. Accord de dix lignes, dit-on avec quelque mépris! Mais qu'importe qu'il soit court, s'il est substantiel?

Et lorsque j'affirme que l'accord avec l'Espagne ne
comporte rien qui puisse, de près ou de loin, altérer
ou atténuer les dispositions fondamentales de là
convention franco-anglaise, quel est celui qui jugerait
de bonne politique d'insister pour recevoir des explications plus minutieuses ?

Le Sénat a maintenant sous les yeux tous les résultats
d'une politique étrangère qui, découlant d'un plan
parfaitement arrêté, a été exécutée pendant six ans
avec méthode et persévérance. Si le mérite de la di-
plomatie est d'obtenir des avantages sans mobiliser
l'armée ou la flotte, gardons-nous de croire qu'elle
puisse se passer d'une armée solide et d'une flotte
puissante. Empêchons surtout que le monde s'imagine
que nous le croyons.

Après une intervention de MM. Riepal et de Lamarzelle qui ne partageaient pas l'optimisme ministériel, le Sénat repoussa par 218 voix contre 57 une
motion tendant à l'ouverture de négociations complémentaires relatives à Terre-Neuve, puis adopta
la convention par 215 voix contre 37.

LA CONVENTION FRANCO-ESPAGNOLE

Les accords franco-anglais du 8 avril prévoyaient cette convention franco-espagnole. Les négociations engagées entre la France et l'Espagne aboutirent, le 3 octobre, à la signature d'une « déclaration ». Par cette déclaration l'Espagne, en échange de la reconnaissance des droits que lui conféraient des traités antérieurement passés avec le Maroc, donnait son adhésion formelle à l'article 2 de la convention du 8 avril qui assurait à la France une sorte de suzeraineté sur le Maroc, se manifestant par son assistance militaire, financière, administrative et économique prêtée au gouvernement du Sultan.

Nous avions déjà mis cette situation à profit en faisant conclure en France le dernier emprunt marocain, en plaçant sous notre contrôle les douanes marocaines et en organisant une force de police à Tanger. D'autre part, le succès même de notre œuvre se trouvait garanti par l'engagement pris de part et d'autre de respecter l'intégrité de l'empire marocain sous la souveraineté du Sultan.

LA CONVENTION FRANCO-SIAMOISE

Cette convention, à l'origine (voir année 1902, page 383), avait été accueillie par la Chambre avec une défaveur marquée. Le ministre des affaires étrangères, se rendant compte qu'il ne parviendrait jamais à la faire ratifier si elle n'était profondément modifiée, avait engagé de nouvelles négociations avec le Gouvernement Siamois, et obtenu des concessions donnant satisfaction dans une mesure suffisante aux desiderata exprimés dès 1902 par les « coloniaux » du Parlement. Il obtint le vote du traité ainsi remanié à la Chambre, le 12 novembre, et au Sénat, le 7 décembre, sans discussion.

L'ALLIANCE FRANCO-RUSSE

Au congrès socialiste de Saint-Etienne (13 février), M. Jaurès, discourant sur la politique étrangère, s'était exprimé sur l'alliance russe, en des termes qui soulevèrent dans tout le pays une vive émotion.

Les dangers de l'isolement de la France vis-à-vis de la Triple-Alliance, avait-il dit, ont été fort exagérés, et notre pays, restant isolé, eût joui d'une sécurité suffisante. Un peuple libre de 36 millions d'hommes est capable de se défendre très aisément contre l'union de trois peuples qui en comptent ensemble plus de 120 millions. D'ailleurs, la suite des événements a prouvé, qu'il n'y a jamais eu de péril et que l'alliance franco-russe ne servait à rien.

Les années passèrent, les événements passèrent, l'expérience démontra que l'Allemagne dont on avait redouté une agression, ne voulait pas la guerre. L'expérience démontra donc que l'alliance franco-russe qui avait été dirigée — surtout à l'origine — contre l'Allemagne, avait perdu les raisons d'existence et de nécessité pour lesquelles d'abord, on avait cru devoir la conclure.

Aujourd'hui, l'alliance n'est plus seulement superflue elle est dangereuse. Lorsque cette tourmente (la guerre russo-japonaise) sera passée, nous pourrons peu à peu *relâcher les liens* d'une alliance exclusive et imprudente, qui a cessé d'être une sauvegarde, si elle l'a jamais été, pour devenir *un danger et une menace* !

Ne faisons donc rien qui provoque le Japon, rien qui provoque l'Angleterre ; ensuite, *dénonçons une alliance devenue dangereuse*; défendons-nous nous-mêmes !

Le groupe de la gauche radicale de la Chambre, peu soucieux de prendre devant le pays, la responsabilité des déclarations du *leader* de la majorité, s'empressa de voter une résolution affirmant qu'il entendait « rester fidèle à la politique de la France, à ses alliances et à ses amitiés. »

L'union démocratique et les républicains progressistes votèrent des motions identiques.

NOTRE SITUATION INTERNATIONALE

La situation de la France à l'égard des autres puissances était particulièrement bonne à la fin de l'année 1904. En prenant l'initiative de traités d'arbitrage, destinés à prévenir les conflits internationaux, nous avions conquis une situation morale dont l'importance était indiscutable.

Fidèles à cette politique pacifique nous avions signé de nouvelles conventions d'arbitrage notamment avec les Pays-Bas, les Etats-Unis d'Amérique et les Pays scandinaves. Et, comme pour rendre hommage au sentiment généreux qui nous inspirait, l'Italie, l'Angleterre, les Pays scandinaves, successivement, tenaient à honneur d'envoyer à Paris des délégués auxquels le peuple français faisait des réceptions qui ne démentaient pas sa réputation d'être le peuple le plus accueillant et le plus hospitalier d'Europe.

38.

Enfin, un grave incident ayant surgi entre l'Angleterre et la Russie, (l'escadre russe se rendant au
secours de Port-Arthur, avait, près de Hull, en vue
des côtes anglaises, coulé des bateaux de pêche
anglais les prenant pour des torpilleurs japonais),
ce fut à Paris et sous la présidence d'un amiral
français, l'amiral Fournier, que se réunit la conférence internationale chargée du règlement de cet
incident (Décembre).

TABLE ALPHABÉTIQUE

ABRÉVIATIONS

CH. . . . . . . Chambre des députés.
S. . . . . . . Sénat.

A

B

E

F

J

K

L

M

N

O

P

Q

S

X

Z

TABLE MÉTHODIQUE

Paris. — L. MARETHEUX, imprimeur, 1, rue Cassette. — 9040.

www.ingramcontent.com/pod-product-compliance
Lightning Source LLC
Chambersburg PA
CBHW050552270326
41926CB00012B/2012